國學經典譯注叢書

尔雅译注

胡奇光 方环海 撰

上海古籍出版社

图书在版编目（CIP）数据

尔雅译注/胡奇光，方环海撰. —上海：上海古籍出版社，2012.8（2018.5 重印）
（国学经典译注丛书）
ISBN 978-7-5325-6394-4

Ⅰ.①尔… Ⅱ.①胡…②方… Ⅲ.①尔雅–译文②尔雅–注释 Ⅳ.①H131.2

中国版本图书馆 CIP 数据核字（2012）第 047147 号

国学经典译注丛书
尔雅译注
胡奇光　方环海　撰
上海世纪出版股份有限公司
上　海　古　籍　出　版　社　出版
（上海瑞金二路 272 号　邮政编码 200020）
（1）网址：www.guji.com.cn
（2）E-mail：gujil@guji.com.cn
（3）易文网网址：www.ewen.co
上海世纪出版股份有限公司发行中心发行经销
常熟新骅印刷有限公司印刷
开本 700×1000　1/16　印张 29.5　插页 2　字数 411,000
2012 年 8 月第 1 版　2018 年 5 月第 5 次印刷
印数：7,601—9,100
ISBN 978-7-5325-6394-4
K·1556　定价：39.00 元
如有质量问题，请与承印公司联系

前　　言

《尔雅》是我国第一部按义类编排的综合性辞书，也是唯一一部由晚唐政府升列为“经书”的上古汉语词典。他比《孟子》升格早，因此在《十三经》里的排次，也在《孟子》之前。

《尔雅》的取义　王国维说：“诗书及周秦诸子大抵以首句二字名篇，此古代书名之通例。”(《史籀篇证序》)字书亦然，如周代的《史籀》，秦代的《仓颉》，西汉的《凡将》、《急就》，均以首句二字名篇。而《尔雅》则否。以“尔雅”命名，正意味着语文规范意识的觉醒。

“尔”同“迩”，是近的意思，“雅”指雅言。《论语·述而》：“子所雅言，诗、书、执礼，皆雅言也。”西汉孔安国注：“雅言，正言也。”释“雅”为“正”，一语破的。所谓“正”，是在空间与时间的交接点上定位。即不仅相对于“方言”来说，要以“通语”为正，而且相对于“古语”而言，要以“今语”为正。“正”，是规范，是标准。“尔雅”，清代王念孙解作“尔乎雅”(《上〈广雅〉表》疏)，意即近乎正言。“正言”，实指古代中原地区通用的合乎规范的共同语。以“尔雅”为书名，旨在表明，对词义的解释，以切近规范的共同语为准则。

《尔雅》的内容　《汉书·艺文志》著录《尔雅》三卷二十篇。原有《序篇》，唐宋间佚，今本存十九篇。对十九篇的编次和分类，体现了《尔雅》这部综合性辞书的水平。《尔雅》十九篇按内容分为两大部分：《释诂》、《释言》、《释训》三篇为普通语词(一般语词)部分，对古代的普通词语作语文上的解释；《释亲》、《释宫》、《释器》、《释乐》、《释天》、《释地》、《释丘》、《释山》、《释水》、《释草》、《释木》、《释虫》、《释鱼》、《释鸟》、《释兽》、《释畜》十六篇为百科名词部分，对古代的专科词目作通俗的解说。百科名词含社会生活和自然万物两方面。自然万物名词又可分为天文、地理、植物、动物等类；社会生活名词则可分为人的家族关系和人的日常生活两类。如下表所示：

尔雅	释诂、释言、释训	普通词语		综合性辞书
	释亲	人的家族关系	社会生活	百科名词
	释宫、释器、释乐	人的日常生活		
	释天	天文	自然万物	
	释地、释丘、释山、释水	地理		
	释草、释木	植物		
	释虫、释鱼、释鸟、释兽、释畜	动物		

这样的百科分类，大体上反映战国秦汉时代的文化知识结构。当然，每篇的类目，如《释宫》涉及道路、桥梁，《释器》包括衣服、食物，《释天》还附以祭名、讲武、旌旂，自有归类欠当之处，但那是出于古代文化意识的局限。古人以为道路、桥梁，“皆自于宫，故以《释宫》总之也”（邢昺疏）。其实，道路、桥梁与宫室都是土木工程，只是古人尚未形成“土木工程”这个概念。再看衣服、食物，虽与器物一样，为人所用，但毕竟有别，而古人一律归入《释器》，“以本器用之原也”（郝懿行疏），所说殊牵强。至于《释天》附“祭名”、“讲武”、“旌旂”在“四时”、“祥”、“灾”、日月星辰之后，显然是受“天人合一”的思想影响，如邢昺解释：“祭名、讲武、旌旂俱非天类，而亦于此（指《释天》）者，以皆王者大事。又祭名则天曰燔柴，讲武则类于上帝，旌旂则日月为常，他篇不可摄，故系之《释天》也。”《尔雅》这个文化结构，一直为后世“雅学”著作所沿用。

《尔雅》的性质　从辞书学的角度看，《尔雅》既训释普通词语，又解说百科名词，已具有语文词典和百科词典的双重作用。如果用一句话来概括《尔雅》的性质，那么，可以说：《尔雅》是我国第一部按义类编排的统释上古汉语普通词语和百科名词的综合性辞书。

作为综合性辞书的《尔雅》，自然要包罗万象，收词的对象决不会局限于一部或几部经书。不难理解，在儒家学派日益壮大的古代，必会特别留意从孔子选定的经书里收录训诂条目。从汉至宋的儒家学者也往往认为《尔雅》是《诗经》的训诂，是“五经之训故”。但这些看法并不全面。《四库全书提要》指出，《尔雅》“释《诗》者不及十之一，非专为《诗》作”；“释《五经》者不及十之三四，更非专为《五经》而作。今观其书，大抵采诸书训诂名物之异同，以广见闻，实自为一书，不附经义”。事实是，《尔雅》成书在汉武帝独尊儒术、崇尚《五经》之前，自不能预先定好为解释《五经》服务的框框，只是因为《尔雅》较全面地分类编纂了先秦至西汉的大量的训诂资料,以致能为疏通包括《五经》在内的上古文献的古义提供难得的利器。

《尔雅》成书诸说 关于《尔雅》的成书时代,历来有不同的说法。概括起来,主要有五种:

一、西周成书说,即周公作说。最早见于三国魏张揖《上〈广雅〉表》。

二、战国初期成书说,即孔子门人作说。东汉郑玄《驳五经异义》说:"玄之闻也,《尔雅》者,孔子门人所作,以释六艺之言,盖不误也。"

三、战国末年成书说。此说见何九盈《中国古代语言学史》、赵振铎《训诂学史略》。

四、西汉初年成书说。北宋欧阳修《诗本义》说《尔雅》"乃秦汉之间学《诗》者纂集说《诗》博士解诂"。

五、西汉中后期成书说。周祖谟认为《尔雅》成书"当在汉武以后、哀平以前"(《尔雅之作者及其成书之年代》)。

诸说之中,以战国末年成书说和西汉初年成书说较近理。就我们掌握的材料而言,《尔雅》的初稿成于战国末、秦代初;到西汉初期,《尔雅》经全面修改而定稿。

《尔雅》的初稿 探索《尔雅》的成书时代,遇到两个难题:一是《尔雅》的作者不明。早在西汉中后期,刘向、刘歆撰《别录》、《七略》时已不详著者,东汉班固作《汉书·艺文志》亦不著撰人姓氏。后出诸说如"周公作"、"孔子门人作"等,显系揣度之语、依托之辞。二是《尔雅》的传授在汉文帝前情况不明。自汉文帝时起,《尔雅》的传授才约略可考。东汉赵岐《孟子题辞》说:

> 孝文皇帝欲广游学之路,《论语》、《孝经》、《孟子》、《尔雅》皆置博士。后罢传记博士,独立《五经》而已。

这说明《尔雅》在汉文帝时已置为传记博士,至汉武帝时虽罢传记博士,只立五经博士,但《尔雅》仍为五经博士必先精通的重要科目。《太平御览》引《汉旧仪》说:"武帝初置博士(指五经博士),取学有通修,博识多艺,晓古文《尔雅》、能属文章者为之。"于此亦可见西汉中后期成书说之不可从。

在《尔雅》作者不明、汉文帝前传授不清的情况下,要考求《尔雅》的成书时代,就只有以书中有特色的词条为依据,借助于同它的内容相关、可资比较的古书,来作参照物。这里说的"有特色的词条",是指标识特定时代文物制度的词条，是与全书编纂体例（含篇目、类目的拟定）直接相关的词条。准此，我们拟以《尸子》、《吕氏春秋》等古书，作为考求《尔雅》成书时代的参照物。

《尸子》是战国中期名辩学者尸佼（约前390—约前330）的著作。《尔雅》多处采用《尸子》的名物训诂。如《释畜》的"六畜"类有"牛七尺为犉。羊六尺为羬。彘五尺为豝"等语，均出自《尸子》："大牛为犉，七尺。大羊为羬，六尺。大豕为豝，五尺。"《释天》的"祥"类共有"玉烛"、"景风"、"醴泉"三条，均出自《尸子·仁意》。从文字上看，也比《仁意》写得精练。如《仁意》说："甘雨时降，万物以嘉，高者不少，下者不多，此之谓醴泉。"到《释天》则作："甘雨时降，万物以嘉，谓之醴泉。"可见《释天》的"祥"类、《释畜》的"六畜"类，均以《尸子》有关训诂为依据。

特别要注意的是，《尸子·广泽》论及"天子兼天下而爱之，大也"之后，提出：

> 天、帝、皇、后、辟、公、弘、廓、宏、溥、介、纯、夏、怃、冢、晊、昄，皆大也。十有馀名而实一也。

从这一条，可以推知战国中期已有训诂汇释的先例，同时，也可由此考见《尔雅·释诂》里"合训"（即以一词释一串同义词）这种独特释义方式的前驱。《释诂》青出于蓝，更把《尸子》里"皆大也"条，进而分解为"君也"、"大也"两条：

> 林、烝、天、帝、皇、王、后、辟、公、侯，君也。
>
> 弘、廓、宏、溥、介、纯、夏、怃、厖、坟、嘏、丕、弈、洪、诞、戎、骏、假、京、硕、濯、讦、宇、穹、壬、路、淫、甫、景、废、壮、冢、简、箌、昄、晊、将、业、席，大也。

把尊大之义与广大之义区分开来，自比《尸子》稍胜一筹；词目上也比《尸子》增加32个，即"君也"条增"林、烝"等4个，"大也"条增"厖、坟"等28个。这"君也"、"大也"两条究竟是成于战国末年还是成于西汉初期，自难断言，但有一点是肯定的，这些条目不是一二十年间形成的，而是好几代人长期考释、积累的结果。

《尔雅》采用《尸子》训诂表明，《尔雅》成书决不会在《尸子》之前，于此亦可知战国初期成书说之不可取；同时，这也说明，《尔雅》成书远在《尸子》之后。

《尸子》之外,尚有多种战国中后期古书成为《尔雅》选词立目的依据。如取之《山海经》的,有《释地》里的“比肩民”、《释水》里的“河出昆仑墟”等条;取之《穆天子传》的,有《释地》里的“西王母”、《释畜》里的“小领盗骊”、《释兽》里的“狻麑”(狮子)等条;取之《庄子》的,有《释天》里的“扶摇谓之猋”、《释虫》里的“蒺藜,蝍蛆”等条;取之《屈原赋》的,有《释天》里的“暴雨谓之涷”、《释草》里的“卷施草(宿莽),拔心不死”、《释鸟》里的“翠,鹬”等条。到战国末年,《尔雅》从《吕氏春秋》里选词立目,那更直接地关系到《尔雅》成书时代的考定了。

且不说《释天》的“星名”类,与《吕氏春秋·有始览》的“二十八宿”的次序排列暗合,所漏记的星名也都可在星宿相应的位置上填补出来,单就向来为学者垂青的《释地》来说,其中“九州”、“五方”等类目的拟定,恰恰是以人们不大留意的《吕氏春秋》里的有关论述为依据的。

《释地》的“五方”类说:“西方有比肩兽焉,与邛邛岠虚(即“蛩蛩距虚”,兽名)比,为邛邛岠虚啮甘草,即有难,邛邛岠虚负而走,其名谓之蟨。”语本《吕氏春秋·不广》:“北方有兽,名曰蹶,鼠前而兔后,趋则蛤,走则颠,常为蛩蛩距虚取甘草以与之。蹶有患害也,蛩蛩距虚必负而走。”这“比肩兽(蟨)”与“比目鱼(鲽)”、“比翼鸟(鹣鹣)”、“比肩民”、“枳首蛇”,代表着“五方”怪异之物。

《释地》的“九州”类,历来为人注目,因为“九州”指的是我国上古时代的行政区域。据康有为考证:“《释地》九州与《禹贡》异,与《周官》略同。”(《新学伪经考》卷三)殊不知《释地》的“九州”与《吕氏春秋》更接近。见下表:

尚书·禹贡	冀	兖	青	徐	扬	荆	豫	梁	雍		
周礼·职方氏	√	√	√		√	√	√		√	幽	并
吕氏春秋·有始览	√	√	√	√	√	√	√		√	√	
尔雅·释地	√	√	(营)	√	√	√	√		√	√	

在此,唯一要说明的是,《释地》说的“齐曰营州”,即《有始览》说的“东方为青州,齐也”。

以先秦古书作为考求《尔雅》成书时代的参照物,大概可以以《吕氏春秋》来煞尾。今本《吕氏春秋》有十二纪、八览、六论,而西汉司马迁所见古本,为“八览、六论、十二纪”(《史记·吕不韦传》)。“十二纪”后有《序意》,作于“维秦八年,岁在涒滩”。可知《吕氏春秋》初稿在秦王八年(前239)左右完成。

至于司马迁说的"不韦迁蜀,世传《吕览》"(《报任安书》),那是指《吕氏春秋》于秦王十二年(前235)以后流传于世而言。

大概《尔雅》初稿成于战国末、秦代初。具体说,是成于《吕氏春秋》问世(前235)以后,秦始皇焚书(前213)之前。这可用汉初叔孙通引《尔雅》入《礼记》一事作为佐证。

三国魏张揖《上〈广雅〉表》道出一个重要事实,就是《尔雅》"爰暨帝刘,鲁人叔孙通撰置《礼记》,文不违古"。对此,清代王念孙特引被时人誉为"校书天下第一"的臧庸的考证来解释:

> 臧氏在东曰:张稚让言叔孙通撰置《礼记》,不违《尔雅》,然则《大戴礼记》中当有《尔雅》数篇为叔孙通所取入。故《白虎通义》引《礼·亲属记》:"男子先生为兄,后生为弟;女子先生为姊,后生为妹。"文出《释亲》。《风俗通义》引《礼·乐记》:"大者谓之产,其中谓之仲,小者谓之箹。"文出《释乐》。《公羊(传)·宣十二年》注引《礼》"天子造舟,诸侯维舟,卿大夫方舟,士特舟"。文出《释水》。《孟子》"帝馆甥于贰室"。赵注引《礼记》"妻父曰外舅";"谓我舅者,吾谓之甥"。文出《释亲》。则《礼记》中之有《尔雅》信矣。(《广雅疏证补正》)

叔孙通,司马迁奉之为"汉家儒宗"。据《史记》本传,叔孙通原是秦博士,归汉,为太常。先于汉高帝六年(前201)定朝仪,后于汉惠帝元年(前194)定宗庙仪法。这两件事均与《尔雅》无关。而在定宗庙仪法之后"稍定汉诸仪法",大约这时才有引《尔雅》入《礼记》之举。至于王念孙说的"《礼记》中有《尔雅》",那决不能理解为"《尔雅》本在《礼记》中"(梁启超《古书真伪及其年代》),而只是说叔孙通"稍定"的《礼记》里有《尔雅》数篇。很清楚,古本《尔雅》在汉惠帝时叔孙通引《尔雅》入《礼记》之前就已有了。再算算时间:从《吕氏春秋》问世(前235)到秦始皇定挟书律,焚诗书(前213)是22年;再从秦定挟书律到汉惠帝四年废秦挟书律(前191)也是22年。在实行秦挟书律的22年间,全国是一片学术空白,"天下惟有易卜,未有他书"(刘歆《移书让太常博士》)。既然如此,那么,《尔雅》初稿本当成于《吕氏春秋》问世以后,秦始皇焚诗书之前,即成于战国末、秦代初。

再从编纂法则的形成看,也可推定古本《尔雅》出于战国末、秦代初。

《尔雅》的作者不是《吕氏春秋》编者那样的杂家,而是精通诗书、兼及九流的儒家学者。他们受过名家关于名的逻辑分类的学说的影响,但他们率先按义类编次词条,其指导思想实出于《易·系辞》。《系辞》说:"方以类聚,物以群分。"这可视为《尔雅》的编纂总纲。全书从《释诂》到《释畜》十九篇的布局,《释亲》、《释天》、《释地》等七篇下分类目的拟定,《释诂》等篇里"合训"等独特释词方式的采用,无不体现了类聚、群分的思想。《系辞》又说:"近取诸身,远取诸物。"即由人及物的序次,这是《尔雅》编次篇目的原则。根据这个原则,全书形成了从人们常用的普通词语到社会生活的、自然万物的百科名词的结构层次。据当今学者考证,《系辞》"乃战国后期陆续形成的著述,其下限可断于战国末年"(朱伯昆《易学哲学史》)。由此也可推知,《尔雅》初稿本成于战国末、秦代初。

《尔雅》的定稿 《尔雅》初稿本只是《尔雅》的雏型,在文字、体制上仍有有待于加工、提高之处。到西汉初期,《尔雅》便进入修改定稿的阶段。

自汉惠帝时起,叔孙通编的含有《尔雅》数篇的《礼记》与《尔雅》原书并行流传,《礼记》保留的是早期《尔雅》的文字,这就是张揖说的"文不违古",而《尔雅》原书则因文化发展的需要,从初稿到定稿,在文字上自然要精益求精的。这样,两者一比较,便显示出文字上的差异来。试看臧庸所举编入《礼记》的《尔雅》数篇文字,与定本《尔雅》相比,条条都有出入。如:"女子先生为姊",定本"女子"上有"谓"字;"大者谓之产",定本"者"作"籥";"卿大夫方舟",定本无"卿"字;"妻父曰外舅",定本作"妻之父为外舅";"吾谓之甥",定本"甥"下有"也"字。所引5条,条条有文字上的差异,足以说明叔孙通引入《礼记》的《尔雅》数篇是《尔雅》的初稿。

汉初《尔雅》的定稿工作,现可考者,除了文字加工之外,主要是加上《序篇》,并对有关篇目作了编辑说明。

《尔雅》的《序篇》,因《毛诗·周南·关雎诂训传》孔颖达正义的引用而保留一则文字:

> 《尔雅·序篇》云:《释诂》、《释言》,通古今之字,古与今异言也。《释训》,言形貌也。

文中说的"字",实指"词",古代"字""词"不分。要注意的是,《序篇》里将《释诂》、《释言》混言无别,归在一起,说明《序篇》不是《尔雅》初稿本原有的篇目。从文气上看,《序篇》也不会出于秦始皇焚书之前。只因为秦始皇焚书坑儒,造成了文化的断层,这才有汉初急切复兴传统文化的历史自觉。人们想起了"尔雅以观古,足以辩言矣"(《大戴礼记·小辨》)的古训,就特别看重这部以"尔雅"命名的辞书在训释古今异言上的特殊价值。《序篇》把《释诂》(附《释言》)与《释训》并列,不久就连缀成"诂训"一词,为《毛诗诂训传》所本。孔颖达引《序篇》,意在说明《毛诗诂训传》为什么以"诂训"命名的原因。他接着解释说:"'诂训'者,通古今之异辞,辨物之形貌,则解释之义尽归于此。《释亲》已下,皆指体而释其别,亦是诂训之义。故唯言'诂训',足总众篇之目。"可见《毛诗诂训传》的命名,实以《序篇》为依据。《序篇》既不是《尔雅》初稿本原有,又出于《毛传》成书之前,那就应是《尔雅》定稿本的前言了。

再看《尔雅》修改定稿时对有关篇目所作的编辑加工。

一是加按语说明。《释地》有"五方"类。从字面看,"五方"当指东、南、西、北、中。但"五方"类说的却是五方怪异之物:东方比目鱼、南方比翼鸟、西方比肩兽、北方比肩民、中央枳首蛇。这些词条的内容与类名并不相应。大概"五方"为《尔雅》初稿本所立,至定稿时,编得发现类名"五方"失之过泛,特于"枳首蛇"条后加上一句限制性的说明:"此四方中国之异气也。"因为这句话排在类名"五方"之前,必不是"五方"的注语,应是定稿时的编者按语。由于这按语与"比目鱼"、"枳首蛇"等条浑然一体,因此历来被当作经文。

二是特为有关篇目立专条说明。《尔雅》编次篇目的难点之一,是动植物方面篇目的编排:是植物排在动物之前好呢,还是动物排在植物之前好?先秦时代,大抵以动物排在植物之前。如孔子说学《诗》,可以"多识于鸟兽草木之名"(《论语·阳货》)。《管子·七法》也有"人民鸟兽草木之生"的说法。而《尔雅》动植物方面篇目的编次,却与此相反,以"草"、"木"、"虫"、"鱼"、"鸟"、"兽"、"畜"为序排列。这里要讨论两个问题:

第一,是"草"、"木"放在"虫"、"鱼"、"鸟"、"兽"、"畜"之前。这是上承"地"、"丘"、"山"、"水"而来的。因为古人认为,地性生草,山性生木,故在《释地》、《释山》等篇之后接上《释草》、《释木》。

第二,是"虫"放在"鱼"、"鸟"、"兽"、"畜"之前。在先秦时代,"虫"字有广、狭二义。狭义指昆虫,广义则指一切动物。《尔雅》恰恰是"虫"字由广义用法到狭义用法的转捩点。《释虫》篇即取"虫"的狭义用法,特于篇末立专条说明:

有足谓之虫,无足谓之豸。

率先对书中的“虫”字，作了明确的界说。“虫”字的广义用法，大体如《大戴礼记·曾子天圆》说的“五虫”，即“毛虫”（兽）、“羽虫”（鸟）、“介虫”（龟）、“鳞虫”（鱼）、“倮虫”（人）。但《尔雅》动植物方面篇目的编次，不从《大戴礼记·曾子天圆》的旧说，而采用秦汉间有关四季各有不同代表性动物的新说。这新说见于《吕氏春秋》十二纪和《礼记·月令》。十二纪以四季为序，每季各有孟、仲、季三纪。《季秋纪》有“为来岁受朔日”一语，即以夏历九月（季秋）为岁终，与之相应，当是以夏历十月（孟冬）为岁首了。据《史记》，秦始皇二十六年（前221）一统天下时，始改以夏历十月为岁首。可见《吕氏春秋》的初稿虽成于秦王八年，“但其补缀之功，直至秦政统一天下之后”（徐复观《两汉思想史》）。汉兴，沿袭秦制。《礼记·月令》亦袭秦制，系删取《吕氏春秋》十二纪的纪首写成。现将《吕氏春秋》十二纪、《礼记·月令》与《尔雅》的关系列表如下：

《吕氏春秋》《礼记》		《尔雅》
季节	代表性动物	篇目编次
冬	介虫（龟）	《释鱼》
春	鳞虫（鱼）	
夏	羽虫（鸟）	《释鸟》
秋	毛虫（兽）	《释兽》

大概由于介虫种类少，且与鳞虫一样，为水中的生物，因而附于鳞虫之后，设立《释鱼》一篇。郝懿行义疏即谓“兹篇所释兼包鳞、介之属”。又因为古有“家养谓之畜，野生谓之兽”的说法，故又于《释兽》后另立《释畜》一篇。这样，就自然而然地形成了《释虫》、《释鱼》、《释鸟》、《释兽》、《释畜》的序次。在此，还要指出的是，《尔雅》也成了“禽”字由广义用法到狭义用法的转捩点。在先秦时代，“禽”字包举鸟类、兽类，而《尔雅》则是“鸟”、“兽”分篇，以“禽”字专指鸟类。《释鸟》篇末也立专条说明：

二足而羽谓之禽。四足而毛谓之兽。

这条既是从“羽虫”、“毛虫”不同的角度对“鸟”（禽）、“兽”下的定义，又是从《释鸟》篇到《释兽》篇的过渡。于此可见编者的匠心。

三是类名的增改。《释地》篇有“十薮”类，略同于《吕氏春秋·有始览》。《有始览》按国谈薮，说“泽有九薮”，即：

吴之具区,楚之云梦,秦之阳华,晋之大陆,梁之圃田,宋之孟诸,齐之海隅,赵之巨鹿,燕之大昭。

《释地》大体承袭《有始览》的说法,而略有不同:第一,是提法更精确了,如"吴之具区(太湖)"改作"吴越之间有具区","梁之圃田"改作"郑有圃田";第二,是薮名有所增删,即去"赵之巨鹿",而增以"鲁有大野"、"周有焦护",成为"十薮"。显然,"十薮"系汉人在定稿时所改。

至于《尔雅》修改定稿的时间,当在西汉初期,即叔孙通"稍定"《礼记》之后,汉文帝置《尔雅》博士之前。西汉末年,刘歆《移书让太常博士》说:

至孝文皇帝,始使掌故晁错从伏生受《尚书》。……《诗》始萌芽。天下众书,往往颇出,皆诸子传记,犹广立于学官,为置博士。

可见汉文帝置《论语》、《孝经》、《孟子》、《尔雅》传记博士(详赵岐《孟子题辞》),当在晁错从伏生学《尚书》之后。那时,天下能通《尚书》的,只有伏生一人。伏生原是秦博士,他向晁错传授《尚书》,已是九十多岁的老翁了。他对《尚书》字义的解释,大约与《尔雅》训诂无异。人们逐渐发现《尔雅》训释古书字义的价值,如后来《汉书·艺文志》总结的那样:"古文读应《尔雅》,故解古今语而可知也。"其实,岂止古文《尚书》,就是《诗经》、《春秋》等亦不例外。当人们知道一本《尔雅》在手,《五经》大体可读时,就会奉《尔雅》为"传记",即解经释典的权威性文献。

与战国末、秦代初的《尔雅》初稿本相比,西汉初期的定稿本在文字、编纂体例上,均更为完善、更为成熟。这样的本子,才配在汉文帝时"立于学官,为置博士"。

汉文帝以降,作为辞书的《尔雅》因文化学术发展的需要,时常有所增补。如《释天》的"'乃立冢土,戎丑攸行',起大事,动大众,必先有事乎社而后出,谓之宜。"显然是据《诗·大雅·绵》毛传文字增补的;《释训》的"帐帐、惕惕,爱也",其中"惕惕"无"爱"义,此系据《韩诗》解释添加,郭璞注:"《韩诗》以为悦人,故言'爱'也。"《释山》的"泰山为东岳,华山为西岳,霍山为南岳,恒山为北岳,嵩高为中岳",当为汉武帝以后学者所增。这样的增补,大约持续到东汉末年。但其间,只作少量的条目或词目的增补而已,决没有也不可能变动定稿本的体制格局。

《尔雅》升格为“经” 《尔雅》升格为“经”，一方面由于《尔雅》是第一部上古汉语词典，在训释先秦经籍字义上，具有别的字书或后出的义书不可代替的作用；另一方面，更为重要的是因为早在西汉，最高统治集团已把《尔雅》与《论语》、《孝经》、《孟子》一起奉为“传记”了。

早在西汉初年，“汉家儒宗”叔孙通引《尔雅》数篇入《礼记》，表明汉政府对《尔雅》尊崇的态度。文帝更置《尔雅》传记博士，实际上是把《尔雅》与《论语》、《孝经》、《孟子》一样看作“准经典”。武帝时教育制度，以《论语》、《孝经》附《尔雅》作为中学的科目，《五经》为大学的科目（详王国维《汉魏博士考》）。武帝后，记载孔子学说的主要文献《论语》，及深得孔子真传、有利于汉代“以孝治天下”的《孝经》先后升格，增列为“经”，与孔子整理的《五经》并列，合称《七经》。西汉末年，刘歆创立古文经学，古文经学的着力点在名物训诂，自会赞赏古代名物训诂的开山之作《尔雅》。他撰《七略》，就据汉代教育制度，将《尔雅》附于《孝经》之后。班固的《汉书·艺文志》亦然。唐魏徵主编的《隋书·经籍志》则附于《论语》之后。汉唐间权威史书均不把《尔雅》归入“小学”类，而附之于《七经》之一的《论语》或《孝经》之后。

初唐以科举取士，定《五经正义》为科举标准，又在“明经”中，以《礼》分“三礼”即《周礼》、《仪礼》、《礼记》，《春秋》分“三传”即《左传》、《公羊传》、《穀梁传》，连同《易》、《书》、《诗》，合称《九经》。再加上《论语》、《孝经》，则为十一部经典。

自汉至唐，原先称作“传记”的诸如《论语》、《孝经》、《礼记》、《左传》、《公羊传》、《穀梁传》等书，均一一升格为“经”。按照“传记”升格为“经”的成例，至唐文宗开成二年（837），复加上《尔雅》，成《十二经》；入宋，再将《孟子》升格，于是有了《十三经》。就这样，《尔雅》在《十三经》里的序次，排在《论语》、《孝经》之后，《孟子》之前。

《尔雅》的价值 《尔雅》是我国训诂学的始祖。“训诂学”这名称，取之于《尔雅》里的《释诂》、《释训》。《尔雅》以上古书籍中使用的普通词语及社会生活、自然万物的百科名词为收词对象，给训诂学划出了包罗万象的研究范围。《尔雅》首创按义类编排的体例，根据词目的不同情况，采取代语（以今语代古语、以通语代方言）、互训、合训（以一词释一串同义词）、递训、义界、分训、集比为训、反训、描写比况、声训等多种释词方式，为后世训诂学著作的编写，起了良好的示范作用。古人以《尔雅》一书开创了传统语言学里的一门独立学科——训诂学。

《尔雅》是开启经籍古义宝库的钥匙。这里说的“经籍”，既包括儒家经典，也包括儒家经典以外的先秦古籍。

对先秦经籍古义的训释，《仓颉》一类识字课本自难胜任，后出的《说文》旨在探求文字本义，往往有“所解不与《六经》相应”（《文字声韵训诂笔记·独立之训诂与隶属之训诂》）的情况，《毛传》等书随文释义，专解一经，而不能统释群经。因此，要统释群经，兼及子史，就只有利用《尔雅》了。

儒家经典是古文化的主体。《尔雅》训释词义必要首先顾及儒家经典的文字疑难。《四库全书总目》说《尔雅》“释《五经》者不及十之三四”，但据我们估计，不会低于十分之四。就是说，经典中许多文字疑难，可从《尔雅》里找到较合理的解释。因此，钱大昕说：“欲穷《六经》之旨，必自《尔雅》始。”（《与晦之论〈尔雅〉书》）但《尔雅》原不专为通经而作，它那释词的触角伸向古文献语言的方方面面。如《庄子》、《山海经》、《国语》、《屈原赋》、《穆天子传》、《吕氏春秋》等书上的词语也在训释之列。郭璞早已称《尔雅》为“九流之津涉，六艺之钤键”（《尔雅注序》），殷孟伦也说《尔雅》是“打开先秦时代古文献和古汉语的一把钥匙”（《从〈尔雅〉看古汉语词汇研究》）。这些实为探本求源之论。

《尔雅》是显示古代中国生活图景的词汇库。人与动物的最大区别，主要是在使用语言符号上。在语言符号里，普通词语又比百科名词更为常用，所表达的信息量也更大、更多，因而也更为重要，就是百科名词为人们所懂得，也必须借助于普通词语的解释。《尔雅》以《释诂》、《释言》、《释训》三篇集中解释古代的普通词语，可谓抓到根本。宋林光朝说得好：《尔雅》之有《释诂》、《释言》、《释训》，“亦犹《诗》之有六义，小学之有六书也”（《艾轩诗说》）。《尔雅》全书收词总数约四千三百多个，其中普通词语的词数就有二千多个，几占全书总词数的一半。这二千多个普通词语，不仅标志着我国古代文学语言已达到相当成熟的阶段，而且折射出古人用丰富多彩的词语反映各种各样的现实现象的能力。

《尔雅》以《释亲》至《释畜》十六篇，对古代百科名词作通俗简明的训释，给人们展示了古代人世间和自然界的形形色色。如《释木》“槚，苦荼”，是有关国饮茶叶的最早记载；《释兽》“貘，白豹”，指的是国宝大熊猫；《释鱼》“鱀，是鱁”，说的是长江特产鱼类白鳍豚。在这百科名词中，还有不少标指远古社会客观现象的专名特称，就像类人猿、恐龙的化石那样有历史价值。如

《释亲》说:“姑之子为甥,舅之子为甥,妻之晜弟为甥,姊妹之夫为甥。”从中可以考见我国上古亚血族群婚制的遗迹。如今“姑之子”、“舅之子”叫“表兄弟”,“妻之晜弟”叫“内兄弟”,“姊妹之夫”叫“姊夫、妹夫”,而在《释亲》里,统统叫“甥”。因为“在亚血族群婚制下,实仅一人。盖姑舅乃互为夫妻者,姑舅之子,即妻之昆弟;妻之昆弟,亦即姊妹之夫,故终于一名”(郭沫若《甲骨文字研究·释祖妣》)。远古人民对一类事物往往缺乏概括的统称(类名),而要按照不同的颜色、形相、性能等,一一给以不同的特称。有人称之为“原始语言”。这种特殊的命名方式,自与后世的修饰语加类名的表示法完全不同。如《释畜》里马的特称,各按毛色、毛状、性别、身高等命名,就有五十多个。可知越是与人类生活关系密切的事物,所给予的特称也越繁多。大体说来,《尔雅》百科名词部分标明我国进入文明社会的生活图景,但也残存着引人注目的原始社会的历史遗迹。这是难能可贵的。

但“甘瓜苦蒂,天下物无完美”,作为传统语言学开山之作的《尔雅》也有失误之处。如有些被训释词归类不当,或前后重复出现;有些训释词简古含混,或多义造成歧解,这些是不能给人提供简明、准确的信息的。实际上,《尔雅》里有些特殊的义例,也许在古代可能为人们首肯,而到后世却不被人们接受。在此,特别要注意书中两条特殊的义例:

一是令人误解的“一条两解”或曰“二义同条”的义例。这义例自晋郭璞、宋陆佃揭示之后,复经清王引之、严元照、郝懿行等的仔细剖析,至今书中的“二义同条”现象已搞清了。如《释诂》:“台、朕、赉、畀、卜、阳,予也。”就知“台、朕、阳”,为予我之予;“赉、畀、卜”为赐予之予。

二是叫人费解的“以诗中连言之字为释”的义例。这义例首见于黄侃述、黄焯编的《文字声韵训诂笔记》。如《释言》:“惄、饥也。”原来是《诗·周南·汝坟》“惄如调饥”连言,故以“饥”释“惄”。又:“谋,心也。”原来《书·洪范》“谋及乃心”连言,故以“心”释“谋”。再如《释训》:“穰穰,福也”。原来《诗·周颂·执竞》言“降福穰穰”,故以“福”释“穰穰”。凡此种种,于词义训释,并不恰当,虽然古有以诗书成句中的连言之字为释的义例,但后出字书,都没有照样画葫芦。这样,《尔雅》的失误之处,就成了后世训诂学的“前车之鉴”。如此看来,《尔雅》留下的负面的教训,其价值不亚于正面的成功经验。

《尔雅》的研究 《尔雅》的研究始于汉魏。汉文帝时置《尔雅》博士,开了研究《尔雅》的风气。清胡元玉以为“《尔雅》之学显于隆汉孝文时置《尔雅》博士”(《雅学考》),所论颇有见地。武帝时,犍为文学(一说字舍人)最早给深奥的《尔雅》作注,刘歆、樊光、李巡及三国魏孙炎继之,为《尔雅》注释奠定良好的基础。

《尔雅》的研究自晋至唐宋间显示实绩。晋郭璞通过长期的钻研,率先推出《尔雅注》、《尔雅音》、《尔雅图》、《尔雅图赞》等《尔雅》研究系列专著。其中《尔雅注》最著名,是一部悬诸日月不刊之书。郭璞以降,研究《尔雅》有特色的著作,有初唐陆德明《经典释文》中的《尔雅音义》,有北宋邢昺奉诏作的《尔雅疏》,有南宋郑樵的《尔雅注》。《十三经注疏》中的《尔雅注疏》即采用郭璞注和邢昺疏。

《尔雅》的研究蜕变于元明。元明两代学人的旨趣不在语言文字,没有出过一部像样的《尔雅》新注,虽有雅学类著作,以明方以智《通雅》最出名,但《通雅》研究范围已轶出《尔雅》之外。

《尔雅》的研究至清代达到鼎盛时期。清人分别从校勘、辑佚、补正、音训、疏证、考释、释例等侧面,对《尔雅》作深入研究,其中尤以邵晋涵的《尔雅正义》和郝懿行的《尔雅义疏》最为杰出。邵氏《正义》成于乾隆五十年(1785),为清代《十三经》新疏中最早完成的一部。郝氏《义疏》成于道光五年(1825),在邵疏的基础上后出转精。有人以郝疏与段玉裁《说文解字注》、王念孙《广雅疏证》并列,不过郝疏用声转训释字义也有失误之处,可参看罗振玉编的王念孙《尔雅郝注刊误》。

从汉代以来,研究《尔雅》的学问,称为“雅学”。清胡元玉《雅学考》及今人周祖谟《续雅学考拟目》,记述了自西汉至清末有关《尔雅》研究的著作,可资参考。

当代,徐朝华的《尔雅今注》,开了用语体文为《尔雅》作注的新风,给《尔雅》的研究带来了生机。在振兴中华的今天,《尔雅》的研究日趋兴盛。“工欲善其事,必先利其器。”《尔雅》原是开启古代文化宝库的钥匙,人们日益重视《尔雅》的研究,正出于阐释古代经籍、弘扬中华文化的需要。

现在我们向读者献上这部《尔雅译注》。就我们主观意愿来说,无非是通过这部《译注》,能为普及中华优秀文化尽一份力量,干一点实事。本书的注释,大多抉择先哲时贤的研究成果及古今权威辞书的解说,间有一得之见,也均力求持之有故,信而有征。还有一些至今尚无确诂的词目,则存疑待考，以俟来哲。自然，限于水平，书中谬误疏漏之处在所难免，敬请读者批评指正。

王维堤先生审阅本书书稿，提了许多宝贵的修改意见，在此向他表示衷心的感谢。

胡奇光

译注说明

一、《尔雅》为《十三经》之一种。本书《尔雅》原文以中华书局1979年影印的《十三经注疏》为依据，参照其他研究《尔雅》的论著，进行必要的校勘。凡有所订正者，均在注文里加以说明。

二、《尔雅》凡十九篇。为便于查阅，本书按篇编号，每一条目先标明篇号，再依顺序编号数。如《释训第三》首条“明明、斤斤，察也”，就编为3.001。其中《释亲》、《释天》、《释地》、《释丘》、《释水》、《释兽》、《释畜》等篇，篇中按内容分为若干类别，如《释亲》分为宗族、母党、妻党、婚姻4类，类名列在所属条目之后，很不合现代人的阅读习惯。在本书中为尊重原文，仍沿用原来行文顺序，但在条目的编号上专门予以标明。如《释天第八》第一类“四时”首条“穹苍，苍天也”，就编为8(1).001；《释地第九》第四类“九府”总第25条“东南之美者，有会稽之竹箭焉”，就编为9(4).025。余类推。

三、本书依《尔雅注疏》，参考《尔雅义疏》确定条目。原来既定的条目字数长短不一，有短至1字的，有长达74字的；词义分合上有一条两解或曰“二义同条”的，有相连数条意义相近或密切相关的，凡此种种，一仍其旧，不作体例上的更动。

四、《尔雅》原用繁体字，本书除保留必要的个别繁体字外，均代之以规范的简化字。

五、本书每篇的篇题均有题解。

六、本书内容重点放在注释上：①难字，以《汉语拼音方案》注音。②释义尽量博采古今通人之说。③同一词如出现数次，则在第一次出现时加注，以后出现的一般不再加注。④对多义的被训释词的解释，只取与被训释词词义相近的一个义项，其余义项则不再涉及。⑤同一词有不同的解释时，则酌情兼收两说。⑥注释疑难词义，引古籍例句为书证。⑦释文中的被训释词如是单音词，则用"～"标示，如是双音词，则用"～～"标示。如《释言》"琛，宝也"条注"琛chēn，珍宝。《诗·鲁颂·泮水》：'憬彼淮夷，来献其～。'毛传：～，宝也。"⑧《尔雅》中"二义同条"一类特殊义例，加按语说明。⑨对不详条目，阙而待考。

七、常引典籍均用简称。如郭璞《尔雅注》称"郭注"，邢昺《尔雅疏》称"邢疏"，邵晋涵《尔雅正义》称"邵疏"，郝懿行《尔雅义疏》称"郝疏"，《诗经》毛公传称"毛传"、郑玄笺称"郑笺"、孔颖达正义称"孔疏"，许慎《说文解字》称《说文》、段玉裁《说文解字注》称"段注"，陆德明《经典释文》称《释文》，王引之《经义述闻》称王引之《述闻》，黄侃《尔雅音训》称黄侃《音训》，阮元《尔雅注疏校勘记》称"阮校"，周祖谟《尔雅校笺》称"周校"，徐朝华《尔雅今注》称"徐注"等。

八、《尔雅》多数条目由被训释词与训释词组成。被训释词可加注而不译，一般能译的是训释词。准此，①凡由一个被训释词单独形成的条目，译文则为加上夹注的独词句。如《释鱼》以"鲩"字为一条，译文就作："鲩（草鱼）。"②凡由一个被训释词与一个训释词组成的条目，一般要给被训释词加注，只将训释词转换成现代的通用词语。③凡由两个或两个以上的被训释词与一个训释词组成的条目，拟对被训释词逐字夹注（其中难懂词语还要加注阐明），并将训释词转换成现代的通用词语，进行对译。原文有误者，按校定文字翻译；有衍字者，在译文中加括号说明。

九、本书附有《尔雅词语笔画索引》，使用时请注意索引前的说明。

目　录

释诂第一

【题解】

《释诂》意为以当时规范的雅正之言去训释当时认为时代较远而难以通晓的古籍中的语词。由于古代不少同义词，其实就是古代的不同方言词，因此，该篇在训释古语词时，也兼及一些方言词。每条中先列众多被训释的同义词，然后以一常见的训释词加以解释。这种对语词意义的通释方式与《释亲》以下十六篇训释词和被训释词基本上是一对一显然不同，反映了对一般词语的意义与事物属性的分类的认识，正因为一般交流所用的词语重在求其通，故可以以一释众。

1.001　初①、哉②、首、基③、肇④、祖、元、胎、俶⑤、落⑥、权舆⑦，始也。

【注释】

①初：《说文》："～，从衣从刀，裁衣之始也。"　②哉：通"才"。《说文》："才。草木之初也。"以声近借为～始之～。《书·武成》："厥四月，～生明。"　③基：《说文》："～，墙始筑也。"　④肇(zhào)：常写作"肇"，通"肁"。《说文》："肁，始开也。"《书·舜典》："～十有二州。"　⑤俶(chù)：邢疏："动作之始也。"《诗·周颂·载芟》："～载南亩。"(载：耕作。)　⑥落：邢疏："木叶陨坠之始也。"郝疏："～者，《诗》：'访予～止。'《逸周书·文酌篇》云：'物无不～。'毛传及孔晁注并云：'～，始也。'～本殒坠之义，故云殂～，此训始者，始终相嬗，荣～互根。"孔广森《经学卮言》："考～之为始，大抵施于始终相嬗之际，如宫室考成谓之～成，言营治之终而属处之始也。成王践阼，其诗曰'访予～止'，此先君之终而今君之始也。"　⑦权舆：通"蘿蕍(quán yú)"。草木始生。王念孙《广雅疏证》卷十上："蘿蕍之言～～也。……《大戴礼记·诰志篇》云：'孟春，百草～～。'是草之始也名～～也。'引申为开始之义。参见13.194条。

【译文】

初(裁衣之始)、哉(草木之始)、首(人体之始)、基(筑墙之始)、肇(开门之始)、祖(人之始)、元(即首,也是人体之始)、胎(生命之始)、俶(动作之始)、落(木叶陨坠之始)、权舆(植物生长之始)等词,都有开始的意思。

1.002 林[①]、烝[②]、天[③]、帝[④]、皇[⑤]、王、后[⑥]、辟[⑦]、公、侯,君也。

【注释】

①林:君主。《诗·小雅·宾之初筵》:"百礼既至,有壬有~。"毛传:"~,君也。"孔疏:"既至,外来之辞,则君为诸侯之君。" ②烝:国君。《诗·大雅·文王有声》:"文王~哉。"毛传:"~,君也。" ③天:人的头顶。《说文》:"~,颠也。至高无上,从一、大。"指称至高无上的君王。《诗·大雅·荡》:"~降滔德,女兴是力。"毛传:"~,君。" ④帝:君王的称号。《说文》:"~,王天下之号也。"《左传·僖公二十五年》:"今之王,古之帝也。"古又以~指称天神。《字汇·巾部》:"~,上帝,天之神也。"《诗·大雅·文王》:"文王陟降,在~左右。"集传:"~,上帝也。" ⑤皇:《说文》:"~,大君也。"《诗·周颂·桓》:"於昭于天,~以间之。"郑笺:"~,君也。" ⑥后:《说文》:"~,继体君也。"《楚辞·离骚》:"昔三~之纯粹兮,固众芳之所在。"王逸注:"~,君也,谓禹、汤、文王也。" ⑦辟(bì):君王。《书·洪范》:"惟~作福,惟~作威,惟~玉食。"孔传:"言惟君得专威福,为美食。"

【按语】

该条训释词"君"为多义词。王引之《述闻》曰:"君字有二义:一为君上之君,天、帝、皇、王、后、辟、公、侯是也;一为群聚之群,林、烝是也。古者君与群同声,故《韩诗外传》曰:君者群也。"但亦有不同意见,如柳诒徵《中国文化史》即谓:"君主相传号为林蒸。《尔雅》:'林、蒸,君也。'盖古之部落,其酋长多深居山林,故后世译古代林蒸之名,即君主之义。"按,古书"君"又通"群","林"、"烝"(蒸)亦有群聚众多之义。《说文》:"平土有丛木曰林。"《广雅·释诂》:"林,众也。"王念孙疏证:"《周语》:'林钟,和展百事,俾莫不任肃纯恪也。'韦昭注:'林,众也,言万物众盛也。'《白虎通义》云:'六月谓之林钟何?林者,众也,万物成熟,种类众多也。'"对"烝"之义,《诗·大雅·烝民》:"天生烝民,有物有则。"毛传:"烝,众。"《孟子·告子上》引作"蒸"。可见王引之所说,是有文献根据的。黄侃《尔雅略说》指出,王引之《述闻》"其最精者,谓二义不嫌同条:如林烝为群聚之群,天帝为君上之君。"

【译文】

林(君)、烝(国君)、天(至高无上之统治者)、帝(皇帝)、皇(冠冕之王)、王

(统治者)、后(后继之君)、辟(君王)、公(春秋时诸侯)、侯(君主)等词,都有君主的意思。

1.003 弘[①]、廓[②]、宏、溥[③]、介[④]、纯[⑤]、夏[⑥]、幠[⑦]、厖[⑧]、坟[⑨]、嘏[⑩]、丕[⑪]、弈[⑫]、洪、诞[⑬]、戎[⑭]、骏[⑮]、假[⑯]、京[⑰]、硕、濯[⑱]、訏[⑲]、宇[⑳]、穹[㉑]、壬[㉒]、路[㉓]、淫[㉔]、甫[㉕]、景[㉖]、废[㉗]、壮[㉘]、冢[㉙]、简[㉚]、箌[㉛]、昄[㉜]、晊[㉝]、将[㉞]、业[㉟]、席[㊱],大也。

【注释】

①弘:广大,邢疏:"~者,含容之大也。"《诗·大雅·民劳》:"戎虽小子,而式~大。"郑笺:"~,犹广也。" ②廓:宽大。作动词表扩大义。《诗·大雅·皇矣》:"上帝耆之,憎其式~。"毛传:"~,大也。"又《方言》卷一:"张小使大谓之~。" ③溥(pǔ):水大。引申为广大。《说文》:"大也。"《诗·大雅·公刘》:"逝彼百泉,瞻彼~原。"毛传:"~,大。"郑笺:"~,广也。" ④介:郝疏:"~者,乔之假借也。《说文》、《方言》并云:'乔,大也。'经典通作'介'。"《易·晋》:"受兹~福,于其王母。"王弼注:"受兹大福。" ⑤纯:通"奄(chún)"。《说文》:"奄,大也。'经典通作"~"。《诗·小雅·宾之初筵》:"锡尔~嘏。"郑笺:"~,大也。" ⑥夏:大。《方言》卷一:"自关而西,秦晋之间,凡物之壮大而爱伟之谓之~。"《荀子·正论篇》:"令行于诸~之国谓之王。"杨倞注:"~,大也,中原之大国。" ⑦幠(hū):大。《方言》卷一:"东齐海岱之间曰乔,或曰~。"《诗·小雅·巧言》:"无罪无辜,乱如此~。"毛传:"~,大也。" ⑧厖(máng):石大。引申为大。《说文》:"石大也。"段注:"~,引伸之为凡大之称。"《左传·成公十六年》:"民生敦~。"杜预注:"~,大也。" ⑨坟:大土堆。《方言》卷一:"~,地大也。青幽之间,凡土而高且大者谓之~。"引申为大。《诗·小雅·苕之华》:"牂羊~首,三星在罶。"(牂羊:母羊。罶 liǔ:捕鱼的竹器。)毛传:"~,大也。" ⑩嘏(gǔ):远大。《方言》卷一:"秦晋之间,凡物壮大谓之~。"《仪礼·少牢馈食礼》:"以~于主人。"郑注:"~,大也。予主人以大福。" ⑪丕:宏大。《说文》:"~,大也。"《书·大禹谟》:"嘉乃~绩。"孔传:"~,大也。" ⑫弈:阮校作"奕"。《说文》:"奕,大也。"《诗·小雅·巧言》:"~~寝庙,君子作之。"毛传:"~~,大貌。" ⑬诞:大。《书·汤诰》:"~告万方。"孔传:"~,大也。" ⑭戎:大,扩大。《方言》卷一:"~,大也。宋鲁陈卫之间谓之嘏,或曰~。"《诗·周颂·烈文》:"念兹~功,继序其皇之。"毛传:"~,大。" ⑮骏:高大的良马。引申为大。《诗·大雅·文王》:"宜鉴于殷,~命不易。"毛传:"~,大也。" ⑯假:大。《书·大禹谟》:"不自满~。"孔传:"~,大也。" ⑰京:人工筑起的

高丘。《说文》:"人所为绝高丘也。"引申为高大。《左传·庄公二十二年》:"八世之后,莫之与~。"杜预注:"~,大也。" ⑱濯(zhuó):盛大。《诗·大雅·常武》:"不测不克,~征徐国。"毛传:"~,大也。"郑笺:"大征徐国,言必胜也。" ⑲讦(xū):广大。《方言》卷一:"~,大也。中齐、西楚之间曰~。"《诗·大雅·抑》:"~谟定命,远犹辰告。"毛传:"~,大。" ⑳宇:扩大。《荀子·非十二子》:"矞~嵬琐。"杨倞注:"~,大也。放荡恢大也。"王先谦集解引郝懿行曰:"~,张大也。" ㉑穹(qióng):大。《汉书·司马相如传》:"触~石,激堆埼。"颜师古注引张揖曰:"~石,大石也。" ㉒壬(rén):盛大。《诗·小雅·宾之初筵》:"百礼既至,有~有林。"毛传:"~,大。"马瑞辰通释:"~、林,承上百礼言,有~状其礼之大也,有林状其礼之多也。" ㉓路:大。《诗·大雅·生民》:"实覃实讦,厥声载~。"毛传:"~,大也。"郝疏:"~本道路,可以通达,故谓之大。" ㉔淫:郝疏:"~,浸淫,又久雨也。浸久有过度之意,故训为过;过有侈泰之意,故又训为大。"《诗·周颂·有客》:"既有~威,降福孔夷。"毛传:"~,大。" ㉕甫(fǔ):古代男子美称。美大义近,故又为大。《诗·齐风·甫田》:"无田~田,维莠骄骄。"毛传:"~,大也。" ㉖景:日光。引申为广大。《诗·小雅·小明》:"神之听之,介尔~福。"毛传:"介、~,皆大也。" ㉗废:即"奔(fú)"之假借字。《说文》:"奔,大也。"通"~"。《诗·小雅·四月》:"~为残贼。"《释文》云:"又一本作~,大也。" ㉘壮:人体高大。引申为凡物大之称。《说文》:"~,大也。"《诗·小雅·采芑》:"方叔元老,克~其犹。"毛传:"~,大。犹,道也。" ㉙冢(zhǒng):高大的坟墓。《说文》:"~,高坟也。"引申为大。《诗·大雅·绵》:"乃立~土,戎丑攸行。"毛传:"~,大。~土,大社也。" ㉚简:大。《淮南子·说山篇》:"周之~圭,生于垢石。"高诱注:"~圭,大圭。" ㉛箌(zhào):阮校作"菿",草大。引申为大。《诗·小雅·甫田》:"倬彼甫田。"《释文》:"《韩诗》作菿,音同。云:~,卓也。" ㉜昄(bǎn):《说文》:"~,大也。"《诗·大雅·卷阿》:"尔土宇~章,亦孔之厚矣。"毛传:"~,大也。"(土宇:版图。章:明。) ㉝晊(zhì):本又作至,又作胵。王引之《述闻》引王念孙云:"作'至'者是也。作~者,涉上文昄字从日而误。《说文》无~字。其作胵,又~之误也。"至为正字,有大义。《战国策·秦策一》:"商君治秦,法令至行。"高诱注:"至,犹大也。" ㉞将(jiāng):壮大。《方言》卷一:"~,大也。秦晋之间凡人大谓之奘,或谓壮;燕之北鄙、齐楚之郊或曰京,或曰~,皆古今语也。"《礼记·孔子闲居》:"无体之礼,日就月~。"郑注:"~,大也。使民之效礼,日有所成,到月则大矣。" ㉟业:古代乐器架子横木上的大版,刻如锯齿状,用以悬挂钟、鼓、磬等。《说文》:"大版也,所以饰县钟鼓。"(县:今"悬"字。)引申为高大。《诗·大雅·烝民》:"四牡~~,征夫捷捷。"毛传:"~~,言高大也。" ㊱席:宽大。阮校作"蓆"。《诗·郑风·缁衣》:"缁衣之蓆兮,敝予又改作兮。"毛传:"蓆,大也。"

【译文】

弘(广大)、廓(宽大)、宏(广大)、溥(水大)、介(体大)、纯(厚大)、夏(屋大)、幠(大)、厖(石大)、坟(大土堆)、嘏(远大)、丕(宏大)、奕(高大)、洪(水大)、诞(说大话)、戎(扩大)、骏(马大)、假(大)、京(高丘)、硕(体大)、濯(盛大)、讦(广大)、宇(扩大)、穹(高大)、壬(盛大)、路(大)、淫(过大)、甫(男子美称)、景(广大)、废(大)、壮(人体高大)、冢(高大的坟墓)、简(大)、箌(草大)、昄(大)、至(大)、将(壮大)、业(大版)、席(宽大)等词,都有大的意思。

1.004 幠[①]、厖[②],有也。

【注释】

①幠(hū):覆盖。《说文》:"~,覆也。"引申为拥有。《诗·鲁颂·閟宫》:"遂荒大东。"毛传:"荒,有也。"郭注引作"遂~大东"。荒、~声义同。 ②厖(máng):拥有。王念孙曰:"《说文》:'龓,兼有也。从有,龙声。读若聋。'~与龓声近义同。"(王引之《述闻》)

【译文】

幠、厖,都有拥有的意思。

1.005 迄、臻[①]、极[②]、到、赴、来、吊[③]、艐[④]、格[⑤]、戾[⑥]、怀[⑦]、摧[⑧]、詹[⑨],至也。

【注释】

①臻(zhēn):到达。《说文》:"~,至也。"《诗·邶风·泉水》:"遄~于卫,不瑕有害。"毛传:"~,至。"《盐铁论·世务》:"舟车所~,足迹所及,莫不被泽。" ②极:房屋的栋梁。《说文》:"~,栋也。"引申为到达。《诗·大雅·崧高》:"崧高维岳,骏~于天。"郑笺:"~,至也。" ③吊(dì):来到。《诗·小雅·天保》:"神之~矣。"毛传:"~,至也。"《书·盘庚下》:"非废厥谋,~由灵。"孔传:"~,至。" ④艐(jiè):《说文》:"船著沙不行也"(从段注本)。引申为至。同"届"。到达。《史记·司马相如列传》:"纠蓼叫奡蹋以~路兮,蔑蒙踊跃腾而狂趡。"裴骃集解引徐广曰:"~,音介。至也。" ⑤格:到来。《书·舜典》:"帝曰:~,汝舜。"孔传:"~,来。"《礼记·月令》:"(孟夏)行春令,则蝗虫为灾,暴风来~。"郑玄注:"~,至也。" ⑥戾(lì):到达。《诗·小雅·小宛》:"宛彼鸣鸠,翰飞~

天。"毛传:"輸,高。~,至也。" ⑦怀:来到。《方言》卷二:"仪、狢,来也。周郑之郊、齐鲁之间曰狢,或曰~。"《诗·齐风·南山》:"既曰归止,曷又~止?"(归:女子出嫁。)郑笺曰:"~,来也。" ⑧摧:到。《说文》:"~,挤也。"章炳麟《小学答问》:"~犹抵耳。《说文》抵亦训挤,今人谓至曰抵,昔人谓至曰~,其恉则同。凡相挤迫者必至其处,故~、抵同为至。"张衡《东京赋》:"五精帅而来~。"薛综注:"~,至也。言五帝总集至明堂。" ⑨詹(zhān):《方言》卷一:"~,至也。~,楚语也。"《诗·小雅·采绿》:"五日为期,六日不~。"毛传:"~,至也。"郑笺:"五日六日者,五月之日、六月之日也。期至五月而归,今六月犹不至。"

【译文】

迄(到)、臻(到达)、极(房屋的栋梁)、到、赴(前往、趋走)、来(到来)、吊(来到)、艐(到达)、格(到来)、戾(到达)、怀(来到)、摧(挤到)、詹(至)等词,都有到达的意思。

1.006 如①、适②、之③、嫁④、徂⑤、逝⑥,往也。

【注释】

①如:《说文》:"~,从随也。"引申为"到……去"之义。段注:"凡有所往曰~,皆从随之引伸也。"《春秋·庄公二十五年》:"公子友~陈。"孔疏:"~者,往也。" ②适:往,到。《说文》:"~,之也。"段注:"按此不曰往而曰之。……往自发动言之,~自所到言之。"《诗·郑风·缁衣》:"~子之馆兮。"毛传:"~,往。" ③之:到,前往。《诗·魏风·硕鼠》:"乐郊乐郊,谁~永号!"郑笺:"~,往也。" ④嫁:女子出嫁。引申为往。从此处到彼处。郭注:"《方言》云:自家而出谓之~,犹女出为~。"《列子·天瑞篇》:"国不足,将~于卫。"张湛注:"自家而出谓之~。"《战国策·中山策》:"赵自长平已来,君臣忧惧,……四面出~,结亲燕魏,连好齐楚。"郭希汾注:"~,往也。" ⑤徂(cú):往。《方言》卷一:"~,往也。~,齐语也。"《诗·小雅·小明》:"我征~西,至于艽野。"郑笺:"~,往也。" ⑥逝:《说文》:"往也。"《诗·魏风·硕鼠》:"~将去女,适彼乐土。"郑笺:"~,往也。"

【译文】

如(从随)、适(往)、之(到……去)、嫁(女子出嫁)、徂(往)、逝(往)等词,都有往、到……去的意思。

1.007 赉①、贡②、锡③、畀④、予、贶⑤,赐也。

【注释】

①赉(lài):赐予;赠送。《说文》:"~,赐也。"《诗·商颂·烈祖》:"~我思

成。”毛传：“～，赐也。” ②贡：郝疏：“～者，赣（gòng）之假音也。《说文》云：‘赣，赐也。’按古人名字多依雅训。孔子弟子名赐，字子赣，亦其证也。通作‘贡’，今经典赣字多借作贡矣。” ③锡（cì）：通“赐”。赐予。朱骏声《说文通训定声》：“～，假借为赐。”《公羊传·庄公元年》：“王使荣叔来锡桓公命。～者何？赐也。” ④畀（bì）：给予。《说文》：“～，相付与之，约在阁上也。”《左传·昭公十三年》：“是区区者而不余～，余必自取之。”《释文》：“～，与也。” ⑤贶（kuàng）：赐给，赐予。《仪礼·聘礼》：“君～寡君，延及二三老。”郑注：“～，赐也。”

【译文】

赉（赠送）、贡（进献）、锡（赐予）、畀（给予）、予（给予）、贶（赐给）等词，都有给予的意思。

1.008 仪①、若②、祥③、淑④、鲜⑤、省⑥、臧⑦、嘉、令⑧、类⑨、綝⑩、彀⑪、攻⑫、谷⑬、介⑭、徽⑮、善也。

【注释】

①仪：法度，准则。《说文》：“～，度也。”引申为适宜，再引申为善。《国语·鲁语上》：“尧能单均刑法以～民。”韦昭注：“～，善也。” ②若：顺从，和善。郝疏：“～者，《释言》云：‘顺也。’顺理为善。……《汉书·礼乐志》云‘神～宥之’。《韦玄成传》‘钦～稽古’，集注并云：‘～，善也。’” ③祥：吉利，幸福。《说文》：“～，福也。从示，羊声。一云善。”可知～兼福、善二义。《书·伊训》：“作善，降之百～。”孔传：“～，善也。”《左传·成公十六年》：“德、刑、详、义、礼、信，战之器也。”孔疏：“详者～也。古字同耳。……李巡曰：‘～，福之善也。’” ④淑：《说文》：“～，清湛也。”引申为善良、美好。《诗·曹风·鸤鸠》：“～人君子，其仪一兮。”郑笺：“～，善。” ⑤鲜：新鲜，明丽。引申为善、美好。《方言》卷十：“～，好也，南楚之外通语也。”《诗·小雅·北山》：“嘉我未老，～我方将。”郑笺：“嘉、～，皆善也。” ⑥省（xǐng）：察看、察视。《说文》：“～，视也。”引申为使……善。郝疏：“～者，察之善也。明察审视，故又训善。”《礼记·大传》：“大夫士有大事，～于其君。”郑注：“～，善也。” ⑦臧（zāng）：和善，好。《说文》：“善也。”杨树达《积微居小学述林·释臧》：“战败者被获为奴，不得横恣，故～引申有善义。”《诗·小雅·小旻》：“谋～不从，不～覆用。”郑笺：“～，善也。谋之善者不从，其不善者反用之。” ⑧令：发出命令。《说文》：“～，发号也。”引申为美好、善。《诗·大雅·卷阿》：“如圭如璋，～闻～望。”郑笺：“～，善也。” ⑨类：朱骏声《说文通训定声》：“～者，肖也。故又转为善。”《诗·大雅·皇矣》：“其德克明，克明克～。”郑笺：“～，善也，勤施无私曰～。” ⑩綝（chēn）：良善。《广

雅》:"~,止也。"王念孙疏证:"~之言禁也。《说文》:'~,止也。'止有安善之意。故字之训为止者,亦训为善。卷一云:'休、戾,善也。'此云:'~,止也。'《尔雅》云:'~、徽,善也。''徽、戾,止也。''休,戾也。'皆其证矣。"一说:"~通'綝(chēn)',《玉篇》:'綝,善言也。'古无綝字,故借綝为之。"(王引之《述闻》) ⑪彀(gòu):《说文》:"~,张弩也。"后指善射。郝疏:"~者,张弓之善也。射必至于~,犹学必至于善。故~有善义。"《史记·廉颇蔺相如列传》:"~者十万人,悉勒习战。"司马贞索隐:"~谓能射也。" ⑫攻:通"工"。工巧。朱骏声《说文通训定声》:"~,假借为工。"《战国策·西周策》:"败韩、魏、杀犀武……皆白起,是~用兵。" ⑬谷(穀):《说文》:"续也,百谷之总名。"谷物可养人,故引申为善、美好。《管子·禁藏》:"气情不营,则耳目~,衣食足。"尹知章注:"~,善也。" ⑭介:通"价"。善良。朱骏声《说文通训定声》:"~,假借为价。"《汉书·诸侯王表》:"~人惟藩。"颜师古注:"~,善也。……以善人为之藩篱。" ⑮徽:美好。《玉篇·系部》:"~,美也,善也。"《书·舜典》:"慎~五典,五典克从。"孔传:"~,美也。"

【按语】

该条有"二义同条"现象。条中"彀、攻"皆为善长之义,释为"美好"失之牵强,实际上以"善"释之,用的也正是"善"的"善长、善于"这一义项。此处将两组被训释词混合成一组。

【译文】

仪(适宜)、若(和善)、祥(吉利)、淑(美好)、鲜(新鲜)、省(审察之善)、臧(和善)、嘉(美好)、令(美好)、类(美好)、綝(良善)、彀(善长)、攻(善于)、谷(美好)、介(善良)、徽(美好)等词,都有美好的意思。

1.009 舒①、业②、顺③,叙也④。舒、业、顺、叙,绪也⑤。

【注释】

①舒:邢疏:"~者,展舒徐缓有次也。"《诗·大雅·常武》:"王~保作。"《释文》:"~,序也,一本作~,徐也。" ②业:次序,次第。王引之《述闻》:"《(国语)齐语》:'修旧法,择其善者而~用之。'言择旧法之善者而次序用之也。《(国语)晋语四》:'信于事,则民从事有~。'韦昭注:'~,犹次也。'次亦叙也。" ③顺:《说文》:"~,理也。"《释名》:"~,循也,循其理也。"引申为顺序。~与训,古同声通用。《书·洪范》"于帝其训",《史记·宋徽子世家》作"于帝其~"。《法言·河神》:"事得其序之谓训。"训即~。 ④叙:《说文》:"~,次弟也。"《周礼·天官·小宰》:"以官府之六~正群吏。"郑注:"~,秩次也。谓先尊后卑也。"孙诒让正义:"秩次与次第义同。"后又引申为头绪、条理。郝疏:"绪者与~声义同。《说文》云:'绪,丝耑

也’,盖有耑绪可以次叙,故～又训绪也。”三国魏曹植《社颂》:“建国承家,莫不攸～。” ⑤绪:丝头。《说文》:“～,丝耑也。”故引申为头绪、开端之义。《淮南子·精神》:“反覆终始,不知其端～。”又引申为次序之义。《书·大诰》:“诞敢纪其～。”孙星衍疏:“《汉书》作‘诞敢犯祖乱宗之序’。……～与序通。”

【译文】

舒(次叙)、业(次第)、顺(顺序)等词,都有次序的意思。而舒(次叙)、业(次第)、顺(顺序)、叙(次序),又都有头绪的意思。

1.010 怡[①]、怿[②]、悦、欣、衎[③]、喜、愉、豫[④]、恺[⑤]、康[⑥]、妉[⑦]、般[⑧],乐也。

【注释】

①怡:和悦。《礼记·内则》:“下气～声,问衣燠寒。”郑注:“～,说也。”“说”通“悦”。 ②怿(yì):喜悦。《一切经音义》卷一引《尔雅》旧注:“～,意解之乐也。”《礼记·文王世子》:“礼乐交错于中,发形于外,是故其成也～。”郑注:“～,说(悦)怿。” ③衎(kàn):和乐、愉快。《说文》:“～,行喜貌。”《诗·小雅·南有嘉鱼》:“君子有酒,嘉宾式燕以～。”毛传:“～,乐也。” ④豫:安乐。邢疏:“～者,逸乐也。”《诗·小雅·白驹》:“尔公尔侯,逸～无期。”毛传:“尔公尔侯邪,何为逸乐无期以反也?” ⑤恺(kǎi):安乐。《说文》:“～,乐也。”又:“～,康也。”《庄子·天道》:“中心物～,兼爱无私。”《释文》引司马(彪):“～,乐也。” ⑥康:安乐。《逸周书·谥法》:“丰年好乐曰～。”《诗·商颂·烈祖》:“自天降康,丰年穰穰。”郑笺:“天于是下平安之福。” ⑦妉(dān):安乐。《一切经音义》四云:“媅,古文～同。”《说文》:“媅,乐也。”经典通作湛。《诗·小雅·常棣》:“和乐且湛。”《释文》引《韩诗》:“湛,乐之甚也。”又通作耽。《诗·卫风·氓》:“无与士耽。”毛传:“耽,乐也。”陈奂《毛诗传疏》:“凡乐过其节谓之耽。” ⑧般(pán):快乐,游乐。邢疏:“～,游乐也。”《逸周书·祭公》:“允乃诏,毕桓于黎民～。”孔晁注:“～,乐也。”

【译文】

怡(和悦)、怿(喜悦)、悦(愉快)、欣(欢喜)、衎(和乐)、喜(喜悦)、愉(安乐)、豫(逸乐)、恺(安乐)、康(安乐)、妉(安乐)、般(游乐)等词,都有快乐的意思。

1.011 悦[①]、怿[②]、愉[③]、释[④]、宾[⑤]、协[⑥],服也。

【注释】

①悦:愉快。引申为悦服。郭注:“谓喜而服从。”《书·武成》:“大赉于四海,

而万姓～服。"孔传:"天下皆～仁服德。" ②怿(yì):喜悦。引申为悦服。《玉篇·心部》:"服也。"《诗·小雅·节南山》:"既夷既～,如相醻矣。"(夷,平,意指心气平和。醻(chóu):同"酬"。主人进客,劝酒。)毛传:"～,服也。" ③愉:安乐。引申为悦服。郝疏:"～之为言输也,又言谕也。输写其诚谕其志,意皆为屈伏之至,故～训服矣。" ④释:解说,阐释。《说文》:"解也。"引申为心服、服从。邢疏:"～者,释去恨怨而服也。" ⑤宾:邢疏:"～者,怀德而服也。"《书·旅獒》:"明王慎德,四夷咸～。"孔传:"言明王慎德以怀远,故四夷皆宾服。" ⑥协:共同。《说文》:"～,众之同和也。"引申为顺服。邢疏:"～者,和合而服也。"《书·尧典》:"～和万邦,黎民于变时雍。"孔传:"～,合。黎,众。时,是。雍,和也。言天下众民皆变化从上,是以风俗大和。"

【译文】

悦(悦服)、怿(悦服)、愉(悦服)、释(心服)、宾(服从)、协(顺服)等词,都有服从的意思。

1.012 遹[①]、遵、率[②]、循、由、从,自也[③]。遹、遵、率,循也。

【注释】

①遹(yù):遵循。《书·康诰》:"今(治)民将在祇～乃文考,绍闻衣德言。"孔传:"今治民将在敬循汝文德之父,继其所闻,服行其德言以为政教。" ②率(shuài):沿着。《诗·大雅·绵》:"～西水浒,至于岐下。"毛传:"～,循也。"引申为遵循之义。《诗·大雅·假乐》:"不愆不忘,～由旧章。"郑笺:"～,循也。……循用旧典之文章,谓周公之礼法。" ③自:郭注:"～,犹从也。"《诗·小雅·正月》:"好言～口,莠言～口。"郑笺:"～,从也。……善言从女(汝)口出,恶言亦从女口出。女口一尔,善也恶也,同出其中。"

【译文】

遹(遵循)、遵(遵从)、率(沿着)、循(顺着)、由(从)、从(顺着)等词,都有自从的意思。遹(遵循)、遵(遵从)、率(遵循)等词,都有遵从的意思。

1.013 靖[①]、惟[②]、漠[③]、图[④]、询[⑤]、度[⑥]、咨[⑦]、诹[⑧]、究[⑨]、如[⑩]、虑、谟[⑪]、猷[⑫]、肇[⑬]、基[⑭]、访[⑮],谋也。

【注释】

①靖:图谋。《诗·周颂·我将》:"日～四方。"毛传:"～,谋也。" ②惟:思考。《说文》:"～,凡思也。"《诗·大雅·生民》:"载谋载～。"郑笺:"～,思也。" ③漠:通"谟"。谋划。郝疏:"～者,'莫'之假音也。《诗》:'圣人莫之。'毛传:

'莫,谋也。'……《释文》:'～,孙音莫,舍人云:心之谋也。'《诗·巧言》释文:'莫又作～,一本作谟。'《抑》释文:'谟,本亦作～。'是～、谟互通。" ④图:谋划。《说文》:"～,画计难也。"段注:"《左传》曰:'咨难为谋。'画计难者,谋之而苦其难也。"《诗·小雅·常棣》:"是究是～,亶其然乎?"毛传:"～,谋。"孔疏:"汝于是深思之,于是善谋之,信其然者否乎?" ⑤询:谋,查考。《说文》:"～,谋也。"《书·舜典》:"帝曰:'格汝舜,～事考言,乃言厎可绩。'"孔传:"～,谋。"孔疏:"汝所谋事,我考汝言。汝所为之事,皆副汝所谋,致可以立功。" ⑥度(duó):谋虑,忖度。《玉篇》:"～,揆也。"《字汇》:"～,算谋也,料也,忖也。"《书·泰誓上》:"同力～德,同德～义。"孔传:"揆度优劣,胜负可见。" ⑦咨(zī):商议。《左传·襄公四年》:"访问于善为～。"《说文》:"谋事曰～。"《书·尧典》:"～十有二牧。"孔传:"～亦谋也。" ⑧诹(zōu):咨询。《说文》:"聚谋也。"《玉篇》:"～,问正事也。"《诗·小雅·皇皇者华》:"载驰载驱,周爰咨～。"毛传:"访问于善为咨,咨事为～。" ⑨究:谋划。《篇海类编·地理类·穴部》:"～,又参也;谋也。"《诗·大雅·皇矣》:"维彼四国,爰～爰度。"毛传:"～,谋。" ⑩如:通"茹"。忖度,郝疏:"～者与茹同。《释言》云:茹,度也。度亦谋也。茹亦～也。"《诗·周颂·臣工》:"来咨来茹。"郑笺:"咨,谋;茹,度也。"参看2.051条。 ⑪谟:谋略,计策。《说文》:"～,议谋也。"《诗·大雅·抑》:"讦～定命。"毛传:"讦,大;谟,谋。" ⑫猷(yóu):谋略,计划。《书·君奭》:"告君乃～裕。"孔传:"告君汝谋宽饶之道。"孔疏:"～训为谋。" ⑬肇(zhào):同"肇"。开始。引申为图谋。《诗·大雅·江汉》:"～敏戎公。"毛传:"～,谋。"胡承珙《毛诗后笺》:"谓朝庭图谋其有敏大之功。" ⑭基:谋划。王引之《述闻》:"《康诰》曰:周公初～作新大邑于东国洛。郑注以'～'为'谋'。"按:周校作"諅 jì":"原本《玉篇》言部'諅'下引《尔雅》:諅,谋也。" ⑮访:咨询,征求意见。《说文》:"泛谋曰～。"徐锴《说文系传》:"此言泛谋,谓广问于人也。"《书·洪范》:"王～于箕子。"孔疏:"武王～问于箕子,即陈其问辞。"

【译文】

靖(图谋)、惟(思考)、漠(谋划)、图(谋划)、询(查考)、度(谋虑)、咨(商议)、诹(咨询)、究(谋划)、如(忖度)、虑(谋虑)、谟(谋划)、猷(谋略)、肈(图谋)、基(諅,谋划)、访(咨询)等词,都有谋划的意思。

1.014 典[①]、彝[②]、法、则、刑[③]、范[④]、矩[⑤]、庸[⑥]、恒[⑦]、律、戛[⑧]、职[⑨]、秩[⑩],常也[⑪]。

【注释】

①典：经籍。《说文》："～，五帝之书也。"引申为常道，准则。《书·舜典》："慎徽五～，五～克从。"孔传："徽，美也。五～，五常之教：父义、母慈、兄友、弟恭、子孝。" ②彝(yí)：古代青铜祭器的通称。后引申为常规之义。《诗·大雅·烝民》："民之秉～，好是懿德。"毛传："～，常。" ③刑：通"型"。铸造器物的模具。引申为法则。《礼记·礼运》："～仁讲让。"郑注："～犹则也。"孔疏："～则也。民有仁者，用礼赏之以为则也。" ④范：模型。引申为典范，法则。《易·系辞上》："～围天地之化而不过。"孔疏："～谓模范。" ⑤矩：画直角或方形用的曲尺。《正字通·矢部》："～，为方之器。"引申为法度，准则。《孟子·告子上》："大匠诲人必以规～。"赵岐注："规，所以为圆也；～，所以为方也。" ⑥庸：经常，平常。《易·乾》："～言之信，～行之谨。"孔疏："～，常也。从始至末常言之，信实常行之。" ⑦恒：长久，固定不变。《说文》："～，常也。"《孟子·梁惠王上》："无～产而有～心者，惟士为能。" ⑧戛(jiá)：常礼，常法。邢疏："谓常礼法也。"《书·康诰》："不率大～，矧惟外庶子训人。"孔传："～，常也。"孔疏："～犹楷也，言为楷模之常，故～为常也。" ⑨职：正常。《诗·唐风·蟋蟀》："无已大康，～思其居。"俞樾《群经平议》："(毛传)训～为主，于义未安。……～当训为常，犹曰'常思其居'耳。" ⑩秩：常规。《诗·小雅·宾之初筵》："是日既醉，不知其～。"毛传："～，常也。"孔疏："不自知其常礼，言其昏乱，礼无次也。" ⑪常：常规，常法，规律。《易·系辞下》："初率其辞，而揆其方，既有典～。"引申为长久的，固定不变的。《玉篇》："～，恒也。"《荀子·天论》："天行有～。"杨倞注："天自有～行之道也。"

【译文】

典(常道)、彝(常规)、法(法则)、则(准则)、刑(法度)、范(典范)、矩(准则)、庸(经常)、恒(长久)、律(法律)、戛(常礼法)、职(正常)、秩(常规)等词，都有恒久不变的意思。

1.015 柯①、宪②、刑③、范④、辟⑤、律、矩⑥、则，法也。

【注释】

①柯：《说文》："～，斧柄也。"引申为尺度、法度。郝疏："～与矩皆法之所从书，因亦训法也。" ②宪：法令。《汉书·韦贤传》："明明群司，执～靡顾。"颜师古注："言执天子之法，无所顾望也。" ③刑：法度。《诗·大雅·抑》："罔敷求先王，克共明～。"毛传："～，法也。"郑笺："无广索先王之道与能执法度之人乎。"并见1.014。 ④范：法则。《书·洪范》孔传："洪，大；～，法也。言天地之大法。"并见1.014。 ⑤辟：法律。《说文》："～，法也。"《诗·大雅·板》：

"民之多辟(pì),无自立~(bì)。"毛传:"~,法也。"郑笺:"民之行多为邪辟者,乃女君臣之过,无自谓所建为法也。" ⑥矩:法度。《论语·为政》:"七十而从心所欲,不逾~。"《集解》引马注:"~,法也。"并见1.014。

【译文】

柯(法度)、宪(法令)、刑(法度)、范(法则)、辟(法律)、律(法律)、矩(法度)、则(法则)等词,都有法度的意思。

1.016 辜①、辟②、戾③,辠也④。

【注释】

①辜(gū):罪过。《说文》:"~,辠也。"段注:"~本非常重罪,引申之凡有罪皆曰~。"《书·大禹谟》:"与其杀不~,宁失不经。"孔传:"~,罪也。" ②辟:罪行,治罪。《左传·僖公二十三年》:"策名委质,贰乃~也。"杜预注:"~,罪也。" ③戾(lì):《说文》:"~,曲也。"引申为罪恶。郝疏:"~者,曲也,乖也,贪也,暴也,皆与罪名相近,故为罪也。"《诗·大雅·抑》:"哲人之愚,亦维斯~。"毛传:"~,罪也。"郑笺:"贤者而为愚,畏惧于罪也。" ④辠(zuì):同"罪"。《墨子·经上》:"~,犯禁也。"《说文》:"犯法也。……秦以~似皇字,改为罪。"《周礼·天官·甸师》:"王之同姓有~,则死刑焉。"

【译文】

辜(罪过)、辟(罪行)、戾(罪恶)等词,都有犯法的意思。

1.017 黄发①、齯齿②、鲐背③、耇④、老,寿也。

【注释】

①黄发:老人发白,白久则黄,因以黄发为寿高的征象。《诗·鲁颂·閟宫》:"~~台背,寿胥与试。"郑笺:"~~、台背,皆寿征也。"(台背,驼背。) ②齯(ní)齿:郭注:"齿堕更生细者。"谓老寿之人。也作"兒齿"。《诗·鲁颂·閟宫》:"既多受祉,黄发兒齿。"《释文》:"兒,字书作齯。" ③鲐(tái)背:郭注:"背皮如鲐鱼。"谓指老寿之人。亦作"台背"。《诗·大雅·行苇》:"黄耇台背,以引以翼。"毛传:"台背,大老也。"朱熹《集传》:"台,鲐也。大老则背有鲐文。" ④耇(gǒu):老人面部的色素沉淀,俗称寿斑。《说文》:"~,老人面冻黎若垢。"郭注:"~,犹耆也。皆寿考之通称。"《左传·僖公二十二年》:"虽及胡~,获则取之,何有于二毛?"杜预注:"胡~,元老之称。"

【译文】

黄发(高寿)、齯齿(老寿)、鲐背(老寿)、耇(高龄)、老(年老)等词,都有年老长寿的意思。

1.018 允[①]、孚[②]、亶[③]、展[④]、谌[⑤]、诚、亮[⑥]、询[⑦],信也[⑧]。

【注释】

①允:诚实,可信。《说文》:"~,信也。"《方言》卷一:"~,信也。齐鲁之间曰~。"《诗·小雅·车攻》:"~矣君子。"郑笺:"~,信。" ②孚:信誉,信用。邢疏:"谓诚实不欺也。"《诗·大雅·下武》:"永言配命,成王之~。"郑笺:"~,信也。"一说:《说文》:"~,卵~也。"后引申为信用之义。徐锴《说文系传》:"~,信也。鸟之孚卵皆如其期,不失信也。" ③亶(dǎn):确实。《诗·小雅·常棣》:"是究是图,~其然乎!"毛传:"~,信也。"郑笺:"女深谋之,信其如是。" ④展:真是,诚然。张衡《思玄赋》:"聆广乐之九奏兮,~泄泄以肜肜。"旧注:"~信也。"《方言》卷一:"~,信也。荆吴淮汭之间曰~。" ⑤谌(chén):信,相信。《书·咸有一德》:"天难~,命靡常。"孔传:"以其无常,故难信。"《书·君奭》:"天命不易,天难~。"孔传:"天命不易天难信。"《方言》卷一:"~,信也。燕岱东齐曰~。" ⑥亮:通"谅"。诚信。《方言》卷一:"众信曰谅。"《一切经音义》卷十七引《尔雅》旧注:"谅,知之信也。"《孟子·告子下》:"君子不~,恶乎执?"赵岐注:"~,信也。《易》曰:君子履信思顺。若为君子之道,舍信将安所执之邪?" ⑦询:确实。郝疏:"~者,恂少假音也。《说文》云:恂,信心也。《方言》云:信也。"经典通作洵。《诗·郑风·溱洧》:"洵讦且乐。"郑笺:"洵,信也。"《释文》:"洵,《韩诗》作~。"《方言》卷一:"~,信也。宋卫曰~。" ⑧信:确实,诚实。《说文》:"~,诚也。"《贾子·道术》:"期果言当谓之~。"《墨子·经上》:"~,言合于意也。"

【译文】

允(诚实可信)、孚(信用)、亶(确实)、展(诚然)、谌(相信)、诚(真实)、亮(诚信)、询(确实)等词,都有诚实的意思。

1.019 展[①]、谌[②]、允[③]、慎[④]、亶[⑤],诚也[⑥]。

【注释】

①展:诚然,诚实。《诗·小雅·车攻》:"~也大成。"郑笺:"~,诚也。"陈奂《毛诗传疏》:"诚能成其大功也。"并见1.018。 ②谌(chén):真诚,诚信。《诗·大雅·荡》:"天生烝民,其命匪~?"毛传:"~,诚也。"郑笺:"天之生此众民,其教道之,非当以诚信使之忠厚乎?"并见1.018。 ③允:诚信。《诗·大雅·常武》:"王犹~塞。"孔疏:"王之谋虑,信而诚实。"并见1.018。 ④慎:确

实。《诗·小雅·巧言》:"予~无辜。"毛传:"~,诚也。"俞樾《群经平议》卷十:"~、真古通用,'予~无辜,'犹云予真无罪、予真无辜耳。" ⑤亶(dǎn):诚意,诚信。《诗·大雅·板》:"不实于~。"毛传:"~,诚也。"郑笺:"不能用实于诚信之言。"并见1.018。 ⑥诚:真实,真心。《说文》:"~,信也。"《贾子·道术》:"志操精果谓之~。"《诗·大雅·崧高》:"谢于~归。""郑笺:"谢于~归,~归于谢。"孔疏:"言谢于~归,正是~心归于谢国。~归者,决意不疑之辞。"

【译文】

展(诚实)、谌(真诚)、允(诚信)、慎(确实)、亶(诚信)等词,都有真实的意思。

1.020 谑[①]、浪[②]、笑、敖[③],戏谑也。

【注释】

①谑(xuè):开玩笑。《说文》:"~,戏也。"《诗·大雅·板》:"无然~~。"毛传:"~~然,喜乐。" ②浪(làng):放荡,放纵。《广韵·宕韵》:"~,谑~。"《诗·邶风·终风》:"谑~笑敖。"朱熹传:"~,放荡也。" ③敖:《说文》:"~,出游也。从出,从放。"段注:"从放,取放浪之意。"故引申为戏谑之义。郭注:"谓调戏也。"《管子·四称》:"诛其良臣,~其妇女。"

【译文】

谑(开玩笑)、浪(放荡)、笑(讥笑)、敖(调戏)等词,都有戏谑的意思。

1.021 粤[①]、于[②]、爰[③],曰也[④]。爰、粤,于也。

【注释】

①粤(yuè):句首、句中助词,无实义。刘淇《助字辨略》卷五:"《史记·周本纪》:'~詹雒伊,毋远天室。'此~字在句首,发语辞也。《汉书·叙传》:'尚~其几,沦神域兮。'此~字在句中,助语辞也。"又:连词。表示承接关系,相当于"于是"。王引之《经传释词》卷二:"《尔雅》曰:'~,于也。'又曰:'~,於也。'字亦作'越'。《夏小正》曰:'越有小旱。'《传》曰:'越,于也。'于,犹今人言'于是'也。" ②于:句首、句中助词,无实义。如《诗·大雅·江汉》:"~疆~理。"《诗·周南·葛覃》:"黄鸟~飞。"又:连词。和。王引之《经传释词》卷一:"~,与也,连及之词。"《书·多方》:"不克敬~和,则无我怨。" ③爰(yuán):句首、句中助词,无实义。朱骏声《说文通训定声》:"~,假借为粤、为曰,皆发声之词。"如《诗·邶风·凯风》:"~有寒泉,在浚之下。"《诗·小雅·皇皇者华》:"载驰载驱,周~咨诹。"又:连词。相当"与"、"于是"。《书·无逸》:"作其即位,~知小人之

依，能保惠于庶民。"孔传："起就王位，于是知小人之所依。"又：介词，相当于"于"、"於"。《书·盘庚下》："乃正厥位，绥～有众。"孔传："安于有众，戒无戏怠。" ④曰：助词，无实义。用于句首、句中。如《诗·豳风·七月》："～为改岁，……～杀羔羊。"《诗·豳风·东山》："我东～归，我心西悲。"

【译文】

粤（句首、句中助词）、于（句首、句中助词）、爰（句首、句中助词）等词，都相当于句首、句中助词"曰"。爰（连词，于是）、粤（连词，于是）等词，都相当于连词"于是"。

1.022 爰①、粤②、于③、那④、都⑤、繇⑥，於也⑦。

【注释】

①爰（yuán）：介词。相当于"於"。《书·盘庚下》："绥～有众。"孔传："安于有众。"参看1.021。 ②粤：或写作越。《汉书·叙传》："尚～其几。"《文选·幽通赋》作"尚越其几"。越作介词，相当"在"。《书·吕刑》："越兹丽刑。"孔传："于此施刑。"参看1.021。 ③于：介词。相当于"在""用""为"等。《诗·召南·采蘩》："～以采蘩？～沼～沚。"毛传："～，於也。"《书·洛诰》："听朕教汝～棐民彝。"孔传："听我教汝於辅民之常。"参看1.021。 ④那（nuó）：介词，对于。《国语·越语下》："上天降祸于越，委制于吴，吴人之～不穀，亦又甚焉。"韦昭注："～，於也。" ⑤都（dū）：介词，在。《史记·司马相如列传》："揆厥所元，终～攸卒。"裴骃《史记集解》引《汉书音义》曰："～，於；卒，终也。" ⑥繇（yóu）：介词。通"由"。相当于"自"、"从"、"用"、"经过"等。朱骏声《说文通训定声》："～，假借为由。"《汉书·循吏传序》："及至孝宣，～仄陋而登至尊。"颜师古注："～与由同。" ⑦於（yú）：介词，也作"于"。相当于"在"、"给"、"与"、"向"、"以"、"用"、"为了"、"被"、"对"、"对于"、"到"、"自"、"从"、"按照"、"在于"、"比"等。

【译文】

爰（介词）、粤（介词）、于（介词）、那（介词，对于）、都（介词，在）、繇（介词，由）等词，都相当于介词"於"。

1.023 敆①、郃②、盍③、翕④、仇⑤、偶、妃⑥、匹⑦、会，合也⑧。

【注释】

①敆（gě）：同"合"。《说文》："～，合会也。"段注："今俗云～缝。"徐灏《说文解字注笺》："合、～古今字。" ②郃（xiá）：对合。郭注："皆谓对合也。"邢疏："～者，和合也。" ③盍（hé）：聚合。《易·豫》："勿疑朋～簪。"王弼注："勿疑则朋

合疾也。~,合也;簪,疾也。"杜甫《杜位宅守岁》:"~簪喧枥马,列炬散林鸦。"仇兆鳌注:"~簪,取朋友聚合之意。" ④翕(xī):收敛,闭合。《说文》:"~,起也。"段注:"~从合者,鸟将起必敛翼也。"《荀子·议兵》:"代~代张,代存代亡。"杨倞注:"~,敛也。" ⑤仇(qiú):伴侣,配偶。《说文》:"~,雠也。"段注:"雠犹应也。《左传》曰:'嘉偶曰妃,怨偶曰~。'……~为怨匹,亦为嘉偶。"《诗·周南·兔罝》:"赳赳武夫,公侯好~。"孔疏:"毛(传)~皆为匹。" ⑥妃:配偶。《说文》:"~,匹也。"段注:"人之配偶亦曰匹。~本上下通称,后人以为贵称耳。"王筠《说文句读》:"~本匹偶之通名。"《礼记·曲礼下》:"天子之~曰后。" ⑦匹:配偶。《公羊传·宣公三年》:"自内出者,无~不行。"何休注:"~,合也。无所与会合则不行。" ⑧合:《说文》:"~,合口也。"引申为聚合,聚集。《论语·宪问》:"桓公九~诸侯,不以兵车,管仲之力也。"又引申为配偶。《诗·大雅·大明》:"文王初载,天作之~。"毛传:"~,配也。"

【按语】

本条为"二义同条"现象。被训释词中"敆、郃、盍、翕、会",都有"聚合"的意思,而"仇、偶、妃、匹"则都有"配偶"的意思。训释词"合"既有"聚合"义,也有"配偶"义,故一起释之。

【译文】

敆(会合)、郃(对合)、盍(聚合)、翕(收敛、闭合)、仇(配偶)、偶(配偶)、妃(配偶)、匹(配偶)、会(会合)等词,都有聚合、配偶的意思。

1.024 仇、雠[①]、敌[②]、妃、知[③]、仪[④],匹也。

【注释】

①雠(chóu):对答。《玉篇》:"~,对也。"引申为相当、对等、俦匹的意思。郭注:"犹俦也。"《广雅·释诂一》:"~,辈也。"《书·召诰》:"予小臣,敢以王之~民百君子。"孔疏:"~训为匹。" ②敌:《方言》卷二:"~,匹也。自关而西秦晋之间物力同者谓之~。"《战国策·秦策五》:"四国之兵~。"高诱注:"~,强弱等也。" ③知:匹配。《诗·桧风·隰有苌楚》:"夭之沃沃,乐子之无~。"郑笺:"~,匹也。"(夭:草木茂盛。沃沃:茂盛的样子。) ④仪:匹配。《诗·鄘风·柏舟》:"髧彼两髦,实维我~。"毛传:"~,匹也。"

【译文】

仇(匹配)、雠(俦匹)、敌(同等)、妃(匹配)、知(匹配)、仪(匹配)等词,都有匹配、相当的意思。

1.025 妃、合、会,对也。妃,媲也[①]。

【注释】

①媲(pì):匹配,配偶。《说文》:"~,妃也。"《广韵》:"~,配也。"《诗·大雅·皇矣》:"天立厥配。"毛传:"配,~也。"孔疏:"妃字音亦为配。《释诂》云:'妃,~也。'某氏曰:诗云'天立厥妃'。是毛读配如妃,故为~也。"

【译文】

妃(匹配)、合(合口)、会(会合)等词,都有对合的意思。妃(匹配)一词,是匹配、配偶的意思。

1.026 绍[①]、胤[②]、嗣、续、纂[③]、緌[④]、绩[⑤]、武[⑥]、系[⑦],继也。

【注释】

①绍:继承,接续。《说文》:"~,继也。"《诗·周颂·访落》:"~庭上下,陟降厥家。"郑笺:"~,继也。"朱熹《集传》:"继其上下于庭,陟降于家。" ②胤(yìn):后嗣。《说文》:"~,子孙相承续也。"引申为继续。《书·洛诰》:"予乃~保,大相东土,其基作民明辟。"孔传:"我乃继文、武安天下之道。" ③纂(zuǎn):继承。周校:原本《玉篇》"所据《尔雅》传本此条'~'字作'缵'。"《说文》:"缵,继也。"朱骏声《说文通训定声》:"~,假借为缵。"《礼记·祭统》:"献公乃命成叔,~乃祖服。"郑注:"~,继也。服,事也。献公反国命成子,继女(汝)祖庄叔之事。" ④緌(ruí):古代帽带结子的下垂部分。郝疏:"《说文》:'系冠缨也。'《玉篇》作'继冠缨也'。冠缨所以继者,郑注《士冠礼记》云:'~,缨饰。'盖于缨上别加~连缀为饰,故云继也。通作蕤。《汉书·律历志》云:'蕤,继也。'" ⑤绩:绩麻。《说文》:"~,缉也。"引申为继承。《左传·昭公元年》:"子盍亦远~禹功而大庇民乎?"杜预注:"劝赵孟使纂禹功。"《穀梁传·成公五年》:"伯尊其无~乎?"范甯注:"~或作续,谓无继嗣。" ⑥武:足迹。《尔雅·释训》:"~,迹也。"引申为继续,继承。《诗·大雅·下武》:"下~维周,世有哲王。"毛传:"~,继也。"郑笺:"后人能继先祖者,维有周家最大。" ⑦系:联接。段注:"~者,垂统于上而承于下也。"引申为继承。《后汉书·班彪传下》:"~唐统,接汉绪。"李贤注:"言光武能继唐尧之统业也。"

【译文】

绍(继承)、胤(后嗣)、嗣(继承)、续(继续)、纂(继承)、緌(继续)、绩(绩麻)、武(足迹)、系(联接)等词,都有继续的意思。

1.027 忥[①]、谥[②]、溢[③]、蛰[④]、慎[⑤]、貉[⑥]、谧[⑦]、顗[⑧]、頠[⑨]、密[⑩]、宁,

静也。

【注释】

①忥(xì):通"塈(xì)",休息。《广雅·释诂二》:"～,息也。"王念孙疏证:"《尔雅》:'～,静也。'静即休息之意。《诗·邶风·谷风》:'伊余来塈。'《大雅·假乐》篇:'民之攸塈',毛传并云:'塈,息也。'塈与～通。" ②谥(shì):朱骏声《说文通训定声》:"～,假借为谧。《尔雅·释诂》:'～,静也。'盖形之讹。"《说文》:"谧,静语也。"引申为静。 ③溢:通"恤"。《说文》:"恤,静也。"《诗·周颂·维天之命》"假以～我",《左传·襄公二十七年》引作"何以恤我"。段注:"～者,恤之字误;"恤者,"恤之假借。"一说:通"谧"。《周颂》"假以～我",《说文》"诐"字下引作"诐以谧我"。段注以"谧"为本义,"～"为假借。黄侃《音训》指出:"谥、～、谧同字并见,皆当作恤,静也。" ④蛰(zhé):动物冬眠,潜伏起来不食不动。《说文》:"～,藏也。"段注:"凡虫之伏为～。"《易·系辞下》:"龙蛇之～,以存身也。"虞翻注:"～,潜藏也。"郝疏云:"潜藏与安静义近。"一说:～(蟄)为艺(藝)之字误。周校:"原本《玉篇》云部'艺'下引'《尔雅》:艺,静也。'刘师培《左盦集·尔雅误字考》谓'～'即'艺'字之讹。"按《广韵·祭韵》"艺"字有"静也"的义项。 ⑤慎:谨慎。《说文》:"～,谨敀。"引申为安静之义。黄侃《音训》:"《易·系辞传》:'是以(君子)～密不出也。'是～、密同义。密训静,～亦训静。" ⑥貉:同"貊(mò)"。安静。《诗·大雅·皇矣》:"貊其德音。"毛传:"貊,静也。" ⑦谧(mì):安宁,寂静。《说文》:"～,静语也。一曰无声也。"《广韵》:"～,安也。"蔡邕《陈太丘碑文序》:"政以礼成,化行有～。" ⑧顗(yǐ):郝疏:"《说文》:'～,谨庄貌。'谨庄与静义近,谨又慎字之训,故《玉篇》云:'～,静也。'" ⑨頠(wěi):《说文》:"～,头闲习也。"引申为安静、安详之义。郝疏:"闲习与静义亦相成。"周伯琦《天马行应制作》:"耸身直欲凌云霄,盘辟丹墀却闲～。" ⑩密:静默。《集韵·质韵》:"～,默也。"《书·舜典》:"三载,四海遏～八音。"孔传:"～,静也。"

【译文】

忥(休息)、谥(静)、溢(静)、蛰(潜藏)、慎(谨慎)、貉(安静)、谧(寂静)、顗(谨庄)、頠(安静)、密(静默)、宁(安宁)等词,都有安静的意思。

1.028 陨、碣①、湮②、下、降、坠、摽③、蘦④,落也。

【注释】

①碣(yǔn):同"陨"。坠落。《说文》:"～,落也。《春秋传》曰:'～石于宋五。'"段注:"～与陨音义同。陨者,从高下也。"《列子·周穆王》:"化人移之。王若～虚焉。"张湛注:"～,坠也。" ②湮(yān):沉没,没落。郭注:"～,沈落也。"《文

选·司马相如〈封禅文〉》："纷纶葳蕤，～灭而不称者，不可胜数。"李善注："～，没也。" ③摽(biào)：落下。《诗·召南·摽有梅》："～有梅，其实七兮。"毛传："～，落也。"本作"𠬪"，《说文》："𠬪，物落也，上下相付也。读若《诗》'～有梅。'" ④蘦(líng)：通"零"。郝疏："《说文》云：'零，徐雨也。'按：零落宜用此字。"《楚辞·远游》："微霜降而下沦兮，悼芳草之先零。"旧注："古本零作～。"

【译文】

陨(坠落)、磒(坠落)、湮(没落)、下(下落)、降(降落)、坠(坠落)、摽(落下)、蘦(零落)等词，都有下落的意思。

1.029 命①、令②、禧③、畛④、祈⑤、请⑥、谒⑦、讯⑧、诰⑨，告也。

【注释】

①命：命令。《说文》："～，使也。"引申为告诉、奉告之义。《国语·吴语》："吾问于王孙包胥，既～孤矣，敢访诸大夫。"韦昭注："～，告之。" ②令：发出命令。《说文》："～，发号也。"引申为告诉。《诗·秦风·车邻》："未见君子，寺人之～。"郑笺："欲见国君者必先令寺人使传告之。" ③禧(xǐ)：郝疏："～者，《说文》云'礼吉也'，邵氏晋涵《正义》据徐锴本'礼吉'作'礼告'，与此义合矣。"黄侃《音训》："～之言诲也。诲训晓、教，亦告之义。～训告，犹诲训晓矣。晓、告声又近。" ④畛(zhěn)：祝告，致意。邢疏："～者，致告也。"《礼记·曲礼下》："临诸侯，～于鬼神。"郑玄注："～，致也。祝告致于鬼神辞也。" ⑤祈：向上天或神明祷告求福。《说文》："～，求福也。"《诗·大雅·行苇》："酌以大斗，以～黄耇。"毛传："～，报也。"郑笺："以告黄耇之人。" ⑥请：邢疏："～者，言告也。"《仪礼·乡射礼》："主人答，再拜，乃～。"郑玄注："～，告也，告宾以射事。" ⑦谒(yè)：禀告，陈述。一般用于卑幼对尊长。《说文》："～，白也。"《仪礼·聘礼》："乃～关人。"郑玄注："～，告也。" ⑧讯：《说文》："～，问也。"引申为告诉。《诗·小雅·雨无正》："凡百君子，莫肯用～。"郑笺："～，告也。" ⑨诰(gào)：告诉。特指上告下。《说文》："～，告也。"段注："以言告人，古用此字，今则用告字，以此～为上告下之字。"《易·姤》："后以施命～四方。"

【译文】

命(奉告)、令(告诉)、禧(告福)、畛(祝告)、祈(告求)、请(告诉)、谒(禀告)、讯(告诉)、诰(告诉)等词，都有告诉的意思。

1.030 永①、悠②、迥③、违④、遐⑤、逷⑥、阔⑦，远也。永、悠、迥、远，遐也。

【注释】

①永:水势长流的样子。《说文》:"～,长也。"引申为长远、久远。段注:"～,引申之,凡长皆曰～。"《书·高宗肜日》:"降年有～有不～。"孔传:"言天之下年与民,有义者长,无义者不长。" ②悠:遥远,长久。《诗·周颂·访落》:"於乎～哉,朕未有艾。"毛传:"～,远。"陈奂《毛诗传疏》:"远,读'任重而道远'之远。" ③迥(jiǒng):《说文》:"～,远也。"《史记·司马相如列传》:"～阔泳沫。"裴骃集解:"～,远。"《文选·封禅文》作"遐阔泳沫"。 ④违:《说文》:"～,离也。"引申为远。《左传·僖公九年》:"天威不～,颜咫尺。"杜预注:"言天鉴察不远,威严常在颜面之前。"《国语·鲁语上》:"今命臣更次于外,为有司之以班命事也,无乃～乎?"韦昭注:"～,远也。" ⑤遐(xiá):《说文新附》:"～,远也。"《书·太甲下》:"若升高,必自下;若陟～,必自迩。"《诗·周南·汝坟》:"既见君子,不我～弃。"毛传:"～,远也。" ⑥逷(tì):同"逖"。《说文》:"逖,远也。～,天下逖。"《书·秦誓下》:"逖矣西土之人。"郭注引作"～矣西土之人"。《史记·周本纪》作"远矣西土之人"。《诗·大雅·抑》:"用戒戎作,用～蛮方。"毛传:"～,远也。" ⑦阔:疏远。《说文》:"～,疏也。"邢疏:"～者相疏远也。"《诗·邶风·击鼓》:"于嗟～兮,不我活兮。"郑笺:"离散相远。"孔疏:"与我相疏远。"

【译文】

永(长远)、悠(遥远)、迥(遥远)、违(远)、遐(远)、逷(远)、阔(疏远)等词,都有远的意思。永(长远)、悠(遥远)、迥(遥远)、远(遥远)等词,都有遥远的意思。

1.031 亏①、坏、圮②、垝③,毁也。

【注释】

①亏:《说文》:"～,气损也。"引申为毁坏之义。《诗·鲁颂·閟宫》:"不～不崩,不震不腾。"郑笺:"～、崩皆谓毁坏也。" ②圮(pǐ):毁坏,坍塌。《说文》:"～,毁也。"《释文》引孙炎曰:"～,岸毁也。"《书·尧典》:"方命～族。"孔传:"～,毁。" ③垝(guǐ):毁坏,坍塌。《说文》:"～,毁垣也。"《诗·卫风·氓》:"乘彼～垣,以望复关。"毛传:"～,毁也。"

【译文】

亏(毁坏)、坏(毁坏)、圮(坍塌)、垝(坍塌)等词,都有毁坏的意思。

1.032 矢①、雉②、引③、延④、顺⑤、荐⑥、刘⑦、绎⑧、尸⑨、旅⑩,陈也⑪。

【注释】

①矢：陈述，陈列。杨树达《尔雅略例》："～、雉、尸同训陈，《说文》尸象人卧形，故有陈义，～训弓弩矢，知尸为本字，而～为尸之假字也。"《书·大禹谟》："皋陶～厥谟。"孔传："～，陈也。"孔疏："皋陶为帝舜陈其谋。"《左传·隐公五年》："公～鱼于棠。"杜预注："～，亦陈也。" ②雉(zhì)：陈列。郝疏："～者，从矢声，与矢义同。"阮元《揅经室一集·释矢》认为"矢"声寓有"自此直施而去之彼"的意思："义生于音。凡人引弓发矢，未有不平引延陈而去止于彼者(《尔雅》："矢、～、引、延，陈也。")，此义即此音也。"一说：～为尸的假借字。见杨树达《尔雅略例》。 ③引：陈述，陈列。王引之《述闻》："《王制》、《内则》并曰：'凡三王养老皆～年'，～年者，陈叙其年齿之多寡也。……文六年《左传》曰：'陈之艺极，～之表仪。'～亦陈也。" ④延：布陈。邢疏："～，铺陈也。"《国语·晋语七》："使张老～君誉于四方。"韦昭注："～，陈也。陈君之称誉于四方。" ⑤顺：《说文》："～，理也。"引申为陈列。王引之《述闻》："古者谓陈为～。《聘礼》曰：'陪鼎当内廉东西北上，上当碑南陈。'《乡饮酒礼》曰：'篚在洗西南肆。'《士冠礼》曰：'洗有篚在西南～。'或言'南陈'，或言'南肆'，或言'南～'，其义一而已矣。" ⑥荐：陈说，陈设。郝疏："～进与延引义近，～、藉与铺陈义近，故又为陈也。"《左传·昭公二十年》："其祝史～信，无愧心矣。"杜预注："祝史陈说之，无所愧。" ⑦刘：陈，铺陈。王引之《述闻》："《逸周书·叙》曰：'文王唯庶邦之多难，谨典以匡谬，作～法。'～法者，陈法也。" ⑧绎：《说文》："～，抽丝也。"引申为陈述、陈列之义。《书·君陈》："庶言同则～。"孔传："众言同则陈而布之。"《礼记·射礼》："射之为言者～也，或曰舍也。～者，各～已之志也。"孔疏："～，陈也。言陈已之志。" ⑨尸：《说文》："～，陈也。象卧之形。"《白虎通·崩薨》："～之为言失也，陈也，失气亡神，形体独陈。" ⑩旅：铺陈、陈列。《左传·庄公二十二年》："庭实～百，奉之以玉帛。"杜预注："～，陈也。百言物备。" ⑪陈(chén)：排列，陈列。《广雅·释诂一》："～，列也。"《楚辞·九歌·东皇太一》："～竽瑟兮浩倡。"王逸注："～，列也。浩，大也。言己又陈列竽瑟，大倡作乐，以自竭尽也。"

【译文】

矢(陈列)、雉(陈列)、引(陈列)、延(布陈)、顺(陈列)、荐(陈设)、刘(铺陈)、绎(陈列)、尸(陈列)、旅(陈列)等词，都有陈列的意思。

1.033 尸①、职②，主也③。

【注释】

①尸：主持，执掌。《诗·召南·采蘋》："谁其～之，有齐季女。"毛传："～，

主。"郑笺:"主设羹者,季女则非礼也。" ②职:主宰,掌管。邢疏:"谓为之主宰也。"《左传·昭公二十一年》:"夫乐,天子之~也。"杜预注:"~,所主也。" ③主:灯心。《说文》:"~,镫中火主也。"引申为掌管、主持之义。《广韵·麌韵》:"~,掌也。"《孟子·万章上》:"使之~事而事治,百姓安之。"

【译文】

尸(主持、执掌)、职(主宰、掌管)等词,都有掌管、主持的意思。

1.034 尸①,寀也②。寀、寮③,官也。

【注释】

①尸:古代祭祀时代表死者受祭的活人。《仪礼·士虞礼》"祝迎~。"郑注:"~,主也。孝子之祭不见亲之形象,心无所系,立~,而主意焉。"引申为神主之位。《庄子·逍遥游》:"庖人虽不治庖,~祝不越樽俎而代之矣。"成玄英疏:"~者,大庙中神主也。" ②寀(cǎi):同"采"。古代卿大夫受封的土地。邢疏:"~,谓~地。主事者必有~地。~,采也,采取赋税,以供己有。云官地为~者,《礼运》云,大夫有采以处其子孙是也。"故可引申为官职之义。《文选·司马相如〈封禅文〉》:"以展~错事。"李善注:"以展其官职,设错事业也。" ③寮(liáo):同"僚"。官吏,也指一起做官的人。郭注:"同官为~。"《诗·大雅·板》:"我虽异事,及尔同~。"毛传:"~,官也。"

【译文】

尸(神主)一词,有官位的意思。寀(官职)、寮(官吏)等词,都有官职的意思。

1.035 绩①、绪②、采③、业、服④、宜⑤、贯⑥、公⑦,事也。

【注释】

①绩:功业,成绩,郝疏:"~,取缉续之名,与成实之义近。"《广韵》:"~,功业也。"《诗·大雅·文王有声》:"丰水东注,维禹之~。"毛传:"~,业皇大也。" ②绪:前人遗留的事业。《广雅·释诂四》:"~,业也。"《诗·鲁颂·闷宫》:"缵禹之~。"毛传:"~,业也。" ③采:事业。《书·尧典》:"帝曰:'畴咨若予~?'"孔传:"~,事也。复求谁能顺我事者。" ④服:从事。《广韵·屋韵》:"~,服事。"《论语·为政》:"有事,弟子~其劳。"《汉书·徐乐传》:"此陛下之所~也。"颜师古注:"~,事也。" ⑤宜:《说文》:"~,所安也。"引申为事宜,适宜的事。《礼记·月令》:"天子乃与公卿大夫共饬国典,论时令,以待来岁之~。" ⑥贯:事。《论语·先进》:"仍旧~。"何晏集解:"~,事也。因旧事则可也。"又服事,侍奉。《诗·魏风·硕鼠》:"三岁~女,莫我肯顾。"毛传:"~,事也。" ⑦公:公

事。《诗·召南·采蘩》:"被之僮僮,夙夜在~。"郑笺:"~,事也。早夜在事。"

【译文】

绩(功业)、绪(前人遗业)、采(事业)、业(事业)、服(从事)、宜(事宜)、贯(服事)、公(公事)等词,都有事业、从事的意思。

1.036 永①、羕②、引、延、融③、骏④,长也。

【注释】

①永:深长。《说文》:"~,长也,象水巠理之长。"段注:"引申之,凡长皆曰~。"《书·尧典》:"日~星火。"孔传:"~,长也。" ②羕(yàng):水流悠长。郝疏:"~者与永同意。《说文》云:'~,水长也。'引《诗》'江之~矣'。'永'下引《诗》:'江之永矣。'" ③融:长久。《方言》卷一:"~,长也。宋、卫、荆、吴之间曰~。"《诗·大雅·既醉》:"昭明有~,高朗令终。"毛传:"~,长。"孔疏:"郑以为天既助汝王以光明之道,不但一时而已,又使之长远也。" ④骏:大而长。邢疏:"~者,长大也。"《诗·小雅·雨无正》:"浩浩昊天,不~其德。"毛传:"~,长也。"

【译文】

永(深长)、羕(水流悠长)、引(拉长)、延(延长)、融(长久)、骏(大而长)等词,都有长远的意思。

1.037 乔①、嵩②、崇③,高也。崇④,充也。

【注释】

①乔:《说文》:"~,高而曲也。"《诗·小雅·伐木》:"伐木丁丁,鸟鸣嘤嘤。出自幽谷,迁于~木。" ②嵩(sōng):山高。后泛指高大。《汉书·扬雄传》:"瞰帝唐之~高兮。"颜师古注:"~亦高也。" ③崇:《说文》:"~,嵬高也。"本指山大而高。段注:"~之引申,为凡高之称。"《诗·周颂·良耜》:"积之栗栗,其~如墉。"郑笺:"言积之高大。" ④崇:充满,盛满。郭注:"亦为充盛。"《仪礼·燕礼》:"主人不~酒。"郑注:"~,充也。"

【译文】

乔(高大而曲)、嵩(山高)、崇(山大而高)等词,都有高的意思。崇,有充盛的意思。

1.038 犯①、奢②、果③、毅④、克⑤、捷、功⑥、肩⑦、堪⑧,胜也⑨。

【注释】

①犯:胜。郝疏:"~者,《说文》云'侵也',《小尔雅》云'突也',《玉篇》云'抵

触也'。《曲礼》云:'介胄则有不可~之色。'《左传》云:'蒙皋比而先~之。'皆谓以气陵轹于人,故~训胜。" ②奢:《说文》:"~,张也。"引申为胜过、过分之意。张衡《西京赋》:"彼肆人之男女,丽美~乎许史。"薛综注:"言长安市井之人,被服皆过此二家。" ③果:郭注:"得胜也。《左传》曰:'杀敌为~。'"《广韵·果韵》:"~,克也。"~本作"惈"。玄应《一切经音义》卷九:"《苍颉篇》:'惈,憨也。杀敌为惈。'《尔雅》:'惈,胜也。'孙炎曰:'惈',决之胜也。" ④毅:阮校:"~当为衍字。"王念孙《尔雅郝注刊误》:"《尔雅校勘记》以'~'为衍字。甚确。当从之。"今译从之。 ⑤克(kè):战胜。《史记·龟策列传》:"夫汤伐桀,武王~纣,其时使然。" ⑥功:胜。郝疏:"~者,……《大司马》云'若师有~',又云'师不~',关注:'~,胜也'。" ⑦肩:克服。郭注:"~即克也。"《书·盘庚下》:"式敷民德,永~一心。"杨树达《读书记》:"~,克也,胜也,今言克服。" ⑧堪:通"戡"。攻克,平定。郝疏本作"戡",云:"戡者,《书序》云:'西伯戡黎。'正义引孙炎曰:'戡,强之胜也。'" ⑨胜(shèng):胜过,超过。《论语·雍也》:"质~文则野,文~质则史。"又克服,制服,胜利。《孟子·梁惠王上》:"邹人与楚人战,则王以为孰~?"

【译文】

犯(胜)、奢(张)、果(得胜)、克(战胜)、捷(胜利)、功(胜)、肩(克服)、堪(通"戡",攻克)等词,都有胜过的意思。(毅一词为衍文。)

1.039 胜、肩、戡[①]、刘[②]、杀,克也[③]。

【注释】

①戡(kān):平定。《书·西伯戡黎》孔传:"~亦胜也。" ②刘:征服。《逸周书·世俘》:"则咸~商王纣,执矢恶臣百人。"孔晁注:"~,克也。" ③克:《说文》:"~,肩也。"引申为制胜、攻破。《左传·庄公十年》:"彼竭我盈,故~之。"

【译文】

胜(制服)、肩(克服)、戡(平定)、刘(征服)、杀(致死)等词,都有制胜的意思。

1.040 刘[①]、狝[②]、斩、刺,杀也。

【注释】

①刘:杀戮。《书·盘庚上》:"重我民,无尽~。"孔传:"~,杀也。" ②狝(xiǎn):杀伤动物。《文选·张衡〈西京赋〉》:"白日未及移其晷,已~其什七八。"李善注引薛综曰:"~,杀也。言日景未移,禽兽什已杀七八矣。"

【译文】

刘（杀戮）、狝（杀伤动物）、斩（砍杀）、刺（刺杀）等词，都有杀戮的意思。

1.041 亹亹[1]、蠠没[2]、孟[3]、敦[4]、勗[5]、钊[6]、茂[7]、劭[8]、勔[9]，勉也。

【注释】

①亹亹（wěi wěi）：勤勉不倦的样子。《诗·大雅·文王》："～～文王，令闻不已。"毛传："～～，勉也。" ②蠠（mǐn）没：勉力，努力。郭注："犹黾勉。"《诗·邶风·谷风》"黾勉同心。"《释文》："黾勉，犹勉勉也。" ③孟：勉力，努力。郝疏："～者，黾之假音也。"《文选·班固〈幽通赋〉》："盍～晋以迨群兮。"李善注引曹大家曰："～，勉也。"（盍 hé：何不。晋：进。迨：及，赶上。） ④敦：劝勉，勤勉。《文选·班固〈典引〉》："靡号师矢～奋抝之容。"蔡邕注："～，勉也。"李善曰："言汉取天下，无名号，师众陈兵诰誓劝勉，秉旄奋麾之容。" ⑤勗（xù）：同"勖"。勉励。《诗·邶风·燕燕》："先君之思，以～寡人。"毛传："～，勉也。" ⑥钊（zhāo）：劝勉。《方言》卷一："～，勉也。秦晋曰～。"朱骏声《说文通训定声》"～，假借为劭。"参看"劭"字注。 ⑦茂：劝勉。朱骏声《说文通训定声》："～，假借为懋。"《左传·昭公八年》："《周书》曰：'惠不惠，～不～。'"杜预注："言当施惠于不惠者，劝勉于不勉者。" ⑧劭（shào）：劝勉。《说文》："～，勉也。"《汉书·成帝纪》："先帝～农。"颜师古注引晋灼曰："～，劝勉。" ⑨勔（miǎn）：勤勉，劝勉。《字汇》："劝勉为～。"张衡《思玄赋》："～自强而不息兮，蹈玉阶之峣峥。"

【译文】

亹亹（勤勉不倦的样子）、蠠没（勉力）、孟（勉力）、敦（劝勉）、勗（勉励）、钊（劝勉）、茂（劝勉）、劭（勉励）、勔（劝勉）等词，都有劝勉的意思。

1.042 骛[1]、务[2]、昏[3]、暋[4]，强也[5]。

【注释】

①骛（wù）：强求，力求。郝疏："～者，敄之假音也。《说文》云：'敄，强（qiǎng）也。'" ②务：专力从事。《说文》："～，趣也。"段注："趣者，疾走也。～者，言其促疾于事也。"《管子·乘马》："成于～。"尹知章注："专务则事成也。" ③昏：通"暋（mǐn）"。勉力。《书·盘庚上》："不～作劳。"孔传："～，强。"孔疏："孙炎曰：'～，夙夜之强也。'……郑玄读～为暋，训为勉也。" ④暋（mǐn）：强横，顽悍。

《书·康诰》:"~不畏死。" ⑤强(qiǎng):勉强,尽力。《战国策·赵策》:"老臣今者殊不欲食,乃自~步,日三四里。"

【译文】

鹜(强求)、务(专力从事)、昏(尽力)、暋(强悍)等词,都有勉强的意思。

1.043 卬①、吾、台②、予、朕③、身④、甫⑤、余、言⑥,我也⑦。

【注释】

①卬(áng):第一人称代词。我。郭注:"~,犹姎也,语之转耳。"邢疏:"《说文》云:女人称我曰姎。由其语转,故曰~。"《书·大诰》:"不~自恤。"孔疏:"~,我;恤,忧也。" ②台(yí):我。《书·汤誓》:"非~小子。"孔传:"非我小子。" ③朕(zhèn):第一人称代词,相当于"我"、"我的"。郭注:"古者贵贱皆自称~。"《诗·大雅·韩奕》:"无废~命。"郑笺:"~,我也。"屈原《离骚》:"~皇考曰伯庸。"王逸注:"~,我也。"秦以后,一般用于皇帝自称。邢疏:"秦始皇二十六年定为至尊之称,汉因不改,以迄于今。"《新唐书·循吏传序》:"太宗尝曰:'~思天下事,丙夜不安枕。'" ④身:自身。郭注:"今人亦自呼为~。"相当于"我"。《韩非子·五蠹》:"吾有老父,~死,莫之养也。" ⑤甫(fǔ):《说文》:"~,男子美称也。"《礼记·曲礼下》:"临诸侯,畛于鬼神,曰:有天王某~。"郭注以此作为"~"字训"我"义之例。孔疏:"某是天子之字,~是男子美称也。"可见郭注不确。古籍中尚未发现"甫"作第一人称代词之用例。 ⑥言:《说文》:"直言曰~。"《淮南子·泰族训》:"~者,所以通己于人也。"《诗经》毛传、郑笺常训"~"为"我"。《诗·小雅·彤弓》:"彤弓弨兮,受~藏之。"毛传:"~,我也。"又《诗·大雅·抑》:"匪面命之,~提其耳。"郑笺:"我非但对面语之,亲提其耳。" ⑦我:李孝定《甲骨文字集释》:"契文'~'像兵器之形。"故《说文》曰:"~,古杀字。"后假借为第一人称代词,《说文》又曰:"~,施身自谓也。"《易·中孚》:"~有好爵,吾与尔靡之。"

【译文】

卬(我)、吾(我)、台(我)、予(我)、朕(我,我的)、身(我)、甫(男子美称)、余(我)、言(我)等词,都有第一人称代词"我"的意思。

1.044 朕、余、躬①,身也。

【注释】

①躬:自身。《诗·邶风·谷风》:"我~不恤,遑恤我后。"郑笺:"~,身。……我身尚不能自容,何暇忧我后所生子孙也。"

【译文】

朕（我）、余（我）、躬（自身）等词，都有自身的意思。

1.045 台、朕、赉[①]、畀[②]、卜[③]、阳[④]，予也[⑤]。

【注释】

①赉(lài)：赐予。《说文》："～，赐也。"《书·汤誓》："予其大～汝。"孔传："～，与也。" ②畀(bì)：给与。《说文》："～，相付与之，约在阁上也。"段注："'～之为言与也，能以其余～其下者也。'此谓上之与下，庋阁而命取之。"《左传·昭公十三年》："是区区者而不余～，余必自取之。"《释文》："～，与也。" ③卜：赐与。郭注："～，赐与也。与犹予也。"《诗·小雅·楚茨》："～尔百福，如几如式。"郑笺："～，予也。" ④阳：第一人称代词。我。郭注："《鲁诗》曰：'～如之何?'今巴、濮之人自呼阿～。"黄侃《音训》："～即今语之俺，为余之对转，姎之假音。(《说文》：姎，女人自称我也。)" ⑤予：(1)(yú)：第一人称代词。我。《诗·大雅·绵》："～曰有疏附，～曰有先后。"郑笺："～，我也，诗人自我也。"(2)(yǔ)：赐予，授予。《说文》："～，推予也。"《荀子·修身篇》："怒不过夺，喜不过～。"杨倞注："～，赐也。"

【按语】

该条训释词"予"有二义。王引之《述闻》云："台、朕、阳为予我之予；赉、畀、卜为赐予之予。"

【译文】

台（yí 我）、朕（我）、阳（我）等词，都有"我"的意思；赉（赐予）、畀（给与）、卜（赐与）等词，都有给予的意思。

1.046 肃[①]、延[②]、诱[③]、荐、饯[④]、晋[⑤]、寅[⑥]、荩[⑦]，进也[⑧]。

【注释】

①肃：《说文》："～，持事振敬也。"引申为恭敬地引进。《礼记·曲礼上》："主人～客而入。"郑注："～，进也，进客谓道(导)之。" ②延：引进，接待。《吕氏春秋·重言》："乃令宾者～之而上。"高诱注："～，引。" ③诱：引导。《论语·子罕》："夫子循循然善～人。"何晏集解："～，进也。" ④饯(tán)：朱骏声《说文通训定声》："～，进食也。"引申为增进。《诗·小雅·巧言》："盗言孔甘，乱是用～。"毛传："～，进也。"孔疏："此险盗之人，其言甚甘，使人信之而不已，其乱用是之故而日益进也。" ⑤晋：进。《易·晋》："～，进也。"孔疏："'～，进也'者，以今释古。古之～字即以进长为义。恐后世不晓，故以进释之。" ⑥寅(yín)：前进。郝疏："～者，《释名》云：'演也，演生物也。'《汉

书·律历志》云:‘引达于~。’然则引导演长,俱进之意。”《诗·小雅·六月》:“元戎十乘,以启先行。”毛传:“殷曰~车,先疾也。”郑笺:“~,进也。” ⑦荩(jìn):通“进”。进用。朱骏声《说文通训定声》:“~,假借为进。”《诗·大雅·文王》:“王之~臣,无念尔祖。”毛传:“~,进也。无念。念也。”郑笺:“今王之进用臣,当念女(汝)祖为之法。” ⑧进:《说文》:“~,登也。”引申为引进,举荐。《周礼·夏官·大司马》:“~贤兴功,以作邦国。”

【译文】

肃(恭敬地引进)、延(引进)、诱(引导)、荐(推举、举进)、馁(增进)、晋(长进)、寅(前进)、荩(进用)等词,都有引进的意思。

1.047 羞[①]、饯[②]、迪[③]、烝[④],进也[⑤]。

【注释】

①羞:《说文》:“~,进献也。”《周礼·天官·笾人》:“凡祭祀共其笾荐~之实。”郑注:“荐~皆进也。未食未饮曰荐,既食既饮曰~。” ②饯(jiàn):用酒食送行。邢疏:“~者,进饮食之名也。”《仪礼·士虞礼》:“献毕未彻,乃~。”郑注:“~,送行者之酒。……故~为践。”王念孙谓~与践同。《周礼·春官·司尊彝》说的“朝践”与“朝献”其义一而已:“践”与“献”皆进也(详王引之《述闻》“饯迪进也”条)。 ③迪(dí):前进。《说文》:“~,道也。”邢疏:“~者,以道而进也。”《书·泰誓下》:“尔众士其尚~果毅,以登乃辟。”孔传:“~,进也。” ④烝(zhēng):《说文》:“~,火气上行也。”引申为进献。《诗·小雅·甫田》:“~我髦士。”毛传:“~,进;髦,俊也。治田得谷,俊士以进。” ⑤进:进献,送上。《礼记·曲礼上》:“侍饮于长者,酒~则起。”孔疏:“‘酒~则起’者,谓长者赐侍者酒,进至侍者前,则起。侍者见酒至,不敢即饮,故起也。”

【译文】

羞(进献)、饯(送行)、迪(前进)、烝(进献)等词,都有进献的意思。

1.048 诏[①]、亮[②]、左右[③]、相[④],导也。诏、相、导、左[⑤]、右[⑥]、助,劇也[⑦]。亮、介[⑧]、尚[⑨],右也。左、右,亮也。

【按语】

“劇”应在“助”上。说详黄侃《音训》。

【注释】

①诏(zhào):《说文》:“~,告也。”郝疏:“~为言之导。”引申为教导。《庄子·盗跖》:“夫为人父者,必能~其子;为人兄者,必能教其弟。”《释文》:“~,教也。”又引

申为帮助。《周礼·天官·大宰》:"以八柄~王,驭群臣。"郑玄注:"~,助也。" ②亮:辅导。郝疏:"~者与谅同。通作凉。《诗》:'凉彼武王。'传:'凉,佐也。'佐亦导也。《释文》凉本作谅,《韩诗》作~,云:'相也。'相亦导也。"或释为辅助。《书·毕命》:"弼~四世。"孔传:"辅佐文、武、成、康四世为公卿。" ③左右:同"佐佑"。郝疏:"~~,辅佐启佑,皆所以为教导也。"《书·益稷》:"予欲~~有民。"孔传:"~~,助也,助我所有之民富而教之。" ④相(xiàng):《说文》:"~,省视也。"引申为教导。《国语·楚语上》:"问谁~礼,则华元、驷騑。"韦昭注:"~,相导也。"又引申为扶助,辅佐。《易·泰》:"辅~天地之宜。"孔疏:"~,助也,当辅助天地所生之宜。" ⑤左:《说文》:"~,手相左助也。"通作"佐"。有辅佐、帮助之义。《诗·小雅·六月》:"王于出征,以佐天子。" ⑥右:帮助。后作"佑"。《说文》:"~,手口相助也。"《诗·大雅·大明》:"保~命尔。"毛传:"~,助。" ⑦勴(lǜ):赞助。郭注:"~谓赞勉。"邢疏:"《说文》云:'~,助也。'不以力助以心助也。"郝疏:"教导所以为赞助,故又为~也。" ⑧介:佐助。邢疏引孙炎曰:"~者,相助之义。"《诗·豳风·七月》:"为此春酒,以~眉寿。"郑笺:"~,助也。" ⑨尚:佐助。王引之《述闻》:"《诗·大雅·抑》篇曰:'肆皇天弗~。'谓天弗右也。"

【译文】

诏(教导)、亮(辅导)、左右(辅佐、帮助)、相(教导)等词,都有教导的意思。诏(帮助)、相(扶助)、导(赞勉)、左(辅佐)、右(帮助)、勴(赞助)等词,都有帮助的意思。亮(辅助)、介(佐助)、尚(佐助)等词,都有帮助的意思。左(辅助)、右(帮助)等词,都有辅助的意思。

1.049 缉熙[①]、烈、显[②]、昭[③]、晧[④]、颎[⑤],光也。

【注释】

①缉熙:光明。《诗·周颂·敬之》:"日就月将,学有~~于光明。"郑笺:"~~,光明也。"马瑞辰《毛诗传笺通释》:"~~者,积渐之明;而光明者,广大之明也。" ②显:《说文》:"~,头明饰也。"引申为光明、明显。邢疏:"~者,光明也。"《诗·大雅·文王》:"有周不~。"毛传:"不~,~也。~,光也。" ③昭:《说文》:"~,日明也。"段注:"引申为凡明之称。"《诗·大雅·云汉》:"倬彼云汉,~回于天。"郑笺:"~,光也。"朱熹《集传》:"~,光;回,转也。言其光随天而转也。" ④晧(hào):同"皓"。《说文》:"~,日出貌。"段注:"谓光明之貌也。天下惟洁白者最光明,故引申为凡白之称,又改其字从白作皓矣。"《诗·陈风·月出》:"月出皓兮。"阮校:"唐石经皓作~。"陈奂《毛诗传疏》:"此言'~兮',借日以形月之光盛。" ⑤颎(jiǒng):同"炯"。明亮。《说文》:"~,火光

也。"《诗·小雅·无将大车》:"无思百忧,不出于~。"毛传:"~,光也。"郑笺:"思众小事以为忧,使人蔽暗不得出于光明之道。"

【译文】

缉熙(光明)、烈(火光)、显(光明)、昭(日明)、晧(日出的样子)、颎(明亮)等词,都有光明的意思。

1.050 劼[1]、巩[2]、坚、笃[3]、掔[4]、虔[5]、胶[6],固也。

【注释】

①劼(jié):郝疏:"~者,硈之假音也。《释文》~或作硈。《说文》:'硈,石坚也。'通作~。"《书·酒诰》:"汝~毖殷献臣。"孔传:"~,固也。……汝当固慎殷之善臣,信用之。" ②巩:《说文》:"~,以韦束也。"郝疏:"~者,束之固也。"《诗·大雅·瞻卬》:"藐藐昊天,无不克~。"毛传:"~,固也。" ③笃(dǔ):坚实,牢固。王念孙云:"~与固同义,故后汉延~字叔坚。《庄子·秋水篇》:'井鱼不可以语于海者,拘于虚也;夏虫不可以语于冰者,~于时也。''~于时',固于时也。"(见王引之《述闻》)。 ④掔(qiān):《说文》:"~,固也。"常作使动用法,使牢固。《墨子·迎敌祠》:"令命昏纬狗、纂马,~纬。"孙诒让间诂:"~,固也。……言纬纂必坚固。" ⑤虔:恭敬而有诚意。郝疏:"~者,敬之固也。"《诗·大雅·韩奕》:"~共尔位。"毛传:"~,固;共,执也。" ⑥胶:《说文》:"昵也,作之以皮。"郝疏:"~者,昵之固也。"《诗·小雅·隰桑》:"既见君子,德音孔~。"毛传:"~,固也。"郑笺:"其教令之行,甚坚固也。"

【译文】

劼(稳固)、巩(牢固)、坚(坚固)、笃(坚实)、掔(使牢固)、虔(恭敬之固)、胶(牢固)等词,都有牢固的意思。

1.051 畴[1]、孰,谁也。

【注释】

①畴(chóu):假借作"谁"。《书·尧典》:"~若予工?"《史记·五帝纪》作"谁能驯予工?"

【译文】

畴(谁)、孰(哪一个)二词,都有疑问代词"谁"的意思。

1.052 暀暀[1]、皇皇[2]、藐藐[3]、穆穆[4]、休[5]、嘉、珍[6]、祎[7]、懿[8]、

铄⑨，美也。

【注释】

①暀暀（wàng wàng）：《说文》："光美也。"明亮美盛的样子。《诗·鲁颂·泮水》："烝烝皇皇。"毛传："～～，美也。"郑笺："'皇皇'当作'～～'。"②皇皇：美盛的样子。《诗·大雅·假乐》："穆穆～～，宜君宜王。"朱熹《集传》："～～，美也。"又作光彩鲜明的样子。《诗·小雅·皇皇者华》："～～者华，于彼原隰。"毛传："～～，犹煌煌也。" ③藐藐（miǎo miǎo）：美盛的样子。郝疏："～者，懇之假音也。《说文》：'懇，美也。通作～。'"《诗·大雅·崧高》："寝庙既成。既成～～。"毛传："～～，美貌。" ④穆穆：和美的样子。《诗·商颂·那》："～～厥声。"郑笺："～～，美也。" ⑤休：美好。《诗·豳风·破斧》："哀我人斯，亦孔之～。"毛传："～，美也。" ⑥珍：精美。郝疏："～者，宝之美也。《说文》云：'～，宝也。'《华严经音义》上引《国语》贾注云：'～，美也。'"⑦祎（yī）：阮校作"祎"，云："《五经文字·示部》：'祎，美也。音猗。'《玉篇·示部》：'祎，于宜切，美貌，又叹辞。'《广韵·五支》：'祎，美也，珍也。'《文选·东京赋》：'汉帝之德，侯其祎而。'薛综注：'祎，美也。'字皆从示。" ⑧懿（yì）：美，美好。《说文》："～，专久而美也。"段注："专壹而后可久，可久而后美。"《诗·大雅·烝民》："民之秉彝，好是～德。"毛传："～，美也。" ⑨铄（shuò）：美盛。《诗·周颂·酌》："于～王师，遵养时晦。"毛传："～，美。"又眼睛美好的样子。《方言》卷二："好目谓之顺，……宋、卫、韩、郑之间曰～。"周校："～等词皆张目美好之貌。"

【译文】

暀暀（明亮美盛）、皇皇（光明美盛）、藐藐（美盛的样子）、穆穆（和美的样子）、休（美好）、嘉（美好）、珍（珍宝之美）、祎（美好）、懿（德之美）、铄（眼睛之美）等词，都有美好的意思。

1.053　谐、辑①、协，和也。关关②、噰噰③，音声和也。勰④、燮⑤，和也。

【注释】

①辑：《说文》："～，车和辑也。"引申为和谐、和悦。《诗·大雅·板》："辞之～矣，民之洽矣。"毛传："～，和。" ②关关：鸟和鸣声。《诗·周南·关雎》："～～雎鸠，在河之洲。"毛传："～～，和声也。" ③噰噰（yōng yōng）：鸟声和鸣。《楚辞·九辨》："雁～～而南游兮。"王逸注："雌雄和乐，群戏行也。" ④勰（xié）：同"协"。和谐。《说文》："～，同思之和。"陆琏《皇太子释奠》："昭图～轨，道

清万国。”　⑤燮(xiè):和谐,协调。《说文》:“~,和也。”《诗·大雅·大明》:“~伐大商。”毛传:“~,和也。”陈奂《毛诗传疏》:“和伐大商,言天人会合伐殷也。”

【译文】

谐(和谐)、辑(和睦)、协(协和)等词,都有和谐的意思。关关(鸟鸣相和)、噰噰(鸟声和鸣)二词,都有声音和谐的意思。勰(和谐)、燮(协调)二词,都有调和的意思。

1.054　从①、申②、神③、加、弼④、崇⑤,重也。

【注释】

①从:重叠。王引之《述闻》:“《大雅·既醉》篇:‘釐尔女士,~以孙子。’是~为重也。郭曰:‘随从,所以为重叠。’”　②申:重复,一再。《诗·小雅·采菽》:“乐只君子,福禄~之。”毛传:“~,重也。”　③神:亦重叠之义。郝疏:“申与~同,故《说文》:‘申,~也。’可知~亦申矣。~与伸、身并音同字通。《释名》云:‘申,身也。’申训身与申训~义亦同,故《说文》:‘伸,~也。’伸即身也。《诗》:‘大任有身。’毛传:‘身,重也。’郑笺:‘重谓怀孕也。’然则身中复有一身,因训为重。”一说:尊重。王念孙曰:“《礼器》曰:‘一献质,三献文,五献察,七献~。’正义曰:‘七献~者,谓祭先公之庙礼,又转尊神灵,尊重也。’《荀子·非相篇》:‘宝之珍之,贵之~之。’亦谓贵之重之也。”(见王引之《述闻》)　④弼(bì):《说文》:“辅也,重也。”郭注:“~辅(古代天子有左辅、右~)……所以为重叠。”有重复、增加之义。郝疏:“~又训重者,《方言》:‘~,高也。’《广雅》:‘~,上也。’上、高俱加字之训。”　⑤崇:《说文》:“~,嵬高也。”引申为积累、增多。《诗·大雅·凫鹥》:“公尸燕饮,福禄来~。”毛传:“~,重也。”朱熹《集传》:“~,积而高大也。”一说:引申为轻重之重。《书·盘庚中》:“高后丕乃~降罪疾。”孔传:“~,重也。”

【译文】

从(重叠),申(言语之重复)、神(重叠)、加(增加)、弼(重叠)、崇(山之重叠)等词,都有重复的意思。

1.055　㱿①、悉、卒②、泯③、忽④、灭、罄⑤、空、毕、罊⑥、歼、拔⑦、殄⑧,尽也。

【注释】

①㱿(què):郭注:“~,忽然尽貌。”《史记·秦始皇本纪》:“虽监门之养,不~于此。”司马贞索隐:“~,谓尽也。”　②卒:尽,都。《诗·大雅·桑柔》:“降此蟊贼,

稼穑~痒。"郑笺:"~,尽。" ③泯(mǐn):消灭,消失。郝疏:"~者,与没同义。没为沈,没亦为灭没,皆尽之意。故《诗》正义引李巡云:'~,没之尽也。'"《诗·大雅·桑柔》:"靡国不~。"毛传:"~,灭也。"郑笺:"无国而不见残灭也。" ④忽:《说文》:"~忘也。"引申为绝灭。《诗·大雅·皇矣》:"是伐是肆,是绝是~。"毛传:"~,灭也。"郝疏:"按一蚕所吐为~,十~为丝。丝毫微杪,易于灭尽,故又为尽也。" ⑤罄(qìng):《说文》:"~,器中空也。"引申为用尽。徐灏《说文解字注笺》云:"器中空则物尽,故~有尽义,引申为凡空之称。"《诗·小雅·天保》:"~无不宜。"毛传:"~,尽也。" ⑥磬(qì):《说文》:"~,器中尽也。"郭注:"今江东呼厌极为~。"《释文》:"~,本或作憝。"《广雅》:"憝,极也。"王念孙曰:"谓困极也,极亦尽也。《广韵》:~又楷革印,字或作击(擊)。《淮南子·人间篇》:'秦皇使蒙公杨翁子将筑长城,西属流沙,北击辽水。'击与~同。谓筑长城西连流沙,北尽辽水也。"(王引之《述闻》) ⑦拔:郝疏:"陈根悉拔,故为尽。" ⑧殄(tiǎn):灭绝。《说文》:"~,尽也。"《左传·宣公二年》:"败国~民。"杜预注:"~,尽也。"

【译文】

毂(忽然尽)、悉(尽)、卒(尽)、泯(灭没)、忽(绝灭)、灭(灭绝)、罄(用尽)、空(虚,中无所有)、毕(尽)、罄(器中尽)、歼(全部消灭)、拔(拔尽)、殄(灭绝)等词,都有尽的意思。

1.056 苞[①]、芜[②]、茂,丰也。

【注释】

①苞:《说文》:"~,草也。"引申为草木丛生。邢疏:"~者,草木丛生。"《诗·大雅·行苇》:"牛羊勿践履,方~方体。"(体:成形。)郑笺:"~,茂也。" ②芜(wǔ):郝疏引《释文》云:"~,蕃滋生长也。"通作庑。《书·洪范》:"庶草蕃庑。"孔传:"众草滋蕃庑丰。"孔疏:"草蕃庑,言草滋多而茂盛也。"

【译文】

苞(草木丛生)、芜(蕃滋生长)、茂(草木繁盛)等词,都有丰盛的意思。

1.057 揫[①]、敛、屈[②]、收、戢[③]、蒐[④]、裒[⑤]、鸠[⑥]、楼[⑦],聚也。

【注释】

①揫(jiū):郭注:"《礼记》曰:秋之言~。~,敛也。"《方言》卷二:"敛物而细谓之~,或曰掺。"《后汉书·马融传》:"~敛九薮(薮:草木茂盛之湖泽。)之动物。"李贤注:"~,聚也。" ②屈:收聚,集中。《诗·鲁颂·泮水》:"~此群丑。"毛传:"~,收;丑,众也。"《释文》引《韩诗》云:"~,收也。收敛得此众聚。" ③戢

(jí):《说文》:"~,藏兵也。"段注:"聚与藏义相成,聚而藏之也。"《诗·周颂·时迈》:"载~干戈。"毛传:"~,聚。" ④蒐(sōu):聚集。郝疏:"~者,搜之假借也。"王念孙曰:"《左传》云:'~乘'(成公十六年:"~乘补卒。"),'~军'(襄公二十四年:"齐社~军。"),实皆谓简阅之,非谓聚之。……予谓《鲁颂·泮水》篇'束矢其搜',搜者,聚束之貌,故毛传云'搜,众意也。'搜与~古字通。"(见王引之《述闻》) ⑤裒(póu):聚集。郝疏:"~者,捊之假音也。《说文》:'捊,引取也。'《玉篇》引《说文》作'引聚也'。"《诗·小雅·常棣》:"原隰~矣。"毛传:"~,聚也。"《说文》"捊"下引作"原隰捊矣"。 ⑥鸠:聚集。郝疏:"~者,勼之假音也。"《说文》:"勼,聚也。"《书·尧典》:"共工方~僝功。"《史记·五帝本纪》作"共工旁聚布功"。 ⑦楼:阮校作"搂(lōu)"。聚集。郭注:"楼犹今言拘(gōu)搂,聚也。"《孟子·告子下》:"五霸者,搂诸侯以伐诸侯者也。"

【译文】

揫(谷物之聚)、敛(谷物之聚)、屈(聚积)、收(收集)、戢(兵器之聚藏)、蒐(众人之聚)、裒(聚集)、鸠(聚集)、搂(聚集)等词,都有聚集的意思。

1.058 肃①、齐②、遄③、速、亟④、屡⑤、数⑥、迅,疾也。

【注释】

①肃:峻急。《礼记·礼运》:"刑~而俗敝,则法无常。"郑注:"~,骏(峻)也。" ②齐:迅捷。邢疏:"~,急疾也。"《荀子·臣道》:"应卒遇变,~给如响。"杨倞注:"~,疾也。" ③遄(chuán):往来频繁而疾速。《说文》:"~,往来数也。"《易·损》:"已事~往,无咎。"王弼注:"~,速也。" ④亟(jí):副词。表时间,急速,赶快。《说文》:"~,敏疾也。"《诗·豳风·七月》:"~其乘屋,其始播百谷。"郑笺:"~,急。" ⑤屡:郝疏:"~者,娄之俗体也。《释言》:'娄,亟也。'《说文》云:'娄,务也,''务,趣也。'言趣赴于事,是急疾之义也。"《礼记·乐记》:"临事而~断,勇也。"~通作偻。《公羊传·庄公二十四年》:"夫人不偻。"何休注:"偻,疾也。" ⑥数(shuò):疾速。郝疏:"~之言速也。"《礼记·曾子问》:"日有食之,不知其已之迟~。"郑注:"已,止也。~读为速。"《庄子·天地》:"挈水若抽,~如泆汤。"《释文》:"~,所角反。李云:'疾速如汤沸溢也。'"

【译文】

肃(峻急)、齐(迅捷)、遄(往来疾速)、速(疾速)、亟(急速)、屡(急速)、数(疾速)、迅(迅速)等词,都有疾速的意思。

1.059 疌①、骏②、肃、亟、遄,速也。

【注释】

①寁(zǎn,又读 jié):迅速,快捷。《说文》:"~,居之速也。"王筠《说文释例》:"夫居之安,乃是物情,居之速岂物情哉!故知~字之意,重速不重居也,与疌同意同音。"《诗·郑风·遵大路》:"无我恶兮,不~故也。"毛传:"~,速也。"朱熹《集传》:"~,速;故,旧也。……子无恶我而不留,故旧不可以遽绝也。" ②骏:《说文》:"~,马之良材者。"因其敏疾,故引申为迅速。郭注:"~犹迅速,亦疾也。"《管子·弟子职》:"若有宾客,弟子~作。"尹知章注:"~,迅起也。"

【译文】

寁(作屋居之速)、骏(敏疾之马)、肃(峻急)、亟(赶快)、遄(往来疾速)等词,都有迅速的意思。

1.060 壑①、阬阬②、滕③、征④、隍⑤、漮⑥,虚也。

【注释】

①壑:《说文》:"~,沟也。"段注:"穿地而通谷也。"《国语·晋语八》:"是虎目而豕喙,鸢肩而牛腹,溪~可盈,是不可厌也。" ②阬阬(kēng kēng):阮校:"郑仲渔(樵)谓其一衍者,是也。"今译从之。洼地,虚陷之处。《庄子·天运》:"在谷满谷,在~满~。" ③滕:朱骏声《说文通训定声》:"~,假借为塍。《尔雅·释诂》:'~,虚也。'按:与沟壑、阬堑、隍池同类也。"《周礼·稻人》疏:"塍者,田中作介画畜水以养禾也。" ④征(徵):通"澂"(澄)。《易·损》:"君子以懲忿窒欲。""懲"《释文》作"~"。《释文》:"~,直升反,止也。郑云:犹清也。刘作懲,云清也。蜀才作澄。"按,"懲"无清义,训清义为"澂"。《说文》:"澂,清也。"段注:"《周易》'君子以~忿。'~者,澂之假借字。"澂同澄。《淮南子·说山》:"人莫鉴于沫雨,而鉴于澄水者,以其休止不荡也。"故《广韵·庚韵》云:"澄,水清定。"谓水静止不流而又清澈见底。如吴均《与宋元思书》说的:"水皆缥碧,千丈见底;游鱼细石,直视无碍。"是为清虚的现象。 ⑤隍(huáng):《说文》:"~,城池也。有水曰池;无水曰~。"《易·泰》:"城复于~。"《释文》:"~,音皇,城堑也。"《诗·大雅·韩奕》"实墉实壑"句孔疏引李巡云:"~,城池壑也。" ⑥漮(kāng):《说文》:"~,水虚也。"水的中心有空处。段注"康者,谷皮中空之谓,故从康之字皆训为虚"。或省作"康"。《穀梁传·襄公二十四年》:"四谷不升谓之康。"范甯注:"康,虚。"

【译文】

壑(沟谷)、阬(虚陷之处)、滕(空虚)、征(清虚)、隍(无水之护城河)、漮(水的中心空虚)等词,都有空虚的意思。

1.061 黎[①]、庶[②]、烝[③]、多、丑[④]、师[⑤]、旅[⑥],众也。

【注释】

①黎:《诗·小雅·天保》:"群～百姓,遍为尔德。"郑笺:"～,众也。群众百姓遍为女之德。" ②庶(shù):《说文》:"～,屋下众也。"引申为众多。《礼记·孔子闲居》:"～物露生。"孔疏:"言众物感此神气风雷之形露见而生。" ③烝:众多。《诗·大雅·烝民》:"天生～民,有物有则。"毛传:"～,众。" ④丑:众多。《诗·大雅·绵》:"戎～攸行。"毛传:"戎,大;～,众也。" ⑤师:《说文》:"二千五百人为～。"引申为众人。《诗·大雅·文王》:"殷之未丧～,克配上帝。"郑笺:"～,众也。" ⑥旅:《说文》:"军之五百人为～。"引申为众多,众人。《左传·昭公三年》:"小人之利也,敢烦里～。"杜预注:"～,众也。不敢劳众为已宅。"

【译文】

黎(众多)、庶(众多)、烝(众多)、多(众多)、丑(众多)、师(众人)、旅(众多、众人)等词,都有众多的意思。

1.062 洋[①]、观[②]、裒[③]、众、那[④],多也。

【注释】

①洋:盛多。郝疏:"～者,《匡谬正俗》云:'今山东俗谓众为～。'按:以～为多,古今通语。"《诗·鲁颂·闷宫》:"万舞～～,孝孙有庆。"毛传:"～～,众多也。" ②观:盛多。《诗·小雅·采绿》:"其钓维何,维鲂及鲔。维鲂与鲔,薄言～者。"郑笺:"～,多也。" ③裒(póu):众多。《诗·周颂·般》:"敷天之下,～时之对。"郑笺:"～,众也。"众亦多也。郝疏:"～者,聚也,聚则多矣;故又为多。"参见1.057条。 ④那(nuó):盛多。《诗·小雅·桑扈》:"受福不～。"毛传:"～,多也。不多,多也。"马瑞辰《毛诗传笺通释》:"'不'为语词。'受福不～'犹言降福孔多。"

【译文】

洋(盛多)、观(盛多)、裒(众多)、众(众多)、那(盛多)等词,都有盛多的意思。

1.063 流[①]、差[②]、柬[③],择也。

【注释】

①流:通"求",陈奂《毛诗传疏》:"其字作～,其意为求,此古人假借之法也。"引申为择取。《诗·周南·关雎》:"参差荇菜,左右～之。"毛传:"～,求也。" ②差(chāi):选择。《诗·小雅·吉日》:"吉日庚午,既～我马。"毛传:"～,择也。" ③柬:后作"拣"。选择、挑选。《荀子·修身》:"安燕而血气不惰,～理也。"(安燕:安逸。)杨倞注:"言～择其事理所宜。"

【译文】

流(通“求”,择取)、差(选择)、柬(选择)等词,都有选择的意思。

1.064 战[1]、栗、震、惊、戁[2]、竦[3]、恐、慴[4],惧也。

【注释】

①战:通“颤”,发抖,恐惧。《诗·小雅·小旻》:“~~兢兢,如临深渊,如履薄冰。”毛传:“~~,恐也;兢兢,戒也。” ②戁(nǎn):恐惧,《诗·商颂·长发》:“不~不竦,百禄是总。”毛传:“~,恐。” ③竦(sǒng):通“悚”,惊惧。《韩非子·主道》:“明君无为于上,群臣~惧乎下。” ④慴(shè):《说文》:“~,惧也。”《庄子·达生》:“死生惊惧,不入乎其胸,是故遻物而不~。”《释文》:“~,惧也。”

【译文】

战(通“颤”,发抖)、栗(畏惧)、震(震惊)、惊(惊惧)、戁(恐惧)、竦(通“悚”,惊惧)、恐(恐惧)、慴(恐惧)等词,都有恐惧的意思。

1.065 痡[1]、瘏[2]、虺颓[3]、玄黄[4]、劬劳[5]、咎[6]、顇[7]、瘽[8]、瘉[9]、鳏[10]、戮[11]、癙[12]、癵[13]、痩[14]、痒[15]、疷[16]、疵[17]、闵[18]、逐[19]、疚[20]、痗[21]、瘥[22]、痱[23]、擅[24]、瘵[25]、瘼[26]、痵[27],病也。

【注释】

①痡(pū):疲困。《诗·周南·卷耳》:“我仆~矣。”毛传:“~,亦病也。”孔疏引孙炎曰:“~,人疲不能行之病。” ②瘏(tú):劳累致病。《诗·周南·卷耳》:“我马~矣。”毛传:“~,病也。” ③虺颓(huī tuí):阮校作“虺穨”,同“虺隤”。生病的样子。《诗·周南·卷耳》:“陟彼崔嵬,我马虺隤。”毛传:“虺隤,病也。” ④玄黄:生病的样子。《诗·周南·卷耳》:“陟彼高冈,我马~~。”王引之《述闻》:“虺颓,叠韵字;~~,双声字。……皆谓病貌也。” ⑤劬劳(qū láo):劳苦,劳累。《诗·邶风·凯风》:“母氏~~。”毛传:“~~,病苦也。” ⑥咎(jiù):灾祸。郝疏:“~者,《说文》云:‘灾也。’灾即病也。古人谓病曰灾。故《公羊·庄廿年传》:‘大灾者何?大瘠也。’何休注:‘瘠,病也。齐人语也。’是传注俱训灾为病。”一说:羞辱,指责。邢疏:“~者,罪病也。”《方言》卷十三:“~,谤也。”钱绎笺疏:“《释诂》云:‘~,病也。’谓诟病也。《书·西伯戡黎·序》:‘殷始~周。’郑注《书大传》云:‘~,恶也。’《小雅·伐木》篇毛传:‘~,过也。’《北山》篇郑笺:‘咎,犹罪过也。’义并与‘谤’相近。” ⑦顇(cuì):《说文》:“~,顦~也。”憔悴,瘦

弱。通作"瘁"。《诗·大雅·瞻卬》"邦国殄瘁",《汉书·王莽传》引作"邦国殄~"。颜师古注:"殄,尽也。~,病也。" ⑧瘽(qín):因劳成疾。~,古"勤"字,与劬劳同意。邢疏:"~者,劳苦之病也。"王引之《述闻》:"《楚语》:'民多旷者而我取富焉,是勤民以自封也。'勤民,病民也,病民以自封,犹言厉民以自养也。" ⑨瘉(yù):劳困生病。《诗·小雅·正月》:"父母生我,胡俾我~?"毛传:"~,病也。" ⑩鳏(guān):同"瘝"。病患疾苦。《书·康诰》:"恫瘝乃身。"孔传:"瘝,病。"阮校:"瘝为矜之俗字。"《后汉书·和帝纪》:"朕寤寐恫矜。"李贤注:"《尚书》曰:'恫矜乃身。'孔安国注:'恫,痛也;矜,病也。'言如痛病在身欲除之也。" ⑪戮(lù):羞辱。郭注:"相~辱,亦可耻病也。"《广雅》:"~,辱也。"《左传·文公六年》:"'贾季~臾骈,臾骈之人欲尽杀贾氏以报焉。'臾骈曰:'不可。'" ⑫癙(shǔ):内心忧郁而产生的疾病。邢疏引孙炎云:"~者,畏之病也。"《诗·小雅·正月》:"哀我小心,~忧以痒。"毛传:"~、痒,皆病也。"胡承珙《毛诗后笺》:"'~忧以痒'者,谓既病于忧,又以忧而愈病。" ⑬癵(luán):同"癴"。积忧成病,肌体消瘦。《集韵》:"癴,病体拘曲也。或作~。通作挛。" ⑭痗(lǐ):同"悝"。忧病。邢疏引舍人云:"~,心忧惫之病也。"《诗·小雅·十月之交》:"悠悠我里。'毛传:"里,病也。"则假借"里"为"悝"。《玉篇》引《诗》作"悠悠我~"。 ⑮痒(yáng):忧思成疾。邢疏引舍人云:"~,心忧惫之病也。"郝疏:"盖忧思煎灼,气血郁蒸,故或蕴而为~,或结而为病,胥是道焉。" ⑯疷(zhī):阮校作"疧(qí)"。忧病不止。邢疏引孙炎云:"~,滞之病也。"《诗·小雅·无将大车》:"无思百忧,祇自~兮。'毛传:"~,病也。" ⑰疵(cī):小毛病。《韩非子·大体》:"不吹毛而求小~。" ⑱闵(mǐn):邢疏:"疾甚曰~。"《荀子·礼论》:"纴纩听息之时,则夫忠臣孝子亦知其~已。"俞樾《荀子平议》:"亦知其~已,犹言亦知其病已。病谓疾甚也。" ⑲逐:疾病。邢疏:"《诗·卫风·考槃》云:'硕人之轴。'郑笺云:'轴,病也。'轴与逐盖今古字。"一说通"疛(zhǒu)"。心腹病。王引之《述闻》:"~当读为疛。《说文》:'疛,心腹痛也。'……《小雅·小弁》篇:'我心忧伤,惄焉如捣。'毛传曰:'捣,心疾也。'《释文》'捣'《韩诗》作'疛',义同。《吕氏春秋·尽数篇》:'郁处腹则为张为~'。高注:'疛,跳动也。'是疛为心腹之病也。" ⑳疚:久病。《诗·小雅·采薇》:"忧心孔~,我行不来。"毛传:"~,病。" ㉑痗(mèi):忧病。《诗·卫风·伯兮》:"愿言思伯,使我心~。"毛传:"~,病也。" ㉒瘥(cuó):疫病。《诗·小雅·节南山》:"天方荐~。"郑笺:"天气方今又重以疫病。"又读 chài。病愈。《说文》:"~,瘉也。" ㉓痱(féi):中风病。《说文》:"~,风病也。"《史记·魏其武安侯列传》:"病~。"司马贞索隐:"~音肥,风病也。" ㉔瘅(dǎn):通"瘅"。因劳致病。《说文》:"瘅,劳病也。"《诗·大雅·板》:"下民卒瘅。"毛传:"瘅,病也。"《释文》:"瘅,沈本作~。"㉕瘵(zhài):病,疾苦。郭注:"今江东呼病曰~。"《诗·大雅·瞻卬》:"士民其~。"郑笺:"士卒与民皆劳病。" ㉖瘼(mò):病,疾苦。《方言》卷三:"~,病也。东齐、海、岱之间曰~。"《诗·小雅·四月》:"乱离~矣。"毛传:"~,病也。" ㉗瘠(jì):因病而面容消瘦。《礼记·玉藻》:"亲~,色容不盛,此孝子之疏节也。"郑注:"~,病也。"

【译文】

痛(疲困)、瘏(劳累致病)、虺颓(疲劳生病)、玄黄(生病)、劬劳(劳苦)、咎(灾祸)、顇(瘁)、瘽(因劳而疾)、瘉(劳困生病)、鳏(病患疾苦)、戮(羞辱)、癙(忧郁致病)、癵(积忧成病)、痯(忧病)、痒(忧思成疾)、疷(忧病不止)、疵(小毛病)、闵(疾甚)、逐(疾病)、疚(久病)、痗(忧病)、瘥(疫病)、痱(中风病)、瘽(劳病)、瘵(疾苦)、瘼(疾苦)、瘠(因病而消瘦)等词,都有疾病的意思。

1.066 恙①、写②、悝③、盱④、繇⑤、惨⑥、恤⑦、罹⑧,忧也。

【注释】

①恙(yàng):忧虑。《说文》:"~,忧也。"《楚辞·宋玉〈九辨〉》:"还及君之无~。"王逸注:"愿楚无忧,君康宁也。"洪兴祖补注:"无忧无疾谓之无~。" ②写:通"鼠",忧愁。王引之《述闻》:"~当读为鼠。《小雅·雨无正》篇:'鼠思泣血。'笺曰:'鼠,忧也。'"字或作"癙"。并见1.065。一说:哀伤。黄侃《音训》:"~恙为对转,其本字曰惜,痛也。" ③悝(kuī):忧伤。《广韵》:"~,忧也。《诗》云:'悠悠我~。'"今《诗·小雅·十月之交》作:"悠悠我里。"则假借"里"为"悝"。并见1.065。 ④盱(xū):通"忏"。忧愁。《诗·小雅·何人斯》:"壹者之来,云何其~。"陈奂《毛诗传疏》:"云何其~,何其忧也。云为语助,~为忧。"⑤繇(yóu):或作"摇",通"愮",忧惧。王引之《述闻》:"《方言》:'愮,忧也。'重言之则曰愮愮。《释训》:'灌灌愮愮,忧无告也。'《王风·黍离》篇曰:'中心摇摇。'义并与~同。" ⑥惨:当作"懆",《说文》:"愁不安也。"《诗·大雅·抑》:"我心~~。"毛传:"~~,忧不乐也。"陈奂《毛诗传疏》:"~~当作懆懆。懆懆,忧也。" ⑦恤(xù):忧虑。《说文》:"~,忧也。"《易·晋》:"失得勿~,往吉无不利。"孔疏:"失之与得,不须忧恤。" ⑧罹(lí):忧患。《说文》:"~,心忧也。"《诗·王风·兔爰》:"我生之后,逢此百~。"毛传:"~,忧也。"

【译文】

恙(忧虑)、写(忧愁)、悝(忧伤)、盱(忧愁)、繇(忧惧)、惨(懆,忧愁不安)、恤(忧虑)、罹(忧患)等词,都有忧愁的意思。

1.067 伦①、勚②、邛③、敕④、勤、愉⑤、庸⑥、瘅⑦，劳也。

【注释】

①伦：邢疏："～者，理也。理治事务者必劳。"按：以"劳"释"伦"，各家说法不一，但古籍中尚未发现"伦"表"劳"义之用例。 ②勚(yì)：辛劳。邢疏："～者，《广雅》云：'苦也。'孙炎曰：'习事之劳也。'"《诗·小雅·雨无正》："正大夫离居，莫知我～。"毛传："～，劳也。" ③邛(qióng)：劳苦。《诗·小雅·巧言》："匪其止共，维王之～。"郑笺："～，病也。"郝疏："病，劳义亦近也。" ④敕(chì)：劳苦。邢疏："～者，相约～也，亦为劳苦。"一说：慰劳。～当为"勑(lài)"(见王引之《述闻》)。勑，古书多作来。《孟子·滕文公上》："劳之来之。"孙奭疏："因其民之来归者，有以侻其来，故曰来之。" ⑤愉(yǔ)：通"瘉"。劳困而病。邢疏："谓劳苦也。"王引之《述闻》："～之言瘉也。上文曰：'瘉，病也。'凡劳与病事相类。" ⑥庸：劳苦，劳役。《诗·王风·兔爰》："我生之初，尚无～。"郑笺："～劳也。"又：功劳。邢疏："民功曰～。"《国语·晋语七》："无功～者，不敢居高位。" ⑦瘅(dàn)：劳苦。《说文》："～，劳病也。经籍常作"惮"。《诗·小雅·大东》："哀我惮人。"毛传："惮，劳也。"郭注引作"哀我～人"。

【译文】

伦(治理事务)、勚(辛劳)、邛(劳苦)、敕(劳苦)、勤(勤劳)、愉(劳困而病)、庸(劳苦)、瘅(劳苦)等词，都有劳苦的意思。

1.068 劳、来①、强②、事③、谓④、翦⑤、篲⑥，勤也。

【注释】

①来(lài)：通"勑(lài)"。勤勉。《集韵·代韵》："勑，《说文》'劳也'。亦作～。"《诗·小雅·大东》："职劳不～。"毛传："～，勤也。" ②强(qiǎng)：勤勉、勉力。《墨子·天志中》："上～听治，则国家治矣；下～从事，则财用足矣。" ③事：《韩非子·喻老》："～者，为也。"引申为勤劳。《韩非子·外储说左上》："用咫尺之木，不费一朝之～，而引三十石之任致远。" ④谓：尽心竭力。《诗·小雅·隰桑》："心乎爱矣，遐不～矣。"郑笺："遐，远；～，勤。我心爱此君子，君子虽远在野，岂能不勤思之乎！" ⑤翦(jiǎn)：勤劳。郝疏："～者，犹言前也，进也。前、进皆有勤意。……段氏玉裁《说文》云：～之言尽也，谓尽力之勤也。" ⑥篲(huì)：郝疏："谓洒埽之勤也。"枚乘《七发》："凌赤岸，～扶桑，横奔似雷行。"

【译文】

劳(勤劳)、来(勤勉)、强(勤勉)、事(勤劳)、谓(尽心竭力)、翦(勤劳)、篲(洒埽之勤)等词，都有勤劳的意思。

1.069 悠①、伤②、忧,思也。

【注释】

①悠:忧思。郝疏:"~为远之思。"《诗·周南·关雎》:"~哉~哉,辗转反侧。"毛传:"~,思也。" ②伤:《释文》~作"惕"。《说文》:"惕,忧也。"《广雅》:"惕,痛也。"忧伤、悲痛。《诗·周南·卷耳》:"维以不永~。"郑笺:"~,思也。"

【译文】

悠(忧思)、伤(忧伤)、忧(忧思)等词,都有忧思的意思。

1.070 怀①、惟②、虑③、愿④、念⑤、惄⑥,思也。

【注释】

①怀:《说文》:"~,念思也。"段注:"念思者,不忘之思也。"《诗·豳风·东山》:"不可畏也,伊可~也。"郑笺:"~,思也。" ②惟:思考。《说文》:"~,凡思也。"《汉书·邹阳传》:"愿大王留意详~之。"颜师古注:"~,思也。" ③虑:考虑。《方言》卷一:"~,谋思也。"《论语·卫灵公》:"人无远~,必有近忧。" ④愿:希望。《方言》卷一:"~,欲思也。"《楚辞·九章·惜诵》:"~陈志而无路。"王逸注:"~,思也。" ⑤念:《说文》:"~,常思也。"朱骏声《说文通训定声》:"谓长久思之。"《诗·秦风·小戎》:"言~君子,温其如玉。" ⑥惄(nì):同"愵"。《说文》:"愵,忧貌。读如'~'同。"忧思,心里难受的样子。《诗·周南·汝坟》:"未见君子,~如调饥。"(调:通"朝"。早晨。)郑笺:"~,思也。未见君子之时,如朝饥之思食。"

【译文】

怀(念思)、惟(思考)、虑(考虑)、愿(欲思)、念(思念)、惄(忧思)等词,都有思念的意思。

1.071 禄①、祉②、履③、戬④、祓⑤、禧⑥、褫⑦、祜⑧,福也。

【注释】

①禄:《说文》:"~,福也。"《诗·大雅·既醉》:"天被尔~。"毛传:"~,福也。" ②祉(zhǐ):幸福。邢疏:"~者,繁多之福也。"《诗·大雅·皇矣》:"既受帝~,施于孙子。"郑笺:"~,福也。" ③履:通"禄"。福禄。《诗·周南·樛木》:"乐只君子,福~绥之。"毛传:"~,禄。"马瑞辰《毛诗传笺通释》:"~与禄双声,故~得训禄,即以~为禄之假借也。" ④戬(jiǎn):吉祥,幸福。《方言》卷七:"福禄谓之祓~。"《诗·小雅·天保》:"天保定尔,俾尔~榖。"毛传:"~,福;

瑴,禄。"　⑤祓(fú):幸福,福气。《说文》:"~,除恶祭也。"《玉篇》:"~,除灾求福也。"通作"茀"。《诗·大雅·卷阿》:"茀禄尔康矣。"郑笺:"茀,福也。"郭注引作"~禄康矣"。　⑥禧(xǐ):幸福,吉祥。邢疏:"~通作釐(xī)。《说文》云:'釐,家福也。'《汉书·文帝纪》云:'祠官祝釐。'如淳曰:'釐,福也。'《贾谊传》'受釐坐宣室是也。'师古曰:'釐本作~,假借用耳。'"　⑦褫(sī):幸福。《文选·张衡〈东京赋〉》:"祈~禳灾。"薛综注:"谓求祈福而除灾害也。"　⑧祜(hū):厚福,大福。邢疏:"~者,福厚也。"《诗·小雅·信南山》:"曾孙寿考,受天之~。"郑笺:"~,福也。"

【译文】

禄(幸福)、祉(幸福)、履(通"禄",福禄)、戬(幸福)、祓(幸福)、禧(幸福)、褫(幸福)、祜(厚福)等词,都有幸福的意思。

1.072　禋①、祀、祠②、蒸③、尝④、禴⑤,祭也。

【注释】

①禋(yīn):烟祭。升烟以祭天。泛指虔诚之祭祀。《说文》:"~,洁祀也。一曰精意以享为~。"《诗·周颂·维清》:"肇~,迄用有成。"毛传:"~,祀也。"②祠:《说文》:"春祭曰~。品物少,多文词也。仲春之月,~不用牺牲,用圭璧及皮币。"《诗·小雅·天保》:"禴~蒸尝,于公先王。"毛传:"春曰~,夏曰禴,秋曰尝,冬曰蒸。公,事也。"泛指祭祀。《书·伊训》:"伊尹~于先王。"《释文》:"~,祭也。"　③蒸:也作"烝"。冬祭。《国语·鲁语上》:"夏父弗忌为宗,~,将跻僖公。"韦昭注:"凡祭祀,秋曰尝,冬曰~。此八月而言~,用~礼也。凡四时之祭,~为备。"　④尝:秋祭。《左传·桓公五年》:"始杀而~,闭蛰而烝。"⑤禴(yuè):同"礿(yuè)"。夏祭。《公羊传·桓公八年》:"夏曰礿。"何休注:"麦始熟可汋,故曰礿。"

【译文】

禋(烟祭)、祀(永久祭祀)、祠(春祭)、蒸(冬祭)、尝(秋祭)、禴(夏祭)等词,都有祭祀的意思。

1.073　俨①、恪②、祗③、翼④、諲⑤、恭、钦⑥、寅⑦、熯⑧,敬也。

【注释】

①俨:恭敬而庄重。《诗·陈风·泽陂》:"有美一人,硕大且~。"毛传:"~,矜庄貌。"　②恪(kè):恭敬。《书·盘庚上》:"~谨天命。"孔传:"敬谨天命。"③祗(zhī):《说文》:"~,敬也。"《楚辞·离骚》:"汤禹俨而~敬兮,周论道而莫

差。"王逸注:"~,敬也。" ④翼:恭敬。《诗·小雅·六月》:"有严有~,共武之服。"毛传:"~,敬也。" ⑤禋(yīn):恭敬。郝疏:"~者,禋之假音也。"《左传·桓公六年》:"以致其禋祀。"杜预注:"禋,絜敬也。" ⑥钦:恭敬。《书·尧典》:"~明文思安安。"孔传:"~,敬也。" ⑦寅:恭敬。《书·尧典》:"~宾出日。"孔传:"~,敬。" ⑧熯(rǎn):恭敬。《诗·小雅·楚茨》:"我孔~矣。"毛传:"~,敬也。"

【译文】

俨(恭敬而庄重)、恪(恭敬)、祗(恭敬)、翼(恭敬)、禋(恭敬)、恭(恭敬)、钦(敬佩)、寅(恭敬)、熯(恭敬)等词,都有恭敬的意思。

1.074 朝、旦、夙①、晨、晙②,早也。

【注释】

①夙(sù):早晨。《诗·齐风·东方未明》:"不~则莫。"毛传:"~,早;莫,晚也。" ②晙(jùn):黎明。《说文新附》:"~,明也。"邢疏:"~,亦明之早也。"

【译文】

朝(早晨)、旦(天亮)、夙(早晨)、晨(早晨)、晙(黎明)等词,都有早晨的意思。

1.075 颈①、竢②、替③、戾④、底⑤、止、徯⑥,待也。

【注释】

①颈(xū):等待。《说文》:"~,待也。"段注:"今字多作需、须,而~废矣。"《诗·邶风·匏有苦叶》:"人涉卬否,卬须我友。"毛传:"人皆涉,我友未至,我独待之而不涉。"《尔雅·释诂》疏一本引作:"我~我友。" ②竢(sì):同"俟"。等待。《说文》:"~,待也。"《汉书·贾谊传》:"恭承嘉惠兮,~罪长沙。"颜师古注:"~,古'俟'字。" ③替:《说文》:"~,废。"引申为逗留。郝疏:"盖废有止义,止有待义,故又训待也。" ④戾(lì):止息。《书·康诰》:"今惟民不敬,未~厥心。"孔传:"今天下民不安,未定其心于周。" ⑤底(zhǐ):终止。《诗·小雅·小旻》:"我视谋犹,伊于胡~。"郑笺:"~,至也。我视今君臣之谋道,往行之将何至乎。" ⑥徯(xī):《说文》:"~,待也。"《书·仲虺之诰》:"~予后,后来其苏。"孔传:"待我君来,其可苏息。"

【按语】

该条训释词"待"有二义。王念孙曰:"颈、竢、徯为竢待之待;替、戾、底、止为止待之待。"(见王引之《述闻》)

【译文】

頦(即"须",等待)、竢(等待)、替(逗留)、戾(止息)、底(终止)、止(停止)、徯(等待)等词,都有等待的意思。

1.076 噊①、几②、烖③、殆④,危也⑤。

【注释】

①噊(yù):诡诈。同"谲(jué)"。王引之《述闻》:"~盖谲之别体。……《说文》:'谲,权诈也。'《三苍》曰:'诡,谲也。'《庄子·齐物论篇》:'恢恑憰怪。'《释文》引李注曰:'恑,戾也。憰,乖也。''恑'与'诡'同,'憰'与'谲'同。" ②几(jī):危险。郭注:"~,犹殆也。"《书·顾命》:"呜呼,疾大渐,惟~。"孙星衍疏:"~,危也。" ③烖(zāi):同"灾"。灾祸。《说文》:"天火曰~。"《周礼·春官·大宗伯》:"以吊礼哀祸~。" ④殆:危险。《说文》:"~,危也。"《诗·小雅·正月》:"民今方~,视天梦梦。"郑笺:"方,且也。民今且危亡。" ⑤危:《说文》:"在高而惧也。"引申为危险,不安全。《韩非子·十过》:"故曹,小国也,而迫于晋、楚之间,其君之~,犹累卵也。"又通"诡"。诡诈。王引之《述闻》:"~则诡之假借也。《汉书·王文志》:'司诡星出正西。'《史记·天官书》'诡'作'~'。《淮南子·说林篇》'尺寸虽齐必有诡',《文子·上德篇》'诡'作'~'。是'诡'与'危'通。"

【按语】

王引之《述闻》谓该条训释词"危"有二义:"一为危险之危,'几、烖、殆'是也;一为诡诈之诡,'噊'是也。"今译从之。

【译文】

噊(诡诈)一词,有诡诈的意思;几(危险)、烖(灾祸)、殆(危险)等词,都有危险的意思。

1.077 饑①,汽也②。

【注释】

①饑(qí):《说文》:"~,汔也。"段注:"汔各本作㲹,无此字,今正。……汔,水涸也。水涸则近于尽矣。故引为凡近之词。" ②汽:副词,表示将近。《说文》:"~,《诗曰》:'~可小康。'"《诗·大雅·民劳》作:"民亦劳止,汔可小康。"郑笺:"汔,几也。"《正字通》:"汔,同~省。几也。"

【译文】

饑(接近)一词,有接近的意思。

1.078 治[①]、肆[②]、古,故也[③]。

【注释】

①治:~读为"始"。当初。《书·益稷》"在~忽",《史记·夏本纪》作"在始滑"。《书·盘庚·序》:"将~亳殷。"孔疏引束皙说,谓"孔子壁中尚书"(按即《古文尚书》)作"将始宅殷"。　②肆:连词,表示因果关系,相当于"所以"。《书·大禹谟》:"~予以尔众士,奉辞罚罪。"孔传:"~,故也。"　③故:(一)旧时的,过去的。《楚辞·招魂》:"魂兮归来,反~居些。"王逸注:"~,古也。"(二)连词,表示因果,相当于"所以"、"因此"。《论语·先进》:"求也退,~进之,由也兼人,~退之。"

【按语】

该条训释词"故"有二义:"治"、"古"为久故之故;肆为语词之故(见王引之《述闻》)。

【译文】

肆(所以)一词,有连词"所以"的意思;治(当初)、古(旧时的、过去的)二词,有"以前"的意思。

1.079 肆、故,今也[①]。

【注释】

①今:连词,相当于"故",所以。王引之《述闻》:"~亦可训为故。《甘誓》曰:'天用勦绝其命,~予惟共行天之罚。'言故予惟共行天之罚也。《汤誓》曰:'夏德若兹,~朕必往。'言故朕必往也。"

【译文】

肆(所以)、故(所以)二词,都有连词"所以"的意思。

1.080 惇[①]、亶[②]、祜[③]、笃、掔[④]、仍[⑤]、肶[⑥]、埤[⑦]、竺[⑧]、腹[⑨],厚也。

【注释】

①惇(dūn):敦厚。《书·舜典》:"柔远能迩,~德允元。"孔传:"~,厚也。"　②亶(dǎn):忠厚。《国语·周语下》:"~厥心肆其靖之。"韦昭注:"厚其心,以固和天下也。"　③祜(hù):厚福。参看1.071条。　④掔(qiān):《说文》:"~,固也。"后引申为厚实。郝疏:"~者,上文固也,又训厚者。~之为言坚也,又训腆也。腆训丰满,坚训密致,皆有厚意,故又训厚矣。"并见1.050条。　⑤仍:重复,与厚义近。《广雅》:"~,重也。"《国语·周语下》:"晋~无道而鲜胄,其将失之矣。"韦昭注:"~,数也。"　⑥肶(pī):同"膍",《说文》云:"牛百叶也。"引申为厚。《诗·小

雅·采菽》:"福禄膍之。"毛传:"膍,厚也。"《释文》引《韩诗》作"～"。 ⑦埤(pí):增厚。《说文》:"～,增也。"段注:"凡从卑之字,皆取自卑加高之意。"《诗·邶风·北门》:"政事一～益我。"毛传:"～,厚也。" ⑧竺(dǔ):《说文》:"～,厚也。"后作"笃"。《书·微子之命》:"予嘉乃德,曰笃不忘。"孔传:"我善汝德,谓厚不可忘。"《释文》:"笃本又作～。" ⑨腹:《说文》:"～,厚也。"《礼记·月令》:"冰方盛,水泽～坚,命取冰。"郑注:"～,厚也。"

【译文】

惇(敦厚)、亶(忠厚)、祜(厚福)、笃(笃厚)、掔(厚实)、仍(加厚)、肶(肉厚)、埤(增厚)、竺(笃厚)、腹(坚厚)等词,都有丰厚的意思。

1.081 载[①]、谟[②]、食[③]、诈,伪也[④]。

【注释】

①载:为,施行。《周礼·春官·大宗伯》:"大宾客,则摄而～果。"郑注:"～,为也。果,读为祼。代王祼宾客以鬯,君无酌臣之礼,言为者,摄酌献耳。"一说:诈伪。郭注:"～者,言而不信。" ②谟:谋划。王引之《述闻》:"《小雅·巧言》篇:'奕奕寝庙,君子作之;秩秩大猷,圣人莫之。'《释文》:'莫'一本作'～'。作与～,皆为也。"一说:诈伪。郭注:"～者,谋而不忠。" ③食:虚伪,作假。《逸周书·皇门》:"媚夫有迩无遐,乃～益善夫。"孔晁注:"～,为也。"郝疏:"为亦伪也。《书》意盖言佞媚之人,以饰诈作伪,掩盖善士。"一说:做。王引之《述闻》:"哀元年《左传》曰:'违天而长寇雠,后虽悔之,不可～已。'不可～,不可为也。" ④伪:(一)作为,人为。《荀子·性恶》:"可学而能、可事而成之在人者谓之～。"(二)虚假。《书·周官》:"作德,心逸日休;作～,心劳日拙。"

【按语】

该条训释词"伪"有二义。钱大昕、邵晋涵认为:"载、谟者,作为之义;食、诈者,虚伪之义。"译文从之。

【译文】

载(施行)、谟(谋划)二词,有作为的意思;食(作假)、诈(伪诈)二词,有虚假的意思。

1.082 话、猷[①]、载[②]、行[③]、讹[④],言也。

【注释】

①猷(yóu):言谈。郭注:"～者,道;道亦言也。"郝疏:"～者,下文及《释宫》并云:'～,道也。'郭云'道亦言'者,《诗·东门之池》传:'言,道也。'《终风》笺:'今俗

人嚏云:人道我。'是皆以道为言之证也。" ②载:盟词。《周礼·秋官·司盟》:"司盟,掌盟~之法。"郑注:"~,盟辞也。盟者,书其辞于策,杀牲取血,坎其牲,加书于上而埋之,谓之~书。" ③行(xíng):言,说。郭注:"今江东通谓语为~。"洪颐煊《读书丛录》卷八:"《左氏哀元年传》:'因吴太宰嚭以~成。'服虔注:'~成,求成也。'《管子·山权数篇》:'~者,道民之利害也。'是皆~为言也。" ④讹(é):谣言。郭注:"世以妖言为~。"《诗·小雅·正月》:"民之~言,亦孔之将。"《说文》引《诗》作"民之讹言"。讹言即谣言。

【译文】

话(言语)、猷(言谈)、载(盟词)、行(言说)、讹(谣言)等词,都有言语的意思。

1.083 遘[①]、逢,遇也。遘、逢、遇,逻也[②]。遘、逢、遇、逻,见也。

【注释】

①遘(gòu):《说文》:"~,遇也。"故为遇见、遭遇之意。郭注:"谓相遭遇。"又"转复为相触逻"。又"行而相值即见"。郝疏:"~训见者,字当作覯。《说文》云:'覯,遇见也。'《诗》内覯字,传笺并云见也。"《书·金縢》:"惟尔元孙某,~厉虐疾。" ②逻(wǔ):同"遻(wǔ)"。遇到。《说文》:"相遇惊也。"《庄子·达生》:"死生惊惧,不入乎其胸中,是故~物而不慴。"

【译文】

遘(遭遇)、逢(遭受)二词,都有遭遇的意思。遘(相遇)、逢(相逢)、遇(相遇)等词,都有遇到的意思。遘(遇见)、逢(碰见)、遇(遇见)、逻(意外遇见)等词,都有见到的意思。

1.084 显[①]、昭[②]、覲[③]、钊[④]、觌[⑤],见也。

【注释】

①显:看见。《诗·周颂·敬之》:"敬之敬之,天维~思。"毛传:"~,见。"陈奂《毛诗传疏》:"见,犹视也。" ②昭:彰明,显示。《诗·大雅·文王》:"文王在上,於~于天。"毛传:"~,见也。"郑笺:"其德著见于天。" ③覲(jìn):《说文》:"诸侯秋朝曰~。"引申为会见。郝疏:"~者,《大宗伯》云:'秋见曰~。'按:《尔雅》之~,与《周礼》异,凡见皆称~。"《书·舜典》:"乃日~四岳群牧。"孔传:"~,见也。" ④钊:引见。郭注:"逸《书》曰:'~我周王。'"郝疏:"梅《书》作'昭我周王',《孟子·滕文公下》作'绍我周王',赵岐注以为'愿见周王。'……梅作'昭',郭作'~',盖皆'绍'之假借。绍有介绍之义,与见义近。" ⑤觌(dí):

相见。《公羊传·庄公二十四年》:"~者何?见也。"

【译文】

显(看见)、昭(显示)、觐(会见)、钊(引见)、觌(相见)等词,都有看见的意思。

1.085 监①、瞻②、临③、涖④、頫⑤、相⑥,视也。

【注释】

①监(jiàn):照视。《书·酒诰》:"古人有言曰:'人无于水~,当于民~。'"孔传:"视水见己形,视民行事见吉凶。" ②瞻:观察。郭注:"谓察视也。"《礼记·月令》:"~肥瘠,察物色。" ③临:察视,居上视下。《诗·大雅·大明》:"上帝~女,无贰尔心。"郑笺:"~,视也。" ④涖(lì):临视。《周礼·春官·大宗伯》:"眡涤濯,~玉鬯。"(鬯 chàng:古代祭祀用的香酒。)郑注:"~,视也。" ⑤頫(tiào):阮校作"頫(tiào)"。今译从之。远望。《说文》:"覜,视也。"同"眺"。《后汉书·张衡传》载《思玄赋》"流目覜夫衡阿兮",《文选》"覜"作"眺"。 ⑥相(xiàng):察看。《说文》:"~,省视也。"《书·盘庚上》:"~时憸民,犹胥顾于箴言。"(憸 xiān:奸邪,奸佞。)《释文》引马融曰:"~,视。"

【译文】

监(照视)、瞻(察视)、临(居上视下)、涖(临视)、覜(远望)、相(察看)等词,都有仔细看的意思。

1.086 鞫①、讻②、溢,盈也。

【注释】

①鞫:盈多。《诗·小雅·节南山》:"昊天不傭,降此~讻。"(傭:均。讻:祸乱。)毛传:"~,盈也。"郑笺:"盈,犹多也。" ②讻(xiōng):阮校:"讻当为衍文。……此殆因郭注引《诗》'降此鞫讻',正文遂衍'讻'字。"今译从之。

【译文】

鞫(盈多)、溢(水充满而流出)二词,都有盈满的意思。(讻一词为衍文。)

1.087 孔①、魄②、哉③、延④、虚、无⑤、之⑥、言⑦,间也。

【注释】

①孔:洞穴。邢疏:"~者,穴也。"《玉篇》:"~,窍也,空也。"《淮南子·精神训》:"夫~窍者,精神之户牖也。" ②魄(bó):同"薄"。助词,用于动词前,无实义。黄侃《音训》:"~以为语词,则《诗》之'薄'也。"《诗·周南·芣苢》:"采采

芣苢，薄言采之。"毛传："薄，辞也。"一说：间隙。郭注："延、～、虚、无，皆有间隙。" ③哉：语中助词。《说文》："～，言之间也。"桂馥《说文义证》："言之间，即辞助。"刘淇《助字辨略》："《诗·大雅·文王》：'陈锡～周。'朱传：'～，语辞。'《正字通》云：'～之在句中者，为助语辞，为间隔之辞。'" ④延：间断，停息。王引之《述闻》："～者，息之间也。《大诰》'天降割于我家，不少～。'～者，间也，息也。"一说：隧道，故有间隙之意。《左传·隐公元年》："隧而相见。"杜预注："隧，若今～道。" ⑤无：空隙。郭注："虚、～，皆有间隙。"郝疏："～者，有之间也。"《老子》："三十辐共一毂，当其～有，车之用。"高亨《老子正诂》："～，谓轮之空处；有，谓轮之实体。" ⑥之：助词，相当于"的"。王引之《经传释词》卷九："～，言之间也。若'在河～洲'之属是也。" ⑦言：助词。用于句中。杨树达《词诠》："～，语中助词，无义。"《诗·邶风·泉水》："驾～出游，以写我忧。"

【按语】

该条为"二义同条"现象。"孔""延""虚""无"等实词表事物中的间隙；"哉""之""言"等助词表语句中的间隙。"魄"同"薄"，译文从黄侃说。

【译文】

孔（洞穴）、延（间断）、虚（空隙）、无（空隙）等词，都表示事物中的间隙。魄（同"薄"，助词）、哉（语中助词）、之（结构助词）、言（助词）等词，表示语句中的间隙。

1.088 瘗①、幽②、隐、匿、蔽、窜③，微也④。

【注释】

①瘗（yì）：隐埋在土下。《诗·大雅·云汉》："上下奠～，靡神不宗。"孔疏："奠，谓置之于地；～，谓埋之于土。" ②幽：隐蔽。《说文》："～，隐也。"《荀子·正论》："上～险，则下渐诈矣。"杨倞注："～，隐也。" ③窜：隐藏。《左传·定公四年》："天诱其衷，置罚于楚，而君又～之。"杜预注："～，匿也。" ④微：《说文》："～，隐行也。"故有隐蔽、藏匿之意。《左传·哀公十六年》："白公奔山而缢，其徒～之。"杜预注："～，匿也。"

【译文】

瘗（隐埋）、幽（隐蔽）、隐（隐藏）、匿（藏匿）、蔽（隐蔽）、窜（隐藏）等词，都有隐藏的意思。

1.089 讫、徽①、妥②、怀③、安、按④、替⑤、戾⑥、底⑦、废⑧、尼⑨、定、曷⑩、遏，止也。

【注释】

①徽:静止。王引之《述闻》:"《楚辞·离骚》'忽纬繣其难迁',《广韵》作'~繣'。~繣者,止而不迁之谓。"陆机《挽歌诗》:"悲风~行轨,倾云结流蔼。" ②妥:郭注:"~者,坐也。"《仪礼·士相见礼》:"~,而后传言。"郑注:"~,安坐也。……故~为绥。"《国语·齐语》:"以劝绥谤言。"韦昭注:"绥,止也。"绥,与~声义并同。 ③怀:人心归止,来到。参见1.005条注释⑦。 ④按:制止。《诗·大雅·皇矣》:"爰整其旅,以~徂旅。"毛传:"~,止也。" ⑤替:终止。参见1.075条注释③。 ⑥戾:止息。参见1.075条注释④。 ⑦底:停滞,止住。《左传·昭公元年》:"勿使有所壅闭湫~。"杜预注:"~,滞也。"孔颖达疏:"服虔云:'~,止也。'……言气聚集而停滞也。" ⑧废:停止,中止。《论语·雍也》:"力不足者,中道而~。" ⑨尼(nǐ):停止,制止。《孟子·梁惠王下》:"行或使之,止或~之。"赵岐注:"~,止也。" ⑩曷(è):通"遏"。抑止。朱骏声《说文通训定声》:"~,假借为遏。"《诗·商颂·长发》:"则莫我敢~。"《汉书·刑法志》引作"则莫我敢遏"。

【译文】

讫(终止)、徽(静止)、妥(安坐)、怀(人心归止)、安(休止)、按(制止)、替(终止)、戾(止息)、底(停滞、止住)、废(停止)、尼(制止)、定(停止)、曷(抑止)、遏(阻止)等词,都有停止的意思。

1.090 豫①、射②,厌也③。

【注释】

①豫:厌足。《楚辞·九章·惜诵》:"行婞直而不~兮,鲧功用而不就。"王逸注:"言鲧行婞很劲直,恣心自用,不知厌足,故殛之羽山。" ②射(yì):通"斁"。厌倦。朱骏声《说文通训定声》:"~,假借为斁。"《诗·周颂·清庙》:"不显不承,无~于人斯。"《释文》:"~,音亦,厌也。" ③厌:饱,满足。后作"餍"。《汉书·鲍宣传》:"今贫民菜食不~。"颜师古注:"~,饱足也。"

【译文】

豫(厌足)、射(厌倦)二词,都有满足的意思。

1.091 烈①、绩,业也。

【注释】

①烈:功业。郭注:"谓功业也。"《诗·周颂·武》:"於皇武王,无竞惟~。"毛传:"~,业也。"

【译文】

烈(功业)、绩(功绩)二词,都有功业的意思。

1.092 绩、勋,功也。

【译文】

绩(功绩)、勋(功勋)二词,都有功劳的意思。

1.093 功、绩、质①、登②、平③、明④、考⑤、就,成也。

【注释】

①质:成。《礼记·曲礼》:"疑事毋~。"郑玄注:"~,成也。" ②登:完成。《书·泰誓下》:"以~乃辟。"孔传:"~,成也。成汝君之功。" ③平:治成。《书·大禹谟》:"地~天成。"孔传:"水土治曰~。" ④明:成,成熟。《诗·周颂·臣工》:"於皇来牟,将受厥~。"马瑞辰《毛诗传笺通释》:"古以年丰谷孰为~。……'将受厥~',~亦成也。" ⑤考:落成。《春秋·隐公五年》:"~仲子之宫,初献六羽。"服虔注:"宫庙初成,祭之,名为~。"

【译文】

功(成功)、绩(成绩)、质(成就)、登(完成)、平(治成)、明(成熟)、考(落成)、就(成就)等词,都有完成的意思。

1.094 梏①、梗②、较③、颋④、庭⑤、道⑥,直也。

【注释】

①梏(jué):通"觉"。正直。朱骏声《说文通训定声》:"~,假借为觉。"《礼记·缁衣》:"《诗》云:'有~德行,四国顺之。'"郑注:"~,大也,直也。"按《诗·大雅·抑》作"有觉德行,四国顺之"。毛传:"觉,直也。" ②梗:耿直,正直。《广雅》:"~,直也。"王念孙疏证:"~为觉然正直之觉,……~、觉一声之转,今俗语犹云梗直矣。" ③较:直。王引之《述闻》:"《书大传》:'觉兮~兮。'郑注曰:'~兮,谓直道者也。'《周官·司裘》注曰:'鹄之言~,~者直也。射所以直己志。'" ④颋(tǐng):挺直。郝疏:"~通作侹。《一切经音义》(卷)十三云:'侹,古文作~。'又引《通俗文》云:'平直曰侹。'" ⑤庭:通"廷"。正直。郝疏:"~者,廷之假音也。"《诗·小雅·大田》:"播厥百谷,既~且硕。"毛传:"~,直也。" ⑥道:正直。王引之《述闻》:"直、~,一声之转。《说苑·修文》:'乐之动于内,使人易~而好良;乐之动于外,使人温恭而文雅。'易~即直道也。……

《文子·自然篇》:'行～者而被刑。'《淮南·主术篇》'～'作'直'。是'～'与'直'同义。"

【译文】

梏(正直)、梗(耿直)、较(使直)、颋(挺直)、庭(正直)、道(正直)等词,都有正直的意思。

1.095 密[①]、康[②],静也。

【注释】

①密:静默。《庄子·达生》:"公～而不应。"王先谦集解引宣颖曰:"～,默也。"参见1.027条注释⑩。　②康:安宁。《逸周书·谥法》:"安乐抚民曰～。"

【译文】

密(静默)、康(安宁)二词,都有安静的意思。

1.096 豫[①]、宁、绥[②]、康[③]、柔[④],安也。

【注释】

①豫:安舒,安逸。王引之《述闻》:"《金縢》曰:'王有疾弗～。'弗～谓弗安也。《尔雅》:'河南曰～州。'李巡曰:'河南其气著密,厥性安舒,故曰～。'"　②绥:安抚。《诗·大雅·民劳》:"民亦劳止,汔可小康。惠此中国,以～四方。"郑笺:"康、～,皆安也。"　③康:安乐。邢疏:"～者,安乐也。"《诗·大雅·生民》:"上帝不宁,不～禋祀。"郑笺:"～、宁皆安也。"　④柔:安抚。《说文》:"～,木曲直也。"段注:"～之引申为凡抚安之称。"《诗·大雅·民劳》:"～远能迩,以定我王。"毛传:"～,安也。"

【译文】

豫(安舒)、宁(安宁)、绥(安抚)、康(安乐)、柔(安抚)等词,都有安乐的意思。

1.097 平[①]、均[②]、夷[③]、弟[④],易也[⑤]。

【注释】

①平:《玉篇》:"均也,齐等也。"《易·乾》:"云行雨施,天下～也。"孔疏:"言天下普得其利而均～不偏陂。"　②均:《说文》:"～,平,遍也。"《论语·季氏》:"不患寡而患不～,不患贫而患不安。"　③夷:平均。《左传·昭公十七年》:"五雉为五工正,利器用,正度量,～民者也。"孔疏:"所以平均下民也。"　④弟(tì):和易。郝疏:"～者,通作悌。"《诗·大雅·旱麓》:"岂～君子,干禄岂～。"《释文》:"岂,乐

也；～，易也。”　⑤易：等价交换。故有“均等”之义。《易·系辞下》：“日中为市，致天下之民，聚天下之货，交～而退，各得其所。”

【译文】

平（齐等）、均（均等）、夷（平均）、弟（和易）等词，都有均等的意思。

1.098　矢[①]，弛[②]也。弛，易也[③]。

【注释】

①矢：施行，散布。郝疏：“～，当为施。经典弛施二字多通用。”《诗·大雅·江汉》：“～其文德，洽此四国。”毛传：“～，施也。”　②弛：通“施”。散布。《礼记·孔子闲居》：“～其文德，协此四国。”郑注：“～，施也。”《释文》：“～，皇本作‘施’，布也。”　③易：移，蔓延。郭注：“～，相延～。”郝疏：“弛为施之假借，～亦移之假借也。古读施如～，亦读如移。……（郭）注‘相延～’，亦即延移。”《左传·隐公六年》：“恶之～也，如火之燎原。”王引之《述闻》：“～者延也，谓恶之蔓延也。”

【译文】

矢（散布）一词，有布散的意思。弛（散布）一词，有转移、蔓延的意思。

1.099　希[①]、寡、鲜[②]，罕也。鲜，寡也。

【注释】

①希：罕见，少。后作“稀”。《论语·公冶长》：“不念旧恶，怨是用～。”皇侃义疏：“～，少也。”　②鲜（xiǎn）：少，尽。《诗·大雅·荡》：“靡不有初，～克有终。”郑笺：“～，寡也。”

【译文】

希（罕见）、寡（少）、鲜（少）等词，都有罕见的意思。鲜（尽）一词，有稀少的意思。

1.100　酬[①]、酢[②]、侑[③]，报也。

【注释】

①酬：《说文》：“～，主人进客也。”通指敬酒。后引申为报答。郭注：“此通谓相报答，不主于酒。”《国语·周语》：“～币宴货。”韦昭注：“～，报也。”②酢（zuò）：客用酒回敬主人。引申为报答。《诗·小雅·楚茨》：“报以介福，万寿攸～。”毛传：“～，报也。”　③侑（yòu）：酬谢。古文～作“宥”。

《左传·庄公十八年》："虢公、晋侯朝王，王飨醴，命之宥。"王引之《述闻》："～与酬酢同义。命之～者，其命虢公、晋侯与王相酬酢与或献或酢，有施报之义，故谓之～。命之～者，所以亲之也。"

【译文】

酬（报答）、酢（报答）、侑（酬谢）等词，都有报答的意思。

1.101 毗刘[①]，暴乐也[②]。

【注释】

①毗（pí）刘：树木枝叶枯落，树荫稀疏。郭注："谓树木叶缺落，荫疏。"也作"庇刘"。连绵字，不可拆开作释。 ②暴乐（bó luò）：脱落稀疏的样子。犹剥落。通"爆烁"。郝疏："木枝叶稀疏不均为～～，然则～～之为言，犹剥落也。"

【译文】

毗刘一词，有树木枝叶脱落稀疏的意思。

1.102 覭髳[①]，茀离也[②]。

【注释】

①覭髳（míng méng）：草木丛生的样子。属连绵字，不可拆开作释。郭注："草木之丛茸翳荟也。" ②茀（fú）离：草木众多的样子。郭注："～～即弥离。弥离犹蒙茏耳。"

【译文】

覭髳一词，有草木众多的意思。

1.103 蛊[①]、谄[②]、贰[③]，疑也。

【注释】

①蛊（gǔ）：诱惑，迷惑。郭注："～，惑。"《左传·庄公二十八年》："楚令尹子元欲～文夫人。"《释文》："～，惑也。" ②谄（tāo）：可疑。《左传·哀公十七年》："天命不～。"杜预注："～，疑也。" ③贰：怀疑。邢疏："～者，心疑不一也。"《国语·晋语》："不可以～，～无成命。"韦昭注："～，疑也。"

【译文】

蛊（诱惑）、谄（可疑）、贰（怀疑）等词，都有怀疑的意思。

1.104 桢[①]、翰[②]、仪[③]，干也。

【注释】

①桢(zhēn):《说文》:"~,刚木也。"后作古代筑墙时树立在两端的木柱。郝疏引舍人曰:"~,正也。筑墙所立两木也。"引申为主干、支柱。《诗·大雅·文王》:"王国克生,维周之~。"毛传:"~,干也。" ②翰:通"干(榦)"。骨干,栋梁。《诗·小雅·桑扈》:"之屏之~,百辟为宪。"毛传:"~,干。"郑笺:"内能立功立事,为之桢干。" ③仪(儀):立本。通"檥"。《说文》:"檥,干也。"段注:"人仪表曰干,木所立表亦为干。"王引之《述闻》:"桢、翰、~、干,皆谓立木也。"

【译文】

桢(主干)、翰(栋梁、骨干)、仪(立木)等词,都有主干的意思。

1.105 弼[1]、棐[2]、辅、比[3],俌也[4]。

【注释】

①弼(bì):辅佐。《说文》:"~,辅也,重也。"《书·益稷》:"予违汝~。"孔传:"我违道,汝当以义辅正我。" ②棐(fěi):《说文》:"~,辅也。"本指辅正弓弩的器具。后引申为辅助之义。《书·洛诰》:"公功~迪笃。"孔传:"公之功辅道我已厚矣。" ③比:辅助。《易·比》:"~,辅也。"孔疏:"由~者,人来相辅助也。" ④俌(fǔ):《说文》:"~,辅也。"段注:"谓人之~,犹车之辅也。"后作"辅"。

【译文】

弼(辅佐)、棐(辅正弓弩)、辅(辅助)、比(辅助)等词,都有辅佐的意思。

1.106 疆、界、边、卫[1]、圉[2],垂也[3]。

【注释】

①卫:《说文》:"~,宿卫也。"后引申为边陲、边远之地。《周礼·春官·巾车》:"以封四~。"郑注:"四~,四方诸侯守卫者,蛮服以内。" ②圉(yǔ):边境。《说文》:"~,垂也。"邢疏引孙炎曰:"~,国之四垂也。"《诗·大雅·桑柔》:"孔棘我~。"毛传:"~,垂也。"郑笺:"'孔棘我~',犹云我边垂甚急耳。" ③垂:《说文》:"~,远边也。"后作"陲"。《荀子·臣道》:"边境之臣处,则疆~不丧。"

【译文】

疆(边疆)、界(边界)、边(边疆)、卫(边陲)、圉(边境)等词,都有边疆的意思。

1.107 昌[①]、敌[②]、彊[③]、应[④]、丁[⑤]，当也[⑥]。

【注释】

①昌：《说文》："～，美言也。"故有正当、美善之义。《书·皋陶谟》："禹拜～言。"孔传："以皋陶言为当，故拜受而然之。"王念孙曰："～言者，当理之言，故曰：'～，当也。'"（见王引之《述闻》） ②敌：相当，同等。《广雅》："～，匹也。"《战国策·秦策》："四国之兵敌。"高诱注："～，强弱等也。" ③彊：相当。郭注："～者，好与物相当值。" ④应：《说文》："～，当也。"应当，承受。《诗·周颂·赉》："文王既勤止，我～受之。"毛传："～，当。"孔疏："我当受而有之。" ⑤丁：当，遭逢。《诗·大雅·云汉》："宁～我躬。"毛传："～，当也。"朱熹《集传》："何以当我之身而有是灾也。或曰：……宁使灾害当我身也。" ⑥当：（一）dāng《说文》："～，田相值也。"引申为相当、承当。《吕氏春秋·孟夏纪》："行爵出禄，必～其位。"（二）适合、恰当、顺当。读 dàng。《正字通》："事理合宜也。"《礼记·乐记》："夫古者天地顺而四时～，民有德而五谷昌。"

【按语】

该条训释词"当"有二义："昌"为当理之当；"敌"、"彊"、"应"、"丁"为相当之当（详见王引之《述闻》）。

【译文】

昌（正当）一词，有适合、恰当的意思；敌（相当、同等）、彊（相当）、应（承当）、丁（遭逢）等词，有相当、承当的意思。

1.108 浡[①]、肩[②]、摇、动、蠢[③]、迪[④]、俶[⑤]、厉[⑥]，作也。

【注释】

①浡（bó）：通"勃"，兴起的样子。《孟子·梁惠王上》："天油然作云，沛然下雨，则苗～然兴之矣。" ②肩：胜任。邢疏："～者，胜任之作也。"并见1.038条注释⑦。 ③蠢：《说文》："～，虫动也。"亦泛指动作。《方言》卷十三："～，作也。"郭注："谓动作也。"《周礼·考工记·梓人》："则春以功。"郑注："春，读为～。～，作也，出也。" ④迪：动作。邵疏："～者，《（书）微子》：'诏王子出～。'～训为行，行即作也。"郝疏："～者，妯之假音也。"《说文》："妯，动也。"《诗·小雅·鼓钟》："忧心且妯。"毛传："妯，动也。" ⑤俶（chù）：作，造。《诗·大雅·崧高》："有～其城。"毛传："～，作也。" ⑥厉：担任，胜任。邢疏："～者，《方言》云：'～、卬，为也。瓯越曰卬，吴曰厉。'为亦作也。"《书·皋陶谟》："庶明励翼。"孔疏引郑玄本"励"作"～"，云："郑云：～，作也，以众贤明作辅翼之臣。"

【按语】

该条训释词“作”有二义：“洊”为兴作之作；“肩”、“摇”、“动”、“蠢”、“迪”、“俶”、“厉”为动作之作。

【译文】

洊一词，有兴起的意思；肩（胜任）、摇（摆动）、动（动作）、蠢（虫动）、迪（动作）、俶（作、造）、厉（担任）等词，都有动作的意思。

1.109 兹、斯、咨①、呰②、已③，此也。

【注释】

①咨：通“兹”。此。郝疏：“～者，与兹音近同字通。魏《孔羡碑》云：‘～可谓命世大圣，千载之师表者已。’～即兹也。” ②呰（jǐ）：郭注：“～、已，皆方俗异语。”邢疏：“～、已与此，皆音相近，故得为‘此’也。” ③已：相当于“此”。《书·皋陶谟》：“迩可远在兹。”《史记·夏本纪》引作“近可远在～”。

【译文】

兹（此）、斯（此）、咨（此）、呰（此）、已（此）等词，都有代词“此”的意思。

1.110 嗟①、咨②，䁖也③。

【注释】

①嗟（jiē）：叹词。表招呼、赞美、感慨、悲痛等语气。《史记·高祖本纪》：“～乎！大丈夫当如此也！” ②咨：叹词。表示赞赏，相当于“啧”。《论语·尧曰》：“尧曰：‘～！尔舜！天之历数在尔躬，允执其中。’” ③䁖（jiē）：古“嗟”字。郭注：“今河北人云～叹。”

【译文】

嗟（叹词）、咨（叹词，啧，表赞赏）等二词，都有表示感叹的意思。

1.111 闲①、狎②、串③、贯④，习也⑤。

【注释】

①闲：通“娴”。熟习。《战国策·燕策二》：“～于兵甲，习于战攻。” ②狎（xiá）：习惯。《左传·襄公四年》：“边鄙不耸，民～其野。”杜预注：“～，习也。” ③串（guàn）：习惯。邢疏：“～，便习也。”《荀子·大略》：“国法禁拾遗，恶民之～以无分得也。”杨倞注：“～，习也。” ④贯：习惯。后作“惯”。《孟子·滕文公下》：“我不～与小人乘，请辞。”赵岐注：“～，习也。” ⑤习：《说文》：“～，数飞也。”引申为熟悉。《管子·正世》：“圣人

者,明于治乱之道,~于人事之终始者也。"又引申为习惯。《论衡·本性》:"~善而为善,~恶而为恶也。"

【按语】

该条训释词"习"有二义:"闲"为熟习之习,"狎"、"串"、"贯"等词为习惯之习。

【译文】

闲(熟习)一词,有熟悉的意思;狎(习惯)、串(习惯)、贯(习惯)等词,都有习惯的意思。

1.112 曩①、尘②、伫③、淹④、留,久也。

【注释】

①曩(nǎng):从前,过去。表过去时间较久。《左传·襄公二十四年》:"~者志入而已,今则怯也。" ②尘:长久。郝疏:"~者,陈之假音也。《诗》:'我取其陈。'传:'尊者食新,农夫食陈。'是陈有久义。" ③伫(zhù):《说文新附》:"~,久立也。"《诗,邶风·燕燕》:"瞻望弗及,~立以泣。"毛传:"~立,久立也。" ④淹:久留。《楚辞·离骚》:"日月忽其不~兮,春与秋其代序。"王逸注:"~,久也。"

【译文】

曩(从前)、尘(长久)、伫(久立)、淹(久留)、留(逗留)等词,都有时间长久的意思。

1.113 逮①、及②、暨③,与也④。

【注释】

①逮(dài):与,相连及。郭注:"~亦及也。"邵疏:"谓相及也。"《书·吕刑》:"群后之~在下。"孔疏:"群后、诸侯相与在下国。" ②及:相当于"与"、"同"。《公羊传·隐公元年》:"公~邾娄仪父盟于眛。'~'者何?与也。" ③暨(jì):相当于"及"、"和"。《公羊传·隐公元年》:"会、及、~,皆与也。"《书·尧典》:"咨,汝羲~和。" ④与:相当于"跟"、"同"。《仪礼·士相见礼》:"~众言,言忠信慈祥。"又:相当于"和"、"同"。《战国策·燕策》:"帝者~师处,王者~友处,霸者~臣处,亡国~役处。"

【译文】

逮(相与)、及(与、同)、暨(及、和)等词,都有和、同的意思。

1.114 骘[①]、假[②]、格[③]、陟[④]、跻[⑤]、登，陞也[⑥]。

【注释】

①骘(zhì)：上升。《书·洪范》："惟天阴～下民。"《释文》引马融注："～，升也。" ②假(xiá)：上升。《淮南子·齐俗篇》："其不能乘云升～亦明矣。"高诱注："～，上也。" ③格：通"洛"。登。《方言》卷一："洛，登也。梁益之间曰洛。"《书·吕刑》："皆听朕言，庶有～命。"孔疏："郑玄云：'～，登也。'登命谓寿考者。" ④陟(zhì)：《说文》："～，登也。"由低处向高处升，与"降"相对。《诗·周南·卷耳》："～彼崔嵬。"毛传："～，升也。" ⑤跻(jī)：上升，登上。《说文》："～，登也。"《方言》卷一："东齐海岱之间谓之～。"《易·震》："～于九陵。"孔疏："～，升也。" ⑥陞：同"升"。《元史·选举志二》："劝课农桑，克勤奉职者，从次～奖。"

【译文】

骘(上升)、假(上升)、格(登升)、陟(登上)、跻(上升)、登(登上)等词，都有上升的意思。

1.115 挥[①]、盝[②]、歇[③]、涸，竭也。

【注释】

①挥：抛洒。郭注："～，振去水，亦为竭。"与"竭"义相近。《左传·僖公二十三年》："奉匜沃盥，既而～之。" ②盝(lù)：渗漏，以滤去水。引申为干涸。郝疏："《周礼·考工记·㡛氏》：'清其灰而～之。'郑注：'于灰澄而出～晞之。'郑意盖谓澄出其水为～，而后晞干之。故《广韵》云：'～，去水也，竭也。'" ③歇：尽，完。《左传·宣公十二年》："得臣犹在，忧未～也。"杜预注："～，尽。"

【译文】

挥(抛洒)、盝(干涸)、歇(完、尽)、涸(枯竭)等词，都有竭尽的意思。

1.116 㨯[①]、拭、刷，清也。

【注释】

①㨯(zhèn)：擦干。段玉裁《说文注》释"～"字云："～，谓抑按之使干。"《仪礼·士丧礼》："乃沐栉，～用巾。"郑注："～，晞也，清也。"

【译文】

㨯(擦干净)、拭(揩干净)、刷(扫刷干净)等词，都有清洁、干净的意思。

1.117 鸿[①]、昏[②]、於[③]、显[④]、间[⑤]，代也[⑥]。

【注释】

①鸿：代。郝疏："～，通作洪。《书》'乃洪大诰治。'正义引郑注'以洪为代'，言周公代成王诰也。是～训代之证。" ②昏：《说文》："～，日冥也。"段注："～者，阳往而阴来。"黄昏正是昼夜更代之时，故《白虎通》云："～，亦阴阳交时也。"交犹代也。 ③於：郝疏："通作'于'。《孟子·万章篇》引古书之言曰：'惟兹臣庶女其于予治。'言汝其代予治之也。……此义本之邵氏晋涵《正义》所说。" ④显：郭注："明亦代昏。～，明也。"郝疏："～者，明也。明者昏之代也。《左氏昭元年传》：'六气曰阴阳风雨晦明也。'《中庸》云：'莫～乎微。'又云：'夫微之～。'然则～与微相代，明与晦相代。" ⑤间(jiàn)：更迭、代替。《诗·周颂·桓》："於昭于天，皇以～之。"毛传："～，代也。" ⑥代：《说文》："～，更也。"段注："凡以此易彼谓之～。"《书·金縢》："以旦～某之身。"引申为更迭。《左传·僖公十三年》："天灾流行，国家～有。"

【译文】

鸿(代)、昏(昼夜更代)、於(代)、显(明代昏)、间(更替)等词，都有更代的意思。

1.118 馌[①]、饟[②]，馈也[③]。

【注释】

①馌(yè)：给耕作者送食。《说文》："～，饷田也。"《诗·豳风·七月》："同我妇子，～彼南亩。"毛传："～，馈也。" ②饟(xiǎng)：同"饷"。《说文》："周人谓饷曰～。"《诗·周颂·良耜》："其～伊黍。"《礼记·郊特牲》郑注引《诗》作"饷"。 ③馈(kuì)：《说文》："～，饷也。"《周礼·天官·膳夫》："凡王之～，食用六谷，膳用六牲。"郑注："进物于尊者曰～。"引申为赠送。《论语·乡党》："康子～药。"

【译文】

馌(往田里送饭)、饟(给人送食物)二词，都有进食于人、赠送的意思。

1.119 迁、运[①]，徙也。

【注释】

①运：移动。《说文》："～，迻徙也。"《庄子·逍遥游》："是鸟也，海～则将徙于南冥。南冥者，天池也。"郭庆藩集解："庄子言鹏之运行不息于海，则将徙天池而休息矣。"

【译文】

迁(迁徙)、运(移动)二词,都有迁移的意思。

1.120 秉[1]、拱[2],执也。

【注释】

①秉:《说文》:"~,禾束也。"引申为拿着、执持之义。《诗·邶风·简兮》:"右手~翟。"(翟:野鸡羽毛。) ②拱:执持。郭注:"两手持为~。"《国语·吴语》:"拥铎~稽。"(稽:同"戟"。)韦昭注:"~,执也。"

【译文】

秉(拿着)、拱(执持)二词,都有执持的意思。

1.121 廞[1]、熙[2],兴也。

【注释】

①廞(xīn):兴,作。《周礼·春官·笙师》:"大丧,~其乐器。"郑注:"~,兴也,兴谓作之。" ②熙:兴起、兴盛。《书·尧典》:"允釐百工,庶绩咸~。"释文:"~,兴也。"

【译文】

廞(兴、作)、熙(兴起)二词,都有兴起的意思。

1.122 卫[1]、蹶[2]、假[3],嘉也。

【注释】

①卫:赞美事物之辞。郑樵注:"今时俗讶其物则曰~。" ②蹶(jué):嘉美。邢疏:"谓嘉美也。"郝疏:"今东齐里俗见人有善夸美之曰~。" ③假(xià):美好。《诗·大雅·假乐》:"~乐君子,显显令德。"毛传:"~,嘉也。"

【译文】

卫(赞美之辞)、蹶(嘉美)、假(美好、赞美)等词,都有赞美的意思。

1.123 废、税[1]、赦[2],舍也[3]。

【注释】

①税:释放。周校:"~,唐写本作'脱'。"《方言》卷七:"~,舍车也。宋赵陈魏之间谓之~。"《吕氏春秋·慎大》:"乃~马于华山,~牛于桃林。"高诱注:"~,释也。" ②赦:舍弃,放置。《说文》:"~,置也。"段注:"~与舍音义同,非专

为～罪也。后舍行而～废。"《易·解》:"君子以～过宥罪。"孔疏:"～,谓放免。"③舍(shě):同"捨"。放弃。《荀子·劝学》:"锲而不～,金石可镂。"

【译文】

废(废弃)、税(释放)、赦(舍弃)等词,都有放弃的意思。

1.124 栖迟[①]、憩[②]、休、苦[③]、呬[④]、齂[⑤]、呬[⑥]息也。

【注释】

①栖迟:游息,淹留。《诗·陈风·衡门》:"衡门之下,可以～～。"毛传:"～～,游息也。"孔疏:"舍人曰:～～,行步之息也。"马瑞辰《毛诗传笺通释》:"～～,叠韵字。" ②憩(qì):休息。《诗·召南·甘棠》:"勿翦勿败,召伯所～。"毛传:"～,息也。"《释文》:"～,本又作愒。"《说文》:"愒,息也。或作～。" ③苦(gǔ):通"盬"。止息。《诗·小雅·四牡》:"王事靡盬,我心伤悲。"王引之《述闻》:"盬者,息也。王事靡盬者,王事靡有止息也。" ④呬(kuì):叹息。郝疏:"～者,喟之假音也。" ⑤齂(xiè):《说文》:"卧息也。"《玉篇》:"～,鼻息也。"谓睡时所发的鼻息声。 ⑥呬(xì):喘息。郭注:"～,气息貌。今东齐呼息为～也。"

【按语】

该条训释词"息"有二义:"栖迟"、"憩"、"休"、"苦"为止息之息,"呬"、"齂"、"呬"为气息之息。

【译文】

栖迟(游息)、憩(休息)、休(休息)、苦(止息)等词,都有休息的意思;呬(叹息)、齂(卧息)、呬(喘息)等词,都有气息的意思。

1.125 供、峙[①]、共[②],具也[③]。

【注释】

①峙(zhì):通"庤"。具备,储备。王筠《说文句读》:"～,云置屋下者,字从广,且储以待用,不可露积也。"《书·费誓》:"～乃糗粮。"孔疏:"～,具也。" ②共(gōng):通"供"。供给。《周礼·天官·小宰》:"令百官府～其财用。"《释文》:"～音恭。《礼》本供字皆作～。" ③具:准备,备办。《说文》:"～,共置也。"《左传·隐公元年》:"缮甲兵,～卒乘,将袭郑。"

【译文】

供(供给)、峙(储备)、共(供给)等词,都有供置、备办的意思。

1.126 憮[①]、怜[②]、惠[③]，爱也。

【注释】

①憮(wǔ)：抚爱，怜爱。郭注："～，韩、郑语，今江东通呼为怜。"邢疏："谓宠惜也。"郝疏："今登州人谓相闵念曰～。" ②怜：怜爱。《方言》卷一："～，爱也。汝、颍之间曰～。"《列子·杨朱》："生相～，死相捐。" ③惠：宠爱。《诗·邶风·北风》："～而好我，携手同行。"毛传："～，爱。"

【译文】

憮(抚爱)、怜(怜爱)、惠(宠爱)等词，都有怜爱的意思。

1.127 娠[①]、蠢[②]、震、戁[③]、妯[④]、骚[⑤]、感[⑥]、讹[⑦]、蹶[⑧]，动也。

【注释】

①娠(shēn)：胎动。《说文》："～，女妊身动也。从女，辰声。《春秋传》曰：'后缗方～。'"段注："凡从辰之字皆有动意，震，振是也。妊而身动曰～。……哀元年《左传》曰：'后缗方～，逃出自窦，归于有仍，生少康焉。'方～者，方身动去产不远也。" ②蠢：虫动。参见1.108条注释④。 ③戁(nǎn)：摇动。郭注："～，摇动貌。"邢疏："～者，恐动也。《商颂·长发》云：'不～不竦。'" ④妯(chōu)：扰动、激动。《说文》："～，动也。"《方言》卷六："～，扰也。人不静曰～。齐宋曰～。"《诗·小雅·鼓钟》："淮有三洲，忧心且～。"毛传："～，动也。" ⑤骚：《说文》："～，扰也。"故为骚动。《诗·大雅·常武》："徐方绎～。"毛传："～，动也。"陈奂《毛诗传疏》："言未战而徐方之军阵正动乱失次。" ⑥感：通"撼"。《诗·召南·野有死麕》："无～我帨兮。"毛传："～，动也。" ⑦讹(é)：活动。《诗·小雅·无羊》："或降于阿，或饮于池，或寝或～。"毛传："～，动也。" ⑧蹶(guì)：动乱。《诗·大雅·板》："天之方～，无然泄泄。"毛传："～，动也。"陈奂《毛诗传疏》："～训动，犹扰动也。"

【译文】

娠(胎动)、蠢(虫动)、震(震动)、戁(摇动)、妯(扰动)、骚(骚动)、感(撼动)、讹(活动)、蹶(动乱)等词，都有活动的意思。

1.128 覆[①]、察、副[②]，审也[③]。

【注释】

①覆：审察。《周礼·考工记·弓人》："～之而角至，谓之句弓。"郑注："～，犹察也。" ②副(pì)：《说文》："～，判也。"剖析。《诗·大雅·生民》："不坼

不～。"《释文》:"～,《说文》云:'分也。'《字林》云:'判也。'"分析、剖析与审察义相通。　③审:详查,细究。《论语·尧曰》:"谨权量,～法度。"

【译文】

覆(审察)、察(审察)、副(剖析)等词,都有详查、细究的意思。

1.129　契①、灭、殄②,绝也。

【注释】

①契:割断。郭注:"今江东呼刻断物为～断。"《说苑·杂言》:"扬刃离金,斩羽～铁斧,此至利也。"此义与"灭绝"义相通。　②殄(tiǎn):《说文》:"～,尽也。"故为消灭,灭绝。《后汉书·班彪传》:"草木无余,禽兽～夷。"参看1.055。

【译文】

契(割断)、灭(灭绝)、殄(灭绝)等词,都有灭绝的意思。

1.130　郡①、臻②、仍③、迺④、侯⑤,乃也⑥。

【注释】

①郡:频仍。邵疏:"～通作窘。《诗·小雅·正月》:'又窘阴雨。'郑笺:'窘,仍也。'"王引之《述闻》:"《法言·孝至》:'龙堆以西,大漠以北,～劳王师,汉家不为也。'～者,仍也。仍者,重也,数也。言数劳王师于荒服之外,汉家不为也。"②臻(zhēn):重复。朱骏声《说文通训定声》:"～,犹仍也。"《墨子·尚同中》:"飘风苦雨,荐～而至者,此天之降罚也。"孙诒让间诂:"《尔雅·释诂》云:'～、仍,乃也。仍与重义亦同。'"　③仍:重复,接连不断。《国语·周语下》:"晋～无道而鲜胄,其将失之矣。"韦昭注:"～,数也。"　④迺(nǎi):同"乃"。郭注:"～即乃。"于是,就。《诗·大雅·绵》:"～慰～止,～左～右。"　⑤侯:乃,于是。《诗·大雅·文王》:"上帝既命,～于周也。"王引之《述闻》:"～乃也。上帝既命文王之后,乃臣服于周也。"　⑥乃:(一)于是,就。《史记·大宛列传》:"终不得入中城,～罢而引归。"(二)通"仍"。《广雅》:"～,重也。"重复。

【按语】

该条训释词"乃"有二义:"郡"、"臻"、"仍"为仍乃之乃:"迺"、"侯"为语词之乃。说详王引之《述闻》。

【译文】

郡(频仍)、臻(重复)、仍(重复)等词,都有重复的意思。迺(乃)、侯(于是)等词有于是、就的意思。

1.131 迪①、繇②、训③,道也④。

【注释】

①迪:《说文》:"~,道也。"道理。《书·大禹谟》:"惠~吉。"孔传:"~,道也。顺道吉。" ②繇(yóu):通"猷"。道理、道术。《汉书·叙传上》:"谟先圣之大~兮。"颜师古注:"~,道也。" ③训:《说文》:"~,说教也。"段注:"说教者,说释而教之,必顺其理。"《左传·桓公十三年》:"~诸司以德。"又:典范,准则。《诗·大雅·烝民》:"古~是式,威仪是力。"郑笺:"故~,先王之遗典也。式,法也。" ④道:事理,规律。《邓析子·无厚》:"夫舟浮于水,车转于陆,此自然~也。"又:教导。读 dǎo。《庄子·田子方》:"其谏我也似子,其~我也似父。"成玄英疏:"训道我也,似父之教子。"

【译文】

迪(道理)、繇(道术)、训(教导,准则)等词,都有事理、规律的意思。其中"训"一词,还有教导的意思。

1.132 佥①、咸、胥②,皆也。

【注释】

①佥(qiān):《说文》:"~,皆也。"《书·大禹谟》:"询谋~同。"孔疏:"询于众人,其谋又皆同美矣。" ②胥(xū):相当于"都"。《方言》卷七:"自山而东五国之邦曰佥,东齐曰~。"《诗·小雅·角弓》:"尔之远矣,民~然也。"郑笺:"~,皆也。言王女不亲骨肉,则天下之人皆如之。"

【译文】

佥(都)、咸(都)、胥(都)等词,都有都、皆的意思。

1.133 育①、孟②、耆③、艾④、正⑤、伯⑥,长也。

【注释】

①育:长老。郭注:"~,养,亦为长。"《诗·邶风·谷风》:"既生既育,比予于毒。"郑笺:"育,谓长老也。" ②孟:排行最大,也称伯。《说文》:"~,长也。"《左传·隐公元年》:"惠公元妃~子。"孔疏:"~、仲、叔、季,兄弟姊妹长幼之别字也。~、伯俱长也。" ③耆(qí):《说文》:"~,老也。"本指六十岁的老人,引申为年长者。《后汉书·隗嚣传》:"三辅~老士大夫皆奔归嚣。" ④艾:年老的人。《方言》卷六:"东齐鲁卫之间,凡尊老谓之叟,或谓之~。"《史记·周本纪》:"瞽史教诲,耆~修之。" ⑤正:君长,官长。郭注:"~、伯皆官长。"《书·说命下》:"昔先~保衡,作我先王。" ⑥伯:古代统领一方的长官。《说文》:"~,长

也。"《左传·僖公十九年》:"诸侯无～。"又指兄弟中排行第一者。参见注释②。

【按语】

该条训释词"长"有年长、首长等多种词义,属"二义同条"。

【译文】

育(长老)、孟(排行最大)、耆(年长者)、艾(年老者)、伯(排行第一)等词,都有年长的意思;正(官长)、伯(统领长官)二词,都有首长的意思。

1.134 艾①,历也。

【注释】

①艾(yì):阅历。郭注:"长者多更历。"《诗·周颂·访落》:"於乎悠哉,朕未有～。"

【译文】

艾(经历多)一词,有阅历的意思。

1.135 厤①、秭②、算,数也。

【注释】

①厤(lì):同"历"。历数。《易·革》:"君子以治～明时。"孔疏:"天时变改,故须～数,所以君子观兹《革》象,修治～数,以明天时也。" ②秭(zǐ):数位名。郭注:"今以十亿为～。"《说文》:"数亿至万曰～。"《诗·周颂·丰年》:"亦有高廪,万亿及～。"毛传:"数亿至亿曰～。"

【译文】

厤(历数)、秭(数位名称)、算(计数)等词,都有数量的意思。

1.136 历①,傅也②。

【注释】

①历:附丽。郝疏:"～与丽同。故《王制》云:'邮罚丽于事。'郑注:'丽,附也。'" ②傅:通"附"。迫近。《诗·小雅·菀柳》:"有鸟高飞,亦～于天。"又为附着。《左传·僖公十四年》:"皮之不存,毛将安～?"

【译文】

历(附丽)这个词,有迫近、附着的意思。

1.137 艾①、历②、覛③、胥④,相也⑤。

【注释】

①艾(yì):辅佐。王引之《述闻》:"~与乂同,乂为辅相之相。《君奭》:'用乂厥辟。'谓用相厥辟也。" ②历:察视。《礼记·郊特牲》:"简其车赋,而~其率伍。"王引之《述闻》:"~,谓阅视之也。" ③覛(mì):察视。《国语·周语上》:"古者,太史顺时~士。"韦昭注:"~,视也。" ④胥(xū):观察。《诗·大雅·绵》:"爰及姜女,聿来~宇。"毛传:"~,相也。"郑笺:"于是与其妃太姜自来相可居者。"又:辅助,扶持。《方言》卷六:"~,辅也。"《广雅》:"~,助也。"《春秋·桓公三年》:"齐侯、卫侯~命于蒲。"《公羊传》:"~命者何? 相命也。" ⑤相(xiàng):省视,察看。《说文》:"~,省视也。"又辅佐,扶助。《易·泰》:"辅~天地之宜。"孔疏:"~,助也,当辅助天地所生之宜。"

【按语】

该条训释词"相"有辅相、相视等义。"历""覛"为相视之相;"艾"为辅相之相;"胥"为相视、辅相之义。

【译文】

艾(辅佐)一词,有辅助的意思;历(察视)、覛(察视)二词,有察看的意思;胥一词,有辅助的意思,又有察看的意思。

1.138 乂①、乱②、靖③、神④、弗⑤、淈⑥,治也。

【注释】

①乂(yì):治理。《书·尧典》:"下民其咨,有能俾~。"孔传:"~,治也。" ②乱:《说文》:"~,治也。"《书·泰誓》:"予有~臣十人,同心同德。"孔传:"我治理之臣虽少而心德同。"乱的本义是治理乱丝,后来这词义向它的对立方面演变,转为表示治理的对象即紊乱、无秩序的事物。 ③靖:治理,安定。《诗·周颂·我将》:"日~四方。"郑笺:"~,治也。" ④神:邢疏:"治理也。"王引之《述闻》:"《孟子·尽心篇》'夫君子所过者化,所存者~。'~,治也。言君子所过之地则民化,所在之地则民治。" ⑤弗:通"茀"。拔除,清除。《诗·大雅·生民》:"茀厥丰草,种之黄茂。"毛传:"茀,治也。"郑笺:"除治茂草,使种黍稷。"《释文》:"茀,(韩诗》作拂,拂,~也。" ⑥淈(gǔ):通"汩"。郝疏:"~者,汩之假音也。《说文》云:'汩,治水也。'"《楚辞·天问》:"不任汩鸿,师何以尚之?"王逸注:"汩,治也。鸿,大水也。"

【译文】

乂(治理)、乱(治理)、靖(治理)、神(治理)、弗(治草)、淈(治水)等词,都有治理的意思。

1.139 颐[①]、艾[②]、育,养也。

【注释】

①颐(yí):保养。《易·序卦》:"~者,养也。" ②艾:养育。《方言》卷一:"胎,养也。……汝、颍、梁、宋之间曰胎,或曰~。"《诗·小雅·南山有台》:"乐只君子,保~尔后。"毛传:"~,养;保,安也。"

【译文】

颐(保养)、艾(养育)、育(养育)等词,都有养育的意思。

1.140 泬[①]、浑[②]、陨,坠也。

【注释】

①泬(quǎn):水落的样子。郭注:"~、浑,皆水落貌。"郝疏作"汏",不可从。②浑(gǔn):坠落。郝疏:"水流之坠也。《说文》云:'混流声也,一曰洿下貌。'洿下,亦沈坠之义也。"

【译文】

泬(水落)、浑(水流坠落)、陨(陨落)等词,都有坠落的意思。

1.141 际[①]、接[②]、翜[③],捷也[④]。

【注释】

①际:交会,连接。《说文》:"~,壁会也。"《小尔雅》:"~,接也。"《淮南子·本经训》:"上~青云。"高诱注:"~,接也。" ②接:《说文》:"~,交也。"故有交接、连接之义。《国语·吴语》:"两君偃兵~好,日中为期。"韦昭注:"~,合也。"又通"捷"。敏捷,疾速。《荀子·大略》:"先事虑事谓之~。"杨倞注:"~读为捷,速也。" ③翜(shù):快速。《说文》:"~,捷也,飞之疾也。" ④捷:迅疾,敏捷。《荀子·君子》:"长幼有序,则事业~成而有所休。"又通"接"。接续。郭注:"~,谓相接续也。"《文选·司马相如〈上林赋〉》:"~垂条,踔希间。"

【按语】

该条为"二义同条"现象。黄侃《音训》:"捷兼交捷、捷速二义:'际'为交捷,'翜'为捷速,而'接'则兼之。"

【译文】

际(连接)、接(连接)二词,都有接续的意思;接(敏捷)、翜(飞得疾速)二词,都有敏捷、疾速的意思。

1.142 毖①、神②、溢③，慎也。

【注释】

①毖(bì)：谨慎。《说文》："～，慎也。"《书·毕命》："～殷顽民，迁于洛邑。"孔疏："慎彼殷之顽民，恐其或有叛逆，故迁于洛邑。" ②神：郝疏："～者，祕之慎也。……～有幽閟之义，故郑笺训閟为～，《尔雅》训～为慎，是其义同。《荀子·非相篇》云：'贵之～之。'杨倞注：'～之，谓不敢慢也。'不敢慢即慎矣。"并见1.054。③溢：谨慎。《诗·周颂·维天之命》："假以～我，我其收之。"毛传："～，慎。"孔疏引舍人曰："～，行之慎也。"

【译文】

毖(谨慎)、神(谨慎)、溢(谨慎)等词，都有谨慎的意思。

1.143 郁陶①、繇②，喜也。

【注释】

①郁陶(yáo)：心初悦而未畅。《礼记·檀弓下》："人喜则斯陶，陶斯咏。"郑注："陶，～～也。"孔疏："～～者，心初悦而未畅之意也。言人若外竟会心，则怀抱欣悦，但始发俄尔，则～～未畅。" ②繇(yáo)：喜。郝疏："～者，嗂之假音也。《说文》云：'嗂，喜也。'通作傜，云傜，喜也。又通作～。～、陶声同也。"一说：同"犹 yóu"。和悦的样子。郭注："《礼记》曰：'人喜则斯陶，陶斯咏，咏斯犹。'犹即～也，古今字耳。"《庄子·逍遥游》："宋荣子犹然笑也"。《释文》："崔、李云：犹，笑貌。"

【译文】

郁陶(心初悦而未畅)、繇(喜)二词，都有喜悦的意思。

1.144 馘①、穧②，获也。

【注释】

①馘(guó)：《说文》："～，军战断耳也。"郭注："今以获贼耳为～。"《诗·大雅·皇矣》："执讯连连，攸～安安。"毛传："～，获也。不服者杀而献其左耳曰～。"孔疏："罪其不听命服罪，故取其耳以计功也。" ②穧(jì)：《说文》："～，获刈也。"段注："获刈谓获而芟之也。"郭注："获禾为～。"《诗·小雅·大田》："此有不敛～。"

【译文】

馘(军战中获贼耳)、穧(收割庄稼)二词，都有获得的意思。

1.145 阻、艰，难也。

【译文】

阻（阻碍）、艰（艰难）二词，都有困难的意思。

1.146 剡①、䂮②，利也。

【注释】

①剡（yǎn）：《说文》："～，锐利也。"《楚辞·九章·橘颂》："曾枝～棘。"王逸注："～，利也。" ②䂮（lüè）：《说文》作䂮，籀文作～，云："刀剑刃也。"引申为锋利。通作"略"。《诗·周颂·载芟》："有略其耜。"毛传："略，利也。"《释文》："略，字书作～。"

【译文】

剡（锐利）、䂮（锋利）二词，都有锐利的意思。

1.147 允①、任②、壬③，佞也④。

【注释】

①允：巧言取信于人。郝疏："《逸周书·宝典篇》：'展～于信。'盖展允虽训信，亦容有信不近义者，故曰干信。是～又为佞矣。" ②任（rén）：奸佞。《书·舜典》："而难～人。"孔传："～，佞；难，拒也。" ③壬：奸佞。郝疏："佞人好作大言以欺人，故《书·皋陶谟》云：'何畏乎巧言令色孔～？'～，佞也。" ④佞（nìng）：用花言巧语谄媚人。《论语·公冶长》："雍也仁而不～。"

【译文】

允（巧言取信于人）、任（奸佞）、壬（奸佞）等词，都有巧言谄媚的意思。

1.148 俾①、拼②、抨③，使也④。俾、拼、抨、使，从也。

【注释】

①俾（bǐ）：使令。《诗·大雅·荡》："～昼作夜。"毛传："使昼为夜。"又：顺从。王引之《述闻》："《君奭》：'海隅日出，罔不率～。'～者，从也，犹《鲁颂·闷宫》言'至于海邦，莫不率～'也。" ②拼（pīng）：通作"荓（pīng）"。使。《诗·大雅·桑柔》："民有肃心，荓云不逮。"毛传："荓，使也。"《释文》："荓，本或作～，同。"又，通作"并"。随从。《说文》："并，相从也。"王念孙云："《周礼·考工记·舆人》：'大与小无并。'郑注曰：'并，偏邪相就也。'相就即相从也。"（王引之《述闻》） ③抨：使令。读 bēng。《文选·张衡〈思玄赋〉》："～巫咸作占梦

兮,乃贞吉之元符。”又,随从。读 pēng。郭注:“为随从。” ④使:致使,命令。《诗·郑风·狡童》:“维子之故,~我不能餐兮。”又听从,顺从。《诗·小雅·雨无正》:“云不可~,得罪于天子,亦云可~,怨及朋友。”郑笺:“不可~者,不正不从也;可~者,虽不正从也。”

【译文】

俾(使令)、拼(使令)、抨(使令)等词,都有使令的意思。俾(顺从)、拼(随从)、抨(随从)、使(顺从)等词,都有随从的意思。

1.149 儴①、仍②,因也③。

【注释】

①儴(ráng):因袭。《新语·至德》:“~道者众归之,恃刑者民畏之。” ②仍:沿袭。《说文》:“~,因也。”《论语·先进》:“~旧贯,如之何?何必改作?”何晏集解引郑玄曰:“~,因也;贯,事也。因旧事则可也,何乃复更改作。” ③因:《说文》:“~,就也。”引申为沿袭。《论语·为政》:“殷~于夏礼,所损益,可知也。”

【译文】

儴(因袭)、仍(沿袭)二词,都有沿袭的意思。

1.150 董①、督②,正也。

【注释】

①董:守正。《楚辞·九章·涉江》:“余将~道而不豫兮,因将重昏而终身。” ②督:矫正。《周礼·春官·大祝》:“禁~逆祀命者,颁祭号于邦国都鄙。”郑注:“~,正也。正王之所命,诸侯之所祀。”

【译文】

董(守正)、督(矫正)二词,都有督正的意思。

1.151 享①,孝也。

【注释】

①享:《说文》:“~,献也。”后引申为孝养。王引之《述闻》:“~、孝并与养同义,故~又训为孝。《逸周书·谥法篇》曰‘协时肇~曰孝’是也。”

【译文】

享(把祭品献给祖先)一词,有孝养的意思。

1.152　珍[1]、享，献也。

【注释】

①珍：《文选·扬雄〈羽猎赋〉》李善注引汉代犍为舍人云："献珍物曰～，献食物曰享。"

【译文】

珍（进献珍奇物品）、享（进献食物）二词，都有进献的意思。

1.153　纵[1]、缩[2]，乱也。

【注释】

①纵：乱。王引之《述闻》引王念孙曰："《贾子·傅职篇》曰：'杂彩从美不以章。'从与～同。《大戴礼记·保傅篇》作'～美杂采不以章。'～、杂皆乱也。美不以章，故曰～美；采不以章，故曰杂采，是～为乱也。"　②缩：《说文》："～，乱也。"段注："《通俗文》云'物不申曰～'，不申则乱，故曰乱也。"王筠《说文句读》："案，以从系推之，治丝同度，而其中有纵弛者，则其度长矣；有收缩者，则其度短矣。长短不齐，故乱。"

【译文】

纵（杂乱）、缩（物收缩致长短不齐）二词，都有紊乱的意思。

1.154　探[1]、篡[2]、俘，取也。

【注释】

①探：《说文》："～，远取之也。"求取。《易·系辞上》："～赜索隐，钩深致远。"　②篡：郭注："～者，夺取也。"《方言》卷一："自关而西，秦、晋之间，凡取物而逆谓之～。"《墨子·兼爱中》："是以不惮举其家，以～人之家。"

【译文】

探（求取）、篡（夺取）、俘（捉取）等词，都有取得的意思。

1.155　徂[1]、在，存也。

【注释】

①徂（cú）：往，到。《说文》："～，往也。"郭注："以～为存，犹以乱为治，以曩为曏，以故为今。此皆诂训，义有反覆旁通，美恶不嫌同名。"

【译文】

徂（往，到，表示存在过）、在（存在）二词，都有存在的意思。

1.156 在①、存②、省③、士④,察也。

【注释】

①在:省视,观察。《书·舜典》:"~璿玑玉衡,以齐七政。"孔传:"~,察也。" ②存:观察,审察。邢疏:"~,至察也。"《荀子·修身》:"见善,修然必以自~。"王念孙《读书杂志》:"见善必以自~者,察己之有善与否也。" ③省(xǐng):《说文》:"~,视也。"邢疏:"~谓视察。"《易·观》:"先王以~方观民设教。"孔传:"以省视万方,观看民之风俗以设于教。" ④士:郭注:"~,理官,亦主听察。"《周礼·秋官司寇》:"~师下大夫四人。"郑注:"~,察也,主察狱讼之事者。"

【译文】

在(观察)、存(审察)、省(察视)、士(主持听察)等词,都有察看的意思。

1.157 烈①、枿②,馀也。

【注释】

①烈:树木砍伐后重生的枝条。王引之《述闻》:"《大雅·皇矣》篇'修之平之,其灌其栵。'栵读为~,谓伐木之馀也。" ②枿(niè):同"蘖"。树木砍伐后留下的桩子。《诗·商颂·长发》:"苞有三蘖。"毛传:"蘖,馀也。"朱熹《集传》:"蘖,谓旁生萌蘖也。"

【译文】

烈(伐木之馀)、枿(伐木之馀)二词,都有残馀的意思。

1.158 迓①,迎也。

【注释】

①迓(yà):迎接。《书·盘庚中》:"予~续乃命于天。"孔传:"~,迎也。"

【译文】

迓一词,有迎接的意思。

1.159 元①、良②,首也。

【注释】

①元:人头。《左传·僖公三十三年》:"免胄入狄师,死焉。狄人归其~,面如生。"引申为长(zhǎng),为首的。如~首,~帅,~凶。 ②良:年长者。《广雅》:"~,长也。"王念孙疏证:"《司马法·天子之义篇》云:'周曰元戎,先~也。'《齐语》云:'四里为连,连为之长,十连为乡,乡有~人。'是~与长同义。妇称夫

曰～人,义亦同也。"

【译文】

元(人头,为首的)、良(年长的)二词,都有"为首"的意思。

1.160 荐①、挚②、臻也③。

【注释】

①荐:通"洊"。屡次,接连。《诗·大雅·云汉》:"天降丧乱,饥馑～臻。"孔疏:"乃使上天下此丧乱之灾,使饥馑之害频频重至也。" ②挚(zhì):到。郭注:"至也。"《书·西伯戡黎》:"天曷不降威,大命不～。"孔传:"～,至也。" ③臻(zhēn):到达。参看1.005条注释①。

【译文】

荐(接连而至)、挚(到)二词,都有到达的意思。

1.161 赓①、扬②,续也。

【注释】

①赓(gēng):连续。《书·益稷》:"乃～载歌。"孔传:"～,续。" ②扬:继承。王引之《述闻》:"《洛诰》曰:'以予小子～文武烈。'《立政》曰:'以～武王之大烈。'皆谓续前人之业也。"

【译文】

赓(连续)、扬(继承)二词,都有继续的意思。

1.162 祔①、祪②,祖也。

【注释】

①祔(fù):谓新死者附祭于先祖,对后世而言,亦成"先祖"。郭注:"～,付也。付新死者于祖庙。"《左传·僖公三十三年》:"凡君薨,卒哭而～。" ②祪(guǐ):已毁庙的远祖。《说文》:"～,祔祪祖也。"段注:"祔谓新庙,～谓毁庙,皆祖也。"

【译文】

祔(新庙的先祖)、祪(毁庙的远祖)二词,都有祖先的意思。

1.163 即①,尼也②。

【注释】

①即:《说文》:"～,即食也。"引申为靠近,接近之义。《公羊传·宣公元年》:

"若此乎,古之道不~人心。"何休注:"~,近也。" ②尼:《说文》:"~,从后近之。"亲近。《尸子》卷下:"悦~而来远。"

【译文】

即(靠近)一词,有亲近的意思。

1.164 尼[①],定也。

【注释】

①尼(nǐ):停止,制止。郭注:"~者,止也。止,亦定。"《墨子·号令》:"当路~众。"毕沅注:"~,止。"

【译文】

尼(停止,制止)一词,有止息的意思。

1.165 迩[①]、几[②]、暱[③],近也。

【注释】

①迩(ěr):近,接近。《诗·周南·汝坟》:"虽则如毁,父母孔~。"毛传:"~,近也。" ②几(jī):近,逼近。《诗·大雅·瞻卬》:"天之降罔,维其~矣。"郑笺:"~,近也。言灾异谴告离人身近,愚者不能觉。" ③暱:《说文》:"~,日近也。"亲近。《左传·隐公元年》:"不义不~,厚将崩。"《释文》:"~,亲也。"

【译文】

迩(近,接近)、几(逼近)、暱(亲近)等词,都有近、接近的意思。

1.166 妥[①]、安[②],坐也。

【注释】

①妥:坐定。《诗·小雅·楚茨》:"以~以侑,以介景福。"毛传:"~,安坐也。"并见1.089。 ②安:坐。《逸周书·度邑》:"~,予告汝。"朱右曾校释:"~,坐也。"

【按语】

该条从王引之《述闻》之说,读作:"妥、安,坐也。"但亦可读作:"妥、安坐也。"二读不同,于义俱通。

【译文】

妥(坐定)、安(坐)二词,都有坐的意思。

1.167 貉[①]、缩[②]，纶也[③]。

【注释】

①貉(mò)：纶绳。郭注："～者，绳也。" ②绾(wǎn)：据郭注当作"缩"。绳子，以绳捆束。《诗·大雅·绵》："缩版以载。"毛传："乘谓之缩。"郑笺："乘，声之误，当为绳也。"孔疏："绳束筑版谓之缩。" ③纶(lún)：比丝粗的绳子。郭注："～者，绳也，谓牵缚缩貉之，今俗语亦然。"《礼记·缁衣》："王言如丝，其出如～。"

【译文】

貉(纶绳)、缩(以绳捆束)二词，都有绳束的意思。

1.168 貉[①]、嘆[②]、安，定也。

【注释】

①貉：通作"貊(mò)"，静定。《诗·大雅·皇矣》："貊其德音。"毛传："貊，静也"。郝疏："静亦定也。" ②嘆(mò)：静定。《吕氏春秋·首时》："饥马盈厩，～然，未见刍也。"

【译文】

貉(通"貊"，静定)、嘆(静定)、安(安定)等词，都有安定的意思。

1.169 伊[①]、维也[②]。伊、维，侯也[③]。

【注释】

①伊：语气词。相当于"惟"、"维"。用于句首或句中。郭注："发语词。"《诗·小雅·正月》："有皇上帝，～谁云憎。" ②维：语气词。用于句首或句中。《诗·召南·鹊巢》："～鹊有巢，～鸠居之。" ③侯：助词。相当于"惟"、"维"。用于句首或句中。《诗·小雅·正月》："瞻彼中林，～薪～蒸。"郑笺："～，维也。林中大木之处而维有薪蒸尔。"

【译文】

伊(句中或句首语气词)一词，有语气词"维"的意思。伊(句中或句首语气词)、维(句中或句首语气词)二词，都有助词"惟"的意思。

1.170 时[①]、寔[②]，是也[③]。

【注释】

①时：代词。表近指。相当于"此"、"这"。《书·舜典》："惟～懋哉。"《史记·五帝纪》引作"维是勉哉"。 ②寔(shí)：通"是"。此，这。《诗·召

南·小星)："～命不同。"毛传："～，是也。" ③是：代词。表近指。相当于"此"、"这"。《论语·述而》："子于～日哭，则不歌。"

【译文】

时(近指代词)、寔(近指代词)二词，都有近指代词"此"、"这"的意思。

1.171 卒[①]、猷[②]、假[③]、辍[④]，已也[⑤]。

【注释】

①卒：完毕，终结。《诗·豳风·七月》："无衣无褐，何以～岁？" ②猷：同"犹"。相当于"已"。《穀梁传·僖公三十一年》："犹者，可以已之辞也。" ③假(gé)：通"格"。到，止。《诗·商颂·玄鸟》："四海来～，来～祁祁。"郑笺："～，至也。" ④辍：停止。《三国志·吴书·陆逊传》："臣闻志行万里者，不中道而～足。" ⑤已：停止。《诗·郑风·风雨》："风雨如晦，鸡鸣不～。"又作完成，完毕。《国语·齐语》："有司～于事而竣。"

【译文】

卒(完毕，终结)、猷(完毕)、假(到达、停止)、辍(停止)等词，都有完毕、终止的意思。

1.172 求[①]、酋[②]、在[③]、卒、就[④]，终也。

【注释】

①求：终。《诗·大雅·下武》："王配于京，世德作～。"郑笺："～，终也。武王配行三后之道于镐京者，以其世世积德，庶为终成其大功。" ②酋：终尽。《诗·大雅·卷阿》："俾尔弥尔性，似先公～矣。"毛传："～，终也。"朱熹《集传》："言使尔终其寿命，似先君善始而善终也。" ③在：通"载"。终尽。俞樾《尔雅平议》："～当读为载。～、载得通用。载之言成也，成与终义相近。"《书·吕刑》："非天不中，惟人～命。" ④就：终尽。《国语·越语》："先人～世，不穀即位。"韦昭注："～世，终世也。"

【译文】

求(终尽)、酋(终尽)、在(终尽)、卒(终结，完毕)、就(终尽)等词，都有终尽的意思。

1.173 崩[①]、薨[②]、无禄[③]、卒、徂落[④]、殪[⑤]，死也。

【注释】

①崩:山倒塌,特指古代帝王之死。《礼记·曲礼下》:"天子死曰~;诸侯曰薨;大夫曰卒;士曰不禄;庶人曰死。"后代皇后及太子之死亦称"崩"。 ②薨(hōng):周代诸侯死亡。《韩非子·和氏》:"(楚)武王~,文王即位。" ③无禄:古代士死的讳称。即"不禄"。《礼记·曲礼下》:"士曰不禄。"孔疏:"不禄者,士禄以代耕,而今遂死,是不终其禄。" ④徂(cú)落:死亡。"徂"通"殂(cú)"。《孟子·万章上》:"二十有八载,放勋乃~~。" ⑤殪(yì):死亡。《说文》:"~,死也。"《左传·隐公九年》:"衷戎师,前后击之,尽~。"杜预注:"~,死也。"

【译文】

崩(天子之死)、薨(诸侯之死)、无禄(士之死)、卒(死亡)、徂落(死亡)、殪(死亡)等词,都有死亡的意思。

释言第二

【题解】

《释言》“专释六艺成言”（黄侃语），主要解释古代经籍里的常用词，而且一条之中的被训释词一般比《释诂》要少。

2.001　殷[①]、齐[②]，中也。

【注释】

①殷：居中。《书·禹贡》：“江、汉朝宗于海，九江孔～。”孔传：“江于此州界分为九道，甚得地势之中。”　②齐：正中，中央。王念孙曰：“人脐居腹之中央，故谓之脐。脐者，～也。《士丧礼》下篇：‘～三采。’郑注曰：‘～居柳之中央。’疏曰：‘以其言～，若人之～（脐），亦居身之中央。’”（王引之《述闻》）

【译文】

殷（居中）、齐（中央）二词，都有正中的意思。

2.002　斯[①]、誃[②]，离也。

【注释】

①斯：《说文》：“～，析也。”引申为离开。《方言》卷七：“～，离也。齐、陈曰～。”《诗·陈风·墓门》：“墓门有棘，斧以～之。”毛传：“～，析也。”《释文》引孙炎曰：“～，析之离。”　②誃（chǐ）：离开，脱离。《说文》：“～，离别也。”王引之《述闻》：“周景王作洛阳～台。徐锴曰：‘～台犹别馆也。’别馆与离宫同义，故曰‘～，离别也’。”

【译文】

斯（分开）、誃（离别）二词，都有分离的意思。

2.003　谡[①]、兴，起也。

【注释】

①谡(sù):起来,起立。《列子·黄帝篇》:“则未尝见舟而~操之者也。”张湛注:“~,起也。”

【译文】

谡(起来,起立)、兴(兴起)二词,都有起来的意思。

2.004 还、复,返也。

【译文】

还(返回)、复(回复)二词,都有回来的意思。

2.005 宣①、徇②,遍也。

【注释】

①宣:周遍,普遍。《诗·大雅·桑柔》:“秉心~犹,考慎其相。”郑笺:“乃执正心,举事遍谋于众。” ②徇(xùn):周遍。郝疏:“~者,旬之假音也。《说文》:‘旬,遍也。十日为旬。’《诗》:‘来旬来宣。’传:‘旬,遍也。’”

【译文】

宣(周遍,普遍)、徇(周遍)二词,都有周遍的意思。

2.006 驲①、遽②,传也③。

【注释】

①驲(rì):古代驿站专用的车。后来也指驿马。《说文》:“~,驿传也。”《左传·文公十六年》:“楚子乘~,会师于临品。” ②遽:驿车,驿马。《说文》:“~,传也。”郭注:“皆传车驿马之名。”《周礼·秋官·行夫》:“行夫掌邦国传~之小事。”郑注:“传~,若今时乘传骑驿而使者也。” ③传(zhuàn):本义为驿站,驿舍。《说文》:“~,遽也。”后引申为驿站所备的车马。《左传·成公五年》:“晋侯以~召伯宗。”

【译文】

驲(驿站的车马)、遽(驿车,驿马)二词,都有古代驿站传递信息的车马之意。

2.007 蒙①、荒②,奄也③。

【注释】

①蒙:覆盖,包裹。《方言》卷十三:“~,覆也。”《诗·鄘风·君子偕老》:“~

彼纻絺。”毛传：“～，覆也。” ②荒：掩盖，覆盖。《说文》：“～，草掩地也。”《诗·周南·樛木》：“南有樛木，葛藟～之。”毛传：“～，奄也。” ③奄：《说文》：“～，覆也。”《诗·大雅·皇矣》：“受禄无丧，～有四方。”郑笺：“世世受福禄至于覆有天下。”

【译文】

蒙(覆盖)、荒(掩盖)二词，都有覆盖的意思。

2.008 告①、谒②，请也。

【注释】

①告：请求。《国语·鲁语上》：“国有饥馑，卿出～籴，古之制也。” ②谒(yè)：请求。《国语·越语下》：“微君王之言，臣固将～之。”韦昭注：“～，请也。请伐吴也。”

【译文】

告(请求)、谒(请求)二词，都有请求的意思。

2.009 肃①、噰②，声也。

【注释】

①肃：鸟类翅膀扇动的声音。《诗·小雅·鸿雁》：“鸿雁于飞，～～其羽。”毛传：“～～，羽声也。” ②噰(yōng)：鸟声和鸣。《楚辞·宋玉〈九辩〉》：“雁～～而南游兮。”王逸注：“雄雌和乐，群戏行也。”

【译文】

肃(鸟类翅膀扇动声)、噰(鸟类和鸣声)二词，都有声音的意思。

2.010 格①、怀②，来也。

【注释】

①格：来，到。参看1.005条注释⑤。 ②怀：来到。参看1.005条注释⑦。

【译文】

格(来，到)、怀(来到)二词，都有到来的意思。

2.011 畛①、底②，致也。

【注释】

①畛(zhěn)：祝告，致意。参看1.029条注释④。 ②厎(zhǐ)：到、致。《书·舜典》“乃言～可绩。”《史记·夏本纪》作“汝言致可绩”。

【译文】

畛(致意)、厎(到,致)二词,都有到的意思。

2.012 恀[①]、怙[②],恃也。

【注释】

①恀(shì):凭借,依赖。《荀子·非十二子》:"俭然,~然。"杨倞注:"~然,恃尊长之貌。" ②怙(hù):依靠,仗恃。《诗·小雅·蓼莪》:"无父何~!无母何恃!"

【译文】

恀(凭借,依赖)、怙(依靠,仗恃)二词,都有依靠的意思。

2.013 律[①]、遹[②],述也[③]。

【注释】

①律:遵守,效法。《礼记·中庸》:"上~天时,下袭水土。" ②遹(yù):遵循。《书·康诰》:"今(治)民将在祗~乃文考。"孔传:"今治民将在敬循汝文德之父。" ③述:《说文》:"~,循也。"《诗·邶风·日月》:"胡能有定,报我不~。"毛传:"~,循也。"郑笺:"不循,不循礼也。"

【译文】

律(遵守)、遹(遵循)二词,都有遵循的意思。

2.014 俞[①]、畣[②],然也[③]。

【注释】

①俞:叹词。表示应允。《礼记·内则》:"男唯女~。"郑玄注:"~,然也。" ②畣(dá):同"答"。郭注:"~者,应也。亦为然。"《广雅》:"对,~也。"王念孙疏:"~,经传通作荅(答)。" ③然:叹词,表示应答。《礼记·檀弓上》:"有子曰:'~。然则夫子有为言之也。'"

【译文】

俞(叹词,表应允)、畣(应答)二词,都有表示应答的意思。

2.015 豫[①]、胪[②],叙也[③]。

【注释】

①豫:次序。郝疏:"~者,舒也,序也。故《释地》释文引《春秋元命苞》云:'~之言序也。'" ②胪:陈列。《太玄·棿》:"秉珪戴璧,~凑群辟。"范望注:

“～，陈序也。” ③叙：排列次序，按次序。《周礼·天官·司书》：“以周知入出百物，以～其财。”

【译文】

豫（次序）、胪（陈序）二词，都有列次序的意思。

2.016 庶几①，尚也②。

【注释】

①庶几（shù jī）：也许可以，差不多。《左传·襄公二十六年》：“～～赦余。” ②尚：《说文》：“～，庶几也。”表祈使、希冀、猜测等。《左传·昭公十三年》：“灵王卜曰：‘余～得天下。’”

【译文】

庶几（也许可以）一词，有差不多的意思。

2.017 观①、指②，示也③。

【注释】

①观：示人，给人看。《吕氏春秋·博志》：“此其所以～后世已。”高诱注：“～，示也。” ②指：指给人看。《礼记·仲尼燕居》：“治国其如～诸掌而已乎！”《礼记·中庸》云：“治国其如示诸掌乎！” ③示：给人看。《老子》：“国之利器不可以～人。”

【译文】

观（给人看）、指（指给人看）二词，都有给人看的意思。

2.018 若①、惠②，顺也。

【注释】

①若：顺从。《诗·鲁颂·闷宫》：“万民是～。”朱熹《集传》：“顺万民之望也。” ②惠：柔顺。《诗·邶风·燕燕》：“终温且～，淑慎其身。”毛传：“～，顺也。”

【译文】

若（顺从）、惠（柔顺）二词，都有顺从的意思。

2.019 敖①、幠②，傲也。

【注释】

①敖（ào）：倨傲，狂妄。后作“傲”。《礼记·曲礼上》：“～不可长。”《释文》：

"～,慢也。"孔疏:"～者,矜慢在心之名。" ②怃(hū):傲慢。《礼记·投壶》:"毋～毋敖。"郑玄注:"～,敖慢也。"

【译文】

敖(倨傲)、怃(傲慢)二词,都有傲慢的意思。

2.020 幼、鞠[①],稚也。

【注释】

①鞠:幼稚。《书·康诰》:"兄亦不念～子哀,大不友于弟。"

【译文】

幼(幼小)、鞠(幼稚)二词,都有幼小的意思。

2.021 逸[①]、諐[②],过也。

【注释】

①逸:过失。《说文》:"～,失也。"《书·盘庚上》:"予亦拙谋,作乃～。"孔传:"～,过也。" ②諐(qiān):同"愆"。过失,过错。《礼记·缁衣》引《诗》:"淑慎尔止,不～于仪。"今本《诗·大雅·抑》作"愆"。

【译文】

逸(过失)、諐(过失)二词,都有过失的意思。

2.022 疑[①]、休[②],戾也[③]。

【注释】

①疑(níng):止息,安定。《诗·大雅·桑柔》:"靡所止～,云徂何往。"毛传:"～,定也。" ②休:《说文》:"～,息止也。"故有停止之义。《诗·大雅·瞻卬》:"妇无公事,～其蚕织。"毛传:"～,息也。" ③戾:止息,安定。参看1.075条注释④。

【译文】

疑(止息)、休(停止)二词,都有止息的意思。

2.023 疾[①]、齐[②],壮也[③]。

【注释】

①疾:急速。邢疏:"急～、齐整,皆于事敏速强壮也。"《易·系辞上》:"唯神也,故不～而速,不行而至。"孔疏:"不须急～,而事速成。" ②齐:敏捷。参看

1.058 条注释②。 ③壮:迅速,迅猛。王引之《述闻》:"~与齐皆疾也。故郭曰:'~,壮事,谓速也。齐亦疾。'"《庄子·徐无鬼》:"百工有器械之巧则~。"《释文》引李颐注:"~,犹疾也。"

【译文】

疾(急速)、齐(敏捷)二词,都有迅速的意思。

2.024 悈①、褊②,急也。

【注释】

①悈(jiè):褊急。郝疏:"~者,心之急也。……通作戒。《诗》'我是用急',《盐铁论·繇役篇》作'我是用戒'。戒亦~也。戒是~字之省。" ②褊(biǎn):急躁。《诗·魏风·葛屦》:"维是~心,是以为刺。"郑笺:"魏俗所以然者,是君心~急,无德教使之耳!"

【译文】

悈(褊急)、褊(急躁)二词,都有急躁的意思。

2.025 贸①、贾②,市也③。

【注释】

①贸:《说文》:"~,易财也。"故有交易、交换之义。《诗·卫风·氓》:"氓之蚩蚩,抱布~丝。" ②贾(gǔ):做买卖。《韩非子·五蠹》:"长袖善舞,多钱善~。" ③市:《说文》:"~,买卖所之也。"引申为交易,进行买卖。《易·系辞下》:"日中为~。"

【译文】

贸(交易)、贾(做买卖)二词,都有进行买卖的意思。

2.026 厞①、陋②,隐也。

【注释】

①厞(fèi):隐蔽。《说文》:"~,隐也。"《仪礼·士虞礼》:"如其设也,几在南,~用席。"郑玄注:"~,隐也。" ②陋:隐蔽。邢疏:"幽隐也。"《书·尧典》:"明明扬侧~。"孔疏:"举其明德之人于僻隐鄙陋之处。"

【译文】

厞(隐蔽)、陋(隐蔽)二词,都有隐蔽的意思。

2.027 遏[①]、遾[②]，逮也[③]。

【注释】

①遏(è)：相及。郭注："东齐曰～，北燕曰遾，皆相及逮。"通作"曷"。《诗·小雅·四月》："曷云能穀。"毛传："曷，逮也。" ②遾(shì)：相及。通作"逝"，《诗·邶风·日月》："逝不古处。"毛传："逝，逮也。" ③逮：及至，达到。《说文》："～，及也。"《诗·大雅·桑柔》："民有肃心，荓云不～。"郑笺："～，及也。"

【译文】

遏(相及)、遾(相及)二词，都有赶上、达到的意思。

2.028 征[①]、迈[②]，行也。

【注释】

①征：远行。《诗·小雅·小明》："我～徂西，至于艽野。" ②迈：出行，远行。《说文》："～，远行也。"《诗·小雅·小宛》："我日斯～，而月斯征。"

【译文】

征(远行)、迈(远行)二词，都有出行的意思。

2.029 圮[①]、败[②]，覆也。

【注释】

①圮(pǐ)：倾覆。《说文》："～，毁也。"《书·尧典》："方命～族。"孔传："～，毁。" ②败：《说文》："～，毁也。"《书·大禹谟》："傲慢自贤，反道～德。"

【译文】

圮(倾覆)、败(毁坏)二词，都有倾覆的意思。

2.030 荐[①]、原[②]，再也。

【注释】

①荐：相当于"一再"、"屡次"。通作"薦"。《诗·大雅·云汉》"天降丧乱，饥馑薦臻。"毛传："薦，重；臻，至也。" ②原：再，重。《淮南子·泰族》："～蚕一岁再收，非不利也。"高诱注："～，再也。"

【译文】

荐(一再，屡次)、原(再，重)二词，都有再的意思。

2.031 抚①、敉②,抚也。

【注释】

①抚:被训释词与训释词误同,当作"忼"。爱抚。《说文》:"忼,爱也。韩、郑曰忼。"与"煤"实为一字。参看1.126。 ②敉(mǐ):安抚。《说文》:"~,抚也。"邢疏引《方言》曰:"宋卫邠陶之间谓爱曰抚。"《书·洛诰》:"亦未克~公功。"孔传:"是亦未能抚顺公之大功。"

【译文】

忼(爱抚)、敉(安抚)二词,都有抚顺的意思。

2.032 臞①、脙②,瘠也③。

【注释】

①臞(qú):消瘦。《说文》:"~,少肉也。"《史记·司马相如列传》:"形容甚~。"司马贞索隐引韦昭曰:"~,瘠也。"舍人曰:"~,瘦也。" ②脙(xiū):瘦。郭注:"齐人谓瘠瘦为~。" ③瘠(jí):消瘦。《左传·襄公二十一年》:"~则甚矣,而血气未动。"杜预注:"~,瘦也。"

【译文】

臞(消瘦)、脙(瘦)二词,都有消瘦的意思。

2.033 桄①、颎②,充也。

【注释】

①桄(guàng):充满。《说文》:"~,充也。"段注:"~,读古旷切,所以充拓之圻堮也,必外有~,而后内可充拓之令满。" ②颎(jiǒng):充实。郭注:"充盛也。"王引之《述闻》:"~扃同声,故字亦相通。《淮南·俶真篇》曰:'处小隘而不塞,横扃天地之间而不窕。'《主术篇》曰:'横扃四方而不窕。'横扃者,充塞之谓。《荀子·赋篇》曰:'充盈大宇而不窕,入郤穴而不偪。'义与《淮南》同也。"并见1.049条注释。

【译文】

桄(充满)、颎(充实)二词,都有充满的意思。

2.034 屡、暱①,亟也②。

【注释】

①暱(nì):王引之《述闻》:"~,为相亲爱之亟。……~,字或作㥛。《广雅》:'㥛,爱也。'亟训为爱,相爱即相亲暱,故云:'~,亟也。'"并见1.059条注释。

②亟(qì):屡次,一再。《左传·隐公元年》:"~请于武公,公弗许。"又相亲爱。读jí。《方言》卷一:"~,爱也。东齐、海、岱之间曰~。自关而西,秦、晋之间,凡相亲爱谓之~。"

【按语】

该条训释词"亟"有二义:"'屡'为亟数之亟,'暱'为相亲爱之亟。"(王引之《述闻》)

【译文】

屡一词,有屡次、一再的意思;暱一词,有相亲爱的意思。

2.035 靡[①]、罔[②],无也。

【注释】

①靡(mǐ):没有,无。《诗·大雅·抑》:"~哲不愚。"《淮南子·人间训》引作"无哲不愚"。 ②罔(wǎng):无、没有。《诗·卫风·氓》:"士也~极。"孔疏:"士也行无中正。"

【译文】

靡(没有)、罔(没有)二词都有没有、无的意思。

2.036 爽[①],差也。爽,忒也[②]。

【注释】

①爽:差错,违背。《诗·卫风·氓》:"女也不~,士贰其行。"毛传:"~,差也。" ②忒(tè):变更,不专一。邢疏引孙炎曰:"~,变杂不一。"《诗·鲁颂·閟宫》:"享祀不~。"郑笺:"~,变也。"

【译文】

爽一词,有差错的意思。爽一词,又有变更的意思。

2.037 佴[①],贰也。

【注释】

①佴(èr):相次,犹言随后。郭注:"~,次。为副贰。"邢疏:"~,次。次即副贰之意。"《文选·司马迁〈报任少卿书〉》:"而仆又~之蚕室。"李善注引如淳曰:"~,次也,若人相次也。"

【译文】

佴一词,有相次的意思。

2.038 剂①、翦②，齐也③。

【注释】

①剂：剪断，剪齐。郭注："南方人呼翦刀为～刀。"《太玄·永》："永不轨，其命～也。"范望注："～，剪也；剪，绝也。" ②翦（jiǎn）：《说文》："～，羽生也。"由本义羽毛初生如剪样齐而引申为剪齐。段注："～者前（剪）也。前者，断齐也。"《诗·鲁颂·閟宫》："实如～商。"毛传："～，齐也。"郑笺："～，断也。" ③齐（jiǎn）：剪，断。《仪礼·既夕礼》："马不～髦。"郑注："～，翦也。今文髦为毛。"

【译文】

剂（剪整齐）、翦（剪齐）二词，都有剪断的意思。

2.039 馈①、馏②，稔也③。

【注释】

①馈（fēn）：蒸饭。邢疏引孙炎曰："蒸之曰～。" ②馏：熟食蒸热。郭注："馈熟为～。"《世说新语·夙惠》："炊何不～？" ③稔（rěn）：庄稼成熟。《说文》："～，谷熟也。"后引申为蒸熟。亦作"饪"。郝疏："～者，饪之假音也。"

【译文】

馈（把饭蒸熟）、馏（熟食蒸热）二词，都有蒸熟的意思。

2.040 媵①、将②，送也。

【注释】

①媵（yìng）：陪送出嫁。《左传·僖公五年》："以～秦穆姬。"杜预注："送女曰～。" ②将：送行。《诗·召南·鹊巢》："之子于归，百两～之。"毛传："～，送也。"

【译文】

媵（陪送出嫁）、将（送行）二词，都有送行的意思。

2.041 作、造，为也。

【译文】

作（从事）、造（制作）二词，都有做的意思。

2.042 餥①、糇②，食也。

【注释】

①餥（fēi）：请人吃麦饭。《说文》："陈、楚之间相谒食麦饘曰～。" ②糇

(hóu):干粮。《释名》:"～,候也。候人饥者以食之也。"

【译文】

餥(吃麦饭)、餱(干粮)二词,都有食用的意思。

2.043 鞫①、究②,穷也。

【注释】

①鞫(jū):穷尽。《诗·小雅·小弁》:"踧踧周道,～为茂草。"毛传:"～,穷也。" ②究:《说文》:"～,穷也。"《诗·小雅·节南山》:"家父作诵,以～王讻。"郑笺:"～,穷也。大夫家父作此诗而为王诵也,以穷极王之政所以致多讼之本意。"

【译文】

鞫(穷尽)、究(穷尽)二词,都有穷尽的意思。

2.044 卤①、矜②、咸③,苦也。

【注释】

①卤(lǔ):郭注:"苦地也。"邢疏:"谓斥卤可煮盐者。"即不生谷物的盐碱地。引申为咸汁。《玉篇》:"～,咸水也。" ②矜(jīn):辛苦。《庄子·在宥》:"愁其五藏,以为仁义;～其血气,以规法度。"王引之《述闻》:"～者,苦也。'～其血气'犹《孟子》言'苦其心志'耳。" ③咸:郭注:"苦即大～。"郝疏:"～极必苦。"

【按语】

该条训释词"苦"有二义:"卤"、"咸"为味苦之苦;"矜"为辛苦之苦。

【译文】

卤(咸水)、咸(苦)二词,有"苦"的意思;矜(辛苦)一词,有辛苦的意思。

2.045 干①、流②,求也。

【注释】

①干(gān):求取。《论语·为政》:"子张学～禄。"何晏注:"～,求也。" ②流:寻求,择取。《诗·周南·关雎》:"参差荇菜,左右～之。"毛传:"～,求也。"

【译文】

干(求取)、流(寻求、择取)二词,都有寻取的意思。

2.046 流①,覃也②。覃,延也。

【注释】

①流：水的移动。《说文》："～，水行也。" ②覃：蔓延，延及。郭注："谓蔓延相被及。"《诗·周南·葛覃》："葛之～兮，施于中谷。"毛传："～，延也。"孔疏："言葛之渐长，稍稍延蔓兮而移于谷中。"

【译文】

流（水的移动）一词，有蔓延的意思。覃（蔓延，延及）一词，有蔓延的意思。

2.047 佻[①]，偷也[②]。

【注释】

①佻（tiāo）：轻薄放纵。郭注："谓苟且。"邢疏引李巡曰："～，偷薄之偷。"《左传·昭公十年》："《诗》曰：'德音孔昭，视民不～。'"孔疏："其视下民不偷薄苟且也。" ②偷：苟且。《礼记·表记》："安肆曰～。"引申为轻薄。《论语·泰伯》："故旧不遗，则民不～。"

【译文】

佻（偷薄）一词，有苟且、轻薄的意思。

2.048 潜[①]，深也。潜、深[②]，测也[③]。

【注释】

①潜：水深，深处。王褒《四子讲德论》："夫雷霆必发，而～底震动。"可引申为探测。《庄子·田子方》："下～黄泉。" ②深：测。王念孙曰："《商子·禁使篇》曰：'～渊者，知千仞之～，县绳之数也。'～渊，测渊也。《列子·黄帝篇》曰：'彼将处乎不～之度而藏乎无端之纪。'不～，不测也。"（王引之《述闻》） ③测：《说文》："～，深所至也。"王筠《说文句读》："深所至者，谓～其深之几何也。"《周礼·地官·大司徒》："以土圭之法～土深。"

【译文】

潜（水深）一词，有深度的意思。潜（探侧）、深（测）二词，又有测量的意思。

2.049 谷[①]、鞠[②]，生也。

【注释】

①谷：《说文》："百谷之总名。"后引申为生，生长。《诗·王风·大车》："～则异室，死则同穴。"孔疏："生则异室而居，死则同穴而葬。" ②鞠：养育。《方言》卷一："～，养也。陈、楚、韩、郑之间曰～。"《诗·小雅·蓼莪》："父兮生我，母

兮～我。”

【译文】

谷（活着，养育）、鞠（养育）二词，都有活着、养育的意思。

2.050 啜①，茹也②。

【注释】

①啜（chuò）：《说文》：“～，尝也。”《礼记·檀弓下》：“～菽饮水尽其欢，斯之谓孝。” ②茹：吃，吞咽。《方言》卷七：“～，食也。吴越之间，凡贪饮食者谓之～。”郭注：“今俗呼能粗食者为～。”《诗·大雅·烝民》：“柔则～之，刚则吐之。”

【译文】

啜（饮食，品尝）一词，有吃的意思。

2.051 茹①、虞②，度也。

【注释】

①茹：猜度，估计。《诗·小雅·六月》：“猃狁匪～。”郑笺：“言猃狁之来侵，非其所当度为也。” ②虞：猜度，料想。《诗·大雅·抑》：“谨尔侯度，用戒不～。”毛传：“不～，非度也。”

【译文】

茹（估计）、虞（料想）二词，都有猜度的意思。

2.052 试①、式②，用也。

【注释】

①试：使用。《说文》：“～，用也。”《诗·小雅·大东》：“百僚是～。”朱熹《集传》：“～，用也。” ②式：使用。《书·梓材》：“后～典，集庶邦，丕享。”孔传：“君天下能用常法，则和集众国，大来朝享。”

【译文】

试（使用）、式（使用）二词，都有使用的意思。

2.053 诰①、誓②，谨也。

【注释】

①诰（gào）：警戒。王引之《述闻》：“《（国语）·楚语上》曰：‘近臣谏，远臣谤，舆人诵，以自～也。’自～，亦谓自戒敕也。”参看1.029条注释。 ②誓：谨

慎。《礼记·文王世子》:"曲艺皆~之。"郑注:"~,谨也,皆使谨习其事。"

【译文】

诰(警戒)、誓(谨慎)二词,都有小心谨慎的意思。

2.054 竞[①]、逐[②],彊也[③]。

【注释】

①竞:角逐,竞争。《说文》:"~,逐也。"《庄子·齐物论》:"有~有争。"郭象注:"并逐曰~,对辨曰争。" ②逐:竞争,争先。《韩非子·五蠹》:"上古竞于道德,中世~于智谋,当今争于气力。" ③彊(qiǎng):尽力,竭力。《荀子·宥坐》:"幼不能~学,老无以教之,吾耻之。"

【译文】

竞(角逐)、逐(竞争)二词,都有尽力、竭力的意思。

2.055 御[①]、圉[②],禁也。

【注释】

①御:《说文》:"~,祀也。"祭祀以祈免灾祸。引申为禁止。《周礼·秋官·司寤氏》:"~晨行者,禁宵行者。"郑注:"~亦禁也。" ②圉(yǔ):通"御"。阻止。《墨子·节用上》:"其为宫室何?以为冬以~风寒,夏以~暑雨。"

【译文】

御(禁止)、圉(阻止)二词,都有禁止的意思。

2.056 窒[①]、薶[②],塞也。

【注释】

①窒(zhì):填塞,阻塞。郭注:"谓塞孔也。"《诗·豳风·七月》:"穹~熏鼠,塞向墐户。"孔疏:"言穷尽塞其窟穴也。" ②薶(mái):当作"貍",同"埋"。埋藏。《周礼·春官·大宗伯》:"以貍沈祭山林川泽。"即《尔雅·释天》说的"祭地曰瘗~"。

【译文】

窒(填塞、阻塞)、薶(埋藏)二词,都有填塞的意思。

2.057 黼[①]、黻[②],彰也[③]。

【注释】

①黼(fǔ):古代在礼服、礼器上所绘、绣的黑白相间的斧形花纹。《诗·小

雅·采菽》:"玄衮及～。"毛传:"白与黑谓之～。" ②黻(fú):古代在礼服上绣的黑与青相间如亞形的花纹。《诗·秦风·终南》:"～衣绣裳。"毛传:"黑与青谓之～。" ③彰:错综驳杂的花纹或色彩。《说文》:"～,文彰也。"《书·皋陶谟》:"以五采～施于五色,作服。"孔传:"以五采明施于五色,作尊卑之服。"

【译文】

黼(黑白相间的斧形花纹)、黻(黑与青相间的花纹)二词,都有错综驳杂的花纹的意思。

2.058 膺①、身,亲也。

【注释】

①膺(yīng):躬亲,自身。《礼记·少仪》:"拚席不以鬣,执箕～擖。"郑注:"～,亲也。擖,(箕)舌也。持箕将去,粪者以舌自乡。"

【译文】

膺(自身)、身(亲自)二词,都有亲身的意思。

2.059 恺悌①,发也。

【注释】

①恺悌(kǎi tì):或作"岂(kǎi)弟"。破晓出发。《诗·齐风·载驱》:"齐子岂弟。"郑笺:"此岂弟,犹言发夕也。岂读为闿,《古文尚书》以弟为圛,圛,明也。"孔疏:"上言'发夕'谓初夜即行;此言'闿明',谓侵明而行。"王先谦《诗三家义集疏》曰:"谓齐子留连久处之后,至开明乃发行耳。"

【按语】

"恺悌"或曰"岂弟",通常解作和乐平易。但在《诗·齐风·载驱》一诗里,"岂弟"通"闿圛",如郝疏说的:"恺悌者,闿圛之假音也。"《广雅》:"闿,明也。"王念孙疏证:"闿之言开明也。""圛",《说文》云:"回行也。从口,睪声。《尚书》曰'圛'。圛者,升云半有半无,读若驿。"《广雅》:"睪,明也。"王念孙疏证谓睪与奕、译、斁、燡、燚、圛等同声之字,皆有光明之意。黄侃《音训》:"圛训明,故《说文》谓之'升云';训行,故《说文》训'回行'也。经传'岂弟',皆有闿明之义,惟《载驱》之文始兼行义耳。明与行义相因,故奕、圛、驿、绎皆兼明、行二义。"

【译文】

"恺悌"(岂弟)一词,有破晓出发的意思。

2.060 髦士①,官也。

【注释】

①髦士:英俊之士。郭注:"取俊士令居官。"《诗·小雅·甫田》:"攸介攸止,烝我~~。"毛传:"髦,俊也。"

【译文】

髦士(英俊之士)一词,有为官人选的意思。

2.061 畯①,农夫也。

【注释】

①畯(jùn):古代掌管农事的官。王引之《述闻》:"~,长也。田~,农之长。率人曰夫,……夫也者,以知帅人者也。《诗·周颂·噫嘻》篇:'率时农夫。'郑笺以'农夫'为主田之吏。"

【译文】

畯一词,有农官的意思。

2.062 盖①、割,裂也。

【注释】

①盖:通"害"。伤害。王引之《述闻》:"《吕刑》'鳏寡无~',谓鳏寡无害也。《孟子·万章篇》'谟~都君',谓谋害舜也。"

【译文】

盖(伤害)、割(割裂)二词,都有割裂的意思。

2.063 邕①、支②,载也③。

【注释】

①邕(yǒng):同"拥"。邢疏引谢氏曰:"~,字又作'拥'。释云:'拥者,护之载。'" ②支:支撑。《左传·定公元年》:"天之所坏,不可~也。" ③载:《说文》:"~,乘也。"引申为承受,承载。读zài。《易·坤》:"君子以厚德~物。"孔疏:"君子用此地之厚德容载万物。"又同"戴",读dài。爱戴。《韩非子·功名》:"人主者,天下一力以共~之。"

【按语】

该条训释词"载"有二义:"邕"为拥戴之戴;"支"为承载之载。

【译文】

邕(拥护)一词,有爱戴的意思;支(支撑)一词,有承载的意思。

2.064 諈诿①,累也②。

【注释】

①諈诿(zhuì wěi):嘱托,烦劳。郭注:"以事相属累,为~~。"《说文》:"~~,累也。" ②累(lèi):嘱托,烦劳。《战国策·齐策》:"小国英桀之士,皆以国事~君。"高诱注:"累,属(嘱)也。"

【译文】

諈诿一词,有嘱托的意思。

2.065 漠①、察②,清也。

【注释】

①漠:清静。王引之《述闻》引王念孙曰:"《庄子·知北游篇》曰:'澹而静乎,~而清乎。'是~为清也。" ②察:明晰。《墨子·修身》:"辨是非不~者,不足与游。"

【译文】

漠一词,有清静的意思;察一词,有清晰的意思。

2.066 庇①、庥②,荫也③。

【注释】

①庇(bì):遮蔽。《说文》:"~,荫也。"《左传·文公七年》曰:"葛藟犹能庇其本根。" ②庥(xiū):同"休",树荫。郭注:"今俗语呼树荫为~。"引申为庇护。《汉书·外戚传下》:"依松柏之馀休。" ③荫(yìn):覆盖。庇护。《管子·君臣上》:"夫为人君者,~德于人者也。"

【译文】

庇(遮蔽)、庥(树荫,庇护)二词,都有覆盖、庇护的意思。

2.067 谷①、履②,禄也③。

【注释】

①谷:古代以粮食作为官吏的俸禄,故引申为俸禄。《诗·小雅·天保》:"天保定尔,俾尔戬~。"毛传:"~,禄也。" ②履:通"釐"。福禄。《诗·周南·樛

木》:"福~绥之。"毛传:"~,禄;绥,安也。"参看1.071条注③。 ③禄:(一)福。《诗·商颂·玄鸟》:"殷受命咸宜,百~是何。"(何:通"荷"。)(二)俸禄。《韩非子·人主》:"有功者受重~。"

【译文】

谷一词,有俸禄的意思;履一词,有福禄的意思。

2.068 履①,礼也。

【注释】

①履:礼仪。《易·序卦》:"受之以~。"韩康伯注:"~者,礼也,礼所以适用也。"

【译文】

履一词,有礼仪的意思。

2.069 隐①,占也②。

【注释】

①隐:审度。郭注:"~度。"邢疏:"占者视兆以知吉凶也,必先~度。"《管子·禁藏》:"下观不及者,以自~也。"尹知章注:"~,度也。" ②占:《说文》:"~,视兆问也。"引申为估计。《墨子·号令》:"度食不足,令民各自~家五种石升数为期。"

【译文】

隐(审度)一词,有估计的意思。

2.070 逆①,迎也。

【注释】

①逆:《方言》卷一:"~,迎也。自关而东曰~,自关而西或曰迎。"《书·顾命》:"~子钊于南门之外。"

【译文】

逆一词,有迎接的意思。

2.071 憯①,曾也②。

【注释】

①憯(cǎn):相当于"曾"、"竟然"。《诗·小雅·节南山》:"民言无嘉,~莫

惩嗟。”　②曾(zēng):相当于“竟”。《诗·卫风·河广》:“谁谓河广?~不容刀;谁谓宋远?~不崇朝。”

【译文】

憯一词,有竟然的意思。

2.072　增,益也[1]。

【注释】

①益:增加。《左传·襄公二十六年》:“~其禄爵而复之。”

【译文】

增一词,有增加的意思。

2.073　窭[1],贫也。

【注释】

①窭(jù):无财备礼。郭注:“谓贫陋。”《诗·邶风·北门》:“终~且贫,莫知我艰。”毛传:“~者,无礼也;贫者,困于财。”《释文》:“~,谓贫无可为礼。”

【译文】

窭一词,有贫困的意思。

2.074　薆[1],隐也。

【注释】

①薆(ài):隐蔽,遮掩。《楚辞·离骚》:“众~然而蔽之。”

【译文】

薆一词,有隐蔽的意思。

2.075　僾[1],唈[2]也。

【注释】

①僾(ài):呼吸不畅。郭注:“呜唈,短气。”《诗·大雅·桑柔》:“如彼溯风,亦孔之~。”毛传:“~,唈。”郑笺:“使人唈然如乡(向)疾风,不能息也。”　②唈(yì):气不顺畅。《荀子·礼论》:“祭者,言意思慕之情也,惮诡~僾,而不能无时至焉。”杨倞注:“~僾,气不舒愤郁之貌。”

【译文】

僾(呼吸不畅)一词,有气不顺畅的意思。

2.076 基①,经也②。基,设也。

【注释】

①基:开始。参见1.001条注释③。又谋划。参见1.013条注释⑭。 ②经:起始。《鬼谷子·抵巇》:"~起秋毫之末,挥之于太山之本。"陶弘景注:"~,始也。"

【译文】

基(筑墙之始)一词,有起始的意思。基(谋划)一词,有筹划的意思。

2.077 祺①,祥也。祺,吉也。

【注释】

①祺:吉兆。郭注:"谓征祥。"邢疏:"舍人曰:祺,福之祥,谓征祥也。祥即吉之先见者也。"引申为吉利。《诗·大雅·行苇》:"寿考维~,以介景福。"毛传:"~,吉也。"

【译文】

祺一词,有吉兆的意思。祺一词,又有吉利的意思。

2.078 兆①,域也。

【注释】

①兆:通"垗(zhào)"。本泛指区域,通常用以称坟地。郭注:"谓茔界。"《仪礼·士丧礼》:"~南北面。"郑注:"~,域也。"

【译文】

兆(茔界)一词,有区域、域界的意思。

2.079 肇①,敏也。

【注释】

①肇:疾行,超腾。郝疏:"~之言犹赵也。《穆天子传》云:'天子北征赵行。'郭注:'赵,犹超腾也。'超腾与敏疾义近。"

【译文】

肇(敏捷)一词,有疾行、敏捷的意思。

2.080 挟①,藏也。

【注释】

①挟:怀藏。邢疏:"谓隐藏物也。秦有~书之律。"《庄子·齐物论》:"旁日

月,~宇宙。”成玄英疏:“~,怀藏也。”

【译文】

挟(怀藏)一词,有隐藏的意思。

2.081 浃①,彻也②。

【注释】

①浃(jiā):浸渍,透彻。《淮南子·原道》:“不~于骨髓。”高诱注:“~,通也。” ②彻:《说文》:“通也。”《国语·周语中》:“若本固而功成,施遍而民阜,乃可以长保民矣,其何不~?”韦昭注:“~,达也。”

【译文】

浃一词,有透彻的意思。

2.082 替①,废也。替,灭也。

【注释】

①替:废弃,废除。《诗·小雅·楚茨》:“子子孙孙,勿~引之。”毛传:“~,废;引,长也。”参见1.075条注释③。又灭绝。《国语·晋语》:“君之冢嗣其~乎!”韦昭注:“~,灭也。”

【译文】

替一词,有废弃的意思。替一词,又有灭绝的意思。

2.083 速①,征也②。征,召也。

【注释】

①速:招请。《易·需》:“有不~之客三人来。” ②征:征召。《史记·周本纪》:“幽王举烽火~兵,兵莫至。”

【译文】

速(招请)一词,有征召的意思。征(征召)一词,有招致的意思。

2.084 琛①,宝也。

【注释】

①琛(chēn):珍宝。邢疏:“谓珍宝也。”《诗·鲁颂·泮水》:“来献其~。”毛传:“~,宝也。”

【译文】

琛一词,有珍宝的意思。

2.085 探,试也。

【译文】

探一词,有试探的意思。

2.086 髦①,选也。髦,俊也。

【注释】

①髦:毛发中的长毫。引申为出类拔萃的人物。郭注:"士中之俊,如毛中之~。"参见2.060条注释①。又选拔。《诗·大雅·思齐》:"誉~斯士。"王引之《述闻》:"士之选,谓之~。……选士亦谓之~,'誉~斯士'是也。誉~斯士,选斯士也。"

【译文】

髦(选拔人才)一词,有选拔的意思。髦(出类拔萃之人)一词,有俊杰的意思。

2.087 俾①,职也。

【注释】

①俾(bǐ):任事。郭注:"使供职。"郝疏:"职不必居官也,凡事也、业也、生者,皆谓之职。"

【译文】

俾一词,有使供职的意思。

2.088 纰①,饰也。

【注释】

①纰(pí):在衣冠或旗帜上镶边。也指所镶的边缘。郭注:"~,谓缘饰。"《诗·鄘风·干旄》:"素丝~之。"郑笺:"素丝者以为缕,以缝~旌旗之旒縿。"

【译文】

纰(镶边)一词,有装饰的意思。

2.089 淩①,慄也②。慄,慼也。

【注释】

①淩(líng):战栗。亦作“凌”。郭注:“~,懔,战栗。”《释文》:“案,郭注意当作倰。《埤苍》云:倰,慄也。《文选·张衡〈西京赋〉》:‘百禽倰遽。’薛综注:‘倰犹怖也。’” ②慄(lì):畏惧,颤抖。《诗·秦风·黄鸟》:“临其穴,惴惴其~。”又忧愁。《古今韵会举要·质韵》:“~,哀怆意。”

【译文】

淩(倰)一词,有战栗的意思。慄一词,有悲伤的意思。

2.090 蠲①,明也。茅②,明也。明,朗也③。

【注释】

①蠲(juān):明朗,显示。《左传·襄公十四年》:“惠公~其大德。”杜预注:“~,明也。” ②茅:显明。《左传·宣公十二年》:“前~虑无。”杜预注:“~,明也。”孔疏引舍人曰:“~,昧之明也。” ③朗:《说文》:“~,明也。”《诗·大雅·既醉》:“昭明有融,高~令终。”毛传:“~,明也。”

【译文】

蠲(明示)一词,有明朗的意思。茅(显明)一词,有明示的意思。明一词,有明亮的意思。

2.091 猷①,图也。猷,若也。

【注释】

①猷:谋划,图谋。参见1.013条注释⑫。又通“犹”。如同,和……一样。《诗·召南·小星》:“抱衾与裯,寔命不犹。”郭注引作“寔命不~”。

【译文】

猷一词,有图谋的意思。猷一词,又有如同的意思。

2.092 偁①,举也。

【注释】

①偁(chēng):同“称”。举起。《说文》:“~,扬也。”段注:“凡古~举、~谓字皆如此作。”《诗·豳风·七月》:“称彼兕觥,万寿无疆。”朱熹《集传》:“称,举也。”

【译文】

偁一词,有举起的意思。

2.093 称①,好也。

【注释】

①称(chèn):美善。郭注:"物称人意亦为好。"邢疏:"谓美好。"《周礼·考工记·轮人》:"进而眡之,欲其肉~也。"郑注:"肉~,弘杀好也。"肉~言肉好。《史记·乐书》:"宽裕肉好。"裴骃集解引王肃注曰:"肉好,言音之洪美。"

【译文】

称一词,有美好的意思。

2.094 坎①、律②,铨也③。

【注释】

①坎:声转为"科"(从黄侃说,见《音训》)。法规。《太玄·玄摛》:"三仪同科。"范望注:"科,法也。"按,法有公平之义。《说文》:"灋(法),刑也。平之如水,从水。" ②律:法令。郭注:"法、律皆所以铨量轻重。"《易·师》:"师出以~。"孔疏:"~,法也,……使师出之时,当须以其法制整齐之。" ③铨(quán):《说文》:"~,衡也。"即秤,称重量的器具。《汉书·王莽传中》:"考量以~。"颜师古注引应劭曰:"~,权衡也。"

【译文】

坎(声转为"科")、律(法令)二词,都有作为公平衡量人物言行的准则的意思。

2.095 矢①,誓也。

【注释】

①矢:约誓。郭注:"相约誓。"《诗·鄘风·柏舟》:"之死~靡它。"毛传:"~,誓。"

【译文】

矢一词,有发誓的意思。

2.096 舫①,舟也。

【注释】

①舫(fǎng):相并连的两船。郭注:"并两船。"《战国策·楚策一》:"~船载卒,一~载五十人。"

【译文】

舫一词,有船的意思。

2.097 泳[①],游也。

【注释】

①泳:《说文》:"～,潜行水中也。"也泛指在水中或水上浮行。《诗·周南·汉广》:"汉之广矣,不可～思。"

【译文】

泳一词,有游水的意思。

2.098 迨[①],及也。

【注释】

①迨(dài):及,趁着。郭注:"谓相及也。"《诗·召南·摽有梅》:"求我庶士,～其吉兮。"郑笺:"～,及也。"

【译文】

迨一词,有趁着的意思。

2.099 冥[①],幼也。

【注释】

①冥(míng):幽暗。《诗·小雅·斯干》:"哙哙其正,哕哕其～。"(哙哙:敞亮的样子。哕哕:深暗的样子。)毛传:"～,幼也。"《释文》:"幼,本或作窈。"

【译文】

冥(幽暗)一词,有幽深的意思。

2.100 降,下也。

【译文】

降(由高处向下行)一词,有向下的意思。

2.101 佣[①],均也。

【注释】

①佣(yōng):公平,齐等。郭注:"齐等。"《诗·小雅·节南山》:"昊天不～,降此鞠讻。"毛传:"～,均也。"

【译文】

佣一词,有均等的意思。

2.102 强[①],暴也。

【注释】

①强:强暴。《诗·大雅·荡》:"曾是~御。"毛传:"~御,~梁御善也。"~梁即粗暴。

【译文】

强一词,有强暴的意思。

2.103 窕[①],肆也[②]。肆,力也[③]。

【注释】

①窕(tiǎo):深极。王引之《述闻》:"~、肆,皆谓深之极也。《说文》:'~深肆极也。从穴,兆声。'是极深为~也。" ②肆:极深。王引之《述闻》:"《淮南·兵略篇》曰:'山高寻云霓,溪深~无景(影)。'高注:'~,极也。'极溪之深不见景,是极深为~也。"又勤奋。《文选·张衡〈东京赋〉》:"瞻仰二祖,厥庸孔~。"李善注引薛综曰:"~,勤也。" ③力:尽力,努力。《诗·大雅·烝民》:"古训是式,威仪是~。"郑笺:"~犹勤也。"

【译文】

窕一词,有极深的意思。肆一词,有尽力、努力的意思。

2.104 俅[①],戴也。

【注释】

①俅(qiú):《说文》:"~,冠饰貌。"引申为戴。邢疏:"谓头戴也。"《诗·周颂·丝衣》:"载弁~~。"

【译文】

俅一词,有头戴的意思。

2.105 瘗[①],幽也。

【注释】

①瘗(yì):《说文》:"~,幽薶也。"《诗·大雅·云汉》:"上下奠~,靡神不宗。"孔疏:"~,谓堙之于土。"《释文》:"~,埋也。"

【译文】

瘗一词,有幽埋的意思。

2.106 氂[①],罽也[②]。

【注释】

①氂(máo):同"旄"。长毛。邢疏:"舍人曰:'~谓毛罽也。胡人续羊毛而作衣。'" ②罽(jì):毡类的毛织品。郭注:"毛氂所以为~。"邢疏:"~者,织毛为之,若今之毛氍毹。"

【译文】

氂一词,有毛织物的意思。

2.107 烘[①],燎也[②]。

【注释】

①烘:烧。郝疏:"~者,《说文》云:'放火也。'《广雅》云:'烧也。'烧、燎义同。"《诗·小雅·白华》:"樵彼桑薪,卬~于煁。"毛传:"~,燎也。" ②燎(liǎo):放火焚烧。《说文》:"~,放火也。"《书·盘庚上》:"若火之~于原,不可向迩,其犹可扑灭?"

【译文】

烘一词,有放火焚烧的意思。

2.108 煁[①],烓也[②]。

【注释】

①煁(chén):古时一种可移动的火炉。郭注:"今之三隅灶。"郝疏:"郭云三隅灶者,盖如今之风炉。"《诗·小雅·白华》:"樵彼桑薪,卬烘于~。" ②烓(wēi):古时一种可移动的火炉。《说文》:"~,行灶也。"

【译文】

煁一词,有行灶的意思。

2.109 陪[①],朝也[②]。

【注释】

①陪:郭注:"~位为朝。"郝疏:"侍朝曰~位。"臣子朝见君王。《三国志·魏书·高贵乡公传》:"其日皇帝即位于太极前殿,百僚~位者欣欣然。" ②朝:朝见。专指卑见尊。《释文》:"臣见君曰~。"《孟子·公孙丑下》:"孟子将~王。"

【译文】

陪一词,有朝见的意思。

2.110 康[①],苛也。

【注释】

①康:苛刻。郭注:"谓苛刻。"邢疏:"苛者,毒草名。为政刻急者取譬焉。"朱骏声《说文通训定声》:"~、苛一声之转,犹苦之为快也。"

【译文】

康一词,有苛刻的意思。

2.111 樊[①],藩也[②]。

【注释】

①樊(fán):同"藩"。篱笆。《诗·小雅·青蝇》:"营营青蝇,止于~。" ②藩:《说文》:"~,屏也。"篱笆。《易·大壮》:"羝羊触~,羸其角。"

【译文】

樊一词,有篱笆的意思。

2.112 赋[①],量也[②]。

【注释】

①赋:郭注:"~税所以评量。" ②量:《说文》:"~,称轻重也。"故有计量之义。《左传·宣公十一年》:"~功命日,分财用。"

【译文】

赋(评量赋税)一词,有计量的意思。

2.113 粻[①],粮也。

【注释】

①粻(zhāng):粮食。《诗·大雅·崧高》:"以峙其~,式遄其行。"郑笺:"~,粮。"

【译文】

粻一词,有粮食的意思。

2.114 庶[①],侈也[②]。庶,幸也[③]。

【注释】

①庶：众多。参看1.061条注释②。又欣幸。《诗·桧风·素冠》："～见素冠兮。"毛传："～，幸也。" ②侈：多。《庄子·骈拇》："骈拇枝指，出乎性哉，而～于德。"《释文》："～，郭云：多貌。" ③幸：幸运，侥幸。《左传·成公二年》："下臣不～属当戎行，无所逃隐。"

【译文】

庶（众多）一词，有多的意思。庶一词，有幸运、侥幸的意思。

2.115 筑①，拾也。

【注释】

①筑：拾取。《书·金縢》："凡大木所偃，尽起而築之。"《释文》："築，本亦作～。……马云：～，拾也。"

【译文】

筑一词，有拾取的意思。

2.116 奘①，驵也②。

【注释】

①奘(zàng)：粗壮。《说文》："～，驵大也。"《方言》卷一："秦晋之间凡人之大谓之～，或谓之壮。" ②驵(zǎng)：《说文》："～，壮马也。"段注："本大马之称，引申为凡大之称。"引申为粗大。郭注："今江东呼大为～，～犹粗也。"《管子·侈靡》："好缘而好～，此谓成国之法也。"

【译文】

奘一词，有粗大的意思。

2.117 集，会也。

【译文】

集（集合）一词，有会聚的意思。

2.118 舫①，泭也②。

【注释】

①舫：与"方"同，指竹木编的筏。《诗·周南·汉广》："江之永矣，不可方思。"《释文》："孙炎注《尔雅》云：'方木置水为柎栰也。'"并见2.096条注释①。

②泭(fú):《说文》:"~,编木以渡也。"即筏,用竹木等编扎而成的水上交通工具。后作"桴"。《国语·齐语》:"至于西河,方舟设~,乘桴济河。"

【译文】

舫一词,有木筏、竹筏的意思。

2.119 洵[①],均也。洵,龛也[②]。

【注释】

①洵(xún):郭注:"谓调均。"郝疏:"~者,旬之假借也。《说文》云:'旬,遍也。'遍即均。"《诗·大雅·桑柔》:"菀彼桑柔,其下侯旬。"毛传:"旬,言阴均(树荫均布)也。"又堪、禁受得起。郝疏:"~又训龛者,借~为恂,恂,信也。借龛为堪,堪,任也。言信可堪任也。" ②龛(kān):通"堪"。胜任。钱大昕《答问》:"~与堪通。洵本训信,信与堪义相因,信其堪斯任也。"《逸周书·祭公》:"周克~绍成、康之业,以将天命。"

【译文】

洵(均遍)一词,有平均的意思。洵(堪,承受得起)一词,有胜任的意思。

2.120 逮[①],遝也[②]。

【注释】

①逮:乃至,达到。参见2.027条注释③。 ②遝(tà):及,达到。《方言》卷三:"东齐曰迨,关之东西曰~,或曰及。"《墨子·迎敌祠》:"城之外,矢之所~。"

【译文】

逮一词,有及、达到的意思。

2.121 是[①],则也[②]。

【注释】

①是:《说文》:"直也,从日、正。"段注:"以日为正则曰~。……天下之物莫正于日也。"引申为法则。同"徥"。郝疏:"~者,徥之假音也。……仪容行动俱谓之徥,容止可法故谓之则。" ②则:法则,准则。《管子·形势》:"天不变其常,地不易其~。"

【译文】

是(法则)一词,有法则的意思。

2.122 画[①],形也[②]。

【注释】

①画:绘画,描绘形象。《释名》:"~,绘也,以五色绘物象也。"《周礼·考工记·画缋》:"画缋之事,杂五色。" ②形:《说文》:"象形也。"王筠句读:"谓象其形也。"即描绘。《列子·天瑞》:"有~者,有~~者。"

【译文】

画(图画)一词,有描绘形象的意思。

2.123 赈[①],富也。

【注释】

①赈(zhèn):富裕。郭注:"谓隐~,富有。"《文选·张衡〈西京赋〉》:"郊甸之内,乡邑殷~。"薛综注:"殷~,谓富饶也。"

【译文】

赈(富裕)一词,有富有的意思。

2.124 局[①],分也。

【注释】

①局:局部。郭注:"谓分部。"《礼记·曲礼上》:"左右有~。"郑注:"~,部分也。"

【译文】

局一词,有部分的意思。

2.125 惄[①],怒也。

【注释】

①惄(qí):愤怒。《诗·大雅·板》:"天之方~。"毛传:"~,怒也。"《释文》:"~,疾怒也。"

【译文】

惄一词,有愤怒的意思。

2.126 偞[①],声也。

【注释】

①偞(xiè):《说文》:"~,声也。"段注:"谓小声也。"

【译文】

僁(细小的声音)一词,有发声的意思。

2.127 葵[①],揆也[②]。揆,度也。

【注释】

①葵:通“揆”。揆度,揣测。《诗·小雅·采菽》:“乐只君子,天子~之。”毛传:“~,揆也。”孔疏:“天子于是揆度其功德之多少而命赐之以礼乐。” ②揆(kuí):度量,揣度。《诗·鄘风·定之方中》:“~之以日。”毛传:“~,度也。度日出入以知东西。”

【译文】

葵(揣测)一词,有揆度的意思。揆(揣度)一词,又有度量的意思。

2.128 逮,及也。

【译文】

逮(及至,达到)一词,有达到的意思。

2.129 惄[①],饥也。

【注释】

①惄(nì):忧思。《说文》:“~,饥饿也。一曰忧也。”段注:“‘饿’当作‘意’。”《诗·周南·汝坟》:“未见君子,~如调饥。”毛传:“~,饥意也。”郑笺:“~,思也。未见君子之时,如朝饥之思食。”郝疏:“盖言忧思之意迫切如饥耳。”

【按语】

黄焯云:《尔雅》有“以诗中连言之字为释”的义例。《诗·周南·汝坟》“‘惄如朝饥’连言,故以‘饥’释‘惄’”(《文字声韵训诂笔记》)。

【译文】

惄一词,有忧思好像朝饥那样迫切难受的意思。

2.130 眕[①],重也。

【注释】

①眕(zhěn):稳重。郭注:“谓厚重。”《说文》:“~,目有所恨而止也。”王筠句读:“《释言》云:~,重也。案:重者,不敢轻举妄动也。与‘止’义合。”《左传·隐公三年》:“夫宠而不骄,骄而能降,降而不憾,憾而能~者鲜矣。”杜预注:

"降其身则必恨,恨则思乱,不能自安自重。"孔疏:"憾而不能~,言其心难自抑。"

【译文】

昣一词,有稳重的意思。

2.131 猎①,虐也。

【注释】

①猎:凌虐。《国语·吴语》:"今大夫国子兴其众庶,以犯~吴国之师徒。"韦昭注:"~,虐也。"(今本虐讹作"震",说详王引之《述闻》。)

【译文】

猎一词,有暴虐的意思。

2.132 土①,田也。

【注释】

①土:《说文》:"~,地之吐生物者也。"郝疏:"~为田之大名,田为已耕之~。"

【译文】

土一词,有田地的意思。

2.133 戍①,遏也②。

【注释】

①戍(shù):《说文》:"~,守边也。从人,持戈。"《诗·王风·扬之水》:"不与我~申。"毛传:"~,守也。"郭注:"~守,所以止寇贼。"守有止定之义。 ②遏(è):阻止,制止。《说文》:"~,微止也。"《诗·大雅·民劳》:"式~寇虐。"郑笺:"~,止也。"

【译文】

戍(戍守边疆)一词,有阻止的意思。

2.134 师①,人也②。

【注释】

①师:众人。郭注:"谓人众。"《诗·大雅·韩奕》:"溥彼韩城,燕~所完。"毛传:"~,众也。"参见1.061条注释⑤。 ②人:众人。《穀梁传·庄公十七年》:"齐~执郑詹。~者众辞也。"

【译文】

师一词,有众人的意思。

2.135 硈[1],巩也[2]。

【注释】

①硈(qià):《说文》:"~,石坚也。"郭注:"~然坚固。"一说当作"硞(què)"。《说文》:"硞,石声。"《广韵》:"硞,固也。"《集韵》:"硞,巩也。" ②巩:牢固,坚固。参见1.050条注释。

【译文】

硈(石头坚固)一词,有坚固的意思。

2.136 弃[1],忘也。

【注释】

①弃:抛弃。引申为忘记。《左传·昭公十三年》:"南蒯、子仲之忧,其庸可~乎?"

【译文】

弃一词,有忘记的意思。

2.137 嚣[1],闲也。

【注释】

①嚣(xiāo):悠闲自得的样子。郭注:"~然闲暇貌。"《孟子·尽心上》:"人知之,亦~~;不人知,亦~~。"赵岐注:"~~,自得无欲之貌也。"

【译文】

嚣(悠闲自得的样子)一词,有闲暇的意思。

2.138 谋,心也。

【按语】

黄焯云:"古人训释多通本文前后章句之义为说而非单解字义。如《书·洪范》云'谋乃及心',《尔雅》即训'谋'为'心'。"(《文字声韵训诂笔记》)《尔雅》原有以诗书成句连言之字为释的义例。

【译文】

谋(谋划)一词,有心计、心思的意思。

2.139　献[①],圣也[②]。

【注释】

①献:有德行才能之人。《益稷》:"万邦黎～,共惟帝臣。"孔传:"～,贤也。"②圣:德行高尚、才智过人的人。《老子》:"绝～弃智,民利百倍。"王弼注:"～,智、才之善也。"

【译文】

献(德才兼备之人)一词,有圣贤的意思。

2.140　里[①],邑也[②]。

【注释】

①里:《说文》:"～,居也。"即今人所居住的巷弄。郭注:"谓邑居。"《周礼·地官·载师》:"以廛～任国中之地。"　②邑:人聚居之地。《周礼·地官·里宰》:"掌比其～之众寡。"郑注:"～,犹里也。"贾公彦疏:"～是人之所居之处。里又训为居,故云～犹里也。"

【译文】

里一词,有人聚居之处的意思。

2.141　襄[①],除也。

【注释】

①襄:扫除。《诗·小雅·墙有茨》:"墙有茨,不可～也。"(茨,蒺藜。)毛传:"～,除也。"

【译文】

襄(扫除)一词,有除去的意思。

2.142　振[①],古也。

【注释】

①振:自,从。《诗·周颂·载芟》:"～古如兹。"毛传:"～,自也。"王引之《述闻》:"盖《尔雅》本作'～,自也'。'自'字古文作自,形与古相似,因讹为'古'。……韦昭注《晋语》、如淳注《汉书·高纪》并云:'～,起也。'凡事之所起,即事之所自。故～又训自。'～古如兹'犹《甫田》之言'自古有年'也。"

【译文】

振一词,有自、从的意思。

2.143 怼①,怨也。

【注释】

①怼(duì):怨恨。《左传·僖公二十四年》:"其母曰:'盍亦求之,以死谁~?"

【译文】

怼一词,有怨恨的意思。

2.144 缡①,介也②。

【注释】

①缡(lí):用丝镶嵌鞋头作装饰。《说文》:"~,以丝介履也。"段注:"介者画也,谓以丝介画履间为饰也。" ②介:隔开,处于二者之间。《左传·襄公九年》:"天祸郑国,使~居二大国之间。"杜预注:"~,犹间也。"

【译文】

缡(以丝镶嵌鞋头)一词,有隔开、处于二者之间的意思。

2.145 号①,謼也②。

【注释】

①号:《说文》:"~,呼也。"《诗·魏风·硕鼠》:"乐郊乐郊,谁之永~?" ②謼(hū):亦作"呼"。大声号叫。《汉书·贾山传》:"一夫大~,天下向应者,陈胜是也。"

【译文】

号一词,有大声号叫的意思。

2.146 凶①,咎也②。

【注释】

①凶:不吉利、灾祸。《诗·王风·兔爰》:"我生之后,逢此百~。" ②咎:《说文》:"~,灾也。"《书·大禹谟》:"天降之~。"孔传:'言民叛天灾之。"

【译文】

凶一词,有灾祸的意思。

2.147 苞①,稹也②。

【注释】

①苞:草木丛生。参见1.056条注释①。 ②稹(zhěn):稠密。本指禾,后

泛指植物丛生。郭注:"今人呼物丛致者为~。"邢疏引孙炎曰:"物丛生曰苞,齐人名曰~。"

【译文】

苞一词,有植物丛生的意思。

2.148 逜[①],寤也[②]。

【注释】

①逜(wù):当作"午",《释文》:"孙本~字作'午'。"迕逆。郭注:"相干寤。"《鹖冠子·天则》:"下之所~,上之可蔽。"陆佃注:"~之言午也。" ②寤(wù):通"牾(wǔ)"。迕逆。《左传·隐公元年》:"庄公~生,惊姜氏。"

【译文】

逜(午)一词,有迕逆的意思。

2.149 顁[①],题也[②]。

【注释】

①顁(dìng):前额。亦作"定"。《诗·周南·麟之趾》:"麟之定,振振公姓。"《释文》:"定,字书作~。"朱熹《集传》:"定,额也。" ②题:额头。《说文》:"~,额也。"《韩非子·解老》:"是黑牛也而白~。"

【译文】

顁(前额)一词,有额头的意思。

2.150 猷[①]、肯,可也。

【注释】

①猷(yóu):同"犹"。表示可能。《诗·魏风·陟岵》:"犹来无弃。"毛传:"犹,可也。"郭注引作"~来无弃"。

【译文】

猷(可能)、肯(可以,愿意)二词,都有可以的意思。

2.151 务[①],侮也。

【注释】

①务(wǔ):通"侮"。《诗·小雅·常棣》:"兄弟阋于墙,外御其~。"毛传:"~,侮也。兄弟虽内阋而外御侮也。"

【译文】

务一词,有侮辱的意思。

2.152 贻[①],遗也[②]。

【注释】

①贻(yí):赠送。《诗·邶风·静女》:"静女其娈,~我彤管。" ②遗(wèi):赠送。《书·大诰》:"宁王~我大宝龟。"

【译文】

贻一词,有赠送的意思。

2.153 贸[①],买也。

【注释】

①贸:交易,交换。参见2.025条注释①。有时"贸"可单指"买"或"卖"。《诗·卫风·氓》:"匪来~丝,来即我谋。"

【译文】

贸(交易)一词,有时有买的意思。

2.154 贿[①],财也。

【注释】

①贿:财物。《说文》:"~,财也。"邢疏:"财帛总名。"《诗·卫风·氓》:"以尔车来,以我~迁。"毛传:"~,财。"

【译文】

贿一词,有财物的意思。

2.155 甲[①],狎也。

【注释】

①甲:通"狎(xiá)"。亲昵。郭注:"谓习狎。"《诗·卫风·芄兰》:"虽则佩韘,能不我~。"毛传:"~,狎也。"

【译文】

甲一词,有亲近的意思。

2.156 菼[①],骓也[②]。菼,薍也[③]。

【注释】

①菼(tǎn):初生的荻。《诗·王风·大车》:"毳衣如~。"毛传:"~,雏(骓)也,芦之初生者也。"郑笺:"~,薍也。" ②骓(zhuī):芦苇的幼芽。郭注:"草色如~,在青白之间。" ③薍(wàn):初生的荻。《说文》:"~,薊也。"《诗·卫风·硕人》"葭菼揭揭"孔疏引陆机云:"~,或谓之荻,至秋坚成,则谓之萑。"

【译文】

菼一词,有芦苇幼芽的意思。菼一词,又有初生芦荻的意思。

2.157 粲[①],餐也。

【注释】

①粲(càn):通"餐"。饭食。邢疏引郭注:"今河北人呼食为~。"《诗·郑风·缁衣》:"还,予授子之~兮。"毛传:"~,餐也。"

【译文】

粲(通"餐")一词,有饭食的意思。

2.158 渝[①],变也。

【注释】

①渝:改变。《说文》:"~,变污也。"《诗·郑风·羔裘》:"彼其之子,舍命不~。"毛传:"~,变也。"郑笺:"是子处命不变,谓守死善道,见危授命之等。"

【译文】

渝一词,有变更的意思。

2.159 宜[①],肴也[②]。

【注释】

①宜:菜肴。《诗·郑风·女曰鸡鸣》:"与子~之。"毛传:"~,肴也。"孔疏:"与子宾客作肴羞之馔共食之。" ②肴(yáo):鱼肉类熟食。《楚辞·招魂》:"~羞未通,女乐罗些。"王逸注:"鱼肉为~。"

【译文】

宜一词,有熟食的意思。

2.160 夷[①],悦也。

【注释】

①夷：愉快。《诗·商颂·那》："我有嘉宾，亦不～怿。"毛传："～，说（悦）也。"朱熹《集传》："亦不～怿者，言皆悦怿也。"

【译文】

夷一词，有欣悦的意思。

2.161 颠[①]，顶也。

【注释】

①颠：《说文》："～，顶也。"郭注："头上。"《墨子·修身》："华发隳～。"孙诒让《间诂》："隳～，即秃顶。"

【译文】

颠一词，有头顶的意思。

2.162 耋[①]，老也。

【注释】

①耋（dié）：郭注："八十为～。"《诗·秦风·车邻》："今者不乐，逝者其～。"毛传："～，老也，八十曰～。"

【译文】

耋一词，有年老的意思。

2.163 輶[①]，轻也。

【注释】

①輶（yóu）：《说文》："～，轻车也。"段注："本是车名，引申为凡轻之称。"《诗·大雅·烝民》："德～如毛，民鲜克举之。"郑笺："～，轻。"

【译文】

輶（轻车）一词，有轻的意思。

2.164 俴[①]，浅也。

【注释】

①俴（jiàn）：浅薄。《诗·秦风·小戎》："小戎～收。"毛传："～，浅。"

【译文】

俴（浅薄）一词，有浅的意思。

2.165 绹[①],绞也[②]。

【注释】

①绹(táo):绞绳。邢疏引李巡曰:"~,绳之绞也。"《诗·豳风·七月》:"昼尔于茅;宵尔索~。"毛传:"~,绞也。" ②绞:邢疏:"谓纠绳索也。"《礼记·丧服传》:"~带者,绳带也。"

【译文】

绹一词,有绞绳的意思。

2.166 讹[①],化也。

【注释】

①讹(é):变化。《诗·小雅·节南山》:"式~尔心,以畜万邦。"郑笺:"~,化。"通"吪"。《诗·豳风·破斧》:"周公东征,四国是吪。"毛传:"吪,化也。"

【译文】

讹一词,有变化的意思。

2.167 跋[①],躐也[②]。

【注释】

①跋:踩,踏。《诗·豳风·狼跋》:"狼~其胡。"毛传:"~,躐。" ②躐(liè):践踏。《楚辞·九歌·国殇》:"凌余阵兮~余行。"王逸注:"~,践也。"

【译文】

跋一词,有践踏的意思。

2.168 疐[①],跲也[②]。

【注释】

①疐(zhì):绊倒。亦作"踬"。《诗·豳风·狼跋》:"载~其尾。"毛传:"~,跲也。"孔疏:"退则跲其尾,谓却顿而倒于尾上也。" ②跲(jiá):绊倒。《说文》:"~,踬也。"《吕氏春秋·不广》:"鼠前而兔后,趋则~,走则颠。"

【译文】

疐一词,有绊倒的意思。

2.169 烝[①],尘也[②]。

【注释】

①烝:长久。《诗·小雅·南有嘉鱼》:"南有嘉鱼,~然罩罩。"郑笺:"~,尘也。尘然,犹言久如也。" ②尘:长久。参见1.112条注释②。

【译文】

烝(长久)一词,有长久的意思。

2.170 戎[①],相也。

【注释】

①戎:相助。郭注:"谓佐助。"《诗·小雅·常棣》:"每有良朋,蒸也无~。"郑笺:"犹无相助己者。"

【译文】

戎一词,有帮助的意思。

2.171 饫[①],私也。

【注释】

①饫(yù):古代君主燕饮同姓的私宴。《诗·小雅·常棣》:"饮酒之~。"毛传:"~,私也。"邢疏引孙炎曰:"~非公朝,私饮酒也。"

【译文】

饫一词,有私宴的意思。

2.172 孺[①],属也[②]。

【注释】

①孺:亲属。邢疏引李巡曰:"~,骨肉相亲属也。"《礼记·曲礼下》:"天子之妃曰后,诸侯曰夫人,大夫曰~人。"孔疏:"言其为亲属。" ②属(shǔ):亲属。《释名》:"~,续也,恩相连续也。"《孟子·离娄下》:"夫章子岂不欲有夫妻子母之~哉!"

【译文】

孺一词,有亲属的意思。

2.173 幕[①],暮也[②]。

【注释】

①幕:帐幕,篷帐。《说文》:"帷在上曰~;覆食案亦曰~。" ②暮:本字为

“莫”。朱骏声《说文通训定声》:“莫,假借为幕。”帐篷。《史记·张释之冯唐列传》:“上功莫府。”司马贞索隐:“莫,当为‘幕’。”

【译文】

幕一词,有帐篷的意思。

2.174 煽[1],炽也[2]。炽,盛也。

【注释】

①煽:火炽旺。《诗·小雅·十月之交》:“艳妻~方处。”毛传:“~,炽也。”②炽(chì):火旺。《韩非子·内储说下》:“奉~炉,炭火尽赤红。”引申为旺盛。《诗·小雅·六月》:“猃狁孔~,我是用急。”毛传:“~,盛也。”

【译文】

煽(火炽盛)一词,有火旺的意思。炽(火旺)一词,有旺盛的意思。

2.175 柢[1],本也[2]。

【注释】

①柢(dǐ):《说文》:“~,木根也。”《老子》:“是谓深根固~,长生久视之道。”引申为根本、基础。左思《吴都赋》:“霸王之所根~,开国之所基址。” ②本:《说文》:“木下曰~。”《诗·大雅·荡》:“枝叶未有害,~实先拨。”引申为基础。《论语·学而》:“君子务~,~立而道生。”

【译文】

柢一词,有草木根干和基础的意思。

2.176 窕[1],闲也。

【注释】

①窕(tiǎo):幽闲,闲暇。王念孙曰:“~为幽闲之闲,又为闲暇之闲。《司马法·严位篇》云:‘凡战之道,力欲~,气欲闲。’又云:‘击其倦劳,避其闲~。’”(王引之《述闻》)

【译文】

窕一词,有安闲的意思。

2.177 沦[1],率也[2]

【注释】

①沦：相率，牵连。《诗·小雅·雨无正》："若此无罪，～胥以铺。"毛传："～，率也。'郑笺："言王使此无罪者见牵率相引而遍得罪也。" ②率：相率，相继。《诗·鲁颂·閟宫》："莫不～从，鲁侯之功。"郑笺："～从，相率从于中国也。"

【译文】

沦一词，有牵连、相率的意思。

2.178 罹[①]，毒也[②]。

【注释】

①罹：痛苦，忧患。参见1.066条注释⑧。 ②毒：祸患，苦痛。《书·盘庚上》："惟汝自生～。"孔传："自生～害。"

【译文】

罹（痛苦、忧患）一词，有苦痛、祸患的意思。

2.179 检[①]，同也。

【注释】

①检：等同。郭注："模范，同等。"《管子·山权数》："北郭有掘阙而得龟者，此～数百里之地也。"房玄龄注："～，犹比也。以此龟为用者，其数可比百里之地。"

【译文】

检一词，有等同的意思。

2.180 邮[①]，过也。

【注释】

①邮：通"尤"。过失。《诗·小雅·宾之初筵》："是曰既醉，不知其～。"郑笺："～，过也。"

【译文】

邮（通"尤"）一词，有过错的意思。

2.181 逊[①]，遯也[②]。

【注释】

①逊：逃遁。《说文》："～，遁也。"郭注："谓逃去。"《书·微子》："我其发出

狂,吾家耄~于荒。”孔传:“我念殷亡,发疾生狂,在家耄乱,故欲遯出于荒野。”②遯(dùn):同“遁”。《说文》:“逃也。”《易·序卦》:“物不可以久居其所,故受之以~。~者,退也。”

【译文】

逊一词,有退逃的意思。

2.182 毙①,踣也②。

【注释】

①毙:仆倒。《说文》:“~,顿仆也。”《礼记·表记》:“俛焉日有孳孳,~而后已。”郑玄注:“~,仆也。” ②踣(bó):向前仆倒。郭注:“前覆。”邢疏:“前却颠倒之名也。毙又谓之~,皆前覆也。”

【译文】

毙一词,有向前仆倒的意思。

2.183 偾①,僵也②。

【注释】

①偾(fèn):倒仆。邢疏:“~谓之僵,皆仰偃也。”《左传·昭公十三年》:“牛虽瘠,~于豚上.其畏不死?”杜预注:“~,仆也。” ②僵:《说文》:“偾也。”段注:“~谓仰倒,如《庄子》‘推而~之’。”《战国策·燕策一》:“乃阳(佯)~弃酒。”

【译文】

偾一词,有仰倒的意思。

2.184 畛①,殄也②。

【注释】

①畛(zhěn):殄绝。郭注:“谓殄绝。” ②殄(tiǎn):灭绝。参看1.055条注释⑧。

【译文】

畛(殄绝)一词,有灭绝的意思。

2.185 曷①,盍也②。

【注释】

①曷(hé):表示反问,相当于“何不”。《诗·唐风·有杕之杜》:“中心好之,

～饮食之?”　②盍(hé):表示反问或疑问,相当于“何不”。郭注:“何不也。”《论语·公冶长》:“～各言尔志?”

【译文】

曷一词,有“何不”的意思。

2.186　虹[①],溃也。

【注释】

①虹:通“讧”。溃乱。郭注:“谓溃败。”邢疏:“溃败,乱也。”《诗·大雅·抑》:“彼童有角,实～小子。”毛传:“～,溃也。”郑笺:“此人实溃乱小子之政。”

【译文】

虹(通“讧”)一词,有溃乱的意思。

2.187　隌[①]、闇也[②]。

【注释】

①隌(ǎn):同“暗”。郭注:“～然,冥貌。”　②闇(àn):通“暗”。《后汉书·郎顗传》:“正月以来,阴～连日。”

【译文】

隌一词,有黑暗的意思。

2.188　翻[①],胶也。

【注释】

①翻(nì):同“黏(nì)”。《方言》卷二:“黏,粘也。齐、鲁、青、徐自关而东,或曰～。”郭注:“胶粘翻也。”《战国策·赵策三》:“夫胶漆,至～也,而不能合远。”

【译文】

翻一词,有粘着的意思。

2.189　孔[①],甚也。

【注释】

①孔:表示程度,相当于“甚”、“很”。《诗·小雅·宾之初筵》:“饮酒～偕。”毛传:“～,甚也。”

【译文】

孔一词,有"很"的意思。

2.190 厥[①],其也。

【注释】

①厥(jué):相当于"其"、"那"。《诗·大雅·生民》:"~初生民。"郑笺:"~,其。"

【译文】

厥一词,有代词"其"的意思。

2.191 戛[①],礼也。

【注释】

①戛(jiá):常礼。郭注:"谓常礼。"参见1.014条注释⑧。

【译文】

戛一词,有常礼、常法的意思。

2.192 阇[①],台也。

【注释】

①阇(dū):郭注:"城门台。"《诗·郑风·出其东门》:"出其闉~,有女如荼。"(闉yīn:瓮城或瓮城一带。)孔疏:"~,是城上之台,谓当门台也。"

【译文】

阇一词,有高台的意思。

2.193 囚,拘也。

【译文】

囚(囚禁)一词,有拘禁的意思。

2.194 攸[①],所也。

【注释】

①攸(yōu):处所。《诗·大雅·韩奕》:"为韩姞相~,莫如韩乐。"郑笺:"~,所也。"朱熹《集传》:"相~,择可嫁之所也。"又助词。用于动词前,组成名词性词组,相当于"所"。《诗·大雅·灵台》:"王在灵囿,麀鹿~伏。"郑笺:"文王亲

至灵囿,视牝鹿所游伏之处。"

【译文】

攸一词,有处所或者助词"所"的意思。

2.195 展①,适也②。

【注释】

①展:省视。《周礼·春官·肆师》:"大祭祀~牺牲。"郑注:"~,省视也。"②适:省视。王引之《述闻》:"《文王世子》曰:'~馔省醴。'~,展也。~馔,犹言视具,《内则》曰'佐长者视具'是也。~与省同义,故郑玄注曰:'亲视其所有。'是省视谓之展,亦谓之~也。"

【译文】

展一词,有省视的意思。

2.196 郁①,气也。

【注释】

①郁:热气。郭注:"~然气出。"邢疏:"~然气出也,谓~蒸之气也。"《汉书·王褒传》:"不苦盛暑之~燠。"颜师古注:"~,热气也。"

【译文】

郁一词,有蒸气的意思。

2.197 宅①,居也。

【注释】

①宅:本为人之所居舍。引申为居住。《书·盘庚上》:"我王来,既爰~于兹。"孔传:"言祖乙已居于此。"

【译文】

宅一词,有居住的意思。

2.198 休①,庆也。

【注释】

①休:喜庆。邢疏:"谓嘉庆也。"《左传·襄公二十八年》:"以礼承天之~。"参见1.052条注释⑤。

【译文】

休一词，有吉庆的意思。

2.199 祈[①]，叫也。

【注释】

①祈：向上天或神明祷告祈求。郭注："～祭者叫呼而请事。"故有呼叫之义。《一切经音义》卷九引孙炎曰："～，为民求福叫告之词也。"

【译文】

祈（祈祷）一词，有呼叫的意思。

2.200 浚[①]、幽，深也。

【注释】

①浚（jùn）：《说文》："～，深通川也。"故有深义。《书·舜典》："～哲文明，温恭允塞。"孔传："～，深；哲，智也。"

【译文】

浚（深）、幽（幽深）二词，都有深的意思。

2.201 哲[①]，智也。

【注释】

①哲：明智。《说文》："～，知也。"《书·皋陶谟》："知人则～，能官人。"孔传："～，智也。"

【译文】

哲一词，有聪明的意思。

2.202 弄[①]，玩也。

【注释】

①弄：用手玩弄。《诗·小雅·斯干》："载～之璋。"郑笺："男子生，……而玩以璋者，欲其比德焉。"

【译文】

弄一词，有玩弄的意思。

2.203 尹[①]，正也[②]。皇[③]、匡[④]，正也。

【注释】

①尹(yǐn):古代官名。郭注:“谓官正也。”郝疏:“是~兼官长、君长二义。”《书·皋陶谟》:“庶~允谐。”(庶:众多。允:确实。)孔传:“~,正也。” ②正:纠正、端正。《论语·学而》:“就有道而~焉。”又《乡党》:“君赐食,必~席先尝之。”又官长、君长。《国语·楚语上》:“天子之贵也,唯其以公侯为官~。”韦昭注:“~,长也。”参见1.133条注释⑤。 ③皇:通“匡”。匡正。《诗·豳风·破斧》:“周公东征,四国是~。”毛传:“~,匡也。” ④匡:端正、纠正。《诗·小雅·六月》:“王于出征,以~王国。”郑笺:“~,正也。王曰今女出征猃狁,以~王国之封畿。”

【译文】

尹(官长、君长)一词,有官长、君长的意思。皇(匡正)、匡(纠正)二词,都有端正的意思。

2.204 服[①],整也[②]。

【注释】

①服:邢疏:“谓整治也。”《诗·周南·葛覃》:“~之无斁。”郑笺:“~,整也。” ②整:整顿。《诗·大雅·常武》:“~我六师。”朱熹《集传》:“~治其从行之六军。”

【译文】

服一词,有整治的意思。

2.205 聘[①],问也。

【注释】

①聘:问候。《诗·小雅·采薇》:“我戍未定,靡使归~。”毛传:“~,问也。”孔疏:“~、问俱是谓问安否之义,散则通,对则别。”

【译文】

聘一词,有问候的意思。

2.206 愧,惭也[①]。

【注释】

①惭:羞愧。《吕氏春秋·劝学》:“上至于天子,朝之而不~。”

【译文】

愧一词,有羞惭的意思。

2.207 殛①,诛也。

【注释】

①殛(jí):诛杀。《书·汤誓》:"有夏多罪,天命~之。"孙星衍疏:"夏罪,上天命我诛之。"

【译文】

殛一词,有诛杀的意思。

2.208 克①,能也。

【注释】

①克:能。《诗·大雅·荡》:"靡不有初,鲜~有终。"参看1.039条注释⑤。

【译文】

克一词,有能够的意思。

2.209 翌①,明也。

【注释】

①翌(yì):通"昱(yù)"。明(明日、明年)。《汉书·武帝纪》:"~日亲登嵩高。"

【译文】

翌一词,有明(明日、明年)的意思。

2.210 讻①,讼也②。

【注释】

①讻(xiōng):争讼。《诗·鲁颂·泮水》:"不告于~。"郑笺:"~,讼也。"
②讼(sòng):《说文》:"~,争也。"《书·盘庚上》:"予弗知乃所~。"

【译文】

讻一词,有争讼的意思。

2.211 晦①,冥也②。

【注释】

①晦:《说文》:"~,月尽也。"引申为日暮,夜晚。《易·随》:"君子以向~入

宴息。"孔疏引郑玄云:"~,宴(阮校作"冥")也。犹人君既夕之后入于宴寝而止息。"又引申为昏暗。《楚辞·九歌·山鬼》:"云容容兮而在下,杳冥冥兮羌昼~。" ②冥:昏暗。参见2.099条注释①。又夜晚。枚乘《七发》:"~火薄天,兵车雷运。"

【译文】

晦一词,有夜晚、昏暗的意思。

2.212 奔①,走也②。

【注释】

①奔:快跑。《诗·小雅·小弁》:"鹿斯之~,维足伎伎。" ②走:跑。《书·多士》:"攸服奔~,臣我多逊。"孔传:"所当服行奔~,臣我多为顺事。"

【译文】

奔一词,有跑的意思。

2.213 逡①,退也。

【注释】

①逡(qūn):退却,退让。《汉书·公孙弘传》:"有功者上,无功者下,则群臣~。"

【译文】

逡一词,有后退的意思。

2.214 疐①,仆也②。

【注释】

①疐(zhì):仆倒。参见2.168条注释①。 ②仆(pū):向前倾倒。可泛指倒下。朱骏声《说文通训定声》:"~,前覆为~,后仰曰偃。"

【译文】

疐一词,有倒下的意思。

2.215 亚①,次也。

【注释】

①亚:次一等,次于。《说文》:"~,贾侍中说以为次第也。"《左传·襄公十九年》:"~宋子而相亲也。"杜预注:"~,次也。"

【译文】

亚一词,有次等、次于的意思。

2.216 谂[1],念也。

【注释】

①谂(shěn):思念。郭注:"相思念。"《诗·小雅·四牡》:"将母来~。"毛传:"~,念也。"

【译文】

谂一词,有想念的意思。

2.217 届[1],极也。

【注释】

①届(jiè):郭注:"有所限极。"《说文》:"~,极也。"《诗·大雅·瞻卬》:"蟊贼蟊疾,靡有夷~。"郑笺:"~,极。"

【译文】

届一词,有极限的意思。

2.218 弇[1],同也。弇,盖也。

【注释】

①弇(yǎn):遮蔽。《管子·八观》:"塞其涂,~其迹。"又通"奄",包括,拥有。《诗·周颂·执竞》:"奄有四方。"毛传:"奄,同也。"

【译文】

弇一词,有共有的意思。弇一词,又有覆盖的意思。

2.219 恫[1],痛也。

【注释】

①恫(tōng):哀痛。邢疏:"谓痛伤。"《诗·大雅·桑柔》:"哀~中国,具赘卒荒。"郑笺:"~,痛也。"

【译文】

恫一词,有哀痛的意思。

2.220 握[1],具也。

【注释】

①握:通“屋”。《诗·秦风·权舆》:“于我乎夏屋渠渠。”郑笺:“屋,具也。……言君始于我厚设礼食大具以食我,其意勤勤然。”按,夏屋,犹言大的食器。

【译文】

握(通“屋”)一词,有器具的意思。

2.221 振①,讯也②。

【注释】

①振:振作,奋起。郭注:“~者,奋迅。”《说文》:“~,奋也。”《诗·豳风·七月》:“六月莎鸡~羽。” ②讯:通“迅”。振奋,迅疾。郝疏:“~即迅。……迅训疾,疾有奋厉之意。”《汉书·扬雄传上》:“猋骇云~。”颜师古注:“~亦奋迅也。”

【译文】

振一词,有振奋、迅疾的意思。

2.222 阋①,恨也②。

【注释】

①阋 xì:《玉篇》:“争讼也。”《诗·小雅·常棣》:“兄弟~于墙。”毛传:“~,很也。”孔疏:“很者,忿争之名。” ②恨:争吵。郝疏:“~,当作‘很’。《玉篇》:‘很,戾也,争讼也。’”

【译文】

阋一词,有争讼的意思。

2.223 越①,扬也。

【注释】

①越:郭注:“谓发扬。”王引之《述闻》:“扬,~一声之转,故……激扬之转为激~,清扬之转为清~。”《礼记·聘礼》:“叩之,其声清~以长。”郑注:“~,犹扬也。”

【译文】

越一词,有激扬的意思。

2.224 对①,遂也②。

【注释】

①对:通"遂"。达。《诗·大雅·荡》:"流言以~。"毛传:"~,遂也。"②遂:称意。《诗·曹风·候人》:"彼其之子,不~其媾。"

【译文】

对(通"遂")一词,有称意的意思。

2.225 燬①,火也。

【注释】

①燬(huǐ):烈火。《诗·周南·汝坟》:"王室如~。"孔疏引孙炎曰:"方言有轻重,故谓火为~也。"

【译文】

燬一词,有火的意思。

2.226 懈,怠也。

【译文】

懈(松懈)一词,有懈怠的意思。

2.227 宣,缓也①。

【注释】

①宣:通"缊(huán)"。绶带,彩色丝带。郝疏:"~无缓义,经典亦无此训。~与缊俱从亘声,《尔雅》盖借~为缊矣。"朱骏声《说文通训定声》亦疑《尔雅·释言》以~为缊。按:郝疏以为"宣"是"缊"之假借。《说文》:"缊,缓也。"段注以为:"'缓'当作'绶',《玉篇》'缊'下曰:'缊,绶也。'此亦绶之类也。"王念孙《尔雅郝注刊误》曰:"《说文》:'綎,系绶也'、'缊,缓也'二文相连,则'缓'乃'绶'字之讹。《玉篇》:'缊,胡官切。缊,绶也。'是其证。"朱骏声《说文通训定声》曰:"当训'绶',而'缓'为误字。"如此说来,《尔雅》此条当从段、王之说作:"宣,绶也。"

【译文】

宣(通"缊")一词,有绶带的意思。

2.228 遇①,偶也②。

【注释】

①遇:相逢。郭注:"偶尔相值遇。"《书·胤征》:"入自北门,乃~汝鸠、汝方。"孔传:"不期而会曰~。" ②偶:不期而遇。《穀梁传·僖公四年》:"公至自伐楚,有二事~,则以后事致。"

【译文】

遇(相逢)一词,有不期而遇的意思。

2.229 曩①,曏也②。

【注释】

①曩(nǎng):从前,过去。参见1.112条注释①。 ②曏(xiàng):不久以前,往日。《仪礼·士相见礼》:"~者,吾子辱使某见,请还挚于将命者。"

【译文】

曩一词,有往日、以前的意思。

2.230 偟①,暇也。

【注释】

①偟(huáng):闲暇。经典通作遑。《诗·召南·殷其雷》:"莫敢或遑。"郑笺:"遑,暇也。"《释文》:"遑,本或作~。"

【译文】

偟一词,有闲暇的意思。

2.231 宵,夜也。

【译文】

宵(夜)一词,有夜晚的意思。

2.232 懊①,忨也②。

【注释】

①懊(yù):贪。郭注:"谓爱忨。"《国语·郑语》:"申吕方强,其隩爱太子,亦必可知也。"王引之《述闻》:"隩与~同。爱、~一声之转。" ②忨(wán):同"玩"。贪爱,偷安。《说文》:"贪也。"段注:"贪者,欲物也。"《国语·晋语八》:"今~日而潵岁,怠偷甚矣。"韦昭注:"~,偷也。"

【译文】

愋一词，有贪爱的意思。

2.233 愒①，贪也。

【注释】

①愒（kài）：《玉篇》："贪羡也。"《左传·昭公元年》："玩岁而～日。"杜预注："玩、～，皆贪也。"

【译文】

愒一词，有贪心的意思。

2.234 榰①，柱也。

【注释】

①榰（zhì）：《说文》："柱砥，古用木，今以石。"《玉篇》："～，柱也。"

【译文】

榰一词，有支柱的意思。

2.235 裁①，节也。

【注释】

①裁：削减。郝疏："～者，制也，有减损之义。"《国语·吴语》："救其不足，～其有余，使贫富皆利之。"

【译文】

裁一词，有削减、节缩的意思。

2.236 竝①，併也②。

【注释】

①竝（bìng）："並"的本字。　②併（bìng）：并列、并行、一起。《礼记·祭义》："行肩而不～。"郝疏："行肩而不～者，谓老少并行，言肩臂不得～行，少者差退在后。"

【译文】

竝（並）一词，有并列、并行、一起的意思。

2.237 卒①，既也②。

【注释】

①卒：完毕，终了。参见1.171条注释①和1.172条注释④。 ②既：李孝定《甲骨文字集释》："契文像人食已，顾左右而将去之也，引申之义为尽。"《公羊传·桓公三年》："日有食之，～。～者何？尽也。"

【译文】

卒一词，有完尽的意思。

2.238 慒①，虑也。

【注释】

①慒（cóng）：谋虑。郭注："谓谋虑也。"邢疏："字书作'悰'。"

【译文】

慒一词，有考虑的意思。

2.239 将①，资也②。

【注释】

①将（jiāng）：赠送。《周礼·春官·大史》："及～币之日，执书以诏王。"郑注："～，送也。" ②资：通"齎（jī）"。送。郝疏："～者，齎之假音也。……《庄子·列御寇》：'万物为齎送。'是齎训送，与将义同。"

【译文】

将（赠送）一词，有送给的意思。

2.240 黹①，紩也②。

【注释】

①黹（zhǐ）：缝纫，刺绣。后称女工为针黹。郭注："今人呼缝紩衣为～。"邢疏："谓缝刺也。" ②紩（zhì）：用针线连缀。《说文》："～，缝也。"段注："凡针功曰～。"

【译文】

黹一词，有缝合的意思。

2.241 递①，迭也②。

【注释】

①递：交替。《说文》："～，更易也。"《楚辞·九辩》："四时～来而卒岁兮。"王逸注："～，更易也。" ②迭：《说文》："～，更迭也。"《易·说卦》："分阴分

阳，~用柔刚。”虞翻注：“~，递也。”

【译文】

递一词，有更迭的意思。

2.242 矤[①]，况也。

【注释】

①矤(shěn)：何况。《书·大禹谟》：“至诚感神，~兹有苗。”孔传：“~，况也。”

【译文】

矤一词，有况且的意思。

2.243 廪[①]，廯也[②]。

【注释】

①廪(lǐn)：粮仓，也指收藏宝物的仓库。《汉书·昭帝纪》：“朕虚仓~。”颜师古注：“仓，新谷所藏也。~，谷所振入也。”一说：少。《释文》引舍入云：“~，少鲜也。”《公羊传·文公十三年》：“群公~。”徐彦疏：“~者，希少之名。” ②廯(xiān)：仓廪。邢疏：“《广雅》云：‘~，仓也。’则廪~皆囷仓之别名。”王念孙疏证引孙炎注云：“~，藏谷鲜洁也。”一说：当作“鲜(xiǎn)”。少。王引之《述闻》：“《说文》无‘~’字，自汉以前亦无谓仓廪为‘~’者。舍人本作‘鲜’。……故训‘廪’为鲜。作‘~’者，因廪字而误加广耳。”

【译文】

廪(粮仓)一词，有仓库的意思。一说：廪一词，有少的意思。

2.244 逭[①]，逃也。

【注释】

①逭(huàn)：逃避。《书·太甲中》：“天作孽，犹可违；自作孽，不可~。”孔传：“~，逃也。”

【译文】

逭一词，有逃避的意思。

2.245 讯[①]，言也[②]。

【注释】

①讯：询问。引申为告诉。《诗·小雅·正月》：“召彼故老，~之占梦。”毛

传:"～,问也。" ②言:问。《广雅》:"～,问也。"《礼记·曲礼上》:"君～不宿于家。"郑注:"～,谓有故所问也。"

【译文】

讯一词,有询问的意思。

2.246 间[①],伣也[②]。

【注释】

①间(jiàn):指间谍。郭注:"《左传》谓之谍,今之细作也。"《孙子·用间》:"非圣智不能用～,非仁义不能使～。" ②伣(xiàn):暗探。《字汇·人部》:"谍也。"

【译文】

间一词,有暗探的意思。

2.247 沄[①],沆也[②]。

【注释】

①沄(yún):水波汹涌回旋。《说文》:"～,转流也。"段注:"回转之流～～然也。"《楚辞·王逸〈九思·哀岁〉》:"窥见兮溪涧,流水兮～～。" ②沆(háng):水流的样子。《集韵·唐韵》:"水流貌。"

【译文】

沄一词,有水流的意思。

2.248 干[①],扞也[②]。

【注释】

①干(gàn):捍卫。郭注:"相扞卫。"《诗·周南·兔罝》:"赳赳武夫,公侯～城。" ②扞(hàn):捍卫,护卫。后作"捍"。《书·文侯之命》:"汝多修,～我于艰。"孔传:"～我于艰难,谓救周诛犬戎。"

【译文】

干一词,有捍卫、护卫的意思。

2.249 趾[①],足也。

【注释】

①趾:足。本字为"止",甲骨文像人足之形。

【译文】

趾一词，有脚的意思。

2.250 跸[①]，刖也[②]。

【注释】

①跸(fèi)：同"剕"。古代断足的刑法。邢疏："～，一名刖，断足刑也。"
②刖(yuè)：古代砍掉脚的酷刑。《韩非子·和氏》："王以和为诳，而～其左足。"

【译文】

跸一词，有砍脚的意思。

2.251 襄[①]，驾也。

【注释】

①襄：马拉车。《诗·郑风·大叔于田》："两服上～，两骖雁行。"王引之《述闻》："上者前也。上～，犹言并驾于前。"

【译文】

襄一词，有驾车的意思。

2.252 忝[①]，辱也。

【注释】

①忝(tiǎn)：辱没，有愧于。《诗·小雅·小宛》："夙兴夜寐，毋～尔所生。"毛传："～，辱也。"

【译文】

忝一词，有辱没的意思。

2.253 燠[①]，煖也[②]。

【注释】

①燠(yù)：《说文》："～，热在中也。"《礼记·内则》："下气怡声，问衣～寒。"
②煖(nuǎn)：同"暖"。《说文》："温也。"《孟子·尽心上》："五十非帛不～，七十非肉不饱。"

【译文】

燠一词，有温暖的意思。

2.254 块①，塥也②。

【注释】

①块：土块。《国语·晋语四》："乞食于野人，野人举～以与之。" ②塥(bì)：土块。《玉篇》："～，土块也。"

【译文】

块一词，有土块的意思。

2.255 将①，齐也②。

【注释】

①将(jiāng)：分割。郭注："谓分齐也。"《诗·小雅·楚茨》："或肆或～。"毛传："～，齐也。"孔疏引王肃云："分齐其肉所当用。" ②齐(jì)：分际。《诗·小雅·楚茨》："既～既稷。"《释文》："一音才细反，谓分齐也。"《文选·马融〈长笛赋〉》："各得其～，人盈所欲。"李善注："～，分限也。"

【译文】

将一词，有分割、分际的意思。

2.256 糊①，饘也②。

【注释】

①糊(hú)：稠粥。郭注："糜也。"邢疏："～、饘、鬻、糜，相类之物，稠者曰糜，淖者曰鬻。～、饘是其别名。" ②饘(zhān)：稠粥。《说文》："～，糜也。周谓之～，宋谓之糊。"《礼记·檀弓上》："～粥之食。"

【译文】

糊一词，有稠粥的意思。

2.257 启①，跪也。

【注释】

①启：通"跽(jì)"。跪坐。《诗·小雅·四牡》："不遑～处。"毛传："～，跪；处，居也。"

【译文】

启一词，有跪着的意思。

2.258 暛①，密也。

【注释】

①矈(mián):眼角细密的皱纹。《说文》:"~,目旁薄致宀宀也。"段注:"宀宀,微密之貌。……引申为凡密之称也。"郝疏:"薄致,谓文理致密;宀宀,犹绵绵。……《文选·洛神赋》注:'绵绵,密意也。'是绵密即~密。"

【译文】

矈一词,有密致的意思。

2.259 开,辟也。

【译文】

开(开发)一词,有开辟的意思。

2.260 袍,襺也[①]。

【注释】

①襺(jiǎn):丝绵衣。《说文》:"袍衣也。以絮曰~,以缊曰袍。"邢疏:"~是袍之别名,谓新绵著袍者也。"《左传·襄公二十一年》:"重繭衣裘。"郭注引"繭"作~。

【译文】

袍一词,有丝绵衣的意思。

2.261 障[①],畛也[②]。

【注释】

①障:《说文》:"~,隔也。"引申为界限。郝疏:"~、畛皆有界限之义,界限所以隔别也。" ②畛(zhěn):界限。《庄子·齐物论》:"夫道未始有封,言未始有常,为是而有~也。"成玄英疏:"~,界畔也。"

【译文】

障一词,有界限的意思。

2.262 靦[①],姡也[②]。

【注释】

①靦(tiǎn):面见人的样子。《诗·小雅·何人斯》:"有~面目。"毛传:"~,姡也。"孔疏:"~与姡,皆面见人之貌。" ②姡(huá):王引之《述闻》引王念孙曰:"《说文》:'靦,人面貌也。''~,面靦也。'即孙、李所云人面~然也。然则靦与

～皆人面之貌。"

【译文】

覥一词,有露面见人的意思。

2.263 鬻①,糜也②。

【注释】

①鬻(zhōu):同"粥"。郝疏:"～者,经典省作粥而训糜。"《仪礼·士丧礼》:"夏祝～余饭,用二鬲于四墙下。" ②糜(mí):《说文》:"～,糁也。"段注:"以米和羹谓之糁,专用米粒为之谓之糁～,亦谓之鬻。"《释名·释饮食》:"～,煮米使糜烂也。"《礼记·月令》:"是月也,养衰老,授几杖,行～粥饮食。"

【译文】

鬻一词,有稠粥的意思。

2.264 舒①,缓也。

【注释】

①舒:迟缓。《诗·召南·野有死麕》:"～而脱脱兮,无感我帨兮。"毛传:"～,徐也。"

【译文】

舒一词,有缓慢的意思。

2.265 翢①,纛也②。纛,翳也③。

【注释】

①翢(dào):同"纛"。郭注:"今之羽葆幢。"古代顶有羽毛装饰的旗子,舞者手执持之以作舞具。 ②纛(dào)(又读dú):古代以雉尾或旄牛尾做成的舞具。亦用作帝王的车饰,又名羽葆幢。郭注:"舞者所以自蔽翳。" ③翳(yì):用羽毛做的华盖。《说文》:"～,华盖也。"朱骏声《说文通训定声》:"以羽覆车盖,所谓羽葆幢也。"

【译文】

翢一词,有顶上以羽毛装饰的旗子的意思。纛一词,又有用羽毛做的华盖的意思。

2.266 隍①,壑也②。

【注释】

①隍(huáng):没有水的护城壕。《说文》:"～,城池也。有水曰池;无水曰

～。"《易·泰》："城复于～，勿用师，自邑告命贞吝。" ②壑(hè)：郭注："城池空者为～。"《孟子·滕文公下》："志士不忘在沟～。"

【译文】

隍一词，有护城河的意思。

2.267 芼[①]，搴也[②]。

【注释】

①芼(mào)：择取。郭注："谓拔取菜。"《诗·周南·关雎》："参差荇菜，左右～之。"毛传："～，择也。" ②搴(qiān)：拔取。《晏子春秋·内篇谏下》："寡人不席而坐地，二三子莫席，而子独～草而坐之。"

【译文】

芼一词，有拔取的意思。

2.268 典[①]，经也[②]。

【注释】

①典：经籍。多指记载被尊为准则或规范的古人教训、古代规章制度等的经书。《书·五子之歌》："有～有则，贻厥子孙。"孔传："～谓经籍。" ②经：历来被尊奉为典范的著作。《荀子·劝学》："其数则始乎诵～，终乎读礼。"

【译文】

典一词，有经典的意思。

2.269 威[①]，则也。

【注释】

①威：法则。《诗·周南·有客》："既有淫～，降福孔夷。"毛传："淫，大；～，则。"郑笺："既有大则，谓用殷正朔行其礼乐，如天子也。"

【译文】

威一词，有法则的意思。

2.270 苛[①]，妎也[②]。

【注释】

①苛(hē)：通"呵"、"诃"。《方言》卷二："龂、～，怒也。小怒曰龂，陈谓之

～。"《广雅》:"～,怒也。"王念孙疏证:"《尔雅》:'～,妎也。''妎'与'齘'同。～、妎,皆怒也。" ②妎(hài):同"齘"。《方言》卷二:"齘,怒也。"钱绎笺疏:"凡人怨恨之甚,则以齿紧相摩切,故齘为怒也。"

【译文】

苛一词,有发怒的意思。

2.271 芾[①],小也。

【注释】

①芾(fèi):幼小的样子。郭注:"～者,小貌。"《易·丰》:"丰其沛。"《释文》:"沛,子夏作～。传云:小也。"

【译文】

芾一词,有微小的意思。

2.272 迷,惑也。

【译文】

迷一词,有迷惑的意思。

2.273 狃[①],复也。

【注释】

①狃(niǔ):重复。《诗·郑风·大叔于田》:"将叔无～,戒其伤女。"郑笺:"～,复也。"

【译文】

狃一词,有重复的意思。

2.274 逼,迫也。

【译文】

逼(逼迫)一词,有强迫的意思。

2.275 般[①],还也[②]。

【注释】

①般(pán):旋转。《说文》:"～,辟也。像舟之旋。"引申为盘桓。《史记·屈原贾生列传》:"～纷纷其离此尤兮。"司马贞索隐:"～,盘桓也。" ②还(xuán):旋

转。《庄子·庚桑楚》:“夫寻常之沟,巨鱼无所~其体。”《释文》:“~,音旋。回也。”

【译文】

般一词,有旋转、盘桓的意思。

2.276 班①,赋也②。

【注释】

①班:分给,赏赐。郭注:“谓布与。”《正字通》:“凡以物与人亦曰~。”《国语·周语》:“其适来~贡。”韦昭注:“~,赋也。” ②赋:授予,给予。《国语·晋语四》:“公属百官,~职任功。”韦昭注:“~,授也。授职事,任有功。”

【译文】

班一词,有赐予的意思。

2.277 济①,渡也。济,成也。济,益也。

【注释】

①济(jì):渡过。《左传·成公十六年》:“晋师~河。”又成就。《书·君陈》:“必有忍,其乃有~。”孔传:“为人君长,必有所含忍,其乃有所成。”又增加。《左传·桓公十一年》:“盍请~师于王?”杜预注:“~,益也。”

【译文】

济一词,有渡水的意思。济一词,又有成功的意思。济一词,又有增益的意思。

2.278 缗①,纶也②。

【注释】

①缗(mín):钓丝。《诗·召南·何彼秾矣》:“其钓维何?维丝维~。”毛传:“~,纶也。”郑笺:“何以为之乎?以丝为之纶。” ②纶:钓丝。《诗·小雅·采绿》:“之子于钓,言~之绳。”郑笺:“~,钓缴也。”

【译文】

缗一词,有钓丝的意思。

2.279 辟①,历也②。

【注释】

①辟:治理。王引之《述闻》:“~与𨐨同,……《说文》:𨐨,治也。从辟井。

《尔雅》:‘~,法也。’《说文》‘刑’字引《易》曰:‘井者,法也。’法所以治也。故臂从辟井而训为治。”通作~。《书·金縢》:“我之弗~,我无以告我先王。”《释文》:“~,治也。” ②历(歷):治理。同“厤”。《说文》:“厤,治也。”参看1.137条注释②。

【译文】

辟一词,有治理的意思。

2.280 蔾①,盝也②。

【注释】

①蔾(lí):渗流。《说文》:“~,顺流也。” ②盝(lù):渗漏。郝疏:“~者,与漉同,渗也。”《周礼·考工记·㡛氏》:“清其灰而~之,而挥之。”

【译文】

蔾(渗流)一词,有渗漏的意思。

2.281 宽,绰也①。

【注释】

①绰(chuò):宽裕。《诗·小雅·角弓》:“~~有裕。”毛传:“~~,宽也。”

【译文】

宽一词,有宽裕的意思。

2.282 衮①,黻也②。

【注释】

①衮(gǔn):古代天子或上公所穿的绣有龙纹形的礼服。《周礼·春官·司服》:“公之服,自~冕而下,如王之服。” ②黻(fú):古代礼服上呈亞形的青黑相间花纹。此处借指礼服。

【译文】

衮一词,有礼服的意思。

2.283 华①,皇也②。

【注释】

①华(huá):花,花朵。《诗·周南·桃夭》:“桃之夭夭,灼灼其~。” ②皇:通“葟”。草木之花。邢疏:“草木之华一名~。”

【译文】

华一词,有草木之花的意思。

2.284 昆[①],后也。

【注释】

①昆:后。与“先”相对。郭注:“谓先后。”《书·大禹谟》:“禹,官占,惟先蔽志,~命于元龟。”孔传:“官占之法,先断人志,后命于元龟,言志定然后卜。”又后裔,子孙。《书·仲虺之诰》:“垂裕后~。”孔传:“垂优足之道示后世。”

【译文】

昆([先]后、后裔)一词,有(先)后、后代的意思。

2.285 弥[①],终也。

【注释】

①弥:终极。《诗·大雅·卷阿》:“俾尔~尔性。”毛传:“~,终也。”朱熹《集传》:“言使终其寿命。”

【译文】

弥一词,有终尽的意思。

释训第三

【题解】

《释训》大抵是通释描写事物情貌的词语。被训释词一般是叠音词，且绝大部分来自《诗经》。所释主要内容包括两个方面：一是解释被训释词的词汇义，如“明明、斤斤，察也”之类；一是揭示被训释词语在《诗经》里的兴喻之义，如“颙颙、卬卬，君之德也”之类。

3.001　明明①、斤斤②，察也。

【注释】

①明明：明察的样子。《诗·大雅·常武》：“赫赫～～，王命卿士。”毛传：“～～然，察也。”　②斤斤：聪明鉴察。《诗·周颂·执竞》：“～～其明。”毛传：“～～，明察也。”《释文》引舍人云：“～～，物精详之察。”

【译文】

明明、斤斤，明察的样子。

3.002　条条①、秩秩②，智也。

【注释】

①条条：通达的样子。董仲舒《春秋繁露·如天之为》：“其在人者，亦宜行而无留，若四时之～～然也。”　②秩秩：有智慧的样子。《诗·小雅·巧言》：“～～大猷，圣人莫之。”毛传：“～～，进知也。莫，谋也。”

【译文】

条条（通达）、秩秩（有智慧），明智的样子。

3.003　穆穆①、肃肃②，敬也。

【注释】

①穆穆:庄重肃敬的样子。《诗·大雅·文王》:"~~文王,于缉熙敬止。"马瑞辰《毛诗传笺通释》:"~~为敬貌。" ②肃肃:恭敬的样子。《诗·大雅·思齐》:"~~在庙。"毛传:"~~,敬也。"

【译文】

穆穆、肃肃,肃敬的样子。

3.004 诸诸①、便便②,辩也。

【注释】

①诸诸:善于辞令。郭注:~~,"言辞辩给"。《说文》:"诸,辩也。"《敦煌变文集·燕子赋》:"穷研细诸问,岂得信虚辞!"(此书证系徐复先生提供) ②便便:形容善于辞令。《论语·乡党》:"其在宗庙朝廷,~~言,唯谨尔。"

【译文】

诸诸、便便,善于辞令的样子。

3.005 肃肃①、翼翼②,恭也。

【注释】

①肃肃:恭敬。参见3.003条注释②。 ②翼翼:恭敬谨慎的样子。《诗·大雅·大明》:"维此文王,小心~~。"郑笺:"小心~~,恭慎貌。"

【译文】

肃肃、翼翼,恭敬谨慎的样子。

3.006 廱廱①、优优②,和也。

【注释】

①廱廱(yōng yōng):省作"雝雝"。和悦的样子。《诗·大雅·思齐》:"雝雝在宫。"毛传:"雝雝,和也。" ②优优:宽和。《诗·商颂·长发》:"敷政~~,百禄是遒。"毛传:"~~,和也。"

【译文】

廱廱(和悦)、优优(宽和),和适的样子。

3.007 兢兢①、憴憴②,戒也。

【注释】

①兢兢:小心戒慎的样子。《诗·小雅·小旻》:"战战~~,如临深渊,如履薄冰。"毛传:"~~,戒也。" ②憴憴(shéng shéng):或作"绳绳"。小心谨慎的样子。《诗·大雅·抑》:"子孙绳绳,万民靡不承。"郑笺:"绳绳,戒也。"

【译文】

兢兢、憴憴,戒慎的样子。

3.008 战战①、跄跄②,动也。

【注释】

①战战:恐惧发抖的样子。~通"颤"。《诗·小雅·小旻》:"~~兢兢,如临深渊,如履薄冰。"毛传:"~~,恐也。" ②跄跄(qiāng qiāng):步趋有节奏的样子。《礼记·曲礼下》:"大夫济济,士~~。"郑注:"皆行容止之貌也。"郝疏:"亦谓趋走行动之貌也。"

【译文】

战战(颤动)、跄跄(走动)二词,都有动作的意思。

3.009 晏晏①、温温②,柔也。

【注释】

①晏晏:柔顺,温和的样子。《诗·卫风·氓》:"言笑~~。"毛传:"~~,和柔也。" ②温温:柔和的样子。《诗·小雅·宾之初筵》:"宾之初筵,~~其恭。"郑笺:"~~,柔和也。"

【译文】

晏晏(柔顺)、温温(柔和),柔和的样子。

3.010 业业①、翘翘②,危也。

【注释】

①业业:危惧的样子。《诗·大雅·云汉》:"兢兢~~,如霆如雷。"毛传:"~~,危也。" ②翘翘:高而危险的样子。《诗·豳风·鸱鸮》:"予室~~,风雨所漂摇。"毛传:"~~,危也。"

【译文】

业业(因感危险而畏惧)、翘翘(高而危险),危险的样子。

3.011 惴惴①、憢憢②,惧也。

【注释】

①惴惴(zhuì zhuì):恐惧的样子。《诗·秦风·黄鸟》:“临其穴,~~其栗。”毛传:“~~,俱也。” ②憢憢(xiāo xiāo):害怕。同“哓哓”。《诗·豳风·鸱鸮》:“予维音哓哓。”毛传:““哓哓,惧也。”

【译文】

惴惴(恐惧的样子)、憢憢(害怕),害怕的样子。

3.012 番番①、矫矫②,勇也。

【注释】

①番番(bō bō):勇武的样子。《诗·大雅·崧高》:“申伯~~,既入于谢。”毛传:“~~,勇武貌。” ②矫矫:勇武的样子。《诗·鲁颂·泮水》:“~~虎臣,在泮献馘。”郑笺:“~~,武貌。”

【译文】

番番、矫矫,勇武的样子。

3.013 桓桓①、烈烈②,威也。

【注释】

①桓桓(huán huán):威武的样子。《诗·鲁颂·泮水》:“~~于征,狄彼东南。”毛传:“~~,威武貌。” ②烈烈:威武的样子。《诗·小雅·黍苗》:“~~征师,召伯成之。”郑笺:“~~,威武貌。”

【译文】

桓桓、烈烈,威武的样子。

3.014 洸洸①、赳赳②,武也。

【注释】

①洸洸(guāng guāng):勇武的样子。《诗·大雅·江汉》:“江汉汤汤,武夫~~。”毛传:“~~,武貌。” ②赳赳:雄健勇武的样子。《诗·周南·兔罝》:“~~武夫,公侯干城。”毛传:“~~,武貌。”

【译文】

洸洸(勇武的样子)、赳赳(雄健勇武)二词,都有勇武的意思。

3.015 蔼蔼①、济济②,止也③。

【注释】

①蔼蔼(ǎi ǎi):盛多的样子。《诗·大雅·卷阿》:"~~王多吉士,维君子使。"毛传:"~~,犹济济也。"朱熹《集传》:"~~,众多也。" ②济济(jǐ jǐ):众多的样子。《诗·大雅·旱麓》:"榛楛~~。"毛传:"~~,众多也。" ③止:聚集。《庄子·人间世》:"虚室生白,吉祥~~。"郭象注:"夫吉祥之所集者,至虚至静也。"

【译文】

蔼蔼(盛多)、济济(众多)二词,都有聚集的意思。

3.016 悠悠①、洋洋②,思也。

【注释】

①悠悠:深思,忧思。《诗·邶风·终风》:"莫往莫来,~~我思。"郑笺:"我思其如是,心~~然。" ②洋洋:多思的样子。《礼记·中庸》:"~~乎如在其上。"郑注:"~~,人想思其旁僾之貌。"孔疏:"言鬼神之形状人想象之,如在人之上。"

【译文】

悠悠(深思、忧思)、洋洋(多思)二词,都有沉思的意思。

3.017 蹶蹶①、踖踖②,敏也。

【注释】

①蹶蹶(guì guì):行动敏疾的样子。《诗·唐风·蟋蟀》:"好乐无荒,良士~~。"毛传:"~~,动而敏于事。" ②踖踖(jí jí):恭敬而敏捷的样子。《诗·小雅·楚茨》:"执爨~~。"毛传:"~~,言爨灶有容也。"邢疏引此曰:"此皆便速敏捷于事也。"

【译文】

蹶蹶(行动敏疾)、踖踖(恭敬而敏捷)二词,都有敏捷的意思。

3.018 薨薨①、增增②,众也。

【注释】

①薨薨(hōng hōng):虫群飞动声。《诗·周南·螽斯》:"螽斯羽,~~兮。"毛传:"~~,众多也。"朱熹《集传》:"~~,群飞声。" ②增增:众多的样子。

《诗·鲁颂·闷宫》:"烝徒~~。"毛传:"~~,众也。"

【译文】

薨薨(虫群飞动声)、增增(众多的样子)二词,都有众多的意思。

3.019 烝烝①、遂遂②,作也。

【注释】

①烝烝:兴盛的样子。《诗·鲁颂·泮水》:"~~皇皇。"郑笺:"~~,犹进进也。" ②遂遂:随行的样子。《礼记·祭义》:"及祭之后,陶陶~~,如将复入然。"郑注:"~~,相随行之貌。"

【译文】

烝烝(兴盛的样子)、遂遂(随行的样子)二词,都有兴起的意思。

3.020 委委①、佗佗②,美也。

【注释】

①委委(wēi wēi):行步委曲雍容自得的样子。《诗·鄘风·君子偕老》:"~~佗佗,如山如河。"邢疏:"李巡曰:皆宽容之美也。孙炎曰:~~,行之美。佗佗,长之美。" ②佗佗(tuó tuó):体态优美。

【译文】

委委(美好的样子)、佗佗(体态优美)二词,都有美好的意思。

3.021 忯忯①、惕惕②,爱也。

【注释】

①忯忯(qí qí):爱悦。邢疏引李巡曰:"~~,和适之爱也。"或作"媞媞"。郝疏:"《汉书·叙传》云'媞媞公主'。孟康注:'媞音题。媞媞,惕惕,爱也。'按《说文》'媞'或作㩗,与《尔雅》'~'字之音近,故孟康借音题。" ②惕惕:郭注:"《诗》(《陈风·防有鹊巢》)云:'心焉~~。'《韩诗》以为悦人,故言爱也。"从所引诗句的上下文看,"~~"是忧愁的意思,但"~~"当有爱悦之义。《广韵》:"~,忧也;又爱也。"《汉书·叙传》孟康注云:"媞媞,~~,爱也。"

【译文】

忯忯(爱悦)、惕惕(爱)二词,都有爱悦的意思。

3.022 偁偁①、格格②,举也。

【注释】

①偁偁(chēng chēng):称扬。《说文》:"～,扬也。"段注:"凡古～举、～谓字皆如此作。"　②格格:或作"阁阁"。扬起。《诗·小雅·斯干》:"约之阁阁。"《周礼·考工记·匠人》郑注引作"约之～～"。

【译文】

偁偁(称誉)、格格(扬起)二词,都有举起、上扬的意思。

3.023　蓁蓁[①]、孽孽[②],戴也[③]。

【注释】

①蓁蓁(zhēn zhēn):茂盛的样子。《诗·周南·桃夭》:"桃之夭夭,其叶～～。"毛传:"～～,至盛貌。"　②孽孽:盛饰的样子。《诗·卫风·硕人》:"庶姜～～。"毛传:"～～,盛饰。"　③戴:《说文》:"分物得增益曰～。"段注:"《释训》曰:'蓁蓁、孽孽,～也。'毛传云:'蓁蓁,至盛貌;''孽孽,盛饰。'是皆谓加多也。"

【译文】

蓁蓁(积聚的样子)、孽孽(盛饰)二词,都有增加的意思。

3.024　愿愿[①]、媞媞[②],安也。

【注释】

①愿愿(yān yān):安详的样子。郭注:"好人安详之容。"省作厌。《诗·小雅·湛露》:"厌厌夜饮,不醉无归。"毛传:"厌厌,安也。"《说文》引《诗》作"～～"。　②媞媞(tí tí):安舒的样子。或作"提提"。《诗·魏风·葛屦》:"好人提提。"毛传:"提提,安谛也。"

【译文】

愿愿(安详)、媞媞(安舒)二词,都有安静的意思。

3.025　祁祁[①]、迟迟[②],徐也。

【注释】

①祁祁(qí qí):舒徐的样子。《诗·召南·采蘩》:"被之～～,薄言还归。"毛传:"～～,舒迟也。"　②迟迟:徐行。《诗·邶风·谷风》:"行道～～,中心有违。"毛传:"～～,舒行貌。"

【译文】

祁祁(迟缓)、迟迟(徐行),徐缓的样子。

3.026 丕丕①、简简②,大也。

【注释】

①丕丕(pī pī):极大。《书·立政》:"率惟谋从容德,以并受此~~基。"后以"~~基"指称帝位。 ②简简:大的样子。《诗·周颂·执竞》:"降福~~。"毛传:"~~,大也。"

【译文】

丕丕(极大)、简简(大)二词,都有大的意思。

3.027 存存①、萌萌②,在也③。

【注释】

①存存:"~"单用时有观察、审察之义。《礼记·大传》:"五曰~爱。"郑注:"~,察也,察有仁爱者。"参看1.156。一说:"~~"犹存在。《易·系辞上》:"成性~~,道义之门。" ②萌萌:"~"当作𢡱(jiǎn)。察阅。《释文》:"字或作蕳。"按,"蕳"乃"𢡱"之讹。《说文》:"𢡱𢡱,在也。从心,简省声,读若简。"段注:"各本作'𢡱存也'三字,今正。……《论语》'简在帝心',即'𢡱',字之假借。"一说:"~~"通"明明"。黄侃《音训》:"《释诂》云:'在,察也。'作'~'者,'明'之假借。上文云:'明明,察也。'"参看3.001。 ③在:省视,观察。《大戴礼记·曾子立事》:"存往者,~来者。"王聘珍解诂:"存,恤也;~,察也。"参看1.156。

【译文】

存存(观察)、萌萌(察阅)二词,都有明察的意思。

3.028 懋懋①、慔慔②,勉也。

【注释】

①懋懋:勤勉。"~"单用即有勉励之义。《书·舜典》:"汝平水土,惟时~哉!""~~"叠用时即同"勉勉"。黄侃《音训》:"~~或即《诗》'勉勉我王'之异文。" ②慔慔(mù mù):努力的样子。邵疏:"《说文》云:'~,勉也。'重言之义同。"王引之《述闻》:"《淮南子·缪称篇》:'犹未之莫与。'高注曰:'莫,勉之也。'重言之则曰莫莫。《小雅·楚茨篇》说祭祀之事曰:'君妇莫莫。'莫莫与~~

同，犹言勉勉也。”

【译文】

懋懋（勤勉）、慔慔（努力）二词，都有勉力的意思。

3.029 庸庸①、慅慅②，劳也。

【注释】

①庸庸：酬报劳苦有功之人。《荀子·大略》：“～～、劳劳，仁之杀也。”杨倞注：“～，功也。～～、劳劳，谓称其功劳，以报有功劳者。”按，“庸”单用有劳之义，连用时两个“庸”字表示的具体意义并不相同。前者是动词，酬劳；后者是名词，有劳之人。而《尔雅》却将“～～”作为叠音词来看待。　②慅慅（sāo sāo）：烦忧劳心的样子。邢疏：“《小雅·巷伯》云：‘劳人草草。’毛传云：‘草草，劳心也。’又《陈风·月出》云：‘劳心～兮。’～、草音义同”。按，“草”为“～”之假借。

【译文】

庸庸（报答有劳之人）、慅慅（烦忧劳心）二词，都有劳苦的意思。

3.030 赫赫①、跃跃②，迅也。

【注释】

①赫赫：显赫盛大的样子。《诗·大雅·常武》：“～～明明。”毛传：“～～然，盛也。”孔疏引孙炎曰：“～～，显著之迅。”郭注：“盛疾之貌。”　②跃跃（tì tì）：疾跳的样子。《诗·小雅·巧言》：“跃跃毚兔，遇犬获之。”朱熹《集传》：“～～，跳疾貌。”

【译文】

赫赫（显赫盛大）、跃跃（疾跳）二词，都有气势大、速度快的意思。

3.031 绰绰①、爰爰②，缓也。

【注释】

①绰绰（chuò chuò）：宽裕的样子。《诗·小雅·角弓》：“此令兄弟，～～有裕。”毛传：“～～，宽也。”　②爰爰（yuán yuán）：舒缓的样子。《诗·王风·兔爰》：“有兔～～，雉离于罗。”毛传：“～～，缓意。”

【译文】

绰绰（宽裕）、爰爰（舒缓）二词，都有宽松、舒缓的意思。

3.032 坎坎[①]、壿壿[②]，喜也。

【注释】

①坎坎：通“竷(kǎn)”。和悦的声音。《玉篇》：“竷，和悦之响也。今作‘～’。”《诗·小雅·伐木》：“～～鼓我。”郑笺：“为我击鼓～～然。……谓以乐乐己。” ②壿壿(cūn cūn)：欢舞的样子。《诗·小雅·伐木》：“蹲蹲舞我。”郑笺：“为我兴舞蹲蹲然。谓以乐乐己。”《释文》：“蹲，本或作～。”按，“蹲”为“～”之假借字。

【译文】

坎坎(和谐悦耳的声音)、壿壿(欢舞的样子)二词，都有逗人欢乐的意思。

3.033 瞿瞿[①]、休休[②]，俭也[③]。

【注释】

①瞿瞿：谨慎而勤勉的样子。《诗·唐风·蟋蟀》：“好乐无荒，良士～～。”毛传：“～～然，顾礼义也。” ②休休：安闲的样子。《诗·唐风·蟋蟀》：“好乐无荒，良士～～。”朱熹《集传》：“～～，安闲之貌。乐而有节，不至于淫，所以安也。” ③俭：行为约束而有节制。《说文》：“～，约也。”段注：“约者，缠束也；～者，不敢放侈之意。”《贾子·道术篇》：“广较自敛谓之～。”

【译文】

瞿瞿(谨慎而勤勉)、休休(安闲)二词，都有约束有节制的意思。

3.034 旭旭[①]、跻跻[②]，憍也[③]。

【注释】

①旭旭：得意骄傲的样子。《汉书·扬雄传〈河东赋〉》：“嘻嘻～～，天地稠嶅。”颜师古注：“～～，自得之貌。” ②跻跻(jiǎo jiǎo)：骄傲。《诗·大雅·板》：“老夫灌灌，小子～～。”毛传：“～～，骄貌。”孔疏引孙炎曰：“谓骄慢之貌。” ③憍(jiāo)：同“骄”。骄傲。《集韵·宵韵》：“～，矜也。通作骄。”《楚辞·九章·抽思》：“～吾以其美好兮，览余以其修姱。”

【译文】

旭旭(得意而骄傲)、跻跻(骄傲)二词，都有骄傲的意思。

3.035 梦梦[①]、讹讹[②]，乱也。

【注释】

①梦梦(méng méng)：昏乱。《诗·大雅·抑》：“视尔～～，我心惨惨。”毛

传:"~~,乱也。"孔疏引孙炎曰:"~~,昏昏之乱也。" ②讹讹(zhùn zhùn):杂乱。王引之《述闻》:"~或作'谆'。襄三十一《左传》:'且年未盈五十而谆谆焉,如八九十者,弗能久矣。'谆谆,眊乱也。言眊乱如八九十人也。"

【译文】

梦梦(昏乱)、讹讹(杂乱)二词,都有混乱的意思。

3.036 儚儚①、邈邈②,闷也。

【注释】

①儚儚(báo báo):烦闷。郭注:"烦闷。" ②邈邈:忧闷。同"藐藐"。《诗·大雅·抑》:"诲尔谆淳,听我藐藐。"孔疏引舍人曰:"藐藐,忧闷也。"邢疏引舍人作"~~"。

【译文】

儚儚(烦闷)、邈邈(忧闷)二词,都有郁闷的意思。

3.037 儚儚①、洄洄②、[溃溃]③,惛也④。

【注释】

①儚儚(méng méng):迷昏不明。当作"儚"。《说文》:"儚,惛也。"段注:"惛者,不憭也。《释训》:'~~、洄洄,惛也。''~'当作'儚'。与'梦梦,乱也'义别。"②洄洄(huí huí):或作"禮禮",均为"佪佪"之假借。心中不明白。《玉篇》:"佪佪,惛也。"《潜夫论·救边》:"佪佪溃溃,当何终极。" ③溃溃(kuì kuì):或作"禬禬',均为"愦愦"之假借。昏乱的样子。《说文》:"愦,乱也。"段注:"《大雅·召旻》:'~~回遹。'传曰:'~~,乱也。'按,~~者,愦愦之假借也。后人皆用愦愦。"④惛(hūn):不明白,糊涂。《说文》:"~,不憭也。"《战国策·秦策一》:"今之嗣主,忽于至道,皆~于教。"高诱注:"~,不明也。"

【按语】

《说文》"禮"篆引《尔雅》"禮禮禬禬"。今本《尔雅》无此文。段注谓《潜夫论·救边》云"佪佪溃溃",盖用《尔雅》文。"据《潜夫论》则《尔雅》故有'溃溃'字。"郝疏亦云:"《尔雅》当有'溃溃'二字,今脱去之。"现据段、郝之说补入"溃溃"二字。

【译文】

儚儚(儚儚)、洄洄(佪佪)、溃溃(愦愦)三词,都有糊涂、不明白的意思。

3.038 版版[①]、荡荡[②]，僻也。

【注释】

①版版：邪僻反常的样子。亦作“板板”。《诗·大雅·板》：“上帝板板，下民卒瘅。”毛传：“板板，反也。”《后汉书·董卓传》李贤注即引之作“上帝～～”。②荡荡：任意骄纵、废坏法度的样子。《诗·大雅·荡》：“荡荡上帝，下民之辟。”郑笺：“荡荡，法度废坏之貌。”

【译文】

版版（邪僻）、荡荡（废坏法度）二词，都有邪僻反常的意思。

3.039 爞爞[①]、炎炎[②]，熏也。

【注释】

①爞爞（chóng chóng）：旱气熏蒸的样子。通“虫虫”。《诗·大雅·云汉》：“蕴隆虫虫。”毛传：“蕴蕴而暑，隆隆而雷，虫虫而热。”《释文》：“虫，《尔雅》作～。” ②炎炎：热气炽盛的样子。《诗·大雅·云汉》：“赫赫～～，云我无所。”毛传：“～～，热气也。”

【译文】

爞爞（旱热熏炙）、炎炎（热气炽盛）二词，都有灼热熏炙的意思。

3.040 居居[①]、究究[②]，恶也。

【注释】

①居居：憎恶而疏远。《诗·唐风·羔裘》：“羔裘豹祛，自我人～～。”毛传：“～～，怀恶不相亲比之貌。”孔疏引李巡曰：“～～，不狎习之恶。” ②究究：憎恶。《诗·唐风·羔裘》：“羔裘豹褎，自我人～～。”毛传：“～～，犹居居也。”孔疏引孙炎曰：“～～，穷极人之恶。”

【译文】

居居（憎恶而相疏远）、究究（憎恶）二词，都有憎恶的意思。

3.041 仇仇[①]、敖敖[②]，傲也。

【注释】

①仇仇：傲慢的样子。《诗·小雅·正月》：“执我～～，亦不我力。”毛传：“～～，犹謷謷也。”謷通傲。 ②敖敖：或作“嗷嗷（áo áo）”。《诗·大雅·板》：“我即尔谋，听我嗷嗷。”毛传：“嗷嗷，犹謷謷也。”

【译文】

仇仇、敖敖，傲慢的样子。

3.042 佌佌①、琐琐②，小也。

【注释】

①佌佌(cǐ cǐ)：小的样子。《诗·小雅·正月》："～～彼有屋。"毛传："～～，小也。"《释文》引舍人云：形容小貌。 ②琐琐：细小卑贱的样子。《诗·小雅·节南山》："～～姻亚。"毛传："～～，小貌。"

【译文】

佌佌（小）、琐琐（细小卑贱）二词，都有微小的意思。

3.043 悄悄①、惨惨②，愠也③。

【注释】

①悄悄：忧愁的样子。《诗·邶风·柏舟》："忧心～～，愠于群小。"毛传："～～，忧貌。" ②惨惨：忧闷的样子。《诗·小雅·正月》："忧心～～，念国之为虐。"毛传："～～，犹戚戚也。" ③愠(yùn)：恼怒，怨恨。引申为愁恨。《礼记·檀弓下》："～，哀之变也。"《释文》引庾皇注："～，怨恚也。"

【译文】

悄悄（忧愁貌）、惨惨（忧闷貌）二词，都有愁恨的意思。

3.044 痯痯①、瘐瘐②，病也。

【注释】

①痯痯(guǎn guǎn)：当作"：悹悹(guàn guàn)"。忧郁无所依的样子。《说文》："悹，忧也。"《广韵·缓韵》："悹悹，忧告也。诗传云：悹悹，无所依。"按，《诗·大雅·板》："靡圣管管。"毛传："管管，无所依也。""管管"与"～～"，皆"悹悹"之假借。 ②瘐瘐(yǔ yǔ)：或作"愈愈"。忧病的样子。《诗·小雅·正月》："忧心～～，是以有侮。"毛传："愈愈，忧惧也。"

【译文】

痯痯（忧郁无所依的样子）、瘐瘐（忧病的样子）二词，都有忧郁病态的意思。

3.045 殷殷①、惸惸②、忉忉③、抟抟④、钦钦⑤、京京⑥、忡忡⑦、惙惙⑧、,怲怲⑨、弈弈⑩，忧也。

【注释】

①殷殷:忧伤的样子。《诗·邶风·北门》:"出自北门,忧心~~。"郑笺:"喻已仕于暗君,犹行而出北门,心为之忧~~然。" ②惸惸(qióng qióng):忧虑的样子。《诗·小雅·正月》:"忧心~~,念我无禄。"毛传:"~~,忧意也。" ③忉忉(dāo dāo):忧思的样子。《诗·齐风·甫田》:"无思远人,劳心~~。"毛传:"~~,忧劳也。" ④慱慱(tuán tuán):忧劳不安的样子。《诗·桧风·素冠》:"劳心~~兮!"毛传:"~~,忧劳也。" ⑤钦钦:忧念难忘的样子。极言思望殷切。《诗·秦风·晨风》:"未见君子,忧心~~。"毛传:"思望之,心中~~然。" ⑥京京:忧虑不止,无法解除的样子。《诗·小雅·正月》:"念我独兮,忧心~~。"毛传:"~~,忧不去也。" ⑦忡忡(chōng chōng):忧虑不安的样子。《诗·召南·草虫》:"未见君子,忧心~~。" ⑧惙惙(chuò chuò):忧思不绝的样子。《诗·召南·草虫》:"未见君子,忧心~~。"毛传:"~~,忧也。"俞樾《群经平议》卷九:"谓忧心联属不绝也。" ⑨怲怲(bǐng bǐng):满怀忧愁的样子。《诗·小雅·頍弁》:"未见君子,忧心~~。"毛传:"~~,忧盛满也。" ⑩弈弈(yì yì):忧愁、心神不定的样子。《诗·小雅·頍弁》:"未见君子,忧心~~。"孔疏:"~~,忧之状,忧则心游不定。"

【译文】

殷殷(忧伤)、惸惸(忧虑)、忉忉(忧思)、慱慱(忧劳不安)、钦钦(忧念难忘)、京京(忧虑不止无法解除)、忡忡(忧虑不安)、惙惙(忧思不断)、怲怲(满怀忧愁)、弈弈(忧愁、心神不定)等词,都有忧愁的意思。

3.046 畇畇[①],田也[②]。

【注释】

①畇畇(yún yún):垦地平整的样子。《诗·小雅·信南山》:"~~原隰,曾孙田之。"毛传:"~~,垦辟貌。" ②田:耕种田地。后作"佃"。《汉书·高帝纪》:"故秦苑囿园池,令民得~之。"颜师古注:"~,谓耕作也。"

【按语】

从这一条开始至3.059条,并非单解字义,而是以"本文前后章句之义为说",实即"以诗中连言之字为释"(详黄焯编《文字声韵训诂笔记》)。

【译文】

畇畇(平整土地的样子)一词,有耕种田地的意思。

3.047 畟畟[①],耜也[②]。

【注释】

①畟畟(cè cè):利耜深耕快进的样子。犹言“测测”。《诗·周颂·良耜》:“~~良耜,俶载南亩。”孔疏:“以~~文连良耜,则是刃利之状,故犹测测以为利之意。” ②耜(sì):耒下端铲土的部分。装在犁上,用以翻土。先以木为之,后改用金属。《庄子·天下》:“禹亲自操橐~而九杂天下之川。”成玄英疏:“~,掘土具也。”引申为以耜铲土。《周礼·秋官·薙氏》:“薙氏掌杀草,……冬日至而~之。”郑注:“~之,以~测冻土划之。”

【译文】

畟畟(利耜深耕快进的样子)一词,有以耜铲土的意思。

3.048 郝郝[1],耕也。

【注释】

①郝郝(shì shì):亦作“泽泽”,通“释释”。耕地土块碎散的样子。《诗·周颂·载芟》:“其耕泽泽。”郑笺:“土气烝达而和耕之,则泽泽然解散。”邢疏:“谓耕地其土解散~~然。……~~、泽泽并音释,其义亦同。”

【译文】

郝郝(耕地土块碎散的样子)一词,有耕作的意思。

3.049 绎绎[1],生也。

【注释】

①绎绎:或作“驿驿”。禾苗陆续生长的样子。《诗·周颂·载芟》:“驿驿其达。”孔疏引舍人曰:“谷皆生之貌。”《释文》:“《尔雅》作‘~~’,云:生也。”

【译文】

绎绎(禾苗陆续生长的样子)一词,有生长的意思。

3.050 穟穟[1],苗也。

【注释】

①穟穟(suì suì):禾苗美好的样子。《诗·大雅·生民》:“禾役~~。”毛传:“~~,苗好美也。”

【译文】

穟穟(禾苗美好的样子)一词,有禾苗的意思。

3.051 绵绵[①],穮也[②]。

【注释】

①绵绵:细密的样子。《诗·周颂·载芟》:"厌厌其苗,~~其麃。"孔疏:"孙炎曰:'~~,言详密也。'郭璞曰:'芸不息也。'"(麃:耘田。) ②穮(biāo):耘田除草。《说文》:"~,耕禾间也。"《左传·昭公元年》:"譬如农夫,是~是蔉,虽有饥馑,必有丰年。"杜预注:"~,耘也。"

【译文】

绵绵(耘田细密的样子)一词,有耘田的意思。

3.052 挃挃[①],获也。

【注释】

①挃挃(zhì zhì):收割庄稼的声音。《说文》:"~,获禾声也。"《诗·周颂·良耜》:"获之~~。"毛传:"~~,获声也。"

【译文】

挃挃(收割作物的声音)一词,有收获的意思。

3.053 栗栗[①],众也。

【注释】

①栗栗:众多的样子。《诗·周颂·良耜》:"积之~~。"毛传:"~~,众多也。"

【译文】

栗栗一词,有众多的意思。

3.054 溞溞[①],淅也[②]。

【注释】

①溞溞(sōu sōu):或作"叟叟""溲溲"。淘米声。《诗·大雅·生民》:"释之叟叟。"毛传:"释,淅米也。叟叟,声也。"《释文》引《诗》作"淅之~~。" ②淅(xī):淘洗(米)。《说文》:"~,汏米也。"《仪礼·士丧礼》:"祝~米于堂,南面用盆。"郑注:"~,汏也。"

【译文】

溞溞(淘米声)一词,有淘洗(米)的意思。

3.055　烰烰①，烝也②。

【注释】

①烰烰(fú fú)：热气上腾的样子。借作"浮浮"。《诗·大雅·生民》："烝之浮浮。"毛传："浮浮，气也。"《释文》："浮，《尔雅》《说文》并作'～'，云：烝也。"　②烝：热气上升。后作"蒸"。《说文》："～，火气上行也。"

【译文】

烰烰，热气上升的样子。

3.056　俅俅①，服也②。

【注释】

①俅俅：冠饰华美的样子。《说文》："～，冠饰貌。从人，求声。《诗·周颂·丝衣》曰：戴弁～～。"　②服：穿戴。《孝经·卿大夫章》："非先王之法服不敢～。"

【译文】

俅俅(冠饰华美的样子)一词，有服饰的意思。

3.057　峨峨①，祭也。

【注释】

①峨峨：仪容端庄盛美。《诗·大雅·棫朴》："奉璋～～。"毛传："～～，盛状也。"郑笺："奉璋之仪～～然。"孔疏引舍人曰："～～，奉璋之貌。"

【译文】

峨峨一词，有祭祀时仪容庄严的意思。

3.058　锽锽①，乐也。

【注释】

①锽锽(huáng huáng)：和谐悦耳的钟鼓之音。或作"喤喤"。《诗·周颂·执竞》："钟鼓喤喤。"毛传"喤喤，和也。"孔疏引舍人曰："喤喤，钟鼓之乐也。"《说文》引《诗》作"钟鼓～～"。

【译文】

锽锽(鼓乐之声)一词，有欢乐而奏乐的意思。

3.059　穰穰①，福也。

【注释】

①穰穰(ráng ráng):丰盛。《诗·周颂·烈祖》:“自天降康,丰年~~。”故可表示多福。《诗·周颂·执竞》:“降福~~。”毛传:“~~,众也。”孔疏:“~~,众多之貌也。某氏引此诗明~~是福丰之貌也。”

【按语】

黄焯云:《尔雅》有“以诗中连言之字为释”的义例。“《释训》自‘畇畇田也’至‘穰穰福’十四句皆此例。”因“古人训释多通本文前后章句之义为说而非单解字义”(《文字声韵训诂笔记》)。如《诗·小雅·信南山》:“畇畇原隰,曾孙田之。”《释训》即训“畇畇”为“田”;《诗·周颂·执竞》:“降福穰穰。”《释训》即训“穰穰”为“福”。馀类推。

【译文】

穰穰,多福的样子。

3.060 子子孙孙,引无极也[①]。

【注释】

①引:《说文》:“~,开弓也。”引申为延长之义。《易·系辞上》:“~而伸之。”

【译文】

子子孙孙,有延续无穷的意思。

3.061 颙颙[①]、卬卬[②],君之德也。

【注释】

①颙颙(yóng yóng):肃敬的样子。《诗·大雅·卷阿》:“~~卬卬,如圭如璋,令闻令望。”郑笺:“体貌则~~然敬顺。”孔疏引孙炎曰:“~~,体貌温顺也。”
②卬卬(áng áng):气宇轩昂的样子。《诗·大雅·卷阿》:“颙颙~~,如圭如璋。”郑笺:“志气则~~然高朗。”孔疏引孙炎曰:“~~,志气高远也。”

【按语】

从这一条开始至3.074条,并非一般地解释被训释词的词汇义,而是说明那些词语在《诗经》里运用的“兴喻之义”。

【译文】

颙颙(体貌肃敬温顺)、卬卬(志气高远轩昂),形容君主的美德。

3.062 丁丁[①]、嘤嘤[②],相切直也。

【注释】

①丁丁(zhēng zhēng):伐木之声。《诗·小雅·伐木》:"伐木~~。"毛传:"~~,伐木声也。" ②嘤嘤(yīng yīng):鸟鸣声。《诗·小雅·伐木》:"鸟鸣~~。"郑笺:"~~,两鸟鸣也。"

【译文】

丁丁(伐木声)、嘤嘤(鸟鸣声),比喻朋友们彼此友爱、相互切磋督正。

3.063 蔼蔼[①]、萋萋[②],臣尽力也。噰噰喈喈[③],民协服也。

【注释】

①蔼蔼:人物济济的样子。《诗·大雅·卷阿》:"~~王多吉士。"毛传:"~~,犹济济也。"孔疏引舍人曰:"~~,贤士之貌。"《说文》:"~,臣尽力之美。《诗》曰:'~~王多吉士。'" ②萋萋:茂盛的样子。特指梧桐茂盛。《诗·大雅·卷阿》:"菶菶~~。"毛传:"梧桐盛也。"孔疏:"舍人曰:'~~,梧桐之貌。'孙炎曰:'言众臣竭力则地极其化,梧桐盛也。'"郑笺:"~~,喻君德盛也。"孔疏:郑笺"以梧桐喻明君,故以梧桐盛喻君德。《尔雅》言'臣尽力',与此笺不同者,以君有盛德,则能使臣尽其心力,亦与《尔雅》合也。" ③噰噰喈喈:鸟和鸣声。特指凤凰和鸣。《诗·大雅·卷阿》:"~~~~。"毛传:"凤凰鸣也。臣竭其力则地极其化,天下和洽,则凤皇乐德。"郑笺:"喻民臣和协。"孔疏:"上以凤皇比贤者,其鸣似贤者之政教加被于民,民应之而相与和协。"

【译文】

蔼蔼、萋萋,比喻君主有盛德,众多贤臣尽力辅政;噰噰喈喈,比喻君主有盛德,民众齐心顺服。

3.064 佻佻[①]、契契[②],逾遐急也。

【注释】

①佻佻(tiáo tiáo):独行的样子。《诗·小雅·大东》:"~~公子,行彼周行。"毛传:"~~,独行貌。"《释文》:"《韩诗》作嬥嬥,往来貌。" ②契契:忧苦的样子。《诗·小雅·大东》:"~~寤叹,哀我惮人。"毛传:"~~,忧苦也。"

【译文】

佻佻(独行的样子)、契契(忧苦的样子),形容贤士的忧苦越来越急迫。

3.065 宴宴[①]、粲粲[②]，尼居息也[③]。

【注释】

①宴宴：安逸的样子。或作“燕燕”。《诗·小雅·北山》：“或燕燕居息，或尽瘁事国。”毛传：“燕燕，安息貌。” ②粲粲（càn càn）：服饰鲜明华丽。《诗·小雅·大东》：“西人之子，～～衣服。”毛传：“～～，鲜盛貌。”郑笺：“京师人衣服鲜洁而逸豫。” ③尼（ní）：近。《说文》：“～，从后近之。”段注：“～训近，故古以为亲暱字。”

【译文】

宴宴（安逸）、粲粲（衣著鲜明华丽），表现贵族们在京城近处悠闲安息，尽情享乐。

3.066 哀哀[①]、悽悽[②]，怀报德也。

【注释】

①哀哀：悲伤不已。《诗·小雅·蓼莪》：“～～父母，生我劬劳。”郑笺：“～～者，恨不得终养父母，报其生长已之苦。” ②悽悽（qī qī）：悲伤的样子。邢疏：“～，本或作‘萋’。”邵疏引《诗·小雅·杕杜》云：“‘其叶萋萋’，下云‘忧我父母’，兴喻之义与《蓼莪》同，故皆为怀报德也。”

【译文】

哀哀、悽悽，表现征夫报答父母恩德而不能的痛苦心情。

3.067 儵儵[①]、嘒嘒[②]，罹祸毒也。

【注释】

①儵儵（dí dí）：《释文》：“～，徒的反。”邢疏以“～～”为“踧踧（dí dí）”，平坦的样子。《诗·小雅·小弁》：“踧踧周道，鞫为茂草。”毛传：“踧踧，平易也。”郑笺：“此喻幽王信褒姒之谗，乱其德政，使不通于四方。”郭注：“悼王道秽塞。”按，毛公释“踧踧”一词的本义，而郑、郭则揭示“踧踧”一词的兴喻之义。一说：通“悠悠”。忧思不已的样子。《释文》：“～，樊本作‘攸’，引《诗》云：‘攸攸我思（里）’。”《诗·小雅·十月之交》：“悠悠我里。”毛传：“悠悠，忧也。”按郝疏以樊本作“攸”为是、以邢疏作“踧”为非，黄焯《经典释文汇校》认为：“郝谓郭以儵为踧则不误，踧踧、嘒嘒同在《小弁篇》也。”译文从黄说。 ②嘒嘒（huì huì）：虫鸟鸣声。《诗·小雅·小弁》：“菀彼柳斯，鸣蜩～～。”毛传：“蜩，蝉也；～～，声也。”郑笺：“柳木茂盛则多蝉，……言大者之旁无所不容。”郭注：“羡蝉鸣自得，伤已失所遭残贼。”

【译文】

儵儵（指坦途塞草）、嘒嘒（蝉鸣自得），兴喻遭遇灾祸和不幸。

3.068 晏晏①、旦旦②,悔爽忒也。

【注释】

①晏晏:柔顺温和的样子。《诗·卫风·氓》:"言笑~~。"毛传:"~~,和柔也。" ②旦旦:即怛怛,诚恳的样子。《诗·卫风·氓》:"信誓~~。"郑笺:"言其恳恻款诚。"

【译文】

晏晏、旦旦,表现出被遗弃的女子对自己错误恋爱的悔恨心情。

3.069 皋皋①、琄琄②,刺素食也。

【注释】

①皋皋(gāo gāo):通"谍谍",相互欺诳的样子。《诗·大雅·召旻》:"~~訿訿,曾不知其玷。"毛传:"~~,顽不知道也。"孔疏引某氏曰:"无德而空食禄也。无德不治而空食禄,是顽不知其道也。" ②琄琄(xuàn xuàn):佩玉的样子。同"鞙鞙"。《诗·小雅·大东》:"鞙鞙佩璲,不以其长。"毛传:"鞙鞙,玉貌。"《释文》:"鞙,字或作~。"

【译文】

皋皋(相互欺骗)、琄琄(佩玉),讽刺那些虽佩美玉而无德的白吃饭的贵族们。

3.070 懽懽①、愮愮②,忧无告也。

【注释】

①懽懽(guàn guàn):同"悹悹"。忧惧无所诉的样子。参看3.044注①。②愮愮(yáo yáo):假借作"摇摇"。忧怨不安的样子。《诗·王风·黍离》:"行迈靡靡,中心摇摇。"毛传:"摇摇,忧无所愬。"《玉篇》引《诗》作"~~"。

【译文】

懽懽、愮愮,表现贤人无处诉说忧思的悲苦心境。

3.071 宪宪①、洩洩②,制法则也。

【注释】

①宪宪:通"欣欣",欢乐的样子。《诗·大雅·板》:"天之方难,无然~~。"毛传:"~~,犹欣欣也。"孔疏:"~~,犹欣欣,喜乐貌也。谓见王将为恶政而喜乐之。" ②洩洩(yì yì):同"泄泄(yì yì)",话多的样子。《诗·大雅·板》:"天

之万蹶，无然泄泄。”毛传：“泄泄，犹沓沓也。”孔疏：“泄泄，犹沓沓，竞进之意也。谓见王将为恶政竟随从而为之制法也。”

【译文】

宪宪、洩洩，形容群臣竞相制定法规的情景。

3.072 谑谑[①]，謞謞[②]，崇谗慝也[③]。

【注释】

①谑谑（xuè xuè）：喜乐的样子。《诗·大雅·板》：“天之方虐，无然～～。”毛传：“～～然喜乐。”郑笺：“今王方为酷虐之政，女无～～然以谗慝助之。” ②謞謞（hè hè）：盛烈的样子。同“熇熇”。《诗·大雅·板》：“多将熇熇，不可救药。”毛传：“熇熇然炽盛也。”孔疏：“言反助王为恶，多行惨毒之恶，熇熇然使恶加于民，不可救止而药治之。” ③慝（tè）：邪恶。《书·大禹谟》：“负罪引～。”

【译文】

谑谑（喜乐）、謞謞（盛烈），形容臣子助长邪恶的气焰。

3.073 翕翕[①]、訿訿[②]，莫供职也。

【注释】

①翕翕（xī xī）：或作“潝潝”。朋比趋附的样子。郭注：“贤者陵替奸党炽。”《诗·小雅·小旻》：“潝潝訿訿，亦孔之哀。”毛传：“潝潝然患其上。”孔疏：“潝潝为小人之势，是作威作福也。” ②訿訿（zǐ zǐ）：腐败不称职的样子。郭注：“背公恤私旷职事。”《诗·小雅·小旻》：“潝潝～～，亦孔之哀。”毛传：“～～然思不称乎上。”孔疏：“～～者自营之状，是求私利也。自作威福，竞营私利，是不供君职也。”

【译文】

翕翕（朋比趋附）、訿訿（腐败旷职），是说没有人奉公守职。

3.074 速速[①]、蹙蹙[②]，惟逑鞫也[③]。

【注释】

①速速：粗陋的样子。或作“蔌蔌”。《诗·小雅·正月》：“蔌蔌方有榖。”毛传：“蔌蔌，陋也。”郑笺：“此言小人富而窭陋将贵也。”《后汉书·蔡邕传》李注引《诗》作“～～方榖”。 ②蹙蹙（cù cù）：局促、不舒展的样子。《诗·小雅·节

南山》:"我瞻四方,~~靡所骋。"郑笺:"~~,缩小之貌。我视四方土地日渐侵削于夷狄,~~然,虽欲驰骋,无所之也。" ③逑(qiú):同"馗"。急迫。邢疏:"~,急迫也。" 鞠(jū):穷困。《诗·大雅·云汉》:"~哉庶正。"郑笺:"~,穷也。"

【译文】

速速(粗陋)、蹙蹙(局促不舒展),说的是对贤士被迫陷于困境的思念。

3.075 抑抑[①],密也。

【注释】

①抑抑:慎密的样子。《诗·小雅·宾之初筵》:"其未醉止,威仪~~。"毛传:"~~,慎密也。"

【译文】

抑抑,慎密的样子。

3.076 秩秩[①],清也。

【注释】

①秩秩:清明的样子。《诗·大雅·假乐》:"德音~~。"郑笺:"~~,清也。……教令又清明,天下皆乐仰之。"参见3.002条注释②。

【译文】

秩秩,清明的样子。

3.077 甹夆[①],掣曳也[②]。

【注释】

①甹夆(píng fēng):或作"荓(píng)蜂"。牵引违离正道。《诗·周颂·小毖》:"莫予荓蜂,自求辛螫。"毛传:"荓蜂,掣曳也。"邢疏引孙炎曰:"谓相掣曳入于恶也。" ②掣曳:牵引。邢疏:"~~者,从旁牵挽之言,是挽离正道,使就邪僻。"

【译文】

甹夆一词,有牵引违离正道的意思。

3.078 朔,北方也。

【译文】

朔,意即北方。

3.079 不俟①,不来也。

【注释】

①不俟(sì):不可等待。亦作“不竢”。郭注:“不可待是不复来。”《楚辞》屈原《九章·思美人》:“窃快在中心兮,扬厥凭而不竢。”王逸注:“思舒愤懑无所待也。”

【译文】

不俟,有不再来的意思。

3.080 不遹①,不迹也②。

【注释】

①遹(yù):遵循。参见1.012条注释①和2.013条注释②。 ②迹:《诗·小雅·沔水》:“念彼不~,载起载行。”毛传:“不~,不循道也。”郑笺:“彼,彼诸侯也。诸侯不循法度,妄兴师出兵。”

【译文】

不遹,有不循法度的意思。

3.081 不彻①,不道也。

【注释】

①彻:遵循。郭注:“~,亦道也。”《诗·小雅·十月之交》:“天命不~。”郑笺:“言王不循天之政教。”

【译文】

不彻,指不循正道。

3.082 勿念①,勿忘也。

【注释】

①勿:助词,用于句首。郭注:“勿念,念也。”《诗·小雅·节南山》:“弗问弗仕,~罔君子。”王引之《经传释词》:“~,语助也……‘~罔’,罔也,言弗问而察之,则下民欺罔其上矣。……与他处训‘无’者不同。”

【译文】

勿念,有不忘的意思。

3.083 萲①、谖②,忘也。

【注释】

①萲(xuān):同“谖”。《诗·卫风·伯兮》:“焉得谖草。”毛传:“谖草令人忘忧。”邢疏:“《伯兮篇》本或作‘～草’。” ②谖(xuān):《诗·卫风·考槃》:“独寐寤言,永矢弗～。”郑笺:“～,忘也。”

【译文】

萲(忘忧)、谖(忘记)二词,都有忘记的意思。

3.084 每有[①],虽也。

【注释】

①每:连词,相当于“虽”、“虽然”。《诗·小雅·皇皇者华》:“～怀靡及。”毛传:“～,虽。”

【按语】

“每有”之“有”字为衍文。说详王引之《述闻》卷二十七。

【译文】

每一词,有虽然的意思。

3.085 饎[①],酒食也。

【注释】

①饎(chì):《说文》:“～,酒食也。”《诗·小雅·天保》:“吉蠲为～,是用孝享。”毛传:“～,酒食也。”

【译文】

饎,意即酒食。

3.086 舞、号,雩也[①]。

【注释】

①雩(yú):古代求雨之祭祀。《说文》:“～,夏祭乐于赤帝以祈甘雨也。”邢疏引孙炎云:“～之祭,有舞有号。”《左传·桓公五年》:“凡祀,启蛰而郊,龙见而～。”

【译文】

舞(舞蹈)、号(号呼),有求雨祭祀的意思。

3.087 暨[①],不及也。

【注释】

①暨(jì):及。参见1.113条注释③。

【按语】

“不及”之“不”字为衍文。说详王引之《述闻》卷二十七。

【译文】

暨,意即及、和。

3.088 蠢[①],不逊也。

【注释】

①蠢:不谦逊。郝疏:“~为妄动,故不逊顺。”《书·大禹谟》:“~兹有苗,昏迷不恭。”

【译文】

蠢一词,有不谦逊的意思。

3.089 “如切如磋”[①],道学也。“如琢如磨”[②],自修也。“瑟兮僩兮”[③],恂栗也[④]。“赫兮烜兮”[⑤],威仪也。“有斐君子,终不可谖兮”[⑥],道盛德至善,民之不能忘也。

【注释】

①“如切如磋”:这一引语出自《诗·卫风·淇奥》。下面的引语出处同。切,刻制骨器;磋(cuō),雕刻象牙。毛传:“治骨曰切,象曰磋。……道其学而成也。”郭注:“骨、象须切磋而为器,人须学问以成德。” ②“如琢如磨”:琢,雕刻玉器;磨,磨制宝石。毛传:“(治)玉曰琢,石曰磨。……听其规谏以自修,如玉石之见琢磨也。”郭注:“玉石之被雕磨,犹人自修饰。” ③“瑟兮僩兮”:瑟,矜持庄严的样子;僩(xiàn),胸襟开阔的样子。毛传:“瑟,矜庄貌;僩,宽大也。”孔疏:“瑟,矜庄,是外貌庄严也;僩,宽大,是内心宽裕。” ④恂栗(xún lì):严肃恭谨的样子。《礼记·大学》:“‘瑟兮僩兮’者,~~也。”郑注:“恂字或作峻,读如严峻之峻,言其容貌严栗也。”一说:恐惧战栗的样子。郭注:“恒战竦。”王引之《述闻》引王念孙曰:“谓恂惧战栗也。” ⑤“赫兮烜兮”:赫,光明的样子;烜(xuān),盛大显著的样子,《诗》作“咺”。毛传:“赫,有明德赫赫然;咺,威仪容止宣著也。”《释文》:“《韩诗》作‘宣’。宣,显也。”孔疏:“赫,有明德赫然,是内有其德,故发见于外也;咺,威仪宣著,皆言外有其仪,明内有其德。” ⑥“有斐君子,终不可谖兮”:斐(fěi),有文采的样子。《诗》借作“匪”。毛传:“匪,文章貌。”谖

(xuān),忘记。参看3.083条注释②。

【译文】

"如切如磋"(像把牛骨、象牙精细加工制成宝器一样),说的是商讨学问,精益求精。"如琢如磨"(像把美玉、宝石精细加工制成宝物一样),比喻品德修养,日臻完美。"瑟兮僩兮"(矜持庄严,胸襟开阔),是说严肃恭谨的风度。"赫兮烜兮"(明德显赫,威仪宣著),是说威严的仪容举止。"有斐君子,终不可谖兮"(文采风流的君子,永远不会让人忘怀),说的是道德尽善尽美,民众不能忘记。

3.090 "既微且尰"[①],骭疡为微,肿足为尰。

【注释】

①"既微且尰":语出《诗·小雅·巧言》。微,脚胫生湿疮。尰(zhǒng),同"瘇"。毛传:"骭疡为微。肿足为尰。"郭注:"骭,脚胫。疡,疮也。"

【译文】

"既微且尰",脚胫生疮称"微",脚肿称"尰"。

3.091 "是刈是濩"[①],濩,煮之也。

【注释】

①"是刈是濩(huò)":语出《诗·周南·葛覃》。毛传:"濩,煮之也。"

【译文】

"是刈是濩"(是割是煮),其中濩是煮的意思。

3.092 "履帝武敏"[①],武,迹也;敏,拇也。

【注释】

①"履帝武敏":语出《诗·大雅·生民》。履,践踏。帝,天帝。武,足迹。敏,通"拇",足大指名。传说中周始祖后稷之母姜嫄踩到大神足迹的拇指上,时心有所动,故怀孕生后稷。《诗·大雅·生民》以"履帝武敏"记其事。

【译文】

"履帝武敏"(踏到帝神足迹的拇指上)一句,其中"武"为足迹,"敏"为脚大拇指名。

3.093 "张仲孝友"[①],善父母为孝,善兄弟为友。

【注释】

①"张仲孝友":语出《诗·小雅·六月》。毛传:"张仲,贤臣也。善父母为孝,善兄弟为友。"邢疏引李巡曰:"张,姓。仲,字。其人孝,故称孝友。"

【译文】

"张仲孝友",善事父母者为孝,善待兄弟者为友。

3.094 "有客宿宿",言再宿也。"有客信信"①,言四宿也。

【注释】

①"有客宿宿"、"有客信信":均出自《诗·周颂·有客》。郭注:"再宿为信,重言之,故知四宿。"

【译文】

"有客宿宿",是说连住了两夜。"有客信信",是说连住了四夜。

3.095 美女为媛①。

【注释】

①媛(yuán):《说文》:"~,美女也。"《诗·鄘风·君子偕老》:"展如之人兮,邦之~也。"毛传:"美女为~。"

【译文】

美女称为媛。

3.096 美士为彦①。

【注释】

①彦(yàn):贤士,才德出众之人。《诗·郑风·羔裘》:"彼其之子,邦之~兮。"孔疏:"舍人云:'国有美士,为人所言道。'"

【译文】

贤士称为彦。

3.097 "其虚其徐"①,威仪容止也。

【注释】

①"其虚其徐":语出《诗·邶风·北风》。《北风》"徐"作"邪"。郑笺:"邪读如徐。"郝疏:"虚邪犹舒徐。"从容温雅的样子。

【译文】

“其虚其徐”(从容温雅的样子),说的是仪表举止威严恭谨。

3.098 “猗嗟名兮”[①],目上为名。

【注释】

①“猗嗟名兮”:语出《诗·齐风·猗嗟》。毛传:“猗嗟,叹辞。目上为名。”名:眉睫之间。郭注:“眉眼之间。”

【译文】

“猗嗟名兮”(眉睫之间多美啊),其中眉睫之间称为“名”。

3.099 “式微式微”者[①],微乎微者也。

【注释】

①“式微式微”:出自《诗·邶风·式微》。郑笺:“‘~~~~’者,微乎微者也。……式,发声也。”式,发语辞。式微,天将暮的意思。后来泛称事物由盛而衰曰式微。

【译文】

“式微式微”,说的是天将暮或由盛而衰其间之变化极其微小。

3.100 之子者[①],是子也。

【注释】

①之:指示代词。此,这个。《诗·周南·桃夭》:“~子于归,宜其室家。”

【译文】

之子,就是这个人的意思。

3.101 “徒御不惊”[①],辇者也[②]。

【注释】

①“徒御不惊”:语出《诗·小雅·车攻》。徒,挽车者。御,驾车者。不,助词,无义。惊,通“警”,警戒。 ②辇:人挽或推的车子。《说文》:“~,挽车也。……在车前引之。”

【译文】

“徒御不惊”(挽车者与驾车者相警戒),指车夫而言。

3.102　禮裼①,肉袒也。

【注释】

①禮裼(tǎn xī):脱衣露体。《诗·郑风·大叔于田》:"~~暴虎,献于公所。"毛传:"~~,肉袒也。"孔疏引李巡曰:"~~,脱衣见体曰肉袒。"

【译文】

禮裼,有裸露身体的意思。

3.103　暴虎①,徒搏也。冯河②,徒涉也。

【注释】

①暴虎:空手搏虎。　②冯(pín)河:徒步涉河。比喻冒险蛮干,有勇无谋。《诗·小雅·小旻》:"不敢暴虎,不敢冯河。"毛传:"冯,陵也。徒涉曰冯河。徒搏曰暴虎。"

【译文】

暴虎,是空手不拿武器搏虎。冯河,是徒步涉水渡河。

3.104　籧篨①,口柔也②。

【注释】

①籧篨(qú chú):谄佞之徒。《诗·邶风·新台》:"燕婉之求,~~不鲜。"毛传:"~~,不能俯者。"郑笺:"~~,口柔,常观人颜色而为之辞,故不能俯也。"郭注:"~~之疾不能俯,口柔之视人颜色常亦不伏,因以名云。"《释文》:"舍人云:'~~,巧言也。'李云:'~~,巧言辞以饶人,谓之口柔。'"　②口柔:说话奉承、谄媚。

【译文】

籧篨,比喻花言巧语、谄媚奉承之徒。

3.105　戚施①,面柔②也。

【注释】

①戚施:驼背。亦用以比喻谄谀献媚的人。《诗·邶风·新台》:"燕婉之求,得此~~。"毛传:"~~,不能仰者。"郑笺:"~~,面柔,下人以色,故不能仰也。"《释文》:"舍人曰:'令色诱人。'李曰:'和颜悦色以诱人,是谓面柔也。'"　②面柔:指奴颜献媚之人。

【译文】

戚施，比喻奴颜献媚、阿谀奉承之徒。

3.106 夸毗[①]，体柔[②]也。

【注释】

①夸毗（pí）：卑屈谄媚。《诗·大雅·板》："天之方懠，无为～～。"毛传："以体柔人也。"孔疏："～～者，便僻其足，前却为恭，以形体顺从于人，故云'以体柔人'。" ②体柔：郭注："屈己卑身以柔顺人也。"邢疏引李巡曰："屈己卑身求得于人曰～～。"

【译文】

夸毗，指卑躬屈膝取媚于人之徒。

3.107 婆娑[①]，舞也。

【注释】

①婆娑（suō）：舞蹈。《诗·陈风·东门之枌》："子仲之子，～～其下。"毛传："～～，舞也。"

【译文】

婆娑，翩翩起舞的样子。

3.108 擗[①]，拊心也[②]。

【注释】

①擗（pǐ）：抚心、捶胸。《孝经·丧亲》："～踊哭泣，哀以送之。" ②拊（fǔ）：拍，轻击。《书·益稷》："予击石～石。"蔡沈注："重击曰击，轻击曰～。"

【译文】

擗，意即拍胸。

3.109 矜[①]、怜，抚掩之也[②]。

【注释】

①矜：怜悯，同情。《诗·小雅·鸿雁》："爰及～人。"毛传："～，怜也。"②抚掩：安慰体恤。郭注："～～，犹抚拍，谓慰恤也。"

【译文】

矜（怜悯、同情）、怜（哀怜、同情），有安慰体恤的意思。

3.110 绒①,羔裘之缝也。

【注释】

①绒(yù):羔裘的接缝。郭注:"缝饰羔皮之名。"《诗·召南·羔羊》:"羔羊之革,素丝五~。"毛传:"~,缝也。"

【译文】

绒,意为羔裘的接缝。

3.111 殿屎①,呻也。

【注释】

①殿屎(xī):痛苦呻吟。《诗·大雅·板》:"民之方~~,则莫我敢葵。"毛传:"~~,呻吟也。"

【译文】

殿屎,意即呻吟。

3.112 帱①,谓之帐。

【注释】

①帱(chóu):床帐。《说文》:"~,禅帐也。"《楚辞·招魂》:"罗~张些。"洪兴祖补注:"~,禅帐也。"

【译文】

帱,意即床帐。

3.113 侜张①,诳也。

【注释】

①侜(zhōu)张:欺诳。或作"诪张"。《书·无逸》:"民无或诪张为幻。"孔传:"诪张,诳也。"郭注、邢疏引作"~~"。

【译文】

侜张,意即欺诈。

3.114 谁昔①,昔也。

【注释】

①谁昔:畴昔,从前。谁,发语词,无义。《诗·陈风·墓门》:"知而不已,~~然矣。"郑笺:"~~,昔也。"

【译文】

谁昔，意即从前、过去。

3.115 不辰①，不时也。

【注释】

①不辰：不得其时。《诗·大雅·桑柔》："我生～～，逢天僤怒。"（僤 dàn 怒，盛怒。）

【译文】

不辰一词，有生不逢时的意思。

3.116 凡曲者为罶①。

【注释】

①罶（liǔ）：捕鱼的竹篓。即笱（gǒu）。郭注："毛诗（指《诗·小雅·鱼丽》）传曰：'～，曲梁也。'凡以薄（竹篾）为鱼笱者名为～。"详 6.004 条。

【译文】

凡是以弯曲的竹篾制成的捕鱼竹篓就称为罶。

3.117 鬼之为言归也①。

【注释】

①之为言：古代训诂学术语。一般表示被训释词和训释词之间词义相通，而且有音同或音近的关系。相当于现代汉语中的"所谓……就是……"。

【译文】

所谓鬼就是人所归。

释亲第四

【题解】

《释亲》解释古代社会的亲属称谓,“多与《丧服》经传同”(黄侃语)。该篇共分为宗族、母党、妻党、婚姻四类。

4(1).001　父为考①,母为妣②。

【注释】

①考:父亲。《书·康诰》:“大伤厥~心。”孔传:“大伤其父心,是不孝。”后称已死的父亲。《公羊传·隐公元年》:“惠公者何?隐之~也。”何休注:“生称父,死称~。”　②妣(bǐ):母亲。郭注:“《苍颉篇》曰:‘考~延年。’”《书·舜典》:“百姓如丧考~。”孔传:“考~,父母。”后称死去的父母为考~。《公羊传·隐公元年》:“仲子者何?桓之母也。”何休注:“生称母,死称~。”

【译文】

父亲称为考,母亲称为妣。

4(1).002　父之考为王父①,父之妣为王母。王父之考为曾祖王父②,王父之妣为曾祖王母。曾祖王父之考为高祖王父,曾祖王父之妣为高祖王母。

【注释】

①王:古代对祖父母辈的尊称。郭注:“加~者,尊之也。”郝疏:“祖父母而曰~者,~,大也,君也,尊上之称。”下同。　②曾:郭注:“犹重也。”指中间隔两代的亲属。下同。

【译文】

父亲的父亲称为王父,父亲的母亲称为王母。祖父的父亲称为曾祖王父,祖父的母亲称为曾祖王母。曾祖父的父亲称为高祖王父,曾祖父的母亲称为高祖王母。

4(1).003　父之世父①、叔父为从祖祖父②，父之世母③、叔母为从祖祖母。

【注释】

①世父：大伯父。后为伯父的通称。《仪礼·丧服》："～～叔父何以期也？与尊者一体也。"（期：丧服名。尊者：父亲。）　②从(zòng)：同一宗族次于至亲者称～。如～兄弟、～伯、～叔。下同。　③世母：伯母。《仪礼·丧服》："～～叔母何以亦期也？以名服也。"

【译文】

父亲的伯父、叔父称为从祖祖父，父亲的伯母、叔母称为从祖祖母。

4(1).004　父之晜①弟，先生为世父，后生为叔父。

【注释】

①晜(kūn)：同"昆"。兄。《诗·王风·葛藟》："终远兄弟，谓他人昆。"毛传："昆，兄也。"

【译文】

父亲的兄弟，先出生的称为伯父，后出生的称为叔父。

4(1).005　男子先生为兄，后生为弟。谓女子先生为姊，后生为妹。

【译文】

男子先出生的称为兄，后出生的称为弟。男子称女子先出生的为姐，后出生的为妹。

4(1).006　父之姊妹为姑。

【译文】

父亲的姐妹称为姑。

4(1).007　父之从父晜弟为从祖父①，父之从祖晜弟为族父②。族父之子相谓为族晜弟③，族晜弟之子相谓为亲同姓。

【注释】

①从父晜弟：同祖父的兄弟，即堂兄弟。《仪礼·丧服》："从父昆弟。"郑注："世父叔父之子也。"　从祖父：即堂祖父或堂叔父。　②从祖晜弟：同曾祖父

的兄弟。《仪礼·丧服》:"从祖昆弟。"郑注:"父之从父昆弟之子。" ③族晜弟:即同高祖父的兄弟。《仪礼·丧服》:"族昆弟。"胡培翚正义:"族昆弟者,高祖之玄孙,己之三从昆弟也。"

【译文】

父亲的同祖父的兄弟称为从祖父,父亲的同曾祖父的兄弟称为族父。族父的儿子们相互称为族兄弟。同高祖父的兄弟的儿子们相互称为亲同姓。

4(1).008 兄之子、弟之子相谓为从父晜弟。

【译文】

兄的儿子、弟的儿子相互间称为从父兄弟。

4(1).009 子之子为孙。孙之子为曾孙。曾孙之子为玄孙。玄孙之子为来孙。来孙之子为晜孙。晜孙之子为仍孙。仍孙之子为云孙。

【译文】

儿子的儿子称为孙。孙子的儿子称为曾孙。曾孙的儿子称为玄孙。玄孙的儿子称为来孙。来孙的儿子称为昆孙。昆孙的儿子称为仍孙。仍孙的儿子称为云孙。

4(1).010 王父之姊妹为王姑。曾祖王父之姊妹为曾祖王姑。高祖王父之姊妹为高祖王姑。父之从父姊妹为从祖姑①。父之从祖姊妹为族祖姑②。

【注释】

①从父姊妹:同祖父的姊妹,亦即堂姊妹。 ②从祖姊妹:同曾祖父的姊妹。

【译文】

祖父的姐妹称为王姑。曾祖祖父的姐妹称为曾祖王姑。高祖祖父的姐妹称为高祖王姑。父亲的同祖父的姐妹称为从祖姑。父亲的同曾祖父的姐妹称为族祖姑。

4(1).011 父之从父晜弟之母为从祖王母①。父之从祖晜弟之母为族祖王母。父之兄妻为世母,父之弟妻为叔母。父之从父晜弟之妻为从祖母②。父之从祖晜弟之妻为族祖母③。

【注释】

①从祖王母：即从祖祖母，伯祖母或叔祖母。　②从祖母：即堂伯母或堂叔母。　③族祖母：胡培翚《仪礼正义》认为“族祖母”当为“族母”：“《尔雅》：‘父之从祖晜弟为族父。父之从祖晜弟之妻为族母。’今本《尔雅》作‘族祖母’，误。”参看4(1).007条。译文从胡氏之说。

【译文】

父亲的同祖父兄弟的母亲称为从祖王母。父亲的同曾祖父兄弟的母亲称为族祖王母。父亲的兄长的妻子称为世母，父亲的弟弟的妻子称为叔母。父亲的同祖父兄弟的妻子称为从祖母。父亲的同曾祖父兄弟的妻子称为族母。

4(1).012　父之从祖祖父为族曾王父，父之从祖祖母为族曾王母。

【译文】

父亲的从祖祖父称为族曾王父，父亲的从祖祖母称为族曾王母。

4(1).013　父之妾称为庶母[①]。

【注释】

①庶(shù)母：与“嫡母”相对。郝疏：“庶者，众也；～～，犹言诸母也。”

【译文】

父亲的妾称为庶母。

4(1).014　祖，王父也。

【译文】

祖父称为王父。

4(1).015　晜，兄也。

【译文】

晜(昆)称兄。

宗族。

【按语】

以上所释为父系的亲属称谓名称。

4(2).016　母之考为外王父,母之妣为外王母①。母之王考为外曾王父,母之王妣为外曾王母。

【注释】

①外王父、外王母:即外祖父、外祖母。因是异姓,故称“外”。

【译文】

母亲的父亲称为外王父,母亲的母亲称为外王母。母亲的祖父称为外曾王父,母亲的祖母称为外曾王母。

4(2).017　母之冡弟为舅,母之从父冡弟为从舅。

【译文】

母亲的兄弟称为舅,母亲的同祖父兄弟称为从舅。

4(2).018　母之姊妹为从母①。从母之男子为从母冡弟②,其女子子为从母姊妹③。

【注释】

①从母:母亲的姐妹,即姨母。　②从母冡弟:同祖母的兄弟,即姨表兄弟。③女子子:即女儿。顾炎武《日知录卷六·女子子》:“~~~谓己所生之子若兄弟之子。言女子者,别于男子也。”《仪礼·丧服》:“~~~在室为父。”郑注:“~~~者,女子也。别于男子也。在室者谓已许嫁。”从母姊妹:同祖母的姊妹。即姨表姊妹。

【译文】

母亲的姐妹称为从母。母亲姐妹的儿子称为从母兄弟,母亲姐妹的女儿称为从母姊妹。

母党。

【按语】

上面所释为母系的亲属称谓名称。

4(3).019　妻之父为外舅,妻之母为外姑①。

【注释】

①外舅、外姑:即岳父、岳母。

【按语】

这条“妻之父为外舅，妻之母为外姑”，与下文“妇称夫之父曰舅，称夫之母曰姑”〔4(4).026 条〕，即男人称岳父为“外舅”、岳母为“外姑”，妇人称公公为“舅”、婆婆为“姑”，均是交表婚制时代的残余。古代行近亲结婚，男子娶舅父的女儿或姑母的女儿为妻，女子亦以舅父的儿子或姑母的儿子为夫，在这种交表婚制下，舅父当然就是公公(舅)或岳父(外舅)，姑母是婆婆(姑)或岳母(外姑)了。

【译文】

妻子的父亲称为外舅，妻子的母亲称为外姑。

4(3).020 姑之子为甥[①]，舅之子为甥，妻之晜弟为甥，姊妹之夫为甥。

【注释】

①甥：一般指姊妹的子女。《说文》：“谓我舅者，吾谓之～也。”《诗·大雅·韩奕》：“韩侯取妻，汾王之～，蹶父之子。”郑笺：“姊妹之子为～。”亦指女儿的子女。《诗·齐风·猗嗟》：“终日射侯，不出正兮，展我～兮。”毛传：“外孙曰～。”又古代姑之子、舅之子、妻之兄弟、姊妹之夫相互之间的称呼。郭注：“四人体敌，故更相为～。～犹生也，今人相呼皆依此。”郝疏：“古来有此称，今所不行。”

【按语】

用现代的称呼，“姑之子”“舅之子”叫“表兄弟”，“妻之晜弟”叫“内兄”“内弟”，“姊妹之夫”叫“姊夫”“妹夫”。而在《释亲》里，统统叫“甥”。郭璞注：“四人体敌，故更相为甥。甥犹生也。”“生”即男子。仅此解释，语焉不详。直到现代，才有新解。郭沫若《甲骨文字研究·释祖妣》认为是亚血族群婚制的遗迹。亚血族群婚制亦称“普那路亚婚制”(伴侣婚制)，其特点是：“由异姓之兄弟群与姊妹群互为婚姻，即兄弟共多妻，姊妹共多夫。”郭璞注“四人体敌”，“在亚血族群婚制下，实仅一人。盖姑舅乃互为夫妇者，姑舅之子，即妻之昆弟；妻之昆弟，亦即姊妹之夫，故终于一名。”芮逸夫《释甥之称谓》则认为是交表婚制的馀韵。称妻之昆弟为甥、称舅之子为甥、称姊妹之夫为甥，“都是在交表婚姻制度下改变的称谓”；而称姑之子为甥，乃“是因心理想法的同异而改变的称谓”，即受到“子从亲称”的影响，即“由己身从父称其姊妹之子而来”的。

【译文】

姑姑的儿子称为甥，舅舅的儿子称为甥，妻子的兄弟称为甥，姐妹的丈夫称为甥。

4(3).021 妻之姊妹同出为姨。女子谓姊妹之夫为私[①]。

【注释】

①同出：都已出嫁。一说为随同出嫁。郝疏："盖古之媵女，取于姪娣。姊为妻，则娣为妾，同事一夫，是谓'～～'。"《诗·卫风·硕人》："东宫之妹，邢侯之姨，谭公维私。"毛传："妻之姊妹曰姨。姊妹之夫曰私。"孔疏引孙炎曰："同出，俱已嫁也。私，无正亲之言。"《释名》："姊妹互相谓夫曰私，言于其夫兄弟之中，此人与己姊妹有恩私也。"

【译文】

妻子的姐妹已出嫁的称为姨。女子称姐妹的丈夫为私。

4(3).022 男子谓姊妹之子为出[①]。女子谓晜弟之子为姪[②]。谓出之子为离孙[③]。谓姪之子为归孙[④]。女子子之子为外孙。

【注释】

①出：亲属称谓。指外甥。郭注："《公羊传》曰：'盖舅～'。"郝疏："郭引《公羊·襄五年传》，又云：'盖欲立其～也。'" ②姪：女子称兄弟的儿子。《仪礼·丧服》："～者何？谓吾姑者，吾谓之～。"按，"出"与"姪"都是母系氏族社会婚姻形式的遗迹。在母系氏族社会中，由于实行族外婚制，姊妹之子必须离开自己氏族而到外氏族去结婚，故称之为"出"。而在当时，兄弟出嫁到对方氏族结婚后，与对方氏族女子所生的儿子则一定要回嫁到自己的氏族中来，故称"姪"，姪是"至"的意思。（详郭沫若主编《中国通史》第一册第二章第一节。） ③离孙：出之子既然不生于己族，只以辈分论之，故称"离孙"。 ④归孙：姪从外族嫁回本族，其儿子又生于己族，故称"归孙"。

【译文】

男子称姐妹的儿子为出。女子称兄弟的儿子为姪。出的儿子称为离孙。姪的儿子称为归孙。女儿的儿子称为外孙。

4(3).023 女子同出，谓先生为姒，后生为娣[①]。

【注释】

①姒娣（sì dì）：郝疏："～～即众妾相谓之词，不关嫡夫人在内。其嫡夫人则礼称女君。"

【译文】

女子同嫁一个丈夫。年长的女子称为姒，年幼的女子称为娣。

4(3).024　女子谓兄之妻为嫂,弟之妻为妇。

【译文】

女子称兄长的妻子为嫂,称弟弟的妻子为弟妇。

4(3).025　长妇谓稚妇为娣妇,娣妇谓长妇为姒妇①。

【注释】

①长(zhǎng)妇:指哥哥的妻子。　稚妇:指弟弟的妻子。　娣妇、姒妇:郭注:"今相呼先后,或云妯娌。"邵疏:"古之称娣姒者,犹今人称妯娌也。兄妻称弟妻曰妯娌,弟妻亦可称兄妻曰妯娌。盖晰言之,则兄妻为姒,弟妻为娣;合言之,则昆弟之妻统称为娣姒;急言之,则但称为姒。"

【译文】

兄长的妻子称弟弟的妻子为娣妇,弟弟的妻子称兄长的妻子为姒妇。

妻党。

【按语】

妻党一般指妻族。这里"妻党"除了男子对妻族亲属的称谓之外,还包括其他与之相关的亲属关系称谓。

4(4).026　妇称夫之父曰舅,称夫之母曰姑。姑舅在,则曰君舅、君姑;没,则曰先舅、先姑。谓夫之庶母为少姑。

【译文】

妇女称丈夫的父亲为舅,称丈夫的母亲为姑。姑舅如健在,就称为君舅、君姑;如去世就称为先舅、先姑。称丈夫的庶母为少姑。

4(4).027　夫之兄为兄公,夫之弟为叔,夫之姊为女公,夫之女弟为女妹①。

【注释】

①女公、女妹:丈夫的姐妹。公,对长辈或平辈的敬称。女公亦作"女妐(zhōng)",女妹亦作"女叔"。《礼记·昏义》:"顺于舅姑,和于室人。"郑注:"室人,谓女妐、女叔、诸妇也。"孔疏:"女妐谓壻之姊也,女叔谓壻之妹。"

【译文】

丈夫的兄长称为兄公,丈夫的弟弟称为叔,丈夫的姐姐称为女公,丈夫的妹妹称为女妹。

4(4).028 子之妻为妇。长妇为嫡妇,众妇为庶妇。

【译文】

儿子的妻子称为妇。正妻称为嫡妇,妾称为庶妇。

4(4).029 女子子之夫为壻。

【译文】

女儿的丈夫称为壻。

4(4).030 壻之父为姻[1],妇之父为婚[2]。

【注释】

①姻:《说文》:“壻家也。女之所因,故曰~。”《白虎通·嫁娶》:“~者,妇人因夫而成,故曰~。”又专指女婿的父亲。《诗·小雅·节南山》:“琐琐~亚。”郑笺:“壻之父曰~。”后泛指由婚姻而结成的亲戚。 ②婚:本指妻之家。《说文》:“~,妇家也。礼,娶妇以昏时。妇人阴也,故曰~。”又可专指妻之父。《荀子·富国》:“~姻聘内,送逆无礼。”杨倞注:“妇之父为~。”亦泛指因婚姻而结成的夫妻关系。

【译文】

女婿的父亲称为姻,媳妇的父亲称为婚。

4(4).031 父之党为宗族[1],母与妻之党为兄弟[2]。

【注释】

①党:亲族。《礼记·坊记》:“子云:睦于父母之~,可谓孝矣!” ②兄弟:统称亲戚。指内外姻亲。《诗·王风·葛藟》:“终远~~,谓他人父。”郑笺:“~~,若言族亲也。”

【译文】

父亲的亲族称为宗族,母亲与妻子的亲族称为兄弟。

4(4).032 妇之父母,壻之父母,相谓为婚姻。两壻相谓为亚[1]。

【注释】

①亚:姐妹丈夫的互称。后作“娅”。《释名·释亲属》:“两壻相谓曰~。言一人取姊,一人取妹,相亚次也。”

【译文】

媳妇的父母与女婿的父母之间相互称为婚姻。姐妹的丈夫之间相互称为亚。

4(4).033　妇之党为婚兄弟,壻之党为姻兄弟。

【译文】

媳妇的亲族称为婚兄弟,女婿的亲族称为姻兄弟。

4(4).034　嫔[①],妇也。

【注释】

①嫔(pín):古代帝女出嫁,宫廷女官都称"～",故以之作为已死妻子的美称。《礼记·曲礼下》:"生曰父、曰母、曰妻,死曰考、曰妣、曰～。"

【译文】

嫔就是故去妻子的意思。

4(4).035　谓我舅者,吾谓之甥也。

【译文】

称我为舅舅的人,我称他为甥。

婚姻。

【按语】

这部分所释的都是由婚姻关系结成的亲戚称谓名称。

释 宫 第 五

【题解】

《释宫》解释关于宫室、道路、桥梁等土木工程的名称。古人认为道路、桥梁都出于宫,故以"宫"统之,作为总称。

5.001　宫谓之室①,室谓之宫。

【注释】

①宫:房屋的通称。《易·困卦》:"入于其～不见其妻,不祥也。"后专称帝王的住所。《释文》:"古者贵贱同称～,秦汉以来惟王者所居称～焉。"又～室对举,则～指整个所有围墙围着的房子,室指其中的一个居住单位。　室:房屋,住宅。段注:"引申之,则凡所居皆曰～。"《诗·小雅·斯干》:"筑～百堵,西南其户。"

【译文】

宫称为室,室称为宫。

5.002　牖户之间谓之扆①,其内谓之家②。东西墙谓之序。

【注释】

①牖(yǒu):窗。　扆(yī):古代宫殿窗和门之间的地方。郭注:"窗东户西也。"邢疏:"牖者,户西窗也。此牖东户西为牖户之间,其处名～。"　②家:人居之处。《诗·大雅·绵》:"未有～室。"孔疏引李巡曰:"谓门以内也。"

【译文】

堂室窗门之间的地方称为扆,窗门以内的地方称为家。堂室的东西墙称为序。

5.003　西南隅谓之奥①,西北隅谓之屋漏②,东北隅谓之宧③,东南隅谓之窔④。

【注释】

①奥：指室内西南角。《论语·八佾》："与其媚于～，宁媚于灶。"皇侃疏："～，内也。谓室中西南角。室向东南开户，西南安牖。牖内隐奥无事，恒尊者所居之处也。"　②屋漏：房子的西北角。古人设床在屋的北窗旁，因西北角上开有天窗，日光由此照射入室，故称～～。《诗·大雅·抑》："相在尔室，尚不愧于～～。"孔疏："～～者，室内处所之名，可以施小帐而漏隐之处，正谓西北隅也。"　③宧(yí)：房屋的东北角。郝疏："'～'与'颐'同。《释诂》'颐'训'养也'。云'食所居'者，古人庖厨食阁皆在室之东北隅，以迎养气。"邢疏引李巡云："东北者阳始起，育养万物，故曰～。～，养也。"　④宎(yǎo)：房屋的东南角。《仪礼·既夕礼》："举席扫室聚诸～。"郑注："室东南隅谓之～。"有隐暗义，与"奥"相类。

【译文】

屋内的西南角称为奥，西北角称为屋漏，东北角称为宧，东南角称为宎。

5.004　柣谓之阈[①]。枨谓之楔[②]。楣谓之梁[③]。枢谓之椳[④]。枢达北方谓之落时[⑤]，落时谓之戺[⑥]。

【注释】

①柣(zhì)：门槛。邢疏："～者，孙炎云：'门限也。'"　阈(yù)：门槛。邢疏："经传诸注皆以～为门限，谓门下横木为内外之限也。"　②枨(chéng)：古时门两旁所竖的木柱。郭注："门两旁木。"《礼记·玉藻》："士介拂～。"《释文》："～，门楔也，谓两旁木楔。"　③楣(méi)：门框上的横木。亦称门～。郭注："门户上横梁。"　④椳(wēi)：承托门户转轴的门臼。《说文》："门枢谓之～。"段注："～，犹渊也。宛中为枢所居也。"徐灏《说文解字注笺》："枢谓之～，盖削木为半弧形，宛中以居门轴也。"　⑤落时：古代宫室撑持门枢之木。郝疏："户在东南，其持枢之木或达于北方者名～～。落之言络，连缀之意。"　⑥戺(shì)：同"户巳"。门轴。邢疏："落时又名～。是持枢一木有此二名也。"

【译文】

门槛称为阈。门两旁所竖的木柱称为楔。门框上的横木称为梁。门上的转轴称为椳。撑持门轴的长木称为落时，落时称为戺。

5.005　垝谓之坫[①]。墙谓之墉[②]。

【注释】

①垝(guì)：室内放东西的土台子。　坫(diàn)：古代设于室中用以置藏器物

的土台。郭注:“在堂隅。~,坫也。”《释文》:“坫或作垛。” ②墉(yōng):高墙。《诗·召南·行露》:“谁谓鼠无牙,何以穿我~?”毛传:“~,墙也。”

【译文】

屋内放置东西的土台子称为坫。高墙称为墉。

5.006 镘谓之杇[①]。椹谓之榩[②]。地谓之黝。墙谓之垩[③]。

【注释】

①镘(màn):《说文》:“~,铁杇也。”泥工涂墙的工具。郝疏:“按:~古盖用木,后世以铁,今谓之泥匙。”即今之俗称“瓦刀”。杇(wū):瓦刀,泥工涂墙壁的工具。《说文》:“~,所以涂也。秦谓之~,关东谓之槾。” ②椹(zhēn):斫(zhuó)木砧。亦泛指砸东西时用的垫板。邢疏:“~者斫木所用以藉者之木名也。一曰榩。”榩(qián):斫木砧。 ③黝(yǒu):黑色。垩(è):白色土。《礼记·丧大记》:“既祥,黝垩。”孔疏:“黝,黑也。平治其地令黑也;垩,白也,新涂垩于墙壁令白。”(祥:父母去世二十五个月后的祭祀。)

【译文】

涂墙的工具称为杇,俗呼瓦刀。砍木头的砧板称为榩。涂饰地面称为黝。粉刷墙壁的白色土称为垩。

5.007 樴谓之杙[①],在墙者谓之楎[②],在地者谓之臬[③],大者谓之栱[④],长者谓之阁[⑤]。

【注释】

①樴(zhí):小木桩。亦泛指桩子。郑疏:“凡木采于山去其枝条以待用者,俗称为木料,古谓之橜,又谓之~,又谓之杙。其状不一,或邪而锐,或大而长。其用至广。”《说文》:“~,弋也。”段注:“弋、杙,古今字。……~谓之杙,可以系牛。” 杙(yì):木桩。 ②楎(huī):钉在墙上作挂衣物用的木橛。《礼记·内则》:“男女不同椸枷,不敢县于夫之~椸。”(县:同“悬”。椸:衣架。)郑注:“~,杙也。” ③臬(niè):竖立在地上的木柱。《周礼·考工记·匠人》:“置槷以县,眡以景。”郑注:“槷,古文~假借字,于所平之地中央树八尺之~,以县正之,眡之以其景,将以正四方也。”指古代测日影的杆、柱。 ④栱(gǒng):郝疏:“《御览》三百卅七引《埤苍》云:~,大弋也。”立柱和横梁之间成弓形的承重结构。 ⑤阁:《说文》:“~,所以止扉也。”门开后插在两旁用来固定门扇的长木柱。王引之《述闻》:“谓门之既开,其旁有长橛以止之,使不动摇。今时城门既开,插木橛于旁以止之,是其遗法也。或于门旁置断木以止扉,今宫室多有之,谓之门墩。”

【译文】

木桩子称为杙,钉在墙上的木橛称为楎,插在地上的木橛称为臬,大木桩称为栱,长木桩称为阁。

5.008 阇谓之台①,有木者谓之榭②。

【注释】

①阇(dū):城门上的台。参见2.192条注释①。 ②榭(xiè):建在高台上的木屋(多用于游观)。郭注:"台上起屋。"郝疏:"~者,谓台上架木为屋,名之为~。"《书·泰誓》:"惟宫室台~。"孔传:"土高曰台,有木曰~。"

【译文】

城门上的高台称为台,建于高台有楹柱而无墙壁的屋子称为榭。

5.009 鸡栖于弋为榤①。凿垣而栖为埘②。

【注释】

①弋(yì):木桩。后作"杙"。《玉篇》:"~,橛也。所以挂物也。今作杙。"榤(jié):同"桀"。木桩。亦指鸡栖息的木桩。《诗·王风·君子于役》:"鸡栖于桀,日之夕矣,羊牛下括。"毛传:"鸡栖于杙为桀。" ②埘(shí):在墙壁上挖洞做成的鸡圈。《诗·王风·君子于役》:"鸡栖于~,日之夕矣,羊牛下来。"毛传:"凿墙而栖曰~。"孔疏引李巡曰:"寒乡凿墙为鸡作栖曰~。"

【译文】

鸡栖息的木桩称为榤,凿开墙壁栖息的鸡圈称为埘。

5.010 植谓之传①,传谓之突。

【注释】

①植:门外闭时用以加锁的中立直木。《说文》:"~,户植也。"《淮南子·本经训》:"夏屋宫驾,县联房~。"高诱注:"~,户植也。"

【译文】

锁门用的中立直木称为传,传又称为突。

5.011 宲廇①谓之梁,其上楹谓之棁②。閍谓之梼③。栭谓之楶④。栋谓之桴⑤。桷谓之榱⑥。桷直而遂谓之阅⑦,直不受檐谓之交⑧。檐谓之樀⑨。

【注释】

①宲廇(máng liù):郭注:"屋大梁也。"《说文》:"宲,栋也。"承培元《说文引经证例》:"屋制,东西架者曰栋,南北架者曰梁。宲,梁也,而许君曰栋,浑言之,梁栋不分也。《尔雅》则析言之曰梁。" ②棁(zhuō):梁上的短柱。郭注:"侏儒柱也。"《论语·公冶长》:"山节藻~。"邢昺疏:"藻~者,谓画梁上短柱为藻文也。" ③闬(biàn):柱上的方木。《玉篇》:"栟,门柱上欂栌也。亦作~。"又名椄(jí),《玉篇》云:"栟也。"又名楷(tà),郝疏:"楷亦沓也。柱头交处横小方木,令上下合,故谓之沓,作楷,亦或体也。" ④栭(ér):柱顶上支承屋梁的方木。郝疏:"《礼器》及《明堂位》正义引李巡云:'~谓欂栌也。一名楶(jié)。皆谓斗栱也。'然则楶与椄本一物而两名。楶言其标,则椄言其本。谓之斗栱者,言方木似斗形而拱承屋栋。" ⑤桴(fú):房屋的二梁。亦泛指房栋。《说文》:"~,栋名。"段注:"~,眉(楣)栋也。"《文选·班固〈西都赋〉》:"荷栋~而高骧。" ⑥桷(jué):方形的椽子。《说文》:"~,榱也,椽方曰~。"《释文》引《字林》云:"周人名椽曰榱,齐鲁名榱曰~。"按:榱(cuī):即椽,放在檩上支持屋面与瓦片的木条。 ⑦阅:长直达于檐的桷。郝疏:"椽之长而直达于檐者名~。" ⑧交:屋椽短者称~。郝疏:"其(指椽)短而不直达于檐者名~。~,接也,言接于栋上也。" ⑨樀(dí):屋檐。邢疏:"屋檐一名~,一名屋梠,又名宇,皆屋之四垂也。"

【译文】

屋上的大梁称为梁,梁上的短柱称为棁。门柱上的方木称为椄。柱顶上支撑屋梁的方木称为楶。栋梁称为桴。方形的椽子称为榱。长一直达到屋檐的方椽子称为阅,短直而不能达到屋檐的方椽子称为交。屋檐称为樀。

5.012 容谓之防①。

【注释】

①容:小屏风。指古射礼唱获者用以防箭的蔽障物。郭注:"形如今床头小曲屏风,唱射者所以自防隐。"邢疏:"一名防,言所以容身防矢也。"

【译文】

古射礼唱获者用以防箭的小曲屏风称为防。

5.013 连谓之簃①。

【注释】

①连:同"梿"。堂楼阁边小屋。郭注:"堂楼阁边小屋,今呼之簃厨,连观

也。”按：簃(yí)，当作“移”。郝疏：“《逸周书·作雒篇》云：‘设移旅楹。’孔晁注：‘承屋曰移。’然则《尔雅》古本作移，魏晋以后始加竹为簃。故《御览》一百八十四引《通俗文》云‘连阁曰簃’。”

【译文】

楼阁旁边的小屋称为簃。

5.014 屋上薄谓之筄①。

【注释】

①薄：帘子。后作“箔”。郝疏：“～即帘也，以苇为之，或以竹，屋上～亦然。”《庄子·达生》：“高门县～。”成玄英疏：“高门，富贵之家也。县～，垂帘也。”筄(yào)：铺在椽上瓦下的竹席或苇席。

【译文】

屋上的竹席或苇席称为筄。

5.015 两阶间谓之乡①。中庭之左右谓之位②。门屏之间谓之宁③。屏谓之树④。

【注释】

①乡(xiàng)：殿堂前两阶之间。郭注：“人君南乡当阶间。”郝疏：“两阶者，堂之东西阶也。人君向明而治，当两阶间而南乡，因谓之～。” ②位：朝廷中群臣的列位。邢疏：“～，群臣之列位也。”《国语·周语上》：“大夫、士日恪～著以儆其官。”韦昭注：“中庭之左右曰～，门庭之间曰著也。” ③宁(zhù)：古代宫殿的门、屏之间。郭注：“人君视朝所宁立处。”邢疏：“谓路门之外，屏树之内，人君视朝宁立之处，因名为～。”《礼记·曲礼下》：“天子当～而立。” ④树：门屏，照壁。郭注：“小墙当门中。”《礼记·郊特牲》：“台门而旅～。”郑注：“～所以蔽行道。”

【译文】

殿堂的东西两阶之间称为乡。中庭的左右两边称为位。殿堂的门屏之间称为宁。门屏称为树。

5.016 闭谓之门①。正门谓之应门②。观谓之阙③。

【注释】

①闭(bēng)：古代宗庙门内设祭的地方。或作“祊”。《诗·小雅·楚茨》：“祝祭于祊。”毛传：“祊，门内也。”《释文》：“门内祭先祖所彷徨也。”朱熹《集传》：

"祊,庙门内也。孝子不知神之所在,故使祝博求之于门内待宾客之处也。"按:"闬谓之门"一语,阮校作"门谓之闬",郝疏作"庙门谓之闬。"今译从阮、郝之说。②应门:王宫正门。《礼记·明堂位》:"九采之国,~~之外。"孔疏:"李巡云:'宫中南向大门,~~也。'应是当也。以当朝正门,故谓之~~。" ③观(guàn):古代宫门外高台上的望楼。因中有通道,似为缺口,故又称阙。《诗·郑风·子衿》:"挑兮达兮,在城阙兮。"孔疏引孙炎曰:"宫门双阙,旧章悬焉,使民观之,因谓之~。"

【译文】

宗庙门称为闬。王宫的正门称为应门。宫门外高台上的望楼称为阙。

5.017 宫中之门谓之闱[①],其小者谓之闺[②]。小闺谓之閤[③]。衖门谓之闳[④]。

【注释】

①闱(wéi):宫中小门。郭注:"谓相通小门也。"《左传·闵公二年》:"共仲使卜齮贼公于武~。"杜预注:"宫中小门谓之~。" ②闺:宫中小门。《楚辞·离骚》:"~中既以邃远兮。"王逸注:"小门谓之~。" ③閤(gē):宫中小门。《汉书·公孙弘传》:"开东~以延贤人。"颜师古注:"~者,小门也。" ④衖(xiàng):同"巷"。 闳(hóng):巷门。郭注:"衖头门。"《左传·成公十七年》:"与妇人蒙衣乘辇而入于~。"杜预注:"~,巷门。"

【译文】

宫中的小门称为闱,小闱称为闺,小闺称为閤。巷门称为闳。

5.018 门侧之堂谓之塾。

【译文】

宫门内外两侧的堂屋称为塾。

5.019 橛谓之闑[①]。阖谓之扉[②]。所以止扉谓之闳[③]。

【注释】

①闑(niè):门中所竖短木。《仪礼·士冠礼》:"布席于门外,~西阈外。"郑注:"~,门橛。" ②阖(hé):门扇。邢疏:"~,门扇也,一名扉。" 扉(fēi):《说文》:"~,户扇也。"《左传·襄公二十八年》:"子尾抽桷击~三。"杜预注:"~,门阖也。" ③闳:阮校作"阁"。阁,门开后插在两旁用来固定门扇的长木

桩。郭注:"门辟旁长橛也。"

【译文】

门中所竖的短木桩称为阒。门扇称为扉。插在门扇两旁用来固定门扇的长木桩称为阁。

5.020 瓴甋谓之甓[①]。

【注释】

①瓴甋(líng dì):长方形砖。郭注:"甗砖也。"《众经音义》卷十四引《通俗文》云:"狭长者谓之甗砖。"即甓(pì)。《诗·陈风·防有鹊巢》:"中唐有甓。"毛传:"甓,~~也。"

【译文】

长方形砖称为甓。

5.021 宫中衖谓之壸[①]。庙中路谓之唐[②]。堂途谓之陈。

【注释】

①壸(kǔn):古时宫中巷舍间道。《诗·大雅·既醉》:"其类维何?家室之~。"朱熹《集传》:"~,宫中之巷也。" ②唐:庙中道路。《诗·陈风·防有鹊巢》:"中~有甓。"毛传:"~,堂涂也。"孔疏引李巡曰:"~,庙中路名。"

【译文】

宫中房舍间的道路称为壸。庙中的道路称为唐。堂下到门的道路称为陈。

5.022 路、旅[①],途也。路、场[②]、猷[③]、行,道也。

【注释】

①旅:旅途。郝疏:"~者,《郊特牲》云:'旅树。'郑注:'~,道也。'按《释诂》:'~,陈也。'此以堂途为陈,陈既为途,故~亦为途矣。" ②场:古代祭神用的平地。《说文》:"~,祭神道也。"《孟子·滕文公上》:"子贡反,筑室于~,独居三年然后归。"赵岐注:"~,孔子冢上祭祀壇场也。" ③猷(yóu):道路。《说文》作"邎",云:"行邎径也。"段注:"按此当作'行径也',或作'行由径也'。"

【译文】

路(路途)、旅(旅途)二词,都有路途的意思。路(道路)、场(祭神之道)、猷(道路)、行(大道)等词,都有道路的意思。

5.023 一达谓之道路[1]，二达谓之歧旁，三达谓之剧旁，四达谓之衢，五达谓之康，六达谓之庄，七达谓之剧骖，八达谓之崇期，九达谓之逵。

【注释】

①达：通达，到。

【按语】

汪中《释三九》云：古人常"约之三以见其多"，"约之九而见其极多"。故对《释宫》"三达谓之剧旁""九达谓之逵"等说法，不必泥于文字，因为"三""四""九"云云，只表虚数，并非实指。如"剧旁"并非限于"三达"，邢疏引孙炎云："旁出歧多故曰剧"。"衢"亦非限于"四达"，郝疏："《楚辞·天问》注：'九交道曰衢'。《淮南·缪称篇》注：'道六通谓之衢。'……据《楚辞》、《淮南》注，是道四达以上通谓之衢。"今称四通八达的道路为"衢"。"《(左)传》于鲁国多言衢，于齐国多言庄，于郑国多言逵。"(俞樾《群经平议》)可见"三达""四达"以至"九达"，无非极言其多罢了。

【译文】

通往一个方向的路称为道路，通往两个方向的路称为歧旁，通往三个方向的路称为剧旁，通往四个方向的路称为衢，通往五个方向的路称为康，通往六个方向的路称为庄，通往七个方向的路称为剧骖(cān)，通往八个方向的路称为崇期，通往九个方向的路称为逵。

5.024 室中谓之时[1]，堂上谓之行，堂下谓之步，门外谓之趋，中庭谓之走，大路谓之奔。

【注释】

①时：通"峙(chí)"。踟蹰不前。《玉篇》："峙，止不前也。"

【译文】

室中踟蹰不前称为时，堂上细步慢走称为行，堂下徐行称为步，门外小步快走称为趋，庭中跑称为走，大路上快跑称为奔。

5.025 隄谓之梁[1]，石杠谓之徛[2]。

【注释】

①隄(dī)：桥梁。郭注："即桥也。或曰石绝水者为梁。" ②石杠(gāng)：两头聚石，以木横架之可行如桥，故名～～。一说即石桥，郭注："聚石水中以为步

渡彴也。或曰今之石桥。” 徛(jì):放在水中用以过河的石头。一曰渡桥。

【译文】

桥梁称为梁。放在水中用以过河的石头或者渡桥称为徛。

5.026 室有东西厢曰庙,无东西厢有室曰寝[①],无室曰榭,四方而高曰台,陕而修曲曰楼[②]。

【注释】

①寝:宗庙中藏祖先衣冠的后殿。《诗·商颂·殷武》:“~成孔安。”朱熹《集传》:“~,庙中之寝也。” ②陕(xiá):同“狭”。狭隘,狭窄。《说文》:“~,隘也。”《墨子·备穴》:“连版以穴高下,广~为度。”

【译文】

房屋有东西厢房的称为庙,没有东西厢房但有藏室的称为寝,没有厢房也无藏室的称为榭,四四方方而且高大的建筑称为台,狭窄而且又高又曲的建筑称为楼。

释器第六

【题解】

《释器》主要解释的是关于器用方面的名称，其中还包括一些有关服饰、饮食方面的名称，它们虽与器具一样为人所用，但毕竟有别，《尔雅》将之一概归入《释器》，"以本器用之原"（郝懿行语）。

6.001 木豆谓之豆[①]。竹豆谓之笾。瓦豆谓之登。

【注释】

①豆：古代一种盛食物的器具。形似高脚盘，或有盖。开始出现于新石器时代晚期。多用于祭祀。郭注："礼器也。"《诗·大雅·生民》："卬盛于～，于～于登。"毛传："木曰～，瓦曰登。"

【译文】

木制的高脚食盘称为豆。竹制的高脚食盘称为笾。瓦制的高脚食盘称为登。

6.002 盎谓之缶[①]。瓯瓿谓之瓵[②]。康瓠谓之甈[③]。

【注释】

①盎（àng）：大腹小口的瓦器。《说文》："～，盆也。" 缶（fǒu）：小口大腹的瓦罐。 ②瓯（ōu）：盆盂类瓦器，其形大口而较矮。 瓿（bù）：古代盛醯酱之类的瓦器。口圆，腹深，圈足。 瓵（yí）：瓮、缶一类瓦器。 ③康瓠（hú）：空壶，破瓦器。郭注："瓠，壶也。" 甈（qì）：破瓦壶。

【译文】

小口大腹的瓦罐称为缶。瓮、缶一类瓦制盛器称为瓵。破瓦器称为甈。

6.003 斪斸谓之定[①]。斫谓之鐯[②]。斛谓之疀[③]。

【注释】

①斪斸(qú zhú):古代锄类农具。邢疏:"～～,一名定。郭云:'锄属。'李巡曰:'锄别名也。'" ②斫(zhuó):大锄。郭注:"钁也。" 镨(zhuó):大锄。亦作"櫡"。 ③斛(tiāo,又读 qiāo):古农具。即锹。《方言》卷五:"臿,燕之东北、朝鲜、洌水之间谓之～。" 鍤(chā):锹类农具。

【译文】

锄具称为定。大锄称为镨。锹称为鍤。

6.004 緵罟谓之九罭[①]。九罭,鱼罔也[②]。嫠妇之笱谓之罶[③]。罺谓之汕[④]。篧谓之罩[⑤]。槮谓之涔[⑥]。

【注释】

①緵罟(zòng gǔ):网眼细而密的渔网。郭注:"緵,今之百囊,……今江东呼为緵。" 罭(yù):捕小鱼的细眼网,通称"九～"。《诗·豳风·九罭》:"九～之鱼。"毛传:"九～,緵罟,小鱼之网也。" ②罔:同"网"。渔猎的工具。《易·系辞下》:"作结绳而为～罟,以佃以渔。" ③嫠妇之笱谓之罶:嫠(lí)妇,寡妇。笱(gǒu),捕鱼的竹笼。萧凤仪《嫠妇之笱谓之罶解》:"此笱实竹器,与筐笼相似,口阔颈狭,腹大而长,无底。施之,则以索束其尾,喉内编细竹而倒之,谓之曲簿,入则顺,出则逆,故鱼入其中而不能出。谓之罶者,罶,从网从留,言能留鱼而不使出也。多就曲梁施之以承其空,人不必入水,虽妇人亦能用。" ④罺(cháo):捕鱼小网。郭注:"今之撩罟。"郝疏:"按撩罟,今谓之抄网也。" 汕(shàn):捕鱼的工具。邢疏:"捕鱼笼。"《诗·小雅·南有嘉鱼》:"南有嘉鱼,烝然～～。" ⑤篧(zhuó):捕鱼用的罩。郭注:"捕鱼笼也。"邢疏引李巡云:"～,编细竹以为罩捕鱼也。" ⑥槮(sēn):同"罧"。郭注:"今之作～者,聚集柴木于水中,鱼得寒,入其里藏隐,因以簿围捕取之。"一说:当作"糁(sǎn)",投米水中使鱼聚集来捕鱼。

【译文】

网眼细而密的渔网称为九罭。九罭,是一种捕小鱼的细眼渔网。寡妇捕鱼用的竹篓称为罶。捕鱼用的抄网称为汕。捕鱼用的罩子称为罩。水中积柴以诱捕鱼称为涔。

6.005 鸟罟谓之罗[①]。兔罟谓之罝[②]。麋罟谓之罞[③]。彘罟谓之羉[④]。鱼罟谓之罛[⑤]。繴谓之罿[⑥],罿,罬也;罬谓之罦,罦,覆车也。

【注释】

①罗:捕鸟的网。《说文》:“~,以丝罟鸟也。古者芒氏初作~。”《诗·王风·兔爰》:“有兔爰爰,雉离于~。” ②罝(jū,又读 jiē):捕兔网。亦泛指捕鸟兽的网。郭注:“~犹遮也。”邢疏:“李巡曰:兔自作径路,张~捕之也。然则张网遮兔因名曰~。”《诗·周南·兔罝》:“肃肃兔~。” ③罞(máo):捕捉麋鹿的网。郭注:“冒其头也。”邢疏:“言冒覆其头也。” ④罬(luán):捕捉野猪的网。郭注:“幕也。”邢疏:“其罔名罗~,幕也,言幕络其身也。” ⑤罛(gū):大渔网。郭注:“最大罟也。”《淮南子·说山》:“好鱼者先具罟与~。”高诱注:“~,大网。” ⑥罿(bì):一种装有机关的捕鸟兽的网,能自动覆盖,又叫覆车网。郭注:“今之翻车也。”邢疏引孙炎曰:“覆车网,可以掩兔者也。一物五名,方言异也。” 罿(chōng):覆车网。《诗·王风·兔爰》:“有兔爰爰,雉离于~。”朱熹《集传》:“~,罬也,即罦也。”(罬 zhuó,罦 fú:都是设有机关的捕鸟兽的网。)

【译文】

捕鸟的网称为罗。捕兔的网称为罝。捕捉麋鹿的网称为罞。捕捉野猪的网称为罬。捕鱼的大网称为罛。带有机关的捕鸟兽的网称为罿,罿就是罬,罬称为罦。罦就是覆网车。

6.006 绚谓之救①。

【注释】

①绚(qú):网罟的别名。郭注:“救丝以为~,或曰亦罥名。”邢疏:“~,亦罥罟之别名也。” 救:通“纠”,与“绚”义近。郝疏:“~之言纠也,纠缭敛聚之意。”

【译文】

用绳系取鸟兽称为救(纠)。

6.007 律谓之分①。

【注释】

①律:捕鸟的长柄网。王引之《述闻》引王念孙曰:“~读为率。《说文》曰:‘率,捕鸟毕也。’‘毕,田罔也。’毕或作罼,《广雅》曰:‘罼,率也。’是率亦罗罔之属,作~者,借字耳。” 分:郝疏引王绍兰曰:“~盖纷之省文。……《羽猎赋》:‘青云为纷。’《内则》云:‘左佩纷帨。’是则纷亦通名。”按,上“纷”字指旗旒,下“纷”字指佩巾。并未证明“纷”即鸟网。译文姑从王念孙说。

【译文】

捕鸟的长柄网称为分。

6.008 大版谓之业①。

【注释】

①业：古时乐器架子横木上的大版，刻如锯齿状，用以悬挂钟、鼓、磬等。《说文》："～，大版也，所以饰县钟鼓。"段注："栒以悬钟鼓，～以覆栒为饰。"

【译文】

乐器架子横木上的大版称为业。

6.009 绳之谓之缩之①。

【注释】

①缩：约束。《诗·大雅·绵》："～版以载。"孔疏："孙炎曰：'绳束筑板谓之～。'郭璞曰：'～者，缚束之也。'然则～者束物之名。用绳束板，故谓之～。"按，周校：原本《玉篇》"缩"下引作"绳之谓之缩"。今本"缩"下衍"之"字。今译从之。

【译文】

用绳束物称为缩（"缩"下"之"字为衍文）。

6.010 彝①、卣②、罍③，器也。小罍谓之坎。

【注释】

①彝(yí)：古代青铜器通称。多指宗庙祭祀之礼器。《说文》："～，宗庙常器也。"　②卣(yǒu)：古代青铜酒器。一般为椭圆形，大腹、小口、圈足而且有盖和提梁。　③罍(léi)：古代酒器名称。形状似壶，小口、广肩、深腹、圈足、有盖。邢疏："～者，尊之大者也。"

【译文】

彝（青铜礼器）、卣（中型青铜酒尊）、罍（壶形酒器）等，都是铜制器具。小的壶形酒器称为坎。

6.011 衣裗谓祝①。黼领谓之襮②。缘谓之纯。袕谓之裳③。衣眥谓之襟④。衱谓之裾⑤。衿谓之袸⑥。佩衿谓之褑⑦。执衽谓之袺⑧。扱衽谓之襭⑨。衣蔽前谓之襜⑩。妇人之袆谓之缡⑪。缡，緌也⑫。裳削幅谓之纀⑬。

【注释】

①裗(liú)：郭注："衣缕也。"郝疏："～者，流之或体也。《释文》：'～。本又作

流。'《玉藻》云:'齐如流。'郑注'衣之齐,如水之流'是也。……~、袍,犹言流曳,皆谓衣衽下垂,流移摇曳之貌。" ②襮(bó):绣有花纹的衣服。郭注:"绣刺黼文以褗领。"《诗·唐风·扬之水》:"素衣朱~,从子于沃。"朱熹《集传》:"诸侯之服,绣黼领而丹。" ③衸(xué):衣服开孔。郭注:"衣开孔也。" 褮(yíng):开孔衣。传说鬼衣无缝。衣无缝即衣开孔。 ④眥(zì):衣领交接处。郭注:"交领。"郝疏:"衣有~者,《淮南·齐俗篇》云:'隅~之削。'盖削杀衣领以为斜形,下属于襟,若目~然也。" ⑤衱(jié):衣裾,衣服的后襟。郭注:"衣后襟也。" ⑥衿(qìn):系衣服的带子。《广韵·侵韵》:"衣小带也。" 袸(jiàn):小带。郭注:"衣小带。"⑦褑(yuàn):衣襟上佩玉的带。郭注:"佩玉之带上属。" ⑧袺(jié):用手把衣襟向上提起。郭注:"持衣上衽。"《诗·周南·芣苢》:"采采芣苢,薄言~之。"毛传:"~,执衽也。"(执衽 rèn:提着衣襟。) ⑨襭(xié):把衣襟插在腰带上兜东西。郭注:"扱衣上衽于带。"(扱 chā:插)《诗·周南·芣苢》:"采采芣苢,薄言~之。"毛传:"扱衽曰~。" ⑩襜(chān):系在身前的围裙。即蔽膝。《诗·小雅·采绿》:"终朝采蓝,不盈一~。"毛传:"衣蔽前谓之~。" ⑪袆(huī):蔽膝,佩巾。佩之于前,可以蔽膝,蒙之于首,可以覆额。邢疏:"~,帨巾也。"《方言》卷四:"蔽膝,江淮之间谓之~,或谓之祓,魏、宋、南楚之间谓之大巾,自关东西谓之蔽膝,齐鲁之郊谓之袡。" 缡(lí):古时妇女系在身前的大佩巾。郝疏:"女子嫁时用绛巾覆首,故曰结~,即今之所谓上头也。"《诗·豳风·东山》:"亲结其~,九十其仪。"毛传:"~,妇人之袆也。" ⑫緌(ruí):古代帽带结子的下垂部分。《礼记·内则》:"冠~缨。"孔疏:"结缨颔下以固冠,结之馀者散而下垂,谓之~。" ⑬襆(pú):古代深衣(诸侯、大夫、士家居所穿之衣)的下裳。郭注:"削杀其幅,深衣之裳。"

【译文】

衣缕称为袍。绣有黑白相间的斧形花纹的衣领称为襮。衣服的镶边称为纯。衣服开孔(无缝)称为褮。衣领的交接处称为襟。衣服的后襟称为裾。系衣服的小带子称为袸。衣襟上佩玉的带子称为褑。提起衣襟称为袺。把衣襟插在腰带上以兜东西称为襭。系在身前的围裙称为襜。妇人系在身前的大佩巾称为缡。缡,就是緌。下衣削减幅宽称为襆。

6.012 舆,革前谓之鞎[①],后谓之笰;竹前谓之御,后谓之蔽。环谓之捐。镳谓之钀[②]。载辔谓之钀[③]。辔首谓之革。

【注释】

①鞎(hén):古代车厢前面的遮蔽物。《说文》:"车革前曰~。"王引之《述

闻》："～，车篚也，以革为篚，则在前谓之～，在后者谓之第。～之言限也，限隔内外，使尘不得入也。"（第 fú：车之蔽曰第。） ②镳（biāo）：勒马工具。《说文》："～，马衔也。" 钀（niè）：郭注："马勒旁铁。" ③轙（yǐ）：车衡上贯穿缰绳的大环。郭注："车轭上环，辔所贯也。"

【译文】

关于车，前面的革制装饰物称为鞎，后面的革制装饰物称为第；前面的竹制装饰物称为御，后面的竹制装饰物称为蔽。穿缰绳的圆环称为捐。勒马口具称为钀，乘车驾驭牲口的缰绳称为轙。马笼头称为革。

6.013 饫谓之馈[①]。食饐谓之餲[②]。抟者谓之糷[③]，米者谓之檗[④]。肉谓之败，鱼谓之馁。

【注释】

①饫（hài）、馈（huì）：食物腐败变臭。郭注："说物臭也。"邢疏引李巡云："～～皆秽臭也。" ②饐（yì）：食物因受湿热而腐臭。 餲（ài）：食物经久而变味。《论语·乡党》："食饐而餲。"皇侃疏："饐，谓饮食经久而腐臭也。餲，谓经久而味恶也。" ③抟（tuán）者：指煮得太烂而粘在一起的饭。 ④米者：指煮得半生不熟的饭。 檗（bò）：米饭半生半熟。

【译文】

食物变臭称为馈。食物变馊称为餲。煮得太烂而粘在一起的饭称为糷，煮得夹生的饭称为檗。肉类变质称为败，鱼类变臭称为馁。

6.014 肉曰脱之，鱼曰斮之[①]。

【注释】

①斮（zhuó）：削去鱼鳞。郭注："谓削鳞也。"

【译文】

整治肉类剥去皮称为脱之，整治鱼类削掉鱼鳞称为斮之。

6.015 冰[①]，脂也。

【注释】

①冰（níng）："凝"的本字。《释文》："孙本作凝。膏凝曰脂。"郭注："《庄子》云：'肌肤若冰雪。'冰雪，脂膏也。"

【译文】

冰(凝)指油脂凝固。

6.016 肉谓之羹。鱼谓之鮨。肉谓之醢,有骨者谓之臡。

【译文】

有肉带汤的食物称为羹。鱼酱称为鮨(qí)。肉酱称为醢(hǎi),有骨头的肉酱称为臡(ní)。

6.017 康谓之蛊[①]。

【注释】

①康:同"糠"。《左传·昭公元年》:"谷之飞,亦为蛊。"杜预注:"谷久积则变为飞虫,名蛊。"此处~指谷虫。王念孙《尔雅郝注刊误》:"《左传》'谷之飞为蛊',乃指谷虫而言,不得言谷谓之蛊也。"

【译文】

谷虫称为蛊。

6.018 淀谓之垽[①]。

【注释】

①淀:沉积的泥滓,淤泥。郝疏:"今之泥滓也。"郭注:"滓~也。今江东呼垽。" 垽(yìn):泥渣。

【译文】

沉积的淤泥称为垽。

6.019 鼎绝大谓之鼐[①],圜弇上谓之鼒[②],附耳外谓之釴[③],款足者谓之鬲[④]。

【注释】

①鼎:古代器物,多为圆腹三足两耳,盛行于商、周。《诗·周颂·丝衣》:"~鼐及鼒。" 鼐(nài):大鼎。 ②圜(yuán):圆,圆形。《周礼·考工记·舆人》:"~者中规,方者中矩。" 弇(yǎn):器物上下狭小而中部宽大。《周礼·考工记·凫人》:"侈~之所由兴。" 鼒(zī):口小的鼎。 ③釴(yì):附耳在唇外的方鼎。郝疏:"附耳外者,言近于耳而在外之处谓之~,~犹翼也。" ④款足:王念孙曰:"~~,谓空足也。"(王引之《述闻》) 鬲(lì):古代炊具。圆口,三

足,足中空而曲。郝疏:"鼎款足,谓足中空也。足中实者必直,空者必曲。"

【译文】

最大的鼎称为鼐,圆形口小腹大的鼎称为鼒,附耳在唇外的方鼎称为釴,曲足中空的鼎称为鬲。

6.020 䰝谓之鬵①。鬵,鉹也。

【注释】

①䰝(zēng):同"甑"。 鬵(qín):亦同"甑"。郭注:"鬵,凉州呼鉹(chǐ)。"郝疏:"鬵与甑异,甑有七穿,釜鬵烹鱼,必非有穿。"

【译文】

大锅称为鬵。鬵,又称为鉹。

6.021 璲①,瑞也。玉十谓之区②。

【注释】

①璲(suì):瑞玉名。郭注:"玉瑞。"《诗·小雅·大东》:"鞙鞙佩~,不以其长。"郑笺:"佩~者,以瑞玉为佩。" ②区:玉的计数单位。郭注:"双玉为瑴,五瑴为~。"(瑴:音 jué。)

【译文】

璲又称为瑞玉。十块玉相合称为区。

6.022 羽本谓之翮。一羽谓之箴,十羽谓之缚,百羽谓之裈。

【译文】

鸟羽茎的下端称为翮(hé)。一根羽毛称为箴,十根羽毛捆成一束称为缚,百根羽毛捆成一束称为裈(gǔn)。

6.023 木谓之虡①。

【注释】

①虡(jù):古代悬挂钟、磬架子两旁的柱子。《说文》:"~,钟鼓之柎也。"

【译文】

悬挂钟磬架子两旁的柱子称为虡。

6.024 旄谓之藣①。

【注释】

①旄(máo):旄牛尾。古代常作饰物。《周礼·春官宗伯》:"~人下士四人,舞者众寡无数。"郑玄注:"~,旄牛尾,舞者所持以指麾。"翿(bēi):古代舞者所执的旄牛尾。邢疏:"舞者所执也。"

【译文】

舞者所执持的旄牛尾称为翿。

6.025 菜谓之蔌。

【译文】

蔬菜称为蔌(sù)。

6.026 白盖谓之苫。

【译文】

白茅编成的覆盖物称为苫(shān)。

6.027 黄金谓之璗,其美者谓之镠。白金谓之银,其美者谓之镣。饼金谓之钣[①],锡谓之钥。

【注释】

①饼(bǐng):饼状金属块。《类篇·金部》:"~,金饼。"古代常将金银铸成饼状的定式,便于计量、储存及流通。战国时期已有金饼行世。

【译文】

黄金称为璗(dàng),精美的黄金称为镠(liú)。白金称为银,精美的白金称为镣。饼状的金属块称为钣(bǎn)。锡古称钥(yǐn)。

6.028 象谓之鹄[①],角谓之鷽,犀谓之剒,木谓之剫,玉谓之雕。

【注释】

①鹄(hú):亦作"皓"。治理象牙。郭注:"治朴之名。"

【译文】

加工象牙称为鹄,加工兽角称为鷽(xué),加工犀牛角称为剒(cuò),加工木料称为剫(dù),加工玉石称为雕。

6.029 金谓之镂,木谓之刻,骨谓之切,象谓之磋,玉谓之琢,石谓之磨。

【译文】

雕制金属器物称为镂,雕制木器称为刻,骨器加工称为切,象牙加工称为磋,玉的加工称为琢,石的加工称为磨。

6.030 璆①、琳②,玉也。

【注释】

①璆(qiú):同“球”。美玉。郭注:“美玉名。”《尚书·禹贡》:“厥贡惟球琳琅玕。”孔传:“球、琳,皆玉名。琅、玕,石而似珠。” ②琳:美玉。司马相如《上林赋》:“玫瑰碧~,珊瑚丛生。”

【译文】

璆(美玉)、琳(美玉)二词,都有美玉的意思。

6.031 简谓之毕。

【译文】

竹简称为毕。

6.032 不律谓之笔①。

【注释】

①不律:郭注:“蜀人呼笔为~~也,语之变转。”

【译文】

不律称为笔。

6.033 灭谓之点①。

【注释】

①灭:涂去。 点:郭注:“以笔灭字为~。”

【译文】

涂去已写的文字称为点。

6.034 绝泽谓之铣①。

【注释】

①铣(xiǎn):郭注:“~即美金,言最有光泽也。”

【译文】

最有光泽的金属称为铣。

6.035 金镞翦羽谓之鍭[①]。骨镞不翦羽谓之志。

【注释】

①鍭(hóu):古代用于田猎、射礼的一种金镞齐羽的箭。邢疏引孙炎云:“金镝断羽,使前重也。”《诗·大雅·行苇》:“敦弓既坚,四～既钧。”孔疏:“～者,铁镞之矢名也。”

【译文】

金属箭头、箭身羽毛剪得短齐的箭称为鍭。箭头用骨头制成、箭身羽毛不剪短齐的箭称为志。

6.036 弓有缘者谓之弓[①],无缘者谓之弭。以金者谓之铣,以蜃者谓之珧[②],以玉者谓之珪。

【注释】

①缘:衣边。此处指弓之两端以丝绳缠绕作装饰。 ②蜃(shèn):大蛤。

【译文】

两端有丝绳缠绕作装饰的弓称为弓,没有丝绳缠绕作装饰的弓称为弭(mǐ)。两端以金属作装饰的弓称为铣,两端以贝壳作装饰的弓称为珧(yáo),两端以玉作装饰的弓称为珪。

6.037 珪大尺二寸谓之玠[①]。璋大八寸谓之琡[②]。璧大六寸谓之宣[③]。肉倍好谓之璧[④],好倍肉谓之瑗,肉好若一谓之环。

【注释】

①珪(guī):同“圭”。古代帝王、诸侯所执的长形玉版,上圆或尖,下方,用作凭信。 ②璋:古端玉名。形如半圭,大小长短,因事而异。 ③璧:玉器。平圆形,正中有孔,边宽为内孔直径的两倍。用作祭祀、朝聘、丧葬的礼器。 ④肉、好(hào):古代圆形有孔的玉器或钱币孔外部分称为“肉”,孔空部分称为“好”。“肉倍好”指边宽比孔径大一倍。

【译文】

珪长一尺二寸称为玠(jiè)。璋长八寸称为琡(chù)。璧大有六寸称为宣。边宽比孔径大一倍的称为璧,孔径比边宽大一倍的称为瑗(yuán),边宽与孔径相等的称为环。

6.038 缕[①],绶也[②]。

【注释】

①缕(suì):古代贯穿佩玉的带子。郭注:"即佩玉之组,所以连系瑞玉者。"亦泛指一般的丝绸带子。 ②绶(shòu):用以拴系玉饰和印章的丝质带子。

【译文】

贯穿佩玉的带子称为绶。

6.039 一染谓之縓,再染谓之赪,三染谓之纁。青谓之葱。黑谓之黝。斧谓之黼。

【译文】

染一次的浅红色称为縓(quàn),染两次的浅红色称为赪(chēng),染三次的浅红色称为纁。青色称为葱。黑色称为黝,黑白相间的斧形花纹称为黼(fǔ)。

6.040 邸谓之柢[①]。

【注释】

①邸(dǐ):通"柢"。根柢。郭注:"根柢,皆物之~。~即底,通语也。"郝疏:"~者,本为邸舍,经典借为根柢,故此释之也。"

【译文】

根底称为柢。

6.041 雕谓之琢。

【译文】

雕刻称为琢。

6.042 蓐谓之兹[①]。

【注释】

①蓐(rù):草席,草垫。 兹:郭注:"~者,蓐席也。"黄侃《音训》:"蓐声转为蒩。《广雅》:'蓐谓之蒩。'《说文》:'蒩,辱也。'"

【译文】

草编的席垫称为兹。

6.043 竿谓之箷[①]。

【注释】

①箷(yí):衣架,晾衣竿。郭注:"衣架。"

【译文】

晾衣竿称为箷。

6.044 箦谓之笫[①]。

【注释】

①箦(zé):用竹子或木条编成的床垫。亦称笫(zǐ)。《礼记·檀弓上》:"华而睆,士大夫之~与?"郑注:"~,谓床笫也。"

【译文】

竹篾或木条制成的床垫称为笫。

6.045 革中绝谓之辨[①],革中辨谓之韏[②]。

【注释】

①绝:断,不连属。《说文》:"~,断丝也。"后通称为断绝,不限于丝。 辨(piàn):皮革中断。郭注:"中断皮也。" ②韏(quàn):再从中分割。郭注:"复分半也。"黄侃《音训》:"革折而断之为辨为辟,更折而断之为~。……辨之言判也,辟之言劈也,判、劈义亦同。~之言券,券亦判矣。"一说:卷曲。王引之《述闻》谓"革中辨"之"辨"当为"辟"。"辟与~皆屈也。"又一说:指皮革皱褶。《说文》:"革中辨谓之~。"段注:"按,当云:'革辨谓之~。'……皮之绉文蹙蹙者曰~。"

【译文】

将皮革从中间分割称为辨,再将已分割的皮革从中间分割称为韏。

6.046 镂,锼也[①]。

【注释】

①锼(sōu):刻镂。郭注:"刻镂物为~。"又引申为文辞的雕琢。

【译文】

精雕细刻称为锼。

6.047 卣,中尊也。

【译文】

卣(yǒu),是一种中等大小的青铜酒器。

释乐第七

【题解】

《释乐》解释古代关于音阶和乐器的名词，“与《周官·大司乐》同”(康有为语)。

7.001　宫谓之重，商谓之敏，角谓之经，徵谓之迭，羽谓之柳[1]。

【注释】

①宫、商、角、徵(zhǐ)、羽：是我国古代五声音阶中的五音。大致相当于工尺谱上的“上”、“四”、“工”、“六”、“五”或现代简谱上的“1”、“2”、“3”、“5”、“6”。而“重”、“敏”、“经”、“迭”、“柳”之类，皆为异名。徐景安《乐书》引刘歆曰：“宫者，中也，君也，为四音之纲，其声重厚如君之德而为重。商者，章也，臣也，其声敏疾如臣之节而为敏。角者，触也，民也，其声圆长经贯清浊如民之象而为经。徵者，祉也，事也，其声抑扬递续其音如事之绪而为迭。羽者，宇也，物也，其声低平掩映自高而下五音备成，如物之聚而为柳。”

【译文】

宫音称为重，商音称为敏，角音称为经，徵音称为迭，羽音称为柳。

7.002　大瑟谓之洒[1]。

【注释】

①瑟(sè)：古拨弦乐器。形似古琴，每弦一柱，但无徽位。郭注：“长八尺一寸，广一尺二寸，二十七弦。”《诗·小雅·鹿鸣》：“我有嘉宾，鼓～吹笙。”　洒(sǎ)：大瑟之名。邢疏引孙炎曰：“音多变布，出如洒也。”

【译文】

大瑟称为洒。

7.003　大琴谓之离[1]。

【注释】

①离：古时的一种大琴，二十弦。邢疏引孙炎曰："音多变声流离也。"

【译文】

大琴称为离。

7.004 大鼓谓之鼖①，小者谓之应。

【注释】

①鼖(fén)：八尺而两面的大军鼓。《说文》："大鼓谓之～。～八尺而两面，以鼓军事。"

【译文】

大鼓称为鼖，小鼓称为应。

7.005 大磬谓之毊①。

【注释】

①磬(qìng)：古代一种玉石制成的敲击乐器。毊(xiāo)：大磬。邢疏引孙炎云："～，乔也。乔，高也。谓其声高也。"又引李巡云："大磬声清燥也，故曰～。～，燥也。"

【译文】

大磬称为毊。

7.006 大笙谓之巢①，小者谓之和。

【注释】

①笙：一种民族簧管乐器。用带簧的竹管和一根吹气管装在锅形的座子上制成。大者名巢，小者称和。邢疏："巢，高也，言其声高。"又引李巡云："小者声少，音相和也。"

【译文】

大笙称为巢，小笙称为和。

7.007 大篪谓之沂①。

【注释】

①篪(chí)：古代一种竹管乐器。郭注："～，以竹为之，长尺四寸，围三寸。一孔上出，一寸三分，名翘，横吹之，小者尺二寸。"沂(yí)：大篪。邢疏引孙炎云：

"篪声悲。~,悲也。"

【译文】

大篪称为沂。

7.008 大埙谓之嘂[①]。

【注释】

①埙(xūn):古代土制乐器。郭注:"~,烧土为之,大如鹅子,锐上平底,形如称锤,六孔。小者如鸡子。" 嘂(jiào):言其音大如叫呼之意。

【译文】

大埙称为嘂。

7.009 大钟谓之镛,其中谓之剽,小者谓之栈。

【译文】

大钟称为镛,中等大小的钟称为剽,小钟称为栈。

7.010 大箫谓之言,小者谓之筊。

【译文】

大箫称为言(管),小箫称为筊(jiāo)。

7.011 大管谓之簥[①],其中谓之篞,小者谓之篎。

【注释】

①管:古乐器。今已失传。传说似篪而小,长一尺,六孔,并两而吹。

【译文】

大管称为簥(jiāo),中等大小的管称为篞(nié),小管称为篎(miǎo)。

7.012 大籥谓之产[①],其中谓之仲,小者谓之箹。

【注释】

①籥(yuè):古管乐器,像笛,短管,三孔或六孔。郭注:"~如笛,三孔而短小。"

【译文】

大籥称为产,中等大小的籥称为仲,小籥称为箹(yuè)。

7.013 徒鼓瑟谓之步。徒吹谓之和。徒歌谓之谣。徒击鼓谓之咢。徒鼓钟谓之修。徒鼓磬谓之寋。

【译文】

只弹奏瑟称为步。只吹奏称为和。只唱歌而无乐器伴奏称为谣。只击鼓称为咢(è)。只敲钟称为修。只击磬称为寋(jiǎn)。

7.014 所以鼓柷谓之止[①]。所以鼓敔谓之籈[②]。

【注释】

①柷(zhù):古打击乐器。郭注:"～如漆桶,方二尺四寸,深一尺八寸,中有椎柄连底,挏之令左右击。止者,其椎名。"雅乐开始时击～。 ②敔(yǔ):古打击乐器。又名楬(qià)。雅乐将终时击～。郭注:"～如伏虎,背上有二十七鉏铻,刻以木,长尺栎之。籈者,其名。" 籈(zhēn):击敔的木棒。

【译文】

用来打击柷的槌子称为止。用来打击敔的木棒称为籈。

7.015 大鼗谓之麻[①],小者谓之料。

【注释】

①鼗(táo):乐器名。今为长柄的摇鼓,俗称拨浪鼓或货郎鼓。

【译文】

大的长柄摇鼓称为麻。小的长柄摇鼓称为料。

7.016 和乐谓之节[①]。

【注释】

①节:敲击以控制乐曲节奏的乐器。邢疏:"一云～,乐器名,谓相也。《乐记》云:'治乱以相。'郑注云:'相即拊也,亦以节乐。'"

【译文】

用来和谐音乐,控制乐曲节奏的乐器称为节。

释天第八

【题解】

该篇训释的主要是关于天文和与之有关的历法、气象等方面的语词，分为四时、祥、灾、岁阳、岁名、月阳、月名、风雨、星名、祭祀、讲武、旌旂等十二类。其中祭名、讲武和旌旂等“俱非天类，而亦在此者，以皆王者大事。又祭名则天曰燔祭，讲武则类于上帝，旌旂则日月为常，他篇不可摄，故系之《释天》也”（邢昺语）。

8(1).001　穹苍，[1]苍天也。

【注释】

①穹苍：指天。亦称苍穹。郭注：“天形穹隆，其色苍苍，因名云。”《诗·大雅·桑柔》：“靡有旅力，以念～～。”毛传：“～～，苍天。”

【译文】

穹苍，是苍天的意思。

8(1).002　春为苍天，夏为昊天，秋为旻天，冬为上天。

【按语】

四季的天虽各有专名，在经籍中有时亦如此使用，但更多的情况下是“苍天”、“昊天”、“旻天”、“上天”等都可以泛称天，使用时并无太明显的界限。

【译文】

春季的天称为苍天，夏季的天称为昊（hào）天，秋季的天称为旻（mín）天，冬季的天称为上天。

四时。

【按语】

“四时”为《释天》的一个分题，概括上文“穹苍，苍天也。春为苍天，……冬为上天”一段的主要内容。古人常将文中分题置于一段文字之后，称为“题上事”，即为概括上面一段文字主要内容的分题。下面“祥”、“灾”、“岁阳”、“岁阴”等等，均为《释天》的不同分题。

8(2).003 春为青阳，夏为朱明，秋为白藏，冬为玄英。四气和谓之玉烛。

【译文】

春季气清而温阳，称为青阳；夏季气赤而光明，称为朱明；秋季气白而收藏，称为白藏；冬季气黑而青英，称为玄英。四季的气候调和、温润明照称为玉烛。

8(2).004 春为发生，夏为长嬴，秋为收成，冬为安宁。四时和为通正，谓之景风。

【译文】

春季万物萌发生长，称为发生；夏季万物增长充盈，称为长嬴；秋季万物收获成熟，称为收成；冬季万物安息宁静，称为安宁。四季祥和通畅称为通正，这就叫做景风（即祥和之风）。

8(2).005 甘雨时降，万物以嘉，谓之醴泉。

【译文】

甘雨按时降临，万物因而嘉美，这就称为醴泉。

祥。

【按语】

“祥”，指吉祥的征兆。

8(3).006 谷不熟为饥，蔬不熟为馑，果不熟为荒。仍饥为荐①。

【注释】

①仍：重复，频繁，连年。《汉书·元帝纪》：“百姓～遭凶阨。”颜师古注：“～，频也。”

【译文】

粮食歉收称为饥，蔬菜歉收称为馑，果树歉收称为荒。连年歉收称为荐。

灾。

【按语】

“灾”,指自然灾害。此处义为因灾荒而歉收。

8(4).007 大岁在甲曰阏逢[①],在乙曰旃蒙,在丙曰柔兆,在丁曰强圉,在戊曰著雍,在己曰屠维,在庚曰上章,在辛曰重光,在壬曰玄黓,在癸曰昭阳。

【注释】

①大(tài)岁:又称“太阴”或“岁阴”。古代天文学中假设的星名,与岁星(木星)相应。古代认为岁星十二年(实为11.86年)绕天一周,因将黄道附近一周天分为十二等分,以岁星行经的一个星空区域,作为该岁的岁名。但岁星右行,与十二辰子、丑、寅、卯……的顺序相反,而设想出来的太岁则不同。太岁始于寅,后于岁一辰而左行,与十二辰寅、卯、辰、巳……的方向顺序一致,故以太岁每年所在的部分来纪年。如太岁在寅叫摄提格,在卯叫单阏等。以图表之,则如次(该图取自郭沫若《甲骨文研究·释干支》):后又以阏逢、旃蒙等十个名称,叫“岁阳”,依次与上述十二个太岁年名相配,组合成为六十个年名,即“六十干支”。

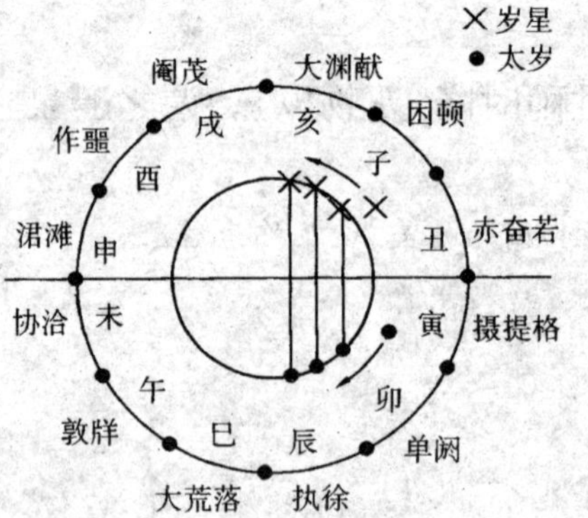

【译文】

大岁星在甲称为阏逢(yān páng),在乙称为旃蒙,在丙称为柔兆,在丁称为强圉(yǔ),在戊称为著(chú)雍,在己称为屠维,在庚称为上章,在辛称为重光,在壬称为玄黓(yì),在癸称为昭阳。

岁阳。

【按语】

古代以干支纪年,甲、乙、丙、丁、戊、己、庚、辛、壬、癸十干叫“岁阳”;子、丑、寅、卯、辰、巳、午、未、申、酉、戌、亥十二支叫“岁阴”。但习惯上只重视岁阴纪年。

8(5).008　大岁在寅曰摄提格,在卯曰单阏,在辰曰执徐,在巳曰大荒落,在午曰敦牂,在未曰协洽,在申曰涒滩,在酉曰作噩,在戌曰阉茂,在亥曰大渊献,在子曰困敦,在丑曰赤奋若。

【译文】

大岁星在寅称为摄提格,在卯称为单阏(chán yān),在辰称为执徐,在巳称为大荒落,在午称为敦牂(zāng),在未称为协洽,在申称为涒(tūn)滩,在酉称为作噩,在戌称为阉茂,在亥称为大渊献,在子称为困敦,在丑称为赤奋若。

8(5).009　载,岁也。夏曰岁,商曰祀,周曰年,唐虞曰载。

【译文】

载,就是岁的意思。夏代称为岁,商代称为祀,周代称为年,唐虞时代称为载。

岁名。

【按语】

“岁名”,指年岁的别名。

8(6).010　月在甲曰毕,在乙曰橘,在丙曰修,在丁曰圉,在戊曰厉,在己曰则,在庚曰窒,在辛曰塞,在壬曰终,在癸曰极。

【译文】

月亮在甲称为毕,在乙称为橘,在丙称为修,在丁称为圉(yǔ),在戊称为厉,在己称为则,在庚称为窒,在辛称为塞,在壬称为终,在癸称为极。

月阳。

【按语】

“月阳”,是古代以十干纪月的别名。

8(7).011　正月为陬,二月为如,三月为寎,四月为余,五月为皋,六月为且,七月为相,八月为壮,九月为玄,十月为阳,十一月为辜,十二月为涂。

【译文】

正月称为陬(zōu),二月称为如,三月称为寎(bǐng),四月称为余,五月称为皋,六月称为且(jū),七月称为相(xiàng),八月称为壮,九月称为玄,十月称为阳,十一月称为辜,十二月称为涂。

月名。

【按语】

古人纪月常用数字表示,这里的"月名"指每个月特定的别名。

8(8).012　南风谓之凯风①,东风谓之谷风②,北风谓之凉风③,西风谓之泰风④。

【注释】

①凯风:南风,和乐之风。《诗·邶风·凯风》:"~~自南,吹彼棘心。"毛传:"南风谓之~~。"孔疏:"李巡曰:'南风长养万物,万物喜乐,故曰~~。凯,乐也。'"　②谷风:东风,生长之风。《诗·邶风·谷风》:"习习~~,以阴以雨。"毛传:"东风谓之~~。"孔疏:"孙炎曰:'谷之言榖,榖,生也。~~者,生长之风。'"　③凉风:北风。《释文》:"凉本作飆。"《说文》:"北风谓之飆。"　④泰风:亦作"大风"。《诗·大雅·桑柔》:"大风有隧。"郑笺:"西风谓之大风。"孔疏:"孙炎曰:'西风成物,物丰泰也。'"

【译文】

南风称为凯风,东风称为谷风,北风称为凉风,西风称为泰风。

8(8).013　焚轮谓之颓①。扶摇谓之猋②。风与火为庉③。回风为飘④。

【注释】

①焚轮:从上而降的暴风。《诗·小雅·谷风》:"维风及颓。"毛传:"颓,风之~~者也。"孔疏引李巡曰:"~~,暴风从上来降,谓之颓。颓,下也。"　②扶摇:急剧盘旋而上的暴风。"猋(biāo)"通"飙",是"~~"二字的合音词。邢疏:"~~,暴风从下升上,故曰猋。猋,上也。"《庄子·逍遥游》:"抟~~而上者九万里。"成玄英疏:"~~,旋风也。"　③庉(tún):或作"炖"。《玉篇》:"炖,风与火也。"邢疏:"言风自火出,火因风炽,而有大风者为~。"　④回风:旋风。《诗·桧风·匪风》:"匪风飘兮。"毛传:"~~为飘。"郝疏:"按旋风回旋于地,不上不下,异于颓、猋,其行飘飘,故谓之飘风。"

【译文】

从上而下的暴风称为颓(tuí)。盘旋而上的暴风称为猋。风因火而猛,火因风而烈称为庉。旋风称为飘。

8(8).014 日出而风为暴。风而雨土为霾①。阴而风为曀②。

【注释】

①霾(mái):风中夹杂尘土。《诗·邶风·终风》:"终风且~。"毛传:"~,雨土也。"孔疏引孙炎曰:"大风扬尘土,从上下也。" ②曀(yì):天气阴而有风。《诗·邶风·终风》:"终风且~。"毛传:"阴而风曰~。"

【译文】

晴天刮大风称为暴。大风吹起、散扬尘土称为霾。天阴刮风称为曀。

8(8).015 天气下,地不应曰雺。地气发,天不应曰雾。雾谓之晦。

【译文】

天上的空气降落,而大地不去接应称为雺(wù)。地上的空气升发,而上天不去接应称为雾。雾称为晦。

8(8).016 螮蝀谓之雩①。螮蝀,虹也。蜺为挈贰②。

【注释】

①螮蝀(dì dōng):虹的别名。郭注:"俗名为美人虹。江东呼雩。" 雩(yù):虹的别名。 ②蜺(ní):同"霓"。虹的一种,亦称副虹。郭注:"雌虹也。"雨后天空中出现的彩色圆弧,一般有两个,颜色鲜艳的叫虹,亦称正虹或雄虹,颜色较淡的称为霓,亦称副虹,雌虹或挈贰。《尸子》下:"~,挈贰其别名也。"

【译文】

螮蝀称为雩。螮蝀,就是虹。霓称为挈贰。

8(8).017 弇日为蔽云①。

【注释】

①弇(yǎn)日:遮盖了日光。郭注:"即晕气五彩覆日也。弇,掩。"

【译文】

云气遮盖了太阳光即称为蔽云。

8(8).018　疾雷为霆霓[①]。

【注释】

①霆:暴雷,霹雳。按:阮校,"霆霓"之"霓'为衍文。今译从之。

【译文】

劈雷称为霆(霓一词为衍文)。

8(8).019　雨霓为霄雪[①]。

【注释】

①霓(xiàn):同"霰"。米雪,雪子。　霄:《说文》:"~,雨霓为~。"按:阮校,"霄雪"之"雪"为衍文。今译从之。

【译文】

下小雪粒称为霄(雪一词为衍文)。

8(8).020　暴雨谓之涷[①]。小雨谓之霡霂[②]。久雨谓之淫。淫谓之霖[③]。济谓之霁[④]。

【注释】

①涷(dōng):暴雨。郭注:"今江东人呼夏月暴雨为~雨。"《楚辞·九歌·大司命》:"令飘风兮先驱,使~雨兮洒尘。"王逸注:"暴雨为~雨。"　②霡霂(mài mù):蒙蒙小雨。《诗·小雅·信南山》:"益之以~~。"毛传:"小雨曰~~。"③霖(lín):久雨。《说文》:"~,雨三日已往。"《左传·隐公九年》:"凡雨,自三日以往为~。"　④济(jì):停止。特指雨止。同"霁"。郭注:"今南阳人呼雨止为霁。"

【译文】

暴雨称为涷。小雨称为霡霂。久雨称为淫。淫雨称为霖。雨停称为霁。

风雨。

【按语】

"风雨"指风、云、雨、雪等天象。

8(9).021　寿星[①],角、亢也。天根,氐也[②]。

【注释】

①寿星:星次名。　②氐(dī):二十八宿之一。亦名"天根"。郭注:"角、亢下系于~,若木之有根。"《史记·天官书》:"~为天根,主疫。"

【译文】

寿星次,有角、亢二宿。天宇的根柢就是氐宿。

【按语】

古人为了观测天象及日、月、行星在天空中的运行,选取在黄道带、赤道带附近一周天的二十八个星官作为观测天象的相对标志,称为二十八宿。它又平均分为四组,每组七宿,与东、西、南、北四个方位和苍龙、白虎、朱雀、玄武(龟蛇)四种动物形象相配,称为"四象"。二十八宿以北斗斗柄所指的角宿为起点,由西向东排列,它们的名称以及与四象的关系为:东方苍龙:角、亢、氐、房、心、尾、箕;北方玄武:斗、牛、女、虚、危、室、壁;西方白虎:奎、娄、胃、昴、毕、觜、参;南方朱雀:井、鬼、柳、星、张、翼、轸。二十八宿分别位于十二星次之中。

所谓十二星次,是我国古代为了测度日、月、行星的位置与运动而把黄道带分成的十二等分,每一星次以若干较显著的星官作为标志。十二星次的名称是:星纪、玄枵、诹訾(娵觜)、降娄、大梁、实沈、鹑首、鹑火、鹑尾、寿星、大火、析木。由于二十八宿之间距离并不相等,所以每个星次中包含的星宿数目也不等同,有的星宿甚至跨属相邻的两个星次。下文中出现的星宿名与星次名不再注释。

8(9).022 天驷[①],房也。大辰[②],房、心、尾也。大火谓之大辰。

【注释】

①天驷(sì):房宿四星并列,又名~~。郭注:"龙为天马,故房四星谓之~~。"《国语·周语下》:"月在~~。"韦昭注:"~~,房星也。" ②大辰:大火次的别名。《春秋·昭公十七年》:"冬,有星孛于~~。"杜预注:"~~,房、心、尾也。"

【译文】

天驷,就是房宿。大辰次,有房、心、尾三宿。大火次又称大辰次。

8(9).023 析木谓之津[①],箕斗之间,汉津也[②]。

【注释】

①析木之津:析木次的别名。按:阮校,"析木谓之津"之"谓"为衍文。今译从之。 ②汉:银河。又称天汉、天河。津为渡口之义。银河位于箕斗二宿之间,故称之。

【译文】

析木次,箕、斗二宿之间,就是银河。

8(9).024　星纪,斗、牵牛也①。

【注释】

①牵牛:星名。一般指河鼓星,又称天鼓,俗称牛郎星、扁担星。有时亦可指二十八宿北方七宿中的牛宿。此处即指牛宿。

【译文】

星纪次,有斗、牛二宿。

8(9).025　玄枵,虚也;颛顼之虚①,虚也;北陆②,虚也。

【注释】

①颛顼(zhuān xū)之虚:虚宿的别名。《左传·昭公十年》:"今兹岁在～～～～。"孔疏:"北方三次以玄枵(xiāo)为中。玄枵次有三宿,又虚在其中。以水位在北,颛顼居之,故谓玄枵虚星为～～～～。"　②北陆:虚宿的别名。《左传·昭公四年》:"古者日在～～而藏冰。"孔疏引孙炎曰:"陆,中也。北方之宿虚为中也。"

【译文】

玄枵次,有虚宿;颛顼之虚就是虚宿;北陆宿也是虚宿。

8(9).026　营室谓之定①。娵觜之口②,营室东壁也。

【注释】

①营室:星名。最早包括"室""壁"二宿。古亦称"定"。后专指室宿。《国语·周语中》:"～～之中,土功其始。"韦昭注:"定谓之～～也。建亥小雪中,定星昏正于午,土功可以始也。"　②娵觜(jū zī)之口:即"诹訾"。《左传·襄公三十年》:"岁在～～～～。"孔疏引孙炎曰:"营室东壁四方似口,故因名云。"

【译文】

室宿称为定宿。娵觜次,有营室、东壁二宿。

8(9).027　降娄,奎、娄也。

【译文】

降娄次,有奎、娄二宿。

8(9).028　大梁,昴也;西陆①,昴也。

【注释】

①西陆:昴(mǎo)宿的别名。昴宿在西方七宿中居中,故又称西陆。

【译文】

大梁次,有昴宿;西陆宿,就是昴宿。

8(9).029 浊谓之毕①。

【注释】

①浊:毕宿的别名。共八星,形似长柄的网。郭注:"掩兔之毕,或呼为~,因星形以名。"或作"噣(zhuò)"。《诗·小雅·渐渐之石》:"月离于毕。"毛传:"毕,噣也。"

【译文】

浊宿又称毕宿。

8(9).030 咮谓之柳①。柳,鹑火也。

【注释】

①咮(zhòu):柳宿的别称。《左传·襄公九年》:"古之火正,或食于心,或食于~,以出内火。是故~为鹑火,心为大火。"

【译文】

咮宿称为柳宿。柳宿,在鹑火次之中。

8(9).031 北极谓之北辰①。

【注释】

①北极:北极星。又称北辰。邢疏:"~~谓之北辰者,极,中也;辰,时也。居天之中。人望之在北,因名~~。斗杓所建,以正四时,故云北辰。"

【译文】

北极星称为北辰星。

8(9).032 何鼓谓之牵牛。

【译文】

何鼓(即河鼓)星称为牵牛星。

8(9).033 明星谓之启明①。

【注释】

①明星:即金星。早晨出现于东方称启明星,傍晚出现在西方称太白星或长

庚星。《诗·小雅·大东》:"东有启明,西有长庚。"毛传:"日旦出,谓~~为启明;日既入,谓~~为长庚。"

【译文】

金星称为启明星。

8(9).034 彗星为欃枪。

【译文】

彗星又称为欃(chán)枪星。

8(9).035 奔星为彴约。

【译文】

流星称为彴(báo)约星。

星名。

【按语】

"星名",指我国古代对恒星等天体的命名。

8(10).036 春祭曰祠,夏祭曰礿,秋祭曰尝,冬祭曰烝。

【译文】

春季的祭祀称为祠,夏季的祭祀称为礿(yào),秋季的祭祀称为尝,冬季的祭祀称为烝。

8(10).037 祭天曰燔柴①,祭地曰瘗薶②,祭山曰庪县③,祭川曰浮沉④,祭星曰布⑤,祭风曰磔⑥。

【注释】

①燔(fán)柴:焚烧祭品以祭天。《礼记·祭法》:"~~于泰坛,祭天也。"孔疏:"~~于泰坛者,谓积薪于坛上,而取玉及牲置柴上燔之,使气达于天也。" ②瘗薶(yì mái):即"瘗埋"。埋葬。此处指把祭品埋到地中以祭地。《礼记·祭法》:"瘗埋于泰折,祭地也。"孔疏:"谓瘗缯埋牲,祭神州地祇于北郊也。" ③庪县(guǐ xuán):将祭品放置或悬挂山上以祭山。庪,放置。《释文》:"~,本或作'庋',又作'攱'。"黄侃《音训》:"~正作椬,犹枝柱即椬柱也。"一说:埋葬。邢疏:"~谓埋藏之。"县,同"悬"。《仪礼·觐礼》:"祭山丘陵升。"贾公彦疏:"升即~~也。" ④浮沉:郭注:"投祭水

中,或浮或沉。"　⑤布:布散祭品于地以祭星。邢疏引孙炎曰:"既祭,布散于地,似星布列也。"　⑥磔(zhé):割裂牺牲肢体以祭风。

【译文】

焚烧祭品以祭天称为燔柴,深埋祭品以祭地称为瘗薶,将祭品放置或悬挂在山上以祭山称为庪县,将祭品沉入水中以祭河川称为浮沉,布散祭品于地以祭星称为布,割裂牺牲肢体以祭风称为磔。

8(10).038 "是禷是祃"[①],师祭也。

【注释】

①"是禷是祃":语出《诗·大雅·皇矣》。今本《诗经》"禷"作"类"。毛传:"于内曰类,于野曰祃。"郑笺:"类也,祃也,师祭也。"指出师时祭祀天神。

【译文】

"是禷是祃",指的是行兵打仗时祭祀天神。

8(10).039 "既伯既祷"[①],马祭也。

【注释】

①"既伯既祷":语出《诗·小雅·吉日》。毛传:"伯,马祖也。重物慎微,将用马力,必先为之祷其祖。"《释文》:"祷,马祭也。《说文》作'禂'。"

【译文】

"既伯既祷",指的是田猎时祭马神。

8(10).040 禘[①],大祭也。

【注释】

①禘(dì):宗庙五年一次的大祭。与"祫"并称为殷祭。郭注:"五年一大祭。"邢疏:"三年一祫,五年一~。~所以异于祫者,毁庙之祖陈于太祖,与祫同;未毁庙之主,则各就其庙而祭也。"

【译文】

禘(盛大的祭祀)一词,是大祭的意思。

8(10).041 绎[①],又祭也。周曰绎,商曰肜,夏曰复胙[②]。

【注释】

①绎(yì):连续。此处指正祭后的次日再次进行的祭祀。　②复胙(zuò):

"胙",《释文》作"昨"。阮校云:"复昨者,复昨日之祭也。"

【译文】

绎,指的是正祭后的第二天接着进行的祭祀。周代称为绎,商代称为肜(róng),夏代称为复胙(zuò)。

祭名。

【按语】

"祭名",为古人祭天祀祖的种种名称。

8(11).042 春猎为蒐,夏猎为苗,秋猎为狝,冬猎为狩。

【译文】

春季田猎称为蒐(sōu),夏季田猎称为苗,秋季田猎称为狝(xiǎn),冬季田猎称为狩(shòu)。

8(11).043 宵田为獠①。火田为狩②。

【注释】

①宵田:夜间田猎。 獠(liáo),猎的别名。郭注:"今江东亦呼猎为獠。"②火田:焚烧草木以田猎。邢疏:"李巡、孙炎皆云:放火烧草,守其下风。"《礼记·王制》:"昆虫未蛰,不以~~。"

【译文】

夜间田猎称为獠。用火焚烧草木以田猎称为狩。

8(11).044 "乃立冢土,戎丑攸行"①,起大事,动大众,必先有事乎社而后出,谓之宜。

【注释】

①"乃立冢土,戎丑攸行":语出《诗·大雅·绵》。毛传:"冢,大。冢土,大社也。起大事,动大众,必先有事于社而后出,谓之宜。"

【译文】

"乃立冢土,戎丑攸行"(修建大社,民众前往祭祀),举行军事行动,动员广大民众时,一定要先到社庙祭祀,然后再出发征战,这就称为宜。

8(11).045 "振旅阗阗"①,出为治兵,尚威武也;入为振旅,反尊卑也[②]。

【注释】

①"振旅阗阗(tián tián)":语出《诗·小雅·采芑》。振旅,整治军队。阗阗,壮盛的样子。 ②反尊卑:郭注:"尊老在前,复常仪也。"

【译文】

"振旅阗阗",出兵征战时,年轻卑贱者列在前面,为的是崇尚威武;入内练兵时,则年老、尊贵者列在前面,为的是恢复尊卑有序的正常仪礼。

讲武。

【按语】

"讲武"意为讲习武事。这里说的田猎、军武之事,均与季节、祭天有关,所以亦放在《释天》之中。

8(12).046 素锦绸杠[①],纁帛縿[②],素升龙于縿[③],练旒九[④],饰以组[⑤],维以缕[⑥]。

【注释】

①绸杠(gāng):缠裹旗杆。"杠"即旗杆之义。邢疏引《广雅》云:"天子杠高九仞,诸侯七仞,大夫五仞。" ②纁(xūn):浅赤色。《说文》:"~,浅绛也。"《周礼·考工记·钟氏》:"三入为~。"郑玄注:"染~者三入而成。" 縿(shān):古时旌旗垂饰物(旒)的正幅。邢疏:"~,即众旒所著者升上也。" ③素升龙:白色头朝上的龙。 ④练:白色的熟绢。 旒:古代旌旗下边垂悬的饰物。 ⑤组:宽而薄的丝带。《诗·邶风·简兮》:"执辔如~。"朱熹《集传》:"~,织丝为之,言其柔也。" ⑥缕:丝线,麻线。郭注:"用朱~维连持之,不欲令曳地。"

【译文】

龙旗,用白色的丝帛缠裹旗杆,用浅赤色的丝绸做旗的正幅,旗面上画着头朝上的白龙,有九条白色熟绢做成旗上的飘带,用又宽又薄的丝带来镶边,再以红线扎起来。

8(12).047 缁广充幅长寻曰旐[①]。继旐曰旆[②]。

【注释】

①旐(zhào):古代画有龟蛇的旗。朱骏声《说文通训定声》:"~,旗画龟蛇者,四游像室壁四星,九旗之帛皆用绛,惟~用缁,长八尺,续~又有旆,旆帛用绛,

亦长八尺,故～独长也。” ②旆(pèi):阮校作“斾”。古代旐末饰以帛制的状如燕尾的垂旒。

【译文】

黑色丝绸整幅长八尺的旗子称为旐。旐末所镶的形如燕尾的帛制垂旒称为旆。

8(12).048 注旄首曰旌。

【译文】

竿头缀有旄牛尾的旗子称为旌。

8(12).049 有铃曰旂。

【译文】

竿头挂有铃铛的旗子称为旂(qí)。

8(12).050 错革鸟曰旟[①]。

【注释】

①错:涂饰,画。《说文》:“～,金涂也。” 革鸟:指飞翔急疾的鹰隼之类的鸟。 旟(yú):古代军旗之一,上绘振翅疾飞的鸟隼图像。《说文》:“～,错革画鸟其上,所以进士众。”《诗·鄘风·干旄》:“孑孑干～,在浚之都。”毛传:“鸟隼曰～。”

【译文】

绘有疾飞的鸟隼图像的旗子称为旟。

8(12).051 因章曰旃[①]。

【注释】

①旃(zhān):古代赤色、无饰、曲柄的旗子。郭注:“以帛练为旒。因其文章,不复画之。”《说文》:“旗曲柄也,所以旃表士众。”

【译文】

以绛帛为本色、不加文饰的旗子称为旃。

旌旂。

【按语】

“旌旂”因与“讲武”密切相关,故与之一起归入《释天》。

释地第九

【题解】

《释地》分为九州、十薮、八陵、九府、五方、野、四极等七类，解释古代地理方面的自然万物专名。

9(1).001　两河①间曰冀州。

【注释】

①两河：郭注："自东河至西河。"战国秦汉之时，黄河在今河南武陟县之下向东北流，经山东西北角，折北至河北沧县东北入海，稍呈南北流向，与上游今山西、陕西间的南北流向的一段黄河相对，合称两河。

【译文】

古黄河的东西两段南北流向的河道之间称为冀州。

9(1).002　河南曰豫州。

【译文】

黄河以南称为豫州。

9(1).003　河西曰雍州。

【译文】

黄河以西称为雍州。

9(1).004　汉南曰荆州。

【译文】

汉水以南称为荆州。

9(1).005　江南曰扬州。

【译文】

长江以南称为扬州。

9(1).006　济河间曰兖州。

【译文】

济水与黄河之间称为兖(yǎn)州。

9(1).007　济东曰徐州。

【译文】

济水以东称为徐州。

9(1).008　燕曰幽州。

【译文】

燕国属地称为幽州。

9(1).009　齐曰营州。

【译文】

齐国属地称为营州。

九州。

【按语】

九州是传说中我国上古时期的行政区域。而关于九州,说法不一。如《尚书·禹贡》作冀、兖、青、徐、扬、荆、豫、梁、雍,《周礼·职方氏》作冀、兖、青、扬、荆、豫、雍、幽、并,《吕氏春秋·有始览》作冀、兖、青、徐、扬、荆、豫、雍、幽,《尔雅》作冀、豫、雍、荆、扬、兖、徐、幽、营。可见《尔雅》说的"九州"与《禹贡》异,与《周礼》略同,而与《吕氏春秋》最接近。

9(2).010　鲁有大野[①]。

【注释】

①大野:古泽名。在今山东巨野县北。又称巨野泽。

【译文】

鲁国有巨野泽。

9(2).011 晋有大陆[1]。

【注释】

①大陆:古泽名。又名广河、钜鹿。在今河北任县东北。郭注:“今钜鹿北广河泽是也。”

【译文】

晋国有大陆泽。

9(2).012 秦有杨陓[1]。

【注释】

①杨陓(yū):古泽名。又作阳纡、杨纡、阳华。一说在今陕西华阴东。

【译文】

秦国有杨陓泽。

9(2).013 宋有孟诸[1]。

【注释】

①孟诸:古泽名。又作孟猪、明都、盟诸、望诸。在今河南商丘东北。

【译文】

宋国有孟诸泽。

9(2).014 楚有云梦[1]。

【注释】

①云梦:古泽名。在今湖北潜江附近。郭注:“今南郡华容县东南巴丘湖是也。”

【译文】

楚国有云梦泽。

9(2).015 吴越之间有具区[1]。

【注释】

①具区:古泽名。又名震泽。即今太湖。

【译文】

吴国与越国之间有具区泽。

9(2).016 齐有海隅[①]。

【注释】

①海隅:沿海地区,海滨。郝疏:"自登莱之黄县掖县以西,历青州之寿光乐安以东,及武定之海丰利津以北,延袤千馀里间,皆～～之地。"可见海隅只是沿海一带之通名,并非具体泽名。

【译文】

齐国有海滨。

9(2).017 燕有昭余祁[①]。

【注释】

①昭余祁:古泽名。又称大昭、昭余、九泽。在今山东祁县西南、介休东北。

【译文】

燕国有昭余祁泽。

9(2).018 郑有圃田[①]。

【注释】

①圃田:古泽名。又称原圃、圃中。在今河南中牟西。

【译文】

郑国有圃田泽。

9(2).019 周有焦护[①]。

【注释】

①焦护:阮校作"焦获(穫)。"古泽名。在今陕西泾阳北。一说即今山西阳城的濩泽。

【译文】

周地有焦获泽。

十薮。

【按语】

薮(sǒu)是湖泽的通称,专指少水的泽地。上古有九薮之说,汉人增"周有焦护",成"十薮"。

9(3).020　东陵,阠。南陵,息慎。西陵,威夷。中陵,朱滕。北陵,西隃雁门是也。

【译文】

东陵称为阠(xùn)。南陵称为息慎。西陵称为威夷。中陵称为朱滕。北陵,就是西隃雁门山。

9(3).021　陵莫大于加陵。

【译文】

陵(大土山)没有比加陵更大的。

9(3).022　梁莫大于湨梁。

【译文】

河堤没有比湨(jú)水大堤更大的。

9(3).023　坟莫大于河坟[1]。

【注释】

①坟:堤岸,高地。《方言》卷一:"地大也,青幽之间,凡土而高大者谓之~。"《楚辞·九章·哀郢》:"登大~以远望兮,聊以舒吾忧心。"这里的河坟指黄河堤岸。

【译文】

堤岸没有比黄河河堤更大的。

八陵。

【按语】

陵即大土山,"八陵"为传说中的八处大陵。其中湨梁、河坟并非土山,因其大若陵,故亦归入"八陵"类。

9(4).024　东方之美者,有医无闾之珣玗琪焉[1]。

【注释】

①医无闾：山名。在今辽宁省，以产玉石而闻名。《周礼·夏官·职方氏》："东北曰幽州。其山镇曰～～～。"郑玄注："～～～，在辽东。" 珣玗琪：东方美玉。《说文》："珣，医无闾之～～～。《周书》所谓夷玉也。"段注："夷玉，《（书）顾命》文。郑注云：东北之～～～也。"

【译文】

东方的宝物，有医无闾山上的美玉珣玗琪。

9(4).025 东南之美者，有会稽之竹箭焉[1]。

【注释】

①会稽：山名。在浙江省中部绍兴、嵊县、诸暨、东阳之间。 竹箭：小竹，可以做箭干。郭注："～～，篠也。"

【译文】

东南的宝物，有会稽山的箭竹。

9(4).026 南方之美者，有梁山之犀象焉[1]。

【注释】

①梁山：指湖南的衡山，即南岳。

【译文】

南方的宝物，有衡山的犀牛角和象牙。

9(4).027 西南之美者，有华山之金石焉[1]。

【注释】

①华山：在陕西省东部。古称"西岳"。

【译文】

西南的宝物，有华山的黄金玉石。

9(4).028 西方之美者，有霍山之多珠玉焉[1]。

【注释】

①霍山：即霍太山，又称太岳山。在山西霍县东南。 多珠玉：多种精美玉石。郭注："珠如今杂珠而精好。"黄侃《音训》："珠从玉，故亦为美石之通称。《广雅》自水晶、琉璃、珊瑚之属九名皆目曰珠，是知珠之所包多矣，故曰～～～。"

【译文】

西方的宝物,有霍太山的多种精美玉石。

9(4).029 西北之美者,有昆仑虚之璆琳琅玕焉[①]。

【注释】

①昆仑虚:山名。西起帕米尔高原,横贯新疆、西藏之间,东延入青海境内。虚,指山下基部,山脚。 璆(qiú)琳琅玕(gān):郭注:"璆琳,美玉名;琅玕,状似珠也。"皆精美的玉石之名。

【译文】

西北的宝物,有昆仑山下的美玉和玉石。

9(4).030 北方之美者,有幽都之筋角焉[①]。

【注释】

①幽都:山名。邢疏:"《山海经》云:北海之内有山名曰~~之山。"郝疏:"山在昌平县(今属河北)西北。"

【译文】

北方的宝物,有幽都山的牛羊筋角。

9(4).031 东北之美者,有斥山之文皮焉[①]。

【注释】

①斥山:或作"庍山"。郝疏:"庍山,濒海之山。"在今山东荣城县南。 文皮:有花纹的兽皮。指虎豹之类动物的毛皮。

【译文】

东北的宝物,有斥山带花纹的兽皮。

9(4).032 中有岱岳[①],与其五谷鱼盐生焉。

【注释】

①岱岳:即泰山。郝疏:"五谷鱼盐之饶,非必泰山所有,《尔雅》言中有岱岳,实概举中土而言耳。"

【译文】

中部有泰山,那里盛产五谷和鱼盐。

九府。

【按语】

九府,意指九州内储藏的珍宝或财物。

9(5).033　东方有比目鱼焉,不比不行,其名谓之鲽。

【译文】

东方有比目鱼,不两两挨着就不能游动,它的名字称为鲽(tà)。

9(5).034　南方有比翼鸟焉,不比不飞,其名谓之鹣鹣①。

【注释】

①鹣鹣(jiān jiān):传说中的比翼鸟。一鸟仅有一翼一目,要两两并排才能飞行。郭注:"似凫,青赤色,一目一翼,相得乃飞。"

【译文】

南方有比翼鸟,不两两挨着就不能飞行,它的名字称为鹣鹣。

9(5).035　西方有比肩兽焉,与邛邛岠虚比①,为邛邛岠虚啮甘草②,即有难,邛邛岠虚负而走,其名谓之蟨③。

【注释】

①邛邛(qióng qióng)岠虚:兽名。传说中这种兽前足长,后足短,善奔跑而不善于觅食。　②啮(niè):咬。《说文》:"~,噬也。"　③蟨(jué):兽名。传说中这种兽前足短而后足长,不善于奔跑而善于求食。与邛邛岠虚互相依存,故称为比肩兽。

【译文】

西方有比肩兽,和邛邛岠虚两两挨并,为邛邛岠虚咬甘草吃。如果发生灾难,邛邛岠虚就背着它跑,它的名字称为蟨。

9(5).036　北方有比肩民焉①,迭食而迭望。

【注释】

①比肩民:即传说中的半体人,各有一目、一鼻孔、一臂、一脚,必须两两配合才能活动。

【译文】

北方有比肩民,轮流吃饭,轮流观望警戒。

9(5).037 中有枳首蛇焉①。

【注释】

①枳首蛇:即两头蛇。

【译文】

中部有两头蛇。

9(5).038 此四方中国之异气也。

【译文】

这些都是四方中国的异常之物。

五方。

【按语】

“五方”意指五方的异常怪诞之物。大都为传说所言,并非实有其物。而况说某物产于某方也不确切,只是大概言之。

9(6).039 邑外谓之郊。郊外谓之牧。牧外谓之野。野外谓之林。林外谓之坰①。

【注释】

①坰(jiǒng):远野,都邑的远郊。《诗·鲁颂·駉》:“在~之野。”毛传:“~,远野也。”孔疏:“孙炎曰:‘邑,国都也。设百里之国,五者(指郊、牧、野、林、坰)之界,界各十里。’然则百里之国,国都在中,去境五十,每十里而异其名,则~为边畔,去国最远。”

【译文】

国都之外称为郊。郊外称为牧地。牧地之外称为野。野外称为林。林外称为坰。

9(6).040 下湿曰隰①。大野曰平。广平曰原。高平曰陆。大陆曰阜。大阜曰陵。大陵曰阿。

【注释】

①下湿:低湿之地。

【译文】

低湿之地称为隰(xí)。广大之野称为平。广平之地称为原。高平之地称为陆。大陆称为阜。大土山称为陵。大陵称为阿(ē)。

9(6).041 可食者曰原[①],陂者曰阪[②]。下者曰隰[③]。

【注释】

①可食者:指宽广平整可以种植庄稼之地。 ②陂(bēi):山坡,斜坡。《释名》:"山旁曰~。"《诗·陈风·泽陂》:"彼泽之~,有蒲与荷。"毛传:"~,泽障也。"阪(bǎn):《说文》:"坡者曰~。"《诗·秦风·车邻》:"~有漆,隰有栗。"毛传:"陂者曰~,下湿曰隰。" ③隰(xí):低湿的地方。

【译文】

地势宽广平整可以种粮食的地方称为原。山坡之地称为阪。低湿之地称为隰。

9(6).042 田一岁曰菑[①],二岁曰新田,三岁曰畬[②]。

【注释】

①菑(zī):初耕一年的田。郭注:"今江东呼初耕地反草为~。"《诗·小雅·采芑》:"薄言采芑,于彼新田,于此~亩。"毛传:"田一岁曰~。二岁曰新田。三岁曰畬。" ②畬(yú):已垦种三年的田。

【译文】

初耕一年的田称为菑。耕种两年的田称为新田。耕种三年的田称为畬。

野。

【按语】

"野"相对于"邑"而言,指郊外。郊、牧、林、坰,是野的异名。原、隰、陆、阜、陵、阿、菑、畬等,都是野的细目。

9(7).043 东至于泰远,西至于邠国,南至于濮铅,北至于祝栗[①],谓之四极。

【注释】

①泰远、邠(bīn)国、濮铅、祝栗:是我国古代传说中东、西、南、北极远处的国家名。

【译文】

东到泰远国,西到邠国,南到濮铅国,北到祝栗,这就称为四极。

9(7).044 觚竹、北户、西王母、日下[①],谓之四荒[②]。

【注释】

①觚(gū)竹、北户、西王母、日下:是上古时期的国家名。郭注:"觚竹在北,

北户在南,西王母在西,日下在东,皆四方昏荒之国。” ②四荒:指四方荒远之地。

【译文】

觚竹、北户、西王母、日下等四个边远的国家,称为四荒。

9(7).045 九夷、八狄、七戎、六蛮①,谓之四海②。

【注释】

①九夷、八狄、七戎、六蛮:是古代对东方、北方、西方、南方各族的泛称。②四海:指中国九州以外四周的海疆。此处意为四海之内,四邻各族居住之地。

【译文】

九夷、八狄、七戎、六蛮等四邻各族居住的地方,称为四海。

9(7).046 岠齐州以南戴日为丹穴①。北戴斗极为空桐②。东至日所出为大平。西至日所入为大蒙。

【注释】

①岠齐州以南戴日为丹穴:邢疏:“言去中国以南,北户以北,值日之下,其处名丹穴。” ②空桐:北方极远处山名。

【译文】

距离齐州以南,正对着日下之地,称为丹穴。北面正对着北斗星与北极星之地称为空桐。东面到日出的地方称为大平。西面到日落的地方称为大蒙。

9(7).047 大平之人仁,丹穴之人智,大蒙之人信,空桐之人武。

【按语】

将四方之人说成分别具有仁、智、信、武等不同的品质,是唯心主义的观点。郝疏引《淮南子·地形篇》注云:“东方木德仁,故有君子之国。此即大(tài)平之人仁也。推是而言,南方火德明,故其人智;西方金德实,故其人信;北方水德怒,故其人武。中国土德和平,故其人五性具备也。”

【译文】

大平的人仁义,丹穴的人聪明,大蒙的人守信用,空桐的人尚勇武。

四极。

【按语】

“四极”指四方极远之地。这里所释的都是一些传说中的国家或地方。

释 丘 第 十

【题解】

《释丘》分为丘和厓岸两类，解释关于各种自然形成的高地的名称。

10(1).001　丘，一成为敦丘，再成为陶丘，再成锐上为融丘①，三成为昆仑丘。

【注释】

①锐上：尖顶。

【译文】

小土山，一层的称为敦丘，两层重叠的称为陶丘，两层重叠而尖顶的称为融丘，三层重叠的称为昆仑丘。

10(1).002　如乘者①，乘丘。如陼者②，陼丘。

【注释】

①乘：郭注："形似车～也。或云～者谓稻田塍埒。"　②陼(zhǔ)：水中小洲。《说文》："如渚者～丘，水中高者也。"

【译文】

状如车乘或形似田塍(chéng)的小土山称为乘丘。形状如水中小洲的小土山称为陼丘。

10(1).003　水潦所止，泥丘。

【译文】

顶上有凹洼以积聚雨水的高地称为泥丘。

10(1).004　方丘，胡丘。

【译文】

四方形的小土山称为胡丘。

10(1).005　绝高为之京[①]。非人为之丘。

【注释】

①为：谓。

【译文】

人力建成的极为高大的土山称为京。不是人工建成而是自然形成的土山称为丘。

10(1).006　水潦所还[①]，埒丘。

【注释】

①还：通“环”。环绕。

【译文】

四周被水环绕、围有界限的土山称为埒(liè)丘。

10(1).007　上正，章丘[①]。

【注释】

①章丘：丘顶平正的土山。郝疏：“后世有章丘山，盖依此名。《隋书·地理志》：‘齐郡有章丘县。……取县南章丘山为名也。’”

【译文】

顶上平正的土山称为章丘。

10(1).008　泽中有丘，都丘。

【译文】

池泽之中的高地称为都丘。

10(1).009　当途，梧丘。

【译文】

道路当中的高地称为梧丘。

10(1).010　途出其右而还之,画丘。途出其前,戴丘。途出其后,昌丘。

【译文】

道路出自其右侧而且被道路环绕的土山称为画丘。道路出自其前面的土山称为戴丘。道路出自其后面的土山称为昌丘。

10(1).011　水出其前,渻丘。水出其后,沮丘。水出其右,正丘①。水出其左,营丘。

【注释】

①正丘:阮校作"沚丘"。《释名》:"水出其右曰沚丘。沚,止也,西方义气有所制止也。"译文从之。

【译文】

有河流出自其前面的土山称为渻(shěng)丘。有河流出自其后面的土山称为沮(jǔ)丘。有河流出自其右面的土山称为沚丘。有河流出自其左面的土山称为营丘。

10(1).012　如覆敦者①,敦丘。

【注释】

①敦(duì):古代盛黍稷的器具。青铜制,盖和器身都作半圆形,合成球形。有三足或圈足,流行于战国时期。《礼记·明堂位》:"有虞氏之两~。"敦丘,参看10(1).001条。

【译文】

形状像倒扣着的大碗那样的土山,称为敦丘。

10(1).013　逦迤,沙丘。

【译文】

曲折绵延的土山称为沙丘。

10(1).014　左高,咸丘。右高,临丘。前高,旄丘。后高,陵丘。偏高,阿丘。

【译文】

左高右低的土山称为咸丘。左低右高的土山称为临丘。前高后低的土山称为旄丘。前低后高的土山称为陵丘。一边偏高倾斜的土山称为阿丘。

10(1).015　宛中[1],宛丘。

【注释】

①宛:低洼,凹入。《诗·陈风·宛丘》:"~丘之上兮。"毛传:"四周高,中央下曰~丘。"

【译文】

四周高中间低洼的土山称为宛丘。

10(1).016　丘背有丘为负丘。

【译文】

土山背面还有一个土山的称为负丘。

10(1).017　左泽,定丘。右陵,泰丘。

【译文】

左边有大泽的土山称为定丘。右边有大陵的土山称为泰丘。

10(1).018　如亩,亩丘。如陵,陵丘。

【译文】

像田垄样的土山称为亩丘。像大陵样的土山称为陵丘。

10(1).019　丘上有丘为宛丘。

【译文】

土丘上又有一个中间低洼的土丘还是叫宛丘。

10(1).020　陈有宛丘[1]。晋有潜丘[2]。淮南有州黎丘[3]。

【注释】

①宛丘:古丘阜名。在今河南淮阳。　②潜丘:古地名。在今山西太原南晋源东。　③州黎丘:古丘名。在今安徽寿春西南。

【译文】

陈国有宛丘。晋国有潜丘。淮南有州黎丘。

10(1).021　天下有名丘五,三在河南,其二在河北。

【译文】

天下有五座著名的山丘，其中三座在黄河南边，两座在黄河北边。

丘。

【按语】

“丘”意指自然形成的高地。此处所释都是有关丘的名称。

10(2).022 望厓洒而高①，岸。

【注释】

①洒(cuǐ)：高峻的样子。《诗·邶风·新台》：“新台有～。”毛传：“～，高峻也。”

【译文】

看上去峻拔而高起的水边地称为岸。

10(2).023 夷上洒下，不漘①。

【注释】

①不：邢疏：“～者，盖衍字。”一说作语助。郭注：“不，发声。” 漘(chún)：邢疏引孙炎曰：“平上陗下故名曰～。”意为上面平坦而临下陡峭的崖岸。

【译文】

上面平坦而临下陡峭的崖岸称为漘(不一词为衍文)。

10(2).024 隩隈①：厓内为隩，外为隈②。

【注释】

①隩隈(yù wēi)：河岸弯曲的地方。邢疏：“隩，一名隈也。孙炎云：隈，水中曲也。”通作“奥”。《诗·卫风·淇奥》：“瞻彼淇奥。”毛传：“奥，隈也。” ②隈：邢疏：“～当作鞫，传写误也。《诗·大雅·公刘》云：‘芮鞫之即。’毛传(应作郑笺)云：‘水之外曰鞫。’然则厓在水曲其内名隩，又名～；其外名～，又作坑(应作垙)。”可备一说。按，鞫(jū)，通“阮(jú)”。《广韵·屋韵》：“曲岸水外曰阮。”

【译文】

隩，也叫“隈”，都是水湾。水岸向内弯曲之处称为隩，水岸向外弯曲之处称为隈(鞫)。

10(2).025 毕①,堂墙。

【注释】

①毕:水旁堤坝。王引之《述闻》:"今案,~堂墙之堂,当读为陂唐之唐。唐,堤也。墙谓堤内一面障水者。以其在水之旁,故谓之墙,又谓之~。""~之言蔽障,蔽水使不外出也。《说文》曰:墙,垣蔽也。唐墙蔽水,故谓之~。"一说山形四方高且两边有崖岸者亦叫毕。俞樾《群经平议·尔雅》:"凡山形四方而高者曰堂,堂之两边复有厓岸曰墙亦谓之~。"

【译文】

毕称为堂墙,就是堤坝。

10(2).026 重厓,岸。岸上,浒。

【译文】

高厓称为岸。岸边称为浒。

10(2).027 坟①,大防。

【注释】

①坟:高地,堤岸。《诗·周南·汝坟》:"遵彼汝~,伐其条枚。"

【译文】

坟称为大防,指大堤。

10(2).028 涘①为厓。

【注释】

①涘(sì):河边,水岸。《庄子·秋水》:"泾流之大,两~渚崖之间不辩牛马。"

【译文】

涘称为厓,就是水边。

10(2).029 穷渎①,汜。谷者②,溦③。

【注释】

①穷渎(dù):穷竭不流通的沟渠。 ②谷:两山间流水的夹道。《说文》:"~,泉出通川为~。" ③溦(méi):流水的夹道。郝疏:"《水经》'滱水'注引《尔雅》曰'谷者微'。郭景纯曰:'微,水边通谷也。''谷'上当脱'通'字。微、~同。"

【译文】

穷竭不流通的沟渠称为汜(sì)。两山间流水的夹道称为澂。

厓岸。

【按语】

“厓(yá)岸”,指水边高地。

释山第十一

【题解】

《释山》解释古代的山名，先举五座大山，再释山的多种形体的不同专名，终以五岳殿后。

11.001　河南华，河西岳，河东岱，河北恒，江南衡。

【译文】

黄河以南有华山，黄河以西有岳山(吴岳)，黄河以东有泰山，黄河以北有恒山，长江以南有衡山。

11.002　山三袭，陟；再成，英；一成，坯。

【译文】

山三重的称为陟(zhì)；两重的称为英；一重的称为坯(pī)。

11.003　山大而高，崧①。山小而高，岑②。锐而高，峤③。

【注释】

①崧(sōng)：同“嵩”。山高大的样子。《诗·大雅·崧高》：“～高维岳，骏极于天。”毛传：“～，高貌。”　②岑(cén)：小而高的山。《说文》：“～，山小而高。”　③峤(jiào)：尖而高的山。邢疏：“言山形纖峻而高者名～。”

【译文】

大而高的山称为崧。小而高的山称为岑。尖而高的山称为峤。

11.004　卑而大，扈。

【译文】

低而大的山称为扈。

11.005 小而众,岿。

【译文】

众多的小山称为岿(kuī)。

11.006 小山岌大山[①],峘[②]。

【注释】

①岌(jí):山高。郭注:"~谓高过。" ②峘(huán):邢疏:"言小山与大山相并,而小山高过于大山者。"

【译文】

小山高过大山的称为峘。

11.007 属者,峄。独者,蜀。

【译文】

相互连接的山称为峄(yì)。单独的山称为蜀。

11.008 上正,章。

【译文】

山顶平正的山称为章。

11.009 宛中,隆。

【译文】

山四周比中间高的称为隆。

11.010 山脊,冈[①]。未及上,翠微[②]。

【注释】

①冈:山岭,山脊。邢疏:"孙炎云:'长山之脊也。'言高山之长脊名~。"《诗·周南·卷耳》:"陟彼高~,我马玄黄。" ②未及上:未到山顶,在旁坡之处。指旁坡之处的青葱的山气。 翠微:山色轻淡青葱。

【译文】

山脊称为冈。山顶旁坡处的青葱山气叫翠微。

11.011　山顶,冢。崒者[①],厜㕒[②]。

【注释】

①崒(zú):山顶。郭注:"谓山峰头巉岩。"　②厜㕒(zuī wéi):山峰高峻。即"崔嵬"。

【译文】

山顶称为冢。山峰高峻称为厜㕒。

11.012　山如堂者[①],密;如防者,盛。

【注释】

①堂:坛,人工筑成的方形土台。《礼记·檀弓上》:"吾见封之若~者矣。"郑注:"~,形四方而高。"

【译文】

像土坛那样四方而高的山称为密;像堤防似的狭长而平的山称为盛。

11.013　峦山,堕。

【译文】

形状狭长的山称为堕。

11.014　重甗[①],隒。

【注释】

①重甗(yǎn):"甗"通"巘(yǎn)"。山峰。意指山峰重叠。

【译文】

山峰重叠称为隒(yǎn)。

11.015　左右有岸,厒[①]。

【注释】

①厒(kè):郝疏:"~,《广韵》作㕁(kè)。"《广韵·合韵》:"㕁,山左右有岸。"

【译文】

山左右两边有岸的称为厒。

11.016 大山宫小山①,霍。小山别大山,鲜②。

【注释】

①宫:围绕。郭注:“~,谓围绕之。”邢疏:“谓小山在中,大山在外围绕之,山形若此者名霍。” ②鲜(xiǎn):通“巘(yǎn)”。与大山不相连的小山。

【译文】

大山围绕小山的山形称为霍。与大山不相连的小山称为鲜。

11.017 山绝,陉。

【译文】

山脉中断的地方称为陉(xíng)。

11.018 多小石,磝。多大石,岩。

【译文】

山多小石头称为磝(áo)。山多大石块称为岩(què)。

11.019 多草木,岵①。无草木,峐②。

【注释】

①岵(hù):一说,没有草木的山。《诗·魏风·陟岵》:“陟彼~兮,瞻望父兮。”毛传:“山无草木曰~。”一说:有草木的山。《说文》:“~,山有草木也。”《释名》:“山有草木曰~。~,怙也,人所怙取以为事用也。”与《尔雅》同。 ②峐(gāi):阮校作“屺(qǐ)”。一说,有草木的山。《诗·魏风·陟岵》:“陟彼屺矣,瞻望母兮。”毛传:“山有草木曰屺。”一说:没有草木的山。《说文》:“屺,山无草木也。”《释名》:“(山)无草木曰屺。屺,圮也,无所出生也。”与《尔雅》同。

【译文】

山上有草木称为岵,山上没有草木称为屺。一说:山上没有草木称为岵,山上有草木称为屺。

11.020 山上有水,埒。夏有水,冬无水,泶。

【译文】

山上有水流称为埒(liè)。夏季有水而冬季无水的山称为泶(xué)。

11.021 山豄无所通①,谿②。

【注释】

①䢥(dú):同"渎"。小水沟。　②谿(xī):同"溪"。山间的小水流。

【译文】

山间不与外界沟通的沟渠也叫做谿(溪)。

11.022　石戴土谓之崔嵬,土戴石谓之砠①。

【注释】

①"石戴土"二句:阮校:"《毛诗·(周南)卷耳》传:'崔嵬,土山之戴石者。''石山戴土曰砠。'……按,《说文·山部》云:'岨,石戴土也。'(引者按,岨同"砠"。)《释名》:'石戴上曰岨。岨,胪然也。土戴石曰崔嵬,因形名之也。'皆与毛传同。"徐注:"当作'土戴石谓之崔嵬,石戴土为砠。'"译文从阮、徐之说。

【译文】

土山上有石头称为崔嵬,石山上有土称为砠(jū)。

11.023　山夹水,涧。陵夹水,澞。

【译文】

夹在两山之间的水沟称为涧。夹在两座丘陵之间的水沟称为澞(yú)。

11.024　山有穴为岫。

【译文】

山上有洞穴称为岫(xiù)。

11.025　山西曰夕阳,山东曰朝阳①。

【注释】

①夕阳、朝(zhāo)阳:指山的西面、山的东面。《书·武成》:"归马于华山之阳。"孔疏引李巡曰:"山西暮乃见日,故曰夕阳。山东朝乃见日,故云朝阳。"《释名》:"山东曰朝阳,山西曰夕阳,随日所照而名也。"

【译文】

山的西面以夕阳来指称,山的东面以朝阳来指称。

11.026　泰山为东岳①,华山为西岳②,霍山为南岳③,恒山为北岳④,嵩高为中岳⑤。

【注释】

①泰山:一称岱山、岱宗。在山东中部。古称“东岳”。　②华(huà)山:在陕西东部。古称“西岳”。　③霍山:《太平寰宇记》:“~~,一名衡山,一名天柱山。”郭注以~~指天柱山(在安徽西部)。而邢疏则认为指衡山(在湖南东部):“本衡山,一名~~。汉武帝移岳神于天柱,又名天柱亦为霍。故汉以来,衡、霍别耳。”习称衡山为“南岳”。　④恒山:在河北曲阳西北。古称“北岳”。⑤嵩高:即嵩山,在河南登封。古称“中岳”。

【译文】

泰山称东岳,华山称西岳,衡山(一名霍山)称南岳,恒山称北岳,嵩山称中岳。

11.027　梁山①,晋望也②。

【注释】

①梁山:在今陕西韩城、合阳二县界。《公羊传·成公五年》:“~~者何?河上之山也。”　②望:古代祭祀山川的专名。望而祭之,故称~。“晋~”,郭注:“晋国所~祭者。”

【译文】

梁山是晋国望祭的山。

释水第十二

【题解】

《释水》分为水泉、水中、河曲、九河等四类，解释关于水的各种名称。

12(1).001 泉一见一否为瀸。

【译文】

时而出现时而隐没的泉水（泉水时有时无）称为瀸（jiān）。

12(1).002 井一有水一无水为瀱汋[①]。

【注释】

①瀱汋（jì zhuó）：井水时有时无。郭注："《山海经》曰天井夏有水冬无水，即此类也。"

【译文】

井时而有水时而无水称为瀱汋。

12(1).003 滥泉正出[①]。正出，涌出也。沃泉县出[②]。县出，下出也。氿泉穴出[③]。穴出，仄出也。

【注释】

①滥（jiàn）泉：喷涌而出的泉水。或作"槛泉"。《诗·大雅·瞻卬》："觱沸槛泉。"郑笺："槛泉正出，涌出也。" ②沃（wò）泉：往下流的泉水。县出：即"悬出"。郭注："从上溜下。"《释名》："悬出曰～～，水从上下，有所灌沃也。" ③氿（guǐ）泉：从侧面流出的泉水。《诗·小雅·大东》："有冽～～。"毛传："侧出曰～～。""侧出"即"仄出"。

【译文】

槛泉指正出的泉水。正出,是向上涌出。沃泉指悬出的泉水。悬出,是从上溜下。氿泉指穴出的泉水。穴出,是从侧面流出。

12(1).004 湀辟,流川。过辨,回川。

【译文】

湀(guǐ)辟,指称通直的水流。过辨,指称回旋的水流。

12(1).005 灉,反入。

【译文】

灉(yōng),是河水决出又倒流回来的支流。

12(1).006 潬①,沙出。

【注释】

①潬(dàn):沙滩。郭注:"今江东呼水中沙堆为~。"邢疏:"~者,是沙堆出于水中之名也,故曰'沙出'。"

【译文】

潬指水中沙滩。

12(1).007 汧①,出不流。

【注释】

①汧(qiān):泉水流出后停积成沼泽。郭注:"水泉潜出便自停成污池。"邢疏:"《地理志》云:扶风~县,雍州弦蒲薮,~出西北入渭。以其初出不流,停成弦蒲泽薮,故曰'~出不流'也,其终则入渭也。"

【译文】

汧指称泉水流出后停积成沼泽。

12(1).008 归异、出同流,肥。

【译文】

异流而同源的水称为肥。

12(1).009 瀵①,大出尾下。

【注释】

①瀵(fèn):泉水自地底下喷涌而出。郭注:"今河东汾阴县有水,口如车轮许,溃沸涌出,其深无限,名之为~。"《列子·汤问》:"有水涌出,名曰神~。"

【译文】

瀵是从地底喷涌而出的泉水。

12(1).010 水醮曰厬①。

【注释】

①醮(jiào):水尽。郭注:"谓水醮尽。"《荀子·礼论》:"利爵之不~也。"杨倞注:"~,尽也。"

【译文】

水枯竭称为厬(guǐ)。

12(1).011 水自河出为灉,济为濋,汶为瀾,洛为波,汉为潜,淮为浒,江为沱,过为洵,颍为沙,汝为濆。

【译文】

从黄河流出的支流称为灉(yōng),从济水流出的支流称为濋(xíng),从汶水流出的支流称为瀾(chǎn),从洛水流出的支流称为波,从汉水流出的支流称为潜,从淮河流出的支流称为浒,从长江流出的支流称为沱,从过(guō)水流出的支流称为洵,从颍(yǐng)水流出的支流称为沙,从汝水流出的支流称为濆(fén)。

12(1).012 水决之泽为汧①,决复入为汜。

【注释】

①决(jué):疏通水道,大水决口而溢出。朱骏声《说文通训定声》:"人导之而行曰~,水不循道而自行亦曰~。" 之:动词,到……去。

【译文】

疏通水道让停积的水流到河泽之中称为汧(qiān),从主流分出后又流回主流的河水称为汜(sì)。

12(1).013 "河水清且澜漪"①,大波为澜,小波为沦,直波为径②。

【注释】

①“河水清且澜漪”：语出自《诗·魏风·伐檀》。澜，大波。今《诗经》作“涟”。意指风吹水面形成的波纹。“澜”“涟”音义近，故可通。②径：阮校作“泾”。《释名》：“水直波曰泾。泾，~也。言如道径也。”

【译文】

“河水清且澜漪”，大水波称为澜，小水波称为沦，直水波称为泾。

12(1).014　江有沱，河有灉，汝有濆。

【译文】

长江有支流沱水，黄河有支流灉水，汝水有支流濆水。

12(1).015　浒，水厓。

【译文】

浒，就是水边之地。

12(1).016　水草交为湄。

【译文】

岸边水草交接之地称为湄(méi)。

12(1).017　“济有深涉，深则厉，浅则揭。”[①]揭者，揭衣也。以衣涉水为厉。繇膝以下为揭，繇膝以上为涉，繇带以上为厉。

【注释】

①“济有深涉，深则厉，浅则揭”：语出《诗·邶风·匏有苦叶》。毛传：“济，渡也。由膝以上为涉。以衣涉水为厉，谓由带以上也。揭，褰衣也。”《释文》：“揭，褰衣渡水也。”

【译文】

“济有深涉，深则厉，浅则揭。”所谓揭，是提起衣服，步行渡水。连衣涉水称为厉。从膝盖以下的水流中渡过称为揭，从膝盖以上的水流中渡过称为涉，从腰带以上的水流中渡过称为厉。

12(1).018　潜行为泳。

【译文】

在水底潜游称为泳。

12(1).019 "汎汎杨舟,绋缡维之。"[①]绋,䋪也[②]。缡,緌也[③]。

【注释】

①"汎汎(fàn fàn)杨舟,绋缡维之":语出《诗·小雅·采菽》。汎汎,浮游不定的样子。毛传:"绋,繂(同䋪)也;纚(同缡),緌也。" ②䋪(lǜ):粗绳索。③緌(ruí):缆绳,大索。此处指船缆。

【译文】

"汎汎杨舟,绋缡维之。"绋,是粗绳。缡,指船缆。

12(1).020 天子造舟[①],诸侯维舟,大夫方舟,士特舟,庶人乘泭[②]。

【注释】

①造舟:将船并列水面,上面加上木板作桥。邢疏:"即今之浮桥。"《诗·大雅·大明》:"~~为梁。"孔疏:"李巡曰:'比其舟而渡曰~~,中央左右相维持曰维舟,两船曰方舟,一舟曰特舟。'孙炎曰:'~~,比舟为梁也。维舟,连四舟也。'" ②泭(fú):竹筏,木筏。《国语·齐语》:"方舟设~,乘桴济河。"韦昭注:"编木曰~,小~曰桴。"

【译文】

天子用船只并列而成的浮桥渡河,诸侯用相连系的四条船渡河,大夫用并列的两条船渡河,士用一条船渡河,庶人乘竹木筏子渡河。

12(1).021 水注川曰溪,注溪曰谷,注谷曰沟,注沟曰浍,注浍曰渎。

【按语】

古代典籍中溪与谷,沟与浍、渎有大小之别。溪指山间小河沟,谷指两山间流水道,浍指田间水沟,渎指小水渠。不过有时会混用无别。

【译文】

水流入大河称为溪,流入溪中称为谷,流入谷中称为沟,流入沟中称为浍(kuài),流入浍中称为渎。

12(1).022　逆流而上曰溯洄,顺流而下曰溯游。

【译文】

逆流而上称为溯洄,顺流而下称为溯游。

12(1).023　正绝流曰乱。

【译文】

直着横渡江河称为乱。

12(1).024　江、河、淮、济为四渎。四渎者,发源注海者也。

【译文】

长江、黄河、淮河、济水称为四渎。所谓四渎,指的是四条从发源地一直流入大海的河流。

水泉。

【按语】

水的本原是泉,故《释水》先泉后水。

12(2).025　水中可居者曰洲,小洲曰陼,小陼曰沚,小沚曰坻。人所为为潏。

【译文】

水中可以居留的陆地称为洲,水中的小块陆地称为陼(zhǔ),小陼称为沚,小沚称为坻(chí)。人工建造的水中陆地称为潏(shù)。

水中。

【按语】

"水中"指水中各种各样的高地。

12(3).026　河出昆仑虚,色白。所渠并千七百,一川色黄。百里一小曲,千里一曲一直。

【译文】

黄河水从昆仑山流出来时,水色清白。后来容纳的支流共达一千七百条,整条河的水色变成浊黄。黄河流水百里一小弯,千里一弯一直。

河曲。

【按语】

“河曲”意指黄河中上游水色变化及河道曲直的情况。

12(4).027 徒骇、太史、马颊、覆鬴、胡苏、简、絜、钩盘、鬲津。

【按语】

该条所列为黄河下游九条河流的名称,并称“九河”。九河古道久废,故难确指。《汉书·沟洫志》载:“古说九河之名,有徒骇、胡苏、鬲津,今见在成平、东光、鬲界中。自鬲以北至徒骇间,相去二百馀里,今河虽数移徙,不离此域。”按此说,这九条河流应在今河北交河县到山东平原之间。邢疏云:“太史、马颊、覆釜在东光之北,成平之南;简、絜、钩盘在东光之南,鬲县之北也。”

【译文】

徒骇、太史、马颊、覆鬴(fǔ)、胡苏、简、絜、钩盘、鬲津(是古黄河下游九条河流的名称)。

九河。

【按语】

“九河”指古黄河下游许多支流的总称。

释草第十三

【题解】

《释草》是关于各种草本植物的名称及其形状特征的解释说明。

13.001　藿①，山韭。

【注释】

①藿（yù）：山上的野韭菜。又称山韭。邢疏："生山中者名～。《韩诗》云：'六月食郁及～'是也。"

【译文】

藿，又称山韭，即山中生长的野韭菜。

13.002　茖，山葱。

【译文】

茖（gé），又称山葱，即山中生长的野葱。

13.003　葝①，山䪥②。

【注释】

①葝（qíng）：山薤（xiè），又称"野藠（jiào）头"。百合科。多年生草本。生山地。　②䪥（xiè）：亦作"薤"。蔬菜名。叶细长而中空，茎可作蔬菜。

【译文】

葝，又称山薤，即山地生长的野藠头。

13.004　蒚，山蒜。

【译文】

蒚(lì),又称山蒜,即山中生长的野蒜。

13.005 薜①,山蘄②。

【注释】

①薜(bò):药草。当归的别名。郭注:“《广雅》曰:‘山蘄,当归。’当归,今似蘄而粗大。”又:“～,白蘄。”郭注:“即上‘山蘄’。”郝疏:“又名白蘄者,陶注《本草》云:历阳所出,色白而气味薄,不相似,呼为草当归。” ②山蘄(qín):药草当归的别名。

【译文】

薜,又称山蘄,即药草当归。

13.006 椴,木槿①。榇,木槿

【注释】

①木槿(jǐn):锦葵科。落叶灌木。又名椴(duàn)、榇(chèn)。夏秋开花,花有白、紫、红诸色,朝开暮闭,栽培供观赏,兼作绿篱。花、皮可入药。茎的纤维可造纸。邢疏引某氏云:“其树似李,其华朝生暮落,与草同气,故在《(释)草》中。”

【译文】

椴,即是木槿。榇,即是木槿。

13.007 术①,山蓟、杨枹蓟。

【注释】

①术(zhú):草名。菊科术属植物的泛称。多年生草本。全草入药。有白～、苍～等种。郝疏:“(《本草》)陶注:‘～有两种:白～叶大有毛而作桠,根甜而少膏;赤～叶细无桠,根小苦而多膏。’陶言白～即山蓟,赤～即杨枹蓟。《尔雅》下文‘赤枹蓟’,郭云即上‘枹蓟’。此陶所本,然赤～今呼苍～矣。”

【译文】

术有白术、苍术等种:白术又称山蓟(jì);苍术又称杨枹(fú)蓟或枹蓟。

13.008 莿①,王蔧②。

【注释】

①莿(jiàn):藜科。一年生高大草本。果实称“地肤子”,可入药,老株可制扫

帚。郭注:"王帚也,似藜,其树可以为埽蔧,江东呼之曰落帚。"郝疏:"《说文》作'藩,王蔧。'《系传》云:'今落帚草也。'" ②王蔧(huì):扫帚草。葥长大后很高大,像小树,可以制成扫帚,故称~~。

【译文】

葥又称王蔧,俗呼扫帚草。

13.009 菉[①],王刍。

【注释】

①菉(lù):荩草。古名"王刍"。禾本科。一年生细柔草本。高一二尺。叶片卵状披针形,近似竹叶。茎叶药用,汁液可作黄色染料。

【译文】

菉又称王刍,即荩草。

13.010 拜,蔏藋[①]。

【注释】

①蔏藋(shāng diào):黎类植物。《说文》:"藋,一曰拜,~~。"《系传》云:"~~,俗所谓灰藋也。"今名灰菜、灰条菜。

【译文】

拜又称蔏藋,即灰菜。

13.011 蘩,皤蒿。蒿[①],菣[②]。蔚[③],牡菣。

【注释】

①蒿(hāo):菊科蒿属植物。一般称青蒿为蒿,白蒿为蘩。皤(pó),白色。叶似艾,有白毛,可食,古代常用作祭品。 ②菣(qìn):青蒿,亦叫香蒿。菊科,两年生草本。茎、叶入药。郭注:"今人呼青蒿香中炙啖者为~。"邢疏引孙炎曰:"荆楚之间谓蒿为~。" ③蔚:菊科。蒿的一种。子实很小,不易见到。故称之牡菣。多年生草本,全草入药。《说文》:"~,牡蒿也。"《诗·小雅·蓼莪》:"蓼蓼者莪,匪莪伊~。"

【译文】

蘩又称白蒿。蒿指青蒿。蔚即牡蒿。

13.012 齧[①],彫蓬。荐[②],黍蓬。

【注释】

①藒(niè):彫蓬,蒿的一种。郝疏认为即秋蓬,"叶似松杉,秋枯根拔,风卷为飞,所谓孤蓬自振,此即～彫蓬矣。" ②荐(jiàn):兽所食草。《说文》:"～,兽之所食草。"段注:"《庄子》:'麋鹿食～'。《释文》引《三苍》注曰:'六畜所食曰～。'"

【按语】

该条解说纷纭。郑樵《通志》以彫蓬为彫胡、黍蓬为野茭。杨慎《卮言》以蓬有水、陆二种:彫蓬乃水蓬,彫苽是也;黍蓬乃旱蓬,青科是也。郝疏认为:"此二说并无依据。蓬乃蒿类,与茭、苽别。李时珍《本草》'菰米'下引孙炎云:'彫蓬即茭米。'亦未可信。"今译从郝说。

【译文】

藒,又称彫蓬,即秋蓬;荐,又称黍蓬,是兽畜所食的草。

13.013 藣,鼠莞①。

【注释】

①莞(guān):蒲草。鼠～即指龙须草,又名藣(bēi)。郭注:"亦莞属也,纤细如龙须,可以为席。蜀中出好者。"

【译文】

藣又称鼠莞,即龙须草。

13.014 葝,鼠尾①。

【注释】

①鼠尾:草名。一名葝。又名鼠菊、山陵翘。初秋开淡紫花。花及茎可以染黑,又可入药。

【译文】

葝即鼠尾草。

13.015 菥蓂①,大荠。

【注释】

①菥蓂(xī mì):俗呼花荠,似荠而细,味不如荠。

【译文】

菥蓂又称大荠菜,俗呼花荠。

13.016 蒤①，虎杖。

【注释】

①蒤（tú）：草名。又名"花斑竹根"。亦称虎杖。蓼科。多年生草本。高三四尺。茎中空，表面有红紫色斑点，故名。根可入药。郭注："似红草而粗大，有细刺，可以染赤。"《本草纲目》云："茎似红蓼，叶圆似杏，枝黄似柳，花状如菊，色如桃。"

【译文】

蒤又称虎杖。

13.017 孟①，狼尾。

【注释】

①孟：草名。俗称狼尾草。邢疏："草似茅者，一名～，一名狼尾。"郭注："似茅，今人亦以覆屋。"《本草纲目·谷部》："狼尾，茎叶穗粒并如粟，而穗色紫黄有毛，荒年亦可采食。"

【译文】

孟即狼尾草。

13.018 瓠栖①，瓣②。

【注释】

①瓠栖（hù qī）：瓠中之子。瓠是蔬菜名。一年生草本。茎蔓生，叶茎有茸毛。叶呈心脏形，叶腋生卷须。花白，结实呈长条形状者称瓠瓜；短颈大腹者称壶卢，今作"葫芦"。其子实整齐洁白，常以之比喻美人之齿。亦称"瓠犀"。郭注："瓠中瓣也。《诗》云：'齿如～～。'"今《诗·卫风·硕人》作"瓠犀"。 ②瓣：瓜中实。指瓜子仁。

【译文】

瓠栖指瓠瓜子。

13.019 茹藘①，茅蒐。

【注释】

①茹藘（rú lǘ）：草名。亦称"絮藘"、"茅蒐（sōu）"。即茜草、蒨草。其根可作绛红色染料。《诗·郑风·东门之墠》："东门之墠，～～在阪。"孔疏："茅蒐，一名茜，可以染绛。"

【译文】

茹藘又称茅蒐,即茜草。

13.020　果蠃①之实,栝楼。

【注释】

①果蠃(luǒ):植物名。蔓生,果实名栝(guā)楼,呈黄色,圆形,大如拳。亦称瓜蒌,可供药用。《诗·豳风·东山》:"~~之实,亦施于宇。"

【译文】

果蠃的子实称为栝楼。

13.021　荼,苦菜。

【译文】

荼即苦菜。

13.022　萑①,蓷。

【注释】

①萑(zhuī):药草名。即益母草。又名"茺(chōng)蔚"、"蓷(tuī)"等。郭注:"今茺蔚也,叶似荏,方茎白华,华生节间,又名益母。"

【译文】

萑又称蓷,即益母草。

13.023　虉①,绶。

【注释】

①虉(yì):草名。郭注:"小草,有杂色,似绶。"故称为绶草。

【译文】

虉即绶草。

13.024　粢①,稷。众②,秫。

【注释】

①粢(zī):去壳后的小米。《左传·桓公二年》:"~食不凿,昭其俭也。"孔疏:"舍人曰:'~一名稷。稷,粟也。'"郭注:"今江东人呼粟为~。"　②众(zhōng):谷类的一种。即秫。郭注:"谓粘粟也。"

【译文】

粢即小米。众指粘粟。

13.025 戎叔①谓之荏菽。

【注释】

①戎叔：大豆。亦作“戎菽”、“荏(rěn)菽”。《诗·大雅·生民》：“艺之荏菽，荏菽旆旆。”毛传：“荏菽，戎菽也。”郑笺：“戎菽，大豆也。”(艺：种植。旆旆：生长茂盛的样子。)

【译文】

大豆称为荏菽。

13.026 卉，草。

【译文】

卉(huì)，草的总称。

13.027 蒬①，雀弁。

【注释】

①蒬(yǎn)：葍(fú)草的异名。因其花色赤而微黑，似雀头，故名雀弁。参看13.047条注释①。

【译文】

蒬又称为雀弁。

13.028 蘥①，雀麦。

【注释】

①蘥(yuè)：雀麦。《说文》：“～，爵(雀)麦也。”一年生草本。可作牧草，谷粒作饲料。郭注误以为即燕麦。《植物名实图考》：“今燕麦附茎结实，离离下垂，尚似青稞。雀麦一茎十馀小穗，乃微似穄。”

【译文】

蘥即雀麦。

13.029 蘾①，乌蔙。

【注释】

①蘾(huài):草名。又称乌蕵(sūn)。花生叶间,茎歧出。多生于水泽中。

【译文】

蘾又称乌蕵。

13.030　蘞[①],菟荄。

【注释】

①蘞(liàn):白蔹(liǎn)。葡萄科。藤本。根呈卵形块状,数个相聚。亦称“菟荄(tù gāi)”、“兔核”。药用,可消痈肿。

【译文】

蘞又称菟荄,即白蔹。

13.031　蘩[①],菟奚。

【注释】

①蘩(fán):款冬。菊科。多年生草本。未开放的头状花序入药。亦称菟奚(tù xī)。

【译文】

蘩又称菟奚,即款冬。

13.032　黄[①],菟瓜。

【注释】

①黄(yín):菟瓜。《说文》:“~,兔苽也。”郭注:“菟瓜似土瓜。”

【译文】

黄即指菟瓜。

13.033　蒡蘣[①],豕首。

【注释】

①蒡蘣(liè zhēn):药草。又称为豕首、天名精、蛤蟆蓝、活鹿草等。生于平原川泽之间,花紫白色,其香如兰。亦可制作染料。

【译文】

蒡蘣又称豕首,即天名精。

13.034　茾[①],马帚。

【注释】

①苹(píng):草名。亦称“马帚”、“铁扫帚”。《本草纲目·草部四》:“～音瓶,马帚也。此即荔草,谓其可为马刷,故名。今河南北人呼为铁扫帚,是矣。”

【译文】

苹又称马帚,即铁扫帚草。

13.035 蘬①,怀羊。

【注释】

①蘬(huì):草名。又称怀羊。郝疏:“当是香草。”

【译文】

蘬又称怀羊。

13.036 茭①,牛蕲。

【注释】

①茭(jiāo):马芹。又名野茴香。伞形科。草本。嫩时可食,种子入药。郭注:“今马蕲。叶细锐似芹,亦可食。”

【译文】

茭又称牛蕲,即野茴香。

13.037 葖①,芦萉②。

【注释】

①葖(tū):萝卜。郭注:“‘萉’宜为‘菔’。芦菔,芜菁属,紫华大根,俗呼雹～。”邢疏:“今谓之萝卜是也。” ②芦萉:郭注、阮校作芦菔。

【译文】

葖又称芦菔,今称萝卜。

13.038 淔灌①,茵芝②。

【注释】

①淔(zhí)灌:一种丛生的菌类。郝疏:“《释文》引《声类》云:‘～～,茵芝也。’是～～一名茵芝。盖淔之言殖也,灌犹丛也。菌芝丛生而繁殖,因以为名。”②茵(xiú)芝:菌类植物的一种,即“木灵芝”。郭注:“芝,一岁三华,瑞草。”

【按语】

该条中“茵”字罕见。郝疏云:“茵字不见它书,孙氏星衍尝致疑问。余按《类聚》九十八引《尔雅》作‘菌芝’。盖菌字破坏作‘茵’字耳。”另外洪颐煊《读书丛录》、严元照《尔雅匡名》均以茵为菌字之讹。

【译文】

淔灌又称茵芝,即木灵芝。

13.039 笋[1],竹萌。簜[2],竹。

【注释】

①笋(sǔn):竹之嫩芽,味美,可以做菜。《诗·大雅·韩奕》:“维～及蒲。”孔疏引孙炎曰:“竹初萌生谓之～。” ②簜(dàng):大竹。郭注:“竹别名。”邢疏:“李巡曰:竹节相去一丈曰～。孙炎曰:竹阔节者曰～。”

【译文】

笋是竹类的嫩芽。簜即指大竹。

13.040 莪[1],萝。

【注释】

①莪(é):莪蒿。一名萝蒿。多年生草本,生水边,嫩叶可食。《诗·小雅·菁菁者莪》:“菁菁者～”。孔疏引陆玑云:“～蒿也,一名萝蒿也。生泽田渐洳之处。叶似邪蒿而细,科生。三月中茎可生食,又可蒸,香美,味颇似蒌蒿是也。”

【译文】

莪,又称萝蒿。

13.041 苨[1],莀苨。

【注释】

①苨(nǐ):药草名。又称甜桔梗、杏叶沙参、莀(dǐ)苨等。桔梗科。多年生草本。根肥而无心,可入药。

【译文】

苨又称莀苨,即甜桔梗。

13.042 经履。

【按语】

黄侃《音训》:“绖履与上‘蓎䔰’一声小变”。待考。

【译文】

绖(dié)履(未详)。

13.043 莕①,接余。其叶,苻②。

【注释】

①莕(xìng):同“荇”。荇菜。郭注:“丛生水中,叶圆,在茎端,长短随水深浅。江东食之。”《诗·周南·关雎》:“参差荇菜,左右流之。”毛传:“荇,接余也。”②苻(fú):荇菜的叶。邢疏:“莕菜,一名接余,其叶名~。”

【译文】

莕即荇菜,又称接余。它的叶子称为苻。

13.044 白华,野菅①。

【注释】

①菅(jiān):菅茅。多年生草本植物。开穗状青白色花,茎叶可盖屋;沤之使柔,可织席编筐。根坚韧,可做刷帚,也可入药。《诗·小雅·白华》:“白华~兮,白茅束兮。”毛传:“白华,野~也。已沤为~。”(白华:白花。)

【译文】

白华指野菅。

13.045 薜①,白蕲。

【注释】

①薜(bò):当归。参看13.005条注释①。

【译文】

薜又称白蕲,即草当归。

13.046 菲①,芴②。

【注释】

①菲(fěi):菜名,土瓜。郭注:“即土瓜也。” ②芴(wù):土瓜。《广雅·释草》:“土瓜,~也。”

【译文】

菲又称芴，即土瓜。

13.047 葍[1]，藑。

【注释】

①葍(fú)：一种多年生的蔓草。又叫"旋花"。古有藑、蔓(qióng)茅、苑、爵(雀)弁等异名。《齐民要术》云："(葍，)一种茎赤有臭气，即《尔雅》之'～，蔓茅'，《毛传》所云'恶菜'也；一种茎叶细而香，即《尔雅》之'～，藑'，郭注所云'根白可啖'也。"

【译文】

葍又称藑，即旋花。

13.048 荧，委萎[1]。

【注释】

①委萎：草名。又称为"荧"、"萎蕤(ruí)"、"地节"、"玉竹"。郭注："药草也。叶似竹，大者如箭竿，有节，叶狭而长，表白里青，根大如指，长一二尺，可啖。"

【译文】

荧又称委萎，即萎蕤。

13.049 葋，艼荧[1]。

【注释】

①艼(tīng)荧：草名。《说文》："艼，～～，朐也。"桂馥义证："按，《山海经·中山经》：'熊耳之山，有草焉，曰葶薴，似苏，可以毒鱼。'～～、葶薴声相近。"

【译文】

葋(qú)又称艼荧。

13.050 竹，萹蓄[1]。

【注释】

①萹(biān)蓄：一名"萹筑'、"萹竹"、"竹叶菜"。一年生草本。茎平卧或上升，夏季开绿色小花，全草入药。郭注："似小藜，赤茎节，好生道旁，可食，又杀虫。"

【译文】

竹指萹蓄，即萹竹草。

13.051 葴[1]，寒浆。

【注释】

①葴(zhēn)：酸浆草。茄科。多年生草本。果实、根及全草供药用。郭注："今酸浆草，江东呼曰苦～。"《本草纲目·草部·酸浆》："酸浆，以子之味名也。苦～、苦耽，以苗之味名也。"

【译文】

葴又称寒浆，即酸浆草。

13.052 薢茩[1]，英茪[2]。

【注释】

①薢茩(xiè hòu)：草决明。郭注："英明也，叶黄锐，赤华，实如山茱萸。或曰陵也，关西谓之～～。" ②英茪(jué guāng)：又名"英明"、"马蹄决明"，即决明。豆科。一年生草本。偶数羽状复叶，荚果呈长角状，种子入药。邢疏："药草英明也，一名英茪，一名决明。"

【译文】

薢茩又称英茪，即草决明。

13.053 莁荑[1]，蔱蘠[2]。

【注释】

①莁荑(wú yí)：又名"芜荑"、"大果榆"。榆科。落叶小乔木或灌木状。种子味辛温，古用作酱调味，今为杀虫消疳药。 ②蔱蘠(shā qiáng)：植物名。又名"芜荑"。郭注："一名白蒉。"

【译文】

莁荑又称蔱蘠，即芜荑。

13.054 瓞，瓝[1]。其绍瓞。

【注释】

①瓞(dié)：小瓜。《诗·大雅·绵》："绵绵瓜～。"郑笺："瓜之本实，继先岁之瓜必小，状似瓝，故谓之～。"孔疏："瓜之族类本有二种，大者曰瓜，小者曰～。

瓜蔓近本之瓜,必小于先岁之大瓜,以其小如~,故谓之~。”瓝 bó:小瓜。

【译文】

瓞(小瓜)又称瓝(bó)。蔓上结的小瓜称为瓞。

13.055 芍[①],凫茈。

【注释】

①芍(xiào):荸荠。郭注:“生下田,苗似龙须而细,根如指头,黑色,可食。”《说文》:“~,凫茈也。”段注:“今人谓之葧脐,即凫茈(cí)之转语。”

【译文】

芍又称凫茈,即荸荠。

13.056 蘱[①],薡蕫。

【注释】

①蘱(lèi):蒲草的一种。即长苞香蒲。又称“薡蕫(dǐng dǒng)”。香蒲科。多年生草本。生水边或池沼。叶可编织席子、蒲包等。郭注:“似蒲而细。”

【译文】

蘱又称薡蕫,即长苞香蒲。

13.057 蕛[①],苵[②]。

【注释】

①蕛(tí):同“稊”。一种似稗的草。郭注:“~似稗,布地生秽草。” ②苵(dié):即“蕛”。《说文》:“~,蕛苵也。”

【译文】

蕛也称苵,是一种似稗的草。

13.058 钩[①],芺[②]。

【注释】

①钩:苦芺。蓟类草。郭注:“大如拇指,中空,茎头有台,似蓟,初生可食。”邢疏:“蓟类也,一名~,一名芺。” ②芺(ǎo):亦称苦芺。《说文》:“~,草也。味苦,江南食以下气。”

【译文】

钩(蓟类草)又称芺,即苦芺。

13.059 䪥①,鸿荟。

【注释】

①䪥(xiè):野生的称为葝,园中种植的称为鸿荟。参看13.003条注释②。

【译文】

䪥又称鸿荟,为园中之薤。

13.060 苏①,桂荏。

【注释】

①苏:紫苏。一年生草本。茎方形,叶两面或背面带紫色,夏季开淡红或红色花。茎、叶、种子入药。嫩叶古用以调味,种子可榨油。邢疏:"荏类之草也,以其味辛似荏,故一名桂荏。"

【译文】

苏即紫苏,又称桂荏。

13.061 蔷①,虞蓼。

【注释】

①蔷(sè):蓼科植物名。郭注:"虞蓼,泽蓼。"邢疏:"即蓼之生水泽者也。"

【译文】

蔷又称虞蓼,即泽蓼。

13.062 蓧①,蓨②。

【注释】

①蓧(tiáo):羊蹄菜,又名土大黄。根可入药。《三国志·吴书·诸葛恪传》:"黎~稂莠,化为善草。" ②蓨(tiāo):亦名"蓫(zhú)"。羊蹄菜。郝疏:"《齐民要术》十引《诗义疏》曰:'(蓫,)今羊蹄,似芦菔,茎赤。煮为茹,滑而不美,多啖令人下痢。幽阳谓之蓫,一名~,亦食之。'是~即蓫也。"

【译文】

蓧又称蓨,即羊蹄菜。

13.063 虋①,赤苗。芑②,白苗。秬,黑黍。秠,一稃二米③。

【注释】

①虋(mén):赤粱粟。谷(粟)的良种。《说文》:"~,赤苗,嘉谷也。"郭注:

"今之赤粱粟。"秦汉以前,粟为谷类总称。包括黍、稷、粱、秫等。汉以后始称穗大毛长粒粗者为粱,穗小毛短粒细者为粟。郝疏云:"郭言粱者,粱即粟之米,故《三苍》云:'粱,好粟也。'此皆言苗,郭以粟言者,粟即谷通名耳。" ②芑(qǐ):一种良种谷子。白茎。亦叫白粱粟。《说文》:"~,白苗,嘉谷也。"郭注:"今之白粱粟,皆好谷。" ③稃(fú):米粒的外壳。

【译文】

虋(赤粱粟)指赤苗的良种谷子,芑(白粱粟)指白苗的良种谷子。秬(jù)是黑黍,秠(pī)指一个谷壳中有两粒米的黑黍。

13.064 稌,稻。

【译文】

稌(tú)即稻。

13.065 葍①,蔓茅。

【注释】

①葍(fú):恶菜。参看13.047条注释①。

【译文】

葍又称为蔓茅。

13.066 台①,夫须。

【注释】

①台:莎草。邢疏引陆玑云:"旧说夫须,莎草也。可以为蓑笠。"《诗·小雅·南山有台》:"南山有~。"毛传:"~,夫须也。"

【译文】

台又称夫须,即莎草。

13.067 虃,葥。

【译文】

虃(jiǎn),草名,又称葥(fá)。

13.068 莔①,贝母。

【注释】

①莔(méng):药草名。即“贝母”。百合科。多年生草本。鳞茎入药。郭注:“根如小贝,圆而白华,叶似韭。”

【译文】

莔即药草贝母。

13.069 荍,蚍衃[①]。

【注释】

①荍(qiáo):锦葵。二年生草本。初夏开花,花冠淡紫色,有紫脉,供观赏。郭注:“今荆葵也。”《诗·陈风·东门之枌》:“视尔如～”毛传:“～,芘芣也。”孔疏:“舍人曰:‘～,一名蚍衃(pí fú)。’”黄侃《音训》:“蚍衃与虫名蚍蜉同,盖以花似蚍蜉翼得名。”

【译文】

荍又称蚍衃(芘芣),即锦葵。

13.070 艾[①],冰台。

【注释】

①艾:草名。亦称为艾蒿、冰台,医草。叶成羽状,有香气,古人以灸百病。《诗·王风·采葛》:“彼采～兮。”毛传:“～,所以疗疾。”《素问》:“～名冰台,削冰令圆,举而向日,以艾承其影则得火。”

【译文】

艾又称冰台,即艾蒿草。

13.071 蕇[①],亭历。

【注释】

①蕇(diǎn):葶苈。俗呼麦里蒿。一年或两年生草本植物。种子可入药,称为葶苈子。郭注:“实、叶皆似芥,一名狗荠。”

【译文】

蕇又称为亭历(葶苈),俗呼麦里蒿。

13.072 苻[①],鬼目。

【注释】

①苻(fú):鬼目草。即白英。茄科。多年生蔓草。茎和叶柄密被白毛。聚伞花序。浆果熟时红色。叶枝药用。郭注:“今江东有鬼目草,茎似葛,叶员而毛,子如耳珰也。赤色丛生。”

【译文】

苻又称鬼目草,即白英。

13.073 薜①,庾草。

【注释】

①薜(bì):草名,又称庾草。郑樵注:“藤生,蔓延在墙树之间。花生颇似薜荔。”

【译文】

薜又称庾草。

13.074 蔜①,蔆蒌。

【注释】

①蔜(áo):草名。又称蔆蒌(sǎo lǚ)、鸡肠草。茎细长而中空,茎断有丝相连,叶卵圆形,可以作蔬菜。

【译文】

蔜又称蔆蒌,俗呼鸡肠草。

13.075 离南①,活莌。

【注释】

①离南:即通草、通脱木。灌木或小乔木,茎髓大,白色,纸质。叶大,集生茎顶,基部心形,掌状深裂。郭注:“草生江南,高丈许,大叶,茎中有瓤,正白。”

【译文】

离南又称活莌(tuō),即通草。

13.076 茏①,天蘥。

【注释】

①茏(lóng):草名。《说文》:“~,天龠(yuè)也。”郝疏:“此草高大,故名天蘥。”

【译文】

茏又称天蘥。

13.077 须①，葑苁。

【注释】

①须：草名。即芜菁。古称须从、葑、葑苁（zǒng）。块根肥大，呈球形或长形，可作蔬菜。《齐民要术》卷三“蔓菁”条云：“《尔雅》：‘～，葑苁。’江东呼为芜菁，或为菘，菘须音相近，须则蔓菁。”《诗·邶风·谷风》：“采葑采菲，无以下体。”毛传：“葑，～也。”

【译文】

须又称葑苁，即芜菁。

13.078 蒡①，隐葱。

【注释】

①蒡（páng）：荠苨（甜桔梗）的苗。又称“隐葱”。郭注：“似苏，有毛。今江东人藏以为菹，亦可瀹食。”葛洪《肘后方》云：“隐忍草，苗似桔梗，人皆食之。捣汁饮，治蛊毒。”说明隐忍并非桔梗，而是荠苨之苗，荠苨苗甘甜可食，而桔梗苗则苦不可食。

【译文】

蒡又称隐葱（rěn），即荠苨苗。

13.079 莤①，蔓于。

【注释】

①莤（yóu）：水草名。郭注：“草，生水中。一名轩于，江东呼～。”郝疏：“～，当为蕕。《说文》：‘蕕，水边草也。’《系传》云：‘似细芦，蔓生水上，随水高下，泛泛然也。’故曰蕕，游也。”

【译文】

莤又称蔓于，是一种水草。

13.080 菌①，蘆。

【注释】

①菌（lǚ）：草名。茎可编草鞋，也可作鞋里草垫。邢疏：“《说文》：‘～，草也，

可以束。'一名蔖(cuó),即蒯类也,中作履底。"

【译文】

菌又称蔖,是一种蒯类的草。

13.081 柱夫[①],摇车。

【注释】

①柱夫:紫云英。又称摇车、翘摇车、红花草。蔓生,细叶,紫花。是水稻田的绿肥作物。

【译文】

柱夫又称摇车,即紫云英。

13.082 出隧,蘧蔬[①]。

【注释】

①蘧(qú)蔬:菌类植物。郭注:"~~,似土菌,生菰草中。今江东啖之,甜滑。"

【译文】

出隧又称蘧蔬,是一种菌类植物。

13.083 蕲茝,蘼芜[①]。

【注释】

①蘼(méi)芜:亦作蘼芜。香草名。川芎的苗。多年生草本。根入药。《本草纲目·草部》:"其茎叶蘼弱而繁芜,故以名之。当归名蕲,白芷名蓠,其叶似当归,其香似白芷,故有蕲茝(qín zhǐ)、江蓠之名。"

【译文】

蕲茝即香草蘼芜(蘼芜)。

13.084 茨,蒺藜。

【译文】

茨即蒺藜。

13.085 蘮蒘[①],窃衣。

【注释】

①藒蘥(jì rú):草名。郭注:“似芹,可食。子大如麦,两两相合,有毛,著人衣。”邢疏:“俗名鬼麦者也。”《太平御览》卷九百九十八引孙炎注曰:“江、淮间食之。其花著人衣,故曰‘窃衣’。”王引之《述闻》引王念孙曰:“《广雅》:窃,著也。故孙以著人衣解‘窃衣’二字。”

【译文】

藒蘥又称窃衣,俗称鬼麦。

13.086 髦,颠蕀[①]。

【注释】

①颠蕀(jí):即药草天门冬。郭注:“细叶有刺,蔓生。一名商蕀。《广雅》云:‘女木也’。”因其叶细如髦,故又称髦。

【译文】

髦又称颠蕀,即药草天门冬。

13.087 雚,芄兰[①]。

【注释】

①芄(wán)兰:即萝藦。多年生草质藤本。具乳汁,叶腋生有总状花序,内有多数种子,种子上端有白色绒毛,茎、叶、果实供药用。郭注:“蔓生,断之有白汁,可啖。”故俗称“羊婆奶”。

【译文】

雚(guàn)又称芄兰,即萝藦。

13.088 薚[①],莐藩。

【注释】

①薚(tán):亦作“荨(tán)”。药草名,即知母。又名莐(chén)藩。生山中,茎根状,叶如韭,茎可药用。《说文》:“荨,芜藩也。”

【译文】

薚又称莐藩,即知母草。

13.089 蒤[①],虉。

【注释】

①蕍(yú):药草名。即泽泻。郭注:“今泽蕮。”生于浅水中,叶狭长,地下球茎可药用。

【译文】

蕍也称蕮(xì),即泽泻草。

13.090 蔨①,鹿藿。其实莥②。

【注释】

①蔨(juàn):草名。即鹿藿(huò),又名鹿豆。俗称野绿豆。郭注:“今鹿豆也,叶似大豆,根黄而香,蔓延生。” ②莥(niǔ):鹿豆。《说文》:“鹿藿之实名也。”

【译文】

蔨又称鹿藿,即野绿豆。它的果实称为莥。

13.091 薃侯①,莎。其实媞②。

【注释】

①薃(hào)侯:莎草的别名。即香附子。生于海边,地下块根可入药。 ②媞(tí):莎草的果实。

【译文】

薃侯即莎草。它的果实称为媞。

13.092 莞①,苻蓠。其上蒚。

【注释】

①莞(guān):蒲草。郭注:“今西方人呼蒲为莞蒲。……今江东谓之苻蓠,西方亦名蒲,中茎为蒚,用之为席。”(蒚 lì:莞茎。)

【译文】

莞又称苻蓠,即蒲草。它的茎干称为蒚(lì)。

13.093 荷,芙蕖。其茎茄,其叶蕸,其本蔤,其华菡萏,其实莲,其根藕,其中的,的中薏。

【译文】

荷又称为芙蕖。它的茎干称为茄(jiā),它的叶子称为蕸(xiá),它的水下茎干称为蔤(mì),它的花称为菡萏(hàn dàn),它的果实称为莲,它的根称为藕,莲子称为的(dì),莲子心称为薏(yì)。

【按语】

古代表示荷的各个部分的词,在很多情况下表总体的词与表部分的词经常通用。“茄”即“荷”,“蕸”在古籍中也并非专用来指称荷叶,如周校云:“日本源顺《倭名类聚抄》卷七‘蕸’下引《尔雅》云:‘其叶蕸。郭璞曰:蕸亦荷字也’。今本无此注。”

13.094 红[①],茏古。其大者蘬。

【注释】

①红:草名,荭草。一名水红。蓼科。一年生高大草本。茎直立,多分枝,全株有毛,生水泽中。果及全草入药。郭注:“俗呼红草为茏鼓,语转耳。”《尔雅翼·释草·龙》:“龙,红草也。……今人犹谓之水红草。而《尔雅》又谓之茏古。《郑诗》(《诗经·郑风·山有扶苏》)称‘山有桥松,隰有游龙。’云游龙者,言其枝叶之放纵也。”

【译文】

红指荭草,又称茏古。大的荭草称为蘬(kuī)。

13.095 蒫,荠实。

【译文】

蒫(cuó)指荠菜籽。

13.096 蕡,枲实。枲,麻。

【译文】

蕡(fén)指麻籽。枲(xǐ)即大麻。

13.097 须,薞芜。

【注释】

①须:草名。又称酸模。生于山野,嫩茎叶味酸,可供食用或作饲料,全草入药。郭注:“薞芜,似羊蹄,叶细,味酢,可食。”

【译文】

须又称薞(sūn)芜,即酸模草。

13.098 菲[①],蒠菜。

【注释】

①菲:菜名。蒠(xī)菜。郭注:“菲草,生下湿地,似芜菁,华紫赤色,可食。”

【译文】

菲又称蒠菜。

13.099 蒉[①],赤苋。

【注释】

①蒉(kuài):菜名。即赤苋。郭注:“今之苋赤茎者。”阮校“之苋”作“人苋”。《植物名实图考》:“人苋,盖苋之通称。”

【译文】

蒉又称赤苋。

13.100 蘠蘼[①],虋冬。

【注释】

①蘠蘼(qiáng mí):即“蔷薇”。又名“天门冬”、“营实”。《本草纲目·草部》:“~~,释名蔷薇。此草蔓柔,靡依墙援而生,故名~~。”《植物名实图考长编》引陶弘景云:“营实即是墙薇子,以白花者为良。”

【译文】

蘠蘼又称虋(mén)冬,即蔷薇。

13.101 萹苻、止泺,贯众[①]。

【注释】

①贯众:蕨科植物。又称萹苻(biān fú)、止泺(lì)、贯节、草鸱(chī)头等。郭注:“叶圆锐,茎毛黑,布地,冬不死。一名贯渠。《广雅》云‘贯节’。”《本草纲目·草部·贯众》:“此草叶茎如凤尾,其根一本而众枝贯之。”

【译文】

萹苻、止泺均指贯众。

13.102 莙[①],牛藻。

【注释】

①莙(jūn):水藻名。又名“牛藻”、“马藻”。郭注:“似藻,叶大,江东人呼为

马藻。”邢疏:“一名牛藻,藻之叶大者也。”

【译文】

莙又称牛藻,是一种大叶水藻。

13.103 蓫薚[①],马尾。

【注释】

①蓫薚(zhú tāng):即商陆。多年生草本。夏秋开花,结实大如豆而扁有棱,根如芦菔而长,可入药。郭注:“《广雅》曰:‘马尾,商陆。’《本草》云:‘别名薚。’今关西亦呼为薚,江东呼为当陆。”

【译文】

蓫薚又称马尾,即商陆。

13.104 萍,蓱[①]。其大者蘋[②]。

【注释】

①萍:浮萍。或作“蓱”。多年生小草本,浮生水面,夏季开白花。带根全草入药。 ②蘋(pín):大萍。今称“四叶菜”、“田字草”。多年生浅水草本,叶柄长,顶端集生四片小叶,全草入药,也作猪饲料。

【译文】

萍又称蓱,即浮萍。大萍称为蘋。

13.105 莃[①],菟葵。

【注释】

①莃(xī):菟葵。又名野葵。茎叶嫩时可食,干后入药。郭注:“颇似葵而小,叶状如藜,有毛,汋啖之滑。”

【译文】

莃又称菟葵,即野葵。

13.106 芹,楚葵。

【译文】

芹即芹菜,又称楚葵。

13.107 藬[①],牛蘈。

【注释】

①蘈(tuī):草名。即牛蘈(tuí)。郭注:"今江东呼草为牛蘈者,高尺余许,方茎,叶长而锐,有穗,穗间有华,华紫缥色,可淋以为饮。"

【译文】

蘈又称牛蘈草。

13.108 蕍[1],牛唇。

【注释】

①蕍(xù):药草名。即泽泻,也叫水舄。多年生草本,生沼泽地。根茎入药。《说文》:"~,水舄也。"

【译文】

蕍又称牛唇,即药草泽泻。

13.109 苹[1],藾萧。

【注释】

①苹:艾蒿。又称藾(lài)萧。郭注:"今藾蒿也,初生亦可食。"《诗·小雅·鹿鸣》:"呦呦鹿鸣,食野之~。"孔疏引陆玑曰:"叶青白色,茎似蓍而轻脆,始生香,可生食,又可蒸食。"《植物名实图考》:"按藾萧为蒿之别种,俗呼牛尾蒿。"

【译文】

苹,指艾蒿,又称藾萧。

13.110 连[1],异翘。

【注释】

①连:连翘的本名。又称连苕、连草、异翘等。落叶灌木。枝条开展向下垂,中空,花黄色。供观赏,果实可入药。

【译文】

连即连翘,又称异翘。

13.111 泽,乌蕵[1]。

【注释】

①乌蕵(sūn):因生于水泽里,故以泽来指称。参看13.029条。

【译文】

泽指乌蘋。

13.112 傅[①],横目。

【注释】

①傅:草名。又称横目草、鼓筝草、结缕等,叶似茅而细,茎干坚韧不易折,蔓生,如丝缕相连结。

【译文】

傅又称横目草。

13.113 釐[①],蔓华。

【注释】

①釐(lái):同“莱”。草名。即“蔓华”,亦名“蒙华”。郝疏:“~,《说文》作莱,云蔓华也,莱与~古同声。”茎叶似王刍,初生时可食。

【译文】

釐即蔓华。

13.114 蔆[①],蕨攈。

【注释】

①蔆(líng):同“菱”。郭注:“今水中芰。”《说文》:“~,芰也。……楚谓之芰,秦谓之薢茩。”

【译文】

蔆即菱角,又称蕨攈(jué méi)。

13.115 大菊,蘧麦[①]。

【注释】

①蘧(qú)麦:即“瞿麦”。俗称石竹,又名大菊、句麦、巨句麦等。多年生草本。叶对生,狭披针形。夏季开花,花淡红或白色,全草入药。子颇似麦,故名瞿麦。

【译文】

大菊即瞿麦,又称蘧麦。

13.116 薛,牡赞[①]。

【注释】

①牡赞(zàn)：赞，或作“赞”。朱骏声《说文通训定声》：“今北人束马薙以刷锅，则牡赞疑即薛荔。”翟灏《尔雅补郭》：“此薛荔之无实者，故以牡名。生山中。”郝疏：“《说文》：‘薛，牡赞也。’郭云‘未详’。今亦未知其审。或云：即薛荔也。恐非。”

【译文】

薛又称牡赞。

13.117 葥①，山莓。

【注释】

①葥(jiàn)：悬钩子。又名“山莓”。蔷薇科，直立灌木，有刺，果实为聚合的小核果，红色，味甜，可入药。郭注：“今之木莓也，实似藨莓而大，亦可食。”

【译文】

葥又称山莓，即悬钩子。

13.118 齧①，苦堇。

【注释】

①齧(niè)：野菜名。苦堇。郭注：“今堇葵也。叶似柳，子如米，汋食之滑。”

【译文】

齧指苦堇，是一种野菜。

13.119 藫①，石衣。

【注释】

①藫(tán)：水苔。藻类植物。郭注：“水苔也，一名石发，江东食之。”

【译文】

藫又称石衣，即水苔。

13.120 蘜①，治蘠。

【注释】

①蘜(jú)：同“菊”。《说文》：“～，治墙也。”王筠《句读》：“墙，一作蘠。《释草》同。郭以为今之秋华菊，《玉篇》、《广韵》沿之。”

【译文】

蘜即菊,又称治蘠。

13.121 唐、蒙,女萝。女萝,菟丝[1]。

【注释】

①菟(tù)丝:植物名。药草称“菟丝子”,又称女萝、唐、蒙、菟缕等。一年生缠绕性寄生草本。茎细柔,成丝状,常缠绕在豆科等植物上,吸取养料,是一种有害的寄生植物,种子入药。

【译文】

唐、蒙均指女萝。女萝即菟丝。

13.122 苖[1],蓨。

【注释】

①苖:当从《释文》作“苗”(dí)。《说文》:“苗,蓨也。”蓨即羊蹄菜。参看13.062条。

【译文】

苖又称蓨,即羊蹄草。

13.123 茥[1],蒛葐。

【注释】

①茥(guī):药草名。覆盆子。又名插田藨。郭注:“覆盆也。实似莓而小,亦可食。”《本草纲目·草部》:“覆盆子,《尔雅》名~,子似覆盆之形,故名。五月子熟,其色乌赤。”

【译文】

茥即药草覆盆子,又称为蒛葐(quē pén)。

13.124 芨[1],堇草。

【注释】

①芨(jī):蒴藋,即陆英。灌木状草本。野生。全草治跌打损伤,故又称接骨草。《释文》:“案,《本草》:‘蒴藋,一名堇草,一名~。’非乌头也。”

【译文】

芨又称堇草,即陆英。

13.125 蘻①,百足。

【注释】

①蘻(jiān):草名。地蜈蚣草。翟灏《尔雅补郭》:“今所呼地蜈蚣草也。生塍野卑湿处,叶密而对,有如蜈蚣之形。”

【译文】

蘻又称百足,即地蜈蚣草。

13.126 葥①,戎葵。

【注释】

①葥(jiān):蜀葵,也称“戎葵”。郝疏:“戎、蜀皆大之名,非自戎、蜀来也。”二年生草本。夏季开花,花腋生,自下向上顺次开放,至末梢成长穗状,供观赏,根入药。郭注:“今蜀葵也。似葵,华如木槿华。”

【译文】

葥又称戎葵,即蜀葵。

13.127 蘻①,狗毒。

【注释】

①蘻(jì):草名。又称狗毒。郭注:“樊光云:‘俗语苦如~。’”

【译文】

蘻,又称狗毒草。

13.128 垂,比叶①。

【注释】

①垂,比叶:郭注:“未详。”翟灏《尔雅补郭》云:“(垂)谓萎蕤(ruí)也。《说文》曰:‘蕤,草木华垂貌。’此草根多长须,如冠緌之下垂,因有‘垂’及‘萎蕤’之称。《本草》言萎蕤叶俱两两相并,因又谓之比叶。”按,萎蕤即玉竹。

【译文】

垂(萎蕤)又称比叶。

13.129 蕧①,盗庚。

【注释】

①蕧(fù):旋覆花,又名金沸草。《说文》:“~,盗庚也。”郭注:“旋覆,似菊。”

多年生草本。夏秋开花,花状如金钱菊,故又称金钱花。花和全草入药。《植物名实图考》:“~,盗庚,释者以为未秋有黄华,为盗金气。”

【译文】

蕧又称盗庚,即旋覆花。

13.130 荸[1],麻母。

【注释】

①荸(zì):苴麻。即大麻雌株。郭注:“苴麻盛子者。”

【译文】

荸即苴麻,又称麻母。

13.131 瓟[1],九叶。

【注释】

①瓟(bó):草名。郝疏:“翟氏灏曰:‘《图经本草》:关中呼淫羊藿为三枝九叶草。疑即此也。其草一根数茎,茎三桠,桠三叶。’”

【译文】

瓟又称九叶,似即淫羊藿。

13.132 藐[1],茈草。

【注释】

①藐(mò):紫草。根可作紫色染料。郭注:“可以染紫,一名茈莀。”《广雅》:“茈莀,茈草也。”

【译文】

藐又称茈(zǐ)草,即紫草。

13.133 倚商,活脱[1]。

【注释】

①活脱:通草。即离南、活克。参看13.075条注释①。

【译文】

倚商又称活脱,即通草。

13.134 蒴[1],黄蒢。

【注释】

①蘵(zhí):草名。一种茄科植物。郭注:"~草,叶似酸浆,华小而白,中心黄。江东以作菹食。"郑樵《通志》以为即蕺。蕺、~音近,其状亦相类。按,蕺(jí)菜,又叫鱼腥草。

【译文】

蘵又称黄蒢(chú)。一说即鱼腥草。

13.135 藒车①,芞舆。

【注释】

①藒(qū)车:或作"揭车"。香草名。古用以避蠹。又称芞(qì)舆。高数尺,黄叶白花。《楚辞·离骚》:"畦留夷与揭车兮。"王逸注:"揭车,亦芳草。一名芞舆。"

【译文】

藒车(香草名)又称芞舆。

13.136 权①,黄华。

【注释】

①权:草名。又称黄华。郭注:"今谓牛芸草为黄华。华黄,叶似荍蓿。"郝疏:"郑樵《通志》以为野决明是也。"

【译文】

权又称黄华,即野决明。一说即牛芸草。

13.137 葞①,春草。

【注释】

①葞(mǐ):莽草。可以毒鱼。郭注:"一名芒草。"邢疏:"案《本草》:'莽草,一名~,一名春草。'陶注云:'今是处皆有,叶青辛烈者良,今俗呼为菵草也。'郭云芒草者,所见本异也。"

【译文】

葞又称春草,即莽草。

13.138 莚葵①,蘩露。

【注释】

①葼(zhōng)葵:又名落葵、蘩露、承露。一年生缠绕草本。叶肉质,广卵形,嫩叶可食。郭注:"承露也。大茎小叶,华紫黄色。"郝疏:"此草叶圆而剡上,如椎之形,故曰终葵;冕旒所垂谓之繁露。"《植物名实图考》:"即胭脂豆也。"

【译文】

葼葵又称蘩露,即胭脂豆。

13.139 蒫[1],荎藸。

【注释】

①蒫(wèi):五味子。又名荎藸(chí chú)。落叶木质藤本。叶互生,卵形。花白或淡红色,果实成穗状聚合果,可入药。郭注:"五味也,蔓生,子丛在茎头。"邢疏:"《唐本(草)》注云:'五味皮肉甘酸,核中辛苦,都有咸味,此则五味具也。'"

【译文】

蒫又称荎藸,即五味子。

13.140 蒤[1],委叶。

【注释】

①蒤(tú):杂草。郭注:"《诗》云:'以茠~蓼。'"~当作"荼"。《诗·周颂·良耜》:"以薅荼蓼。"孔疏:"荼亦秽草,非苦菜也。《释草》云:'荼,委叶。'舍人曰:荼,一名委叶。"

【译文】

荼又称委叶,是一种杂草。

13.141 皇[1],守田。

【注释】

①皇:谷类的一种。又称守田。生于荒田泽地。郭注:"似燕麦,子如彫胡米,可食,生废田中。"郑樵注:"一穗未得数粒谷而易堕落,明年复生,故谓之守田。"

【译文】

皇是一种似燕麦的谷类,又称守田。

13.142 钩,藈姑[1]。

【注释】

①藈(kuí)姑：即王瓜，又称土瓜。多年生攀援草本。叶互生，近心脏形。夏季开白花。果实球形或椭圆形，块根，果实入药。郭注："钩瓠也，一名王瓜，实如瓟瓜，正赤，味苦。"按钩瓠《释文》作瓠瓠，引《字林》云："瓠瓠，王瓜也。"

【译文】

钩(瓠瓠)又称藈姑，即王瓜。

13.143 望①，乘车。

【注释】

①望：草名。又称乘车。即芒草。芒草似茅而大，草长而韧，可制绳索。郭注："可以为索，长丈余。"

【译文】

望指芒草，又称乘车。

13.144 困①，衱袶。

【注释】

①困：草名。亦称衱袶(jié jiàng)。具体不详。

【译文】

困(草名)又称衱袶。

13.145 攫①，乌阶。

【注释】

①攫(jué)：草名。亦称乌阶。郭注："即乌杷也，子连相著，状如杷齿，可以染皂。"

【译文】

攫又称乌阶，即乌杷草。

13.146 杜①，土卤。

【注释】

①杜：香草名。杜衡。又名土卤、土杏、马蹄香。多年生草本，叶广披作针形，叶辛香，可入药。郭注："杜衡也。似葵而香。"邢疏："香草也。一名～，一名土卤。"

【译文】

杜即香草杜衡,又称土卤。

13.147 盱[①],虺床。

【注释】

①盱(xū):草名。又名蛇床、虺床、蛇粟、蛇米。花叶似蘼芜,果实可入药。郭注:"蛇床也,一名马床。"

【译文】

盱又称虺(huǐ)床,即蛇床子。

13.148 蕛[①],薮。

【注释】

①蕛:《释文》作"蕛(mǐ)"。《玉篇》:"蕛,莱名,蕛子也。"一说即蒴藋(鸡肠草),见阎若璩等注《困学纪闻》。

【译文】

蕛(蕛子)又称薮(áo)。

13.149 赤枹蓟[①]。

【注释】

①赤枹蓟:邵疏:"此即枹蓟之赤色者,后世所谓苍术也。"参看13.007条注释②。

【译文】

赤枹蓟(即苍术)。

13.150 菟奚,颗涷。

【译文】

菟奚又称颗涷(dōng),即款冬。

13.151 中馗,菌。小者菌。

【按语】

该条上下两"菌"字,《释文》均作"菌"(qūn)。阮校亦以均作"菌"为非。其实,据文意,上"菌"字不误,因郭注:"地蕈也,似盖,今江东名为土菌,亦曰馗

(kuí)厨,可啖之。"而下一"菌"字当作"蕈"。《篇海类编·花木类》:"蕈,地蕈之小者。"

【译文】

中馗即指菌。小菌称为蕈。

13.152 蒌[1],小叶。

【注释】

①蒌(zōu):小叶麻。郝疏:"《说文》:'～,麻蒸也。'邵氏正义引《管子·地员篇》谓:麻之细者如蒸细,即小也。～为小叶之麻,所以别为山麻。"～,《释文》作"菆"(zhè)。黄焯《汇校》以作～为是,引黄侃曰:"～之为小叶,犹鲰之为小人,又犹棷之为小木……又犹雏之为小鸟。"

【译文】

蒌即小叶麻。

13.153 苕[1],陵苕。黄华,蔈。白华,茇。

【注释】

①苕(tiáo):凌霄花。又名紫葳。落叶木质藤本,借气根攀援于其他物上。花冠漏斗状钟形,大而鲜艳,桔红色,栽培供观赏,花入药。邵疏:"谓之陵苕,所以别于《陈风》之'旨苕'也……《本草》有紫葳,《唐本(草)》注谓之凌霄。蔓生,依大木,久延至颠。"

【译文】

苕即凌霄花,又称陵苕。开黄花的苕称蔈(biāo)。开白花的苕称茇(bèi)。

13.154 藨[1],从水生。

【注释】

①藨(méi):水草的通称。《释文》:"～,～草,生江水中。"

【译文】

藨,从水中生长出来的水草。

13.155 薇[1],垂水。

【注释】

①薇:野豌豆。一年或两年生草本。嫩茎叶可食。《说文》:"～,菜也。似

藿。"《释文》:"～音微。顾云:水滨生,故曰垂水。"朱骏声《说文通训定声》:"《诗·草虫》:'言采其～。'陆疏:'山菜也。'按:山厓水滨皆生之,即野豌豆也。"《本草纲目·菜部·薇》:"时珍曰:～生麦田中,原泽亦有,故《诗》云'山有蕨～',非水草也。即今野豌豆,蜀人谓之巢菜。"

【译文】

薇即野豌豆,又称为垂水。

13.156 薜①,山麻。

【注释】

①薜(bì):山麻。郭注:"似人家麻,生山中。"

【译文】

薜又称山麻,即山中野生的麻。

13.157 莽①,数节。桃枝,四寸有节。粼②,坚中。篾、箛③,中。仲,无笐④。箈⑤,箭萌。篠,箭。

【注释】

①莽:竹的一种。郭注:"竹类也,节间短。"郝疏:"数节,促节也。～竹节短,盖如今马鞭竹。" ②粼(lín):《释文》作粼。实心竹。《齐民要术》引《字林》曰:"粼,竹实中。" ③篾(mǐn)、箛(tú):皆竹名。中空的竹子。郝疏:"篾、箛皆析竹。析竹必须中空者,因以为竹名焉。"《玉篇》:"箛,竹中空也。" ④仲:中等大小的竹子。郝疏:"《释文》～或为筗,则～为中竹,非大竹也。"无笐:成行列。郝疏:"云～～者,《说文》:'笐,竹列也。'养大竹欲得成列,中竹以下任其延布而已。"《说文》"笐"字段注:"笐之言行也,行,列也。《释草》:'仲无笐。'盖谓竹有行列如伯仲然也。无,发声也。" ⑤箈(tái):竹笋。《说文》:"～,竹萌也。"段注:"～,从怠,与始同音,取始生之意。笋谓掘诸地中者,如今之冬笋;～谓已抽出者,如今之春笋。"

【译文】

莽即竹节细密的竹子。桃枝即竹节之间相距四寸的竹子。粼即实心的竹子。篾、箛均指空心的竹子。仲,指渐成行列的中等大小的竹子。箈即竹笋。篠(xiǎo)即箭竹。

13.158 枹,霍首。

【按语】

该条古来说法不一。翟灏《尔雅补郭》认为“霍”字是“藿”字之省。《类篇》引《尔雅》作“藿首”。如此释来,“梎”则是大豆,不过其品居众豆之上,故名之曰霍首。较众豆又特肥大,故又名之曰梎。

【译文】

梎,众豆之首。

13.159 素华,轨鬷[①]。

【注释】

①轨鬷(zěng):草名。郝疏:“《广韵》引《尔雅》云:‘~~,一名素华。’但其形状未闻。”

【译文】

素华,又称轨鬷。

13.160 芏[①],夫王。

【注释】

①芏(dù):芏草。即“江芏”,又名“咸水草”。多年生草本。茎三棱形,叶片短,叶鞘很长,生长于沼泽地或低湿处。茎可织席造纸。郭注:“~草生海边,似莞蔺,今南方越人采以为席。”

【译文】

芏即江芏草,又称夫(fú)王。

13.161 綦[①],月尔。

【注释】

①綦(qí):紫蕨。嫩叶可食,根茎供药用。郭注:“即紫綦也。似蕨,可食。”因其色紫,故而得名。

【译文】

綦即紫蕨,又称月尔。

13.162 葴[①],马蓝。

【注释】

①葴(zhēn):马蓝。多年生植物。叶可制蓝靛,叶、根供药用。郭注:“今大

叶冬蓝也。”

【译文】

葴又称马蓝，即大叶冬蓝。

13.163 姚茎，涂荠[①]。

【注释】

①涂荠：荠菜的一种。郑樵注：“～～即菥蓂也。擢茎高于荠而相似。”《本草纲目·菜部》：“荠与菥蓂，一物也。但分大小二种耳。小者为荠，大者为菥蓂。”

【译文】

姚茎又称涂荠，即大的荠菜。

13.164 苄[①]，地黄。

【注释】

①苄(hù)：地黄，又名芑。多年生草本。全株被灰白色柔毛，根茎肉质肥厚。夏季开紫红色筒状花。为著名中药。根茎称“生地”，加工后称“熟地”。郭注：“一名地髓，江东呼～。”

【译文】

苄即药草地黄。

13.165 蒙[①]，王女。

【注释】

①蒙：女萝。参看13.121条注释①。

【译文】

蒙即女萝，又称王女。

13.166 拔，茏葛[①]。

【注释】

①茏葛：草名。又称拔、龙尾。郭注：“似葛，蔓生，有节。江东呼为龙尾，亦谓之虎葛，细叶，赤茎。”

【译文】

拔又称茏葛，即龙尾草。

13.167　蒁①,牡茅。

【注释】

①蒁(sù):白茅类植物。郭注:"白茅属。"邢疏:"茅之不实者也。"故称牡茅。

【译文】

蒁又称牡茅,是一种不结果实的茅类植物。

13.168　菤耳①,苓耳。

【注释】

①菤(juǎn)耳:或作"卷耳"。野菜名,又称苓耳、苍耳、爵耳。叶似鼠耳,细茎,丛生如盘状,可食用或药用。《诗·国风·卷耳》:"采采卷耳。"

【译文】

菤耳(卷耳)又称苓耳,是一种野菜。

13.169　蕨,虌①。

【注释】

①虌(biē):蕨的幼叶,即蕨菜,可食。郭注:"初生无叶,可食,江西谓之~。"《释文》:"此即今蕨菜也。叶初出虌蔽,因亦名云。"

【译文】

蕨即蕨菜,又称虌。

13.170　荞①,邛钜。

【注释】

①荞(jiāo):植物名,即"大戟"。多年生草本。根入药。郭注:"今药草大戟也。"

【译文】

荞即药草大戟,又称邛(qióng)钜。

13.171　繁①,由胡。

【注释】

①繁:即"蘩"字之省。郝疏:"《(大戴礼记)夏小正》:'二月采蘩。蘩,由胡。由胡者,蘩母也。'陆玑《诗疏》'皤蒿,一名游胡',游胡即由胡。"参见13.011条。

【译文】

繁即白蒿,又称由胡。

13.172 莣①,杜荣。

【注释】

①莣(wáng):芒草。又称杜荣。多年生草本。形似茅,果实多纤毛。秆皮可以编索、制鞋。

【译文】

莣即芒草,又称杜荣。

13.173 稂①,童粱。

【注释】

①稂(láng):同“蓈”。禾粟的瘪子。邵疏:“~为谷之有稃而无米者,南方农谚谓之扁子。硗瘠之地与夫雨旸之不时,人事之不齐,禾不能成实则为~,丰年则无之。”《说文》:“蓈,禾粟之采生而不成者,谓之董蓈。~,蓈或从禾。”《诗·曹风·下泉》:“洌彼下泉,浸彼苞~。”孔疏:“此~是禾之秀而不实者。”

【译文】

稂又称童粱,是禾粟的瘪子。

13.174 藨①,麃。

【注释】

①藨(pāo,一读 biāo):莓的一种。又名麃(biāo)、藨莓、蓬虆。俗名薅田藨。秋结实如桑椹。郭注:“麃即莓也。今江东呼为藨莓子,似覆盆而大赤,酢甜可啖。”

【译文】

藨又称麃,俗呼薅田藨。

13.175 的,薂①。

【注释】

①薂(xí):莲子。郭注:“即莲实。”

【译文】

的(菂)即莲子,又称薂。

13.176 购,蔏蒌①。

【注释】

①蔏蒌(shāng lóu):水生白蒿。又名购、蒌蒿。郭注:“~~,蒌蒿也。生下

田，初出可啖，江东用羹鱼。”

【译文】

购指蔏蒌，即水生白蒿。

13.177　茢[①]，勃茢。

【注释】

①茢（liè）：药草名。即石芸。郭注：“一名石芸。”郝疏：“《本草别录》：‘石芸，味甘无毒。一名螫烈，一名顾喙。’按，螫烈盖即勃烈之异文。”

【译文】

茢又称勃茢，即药草石芸。

13.178　葽绕[①]，蕀蒬。

【注释】

①葽（yǎo）绕：药草。即远志。又称蕀蒬（jí yuān）。郭注：“今远志也。似麻黄。赤华，叶锐而黄，其上谓之小草。”

【译文】

葽绕又称蕀蒬，即药草远志。

13.179　莿[①]，刺。

【注释】

①莿（cì）：草的芒刺。亦作“莿”。郭注：“草刺针也。关西谓之刺，燕北朝鲜之间曰～，见《方言》。”

【译文】

莿即刺，是草的芒刺。

13.180　萧[①]，萩。

【注释】

①萧：香蒿。《说文》：“～，艾蒿也。”郭注：“即蒿。”又名萩（qiú）、萩蒿。郝疏：“今萩蒿，叶白，似艾而多歧，茎尤高大如蒌蒿，可丈余。”

【译文】

萧即香蒿，又称萩。

13.181　薚①，海藻。

【注释】

①薚(xún)：海藻。郭注："药草也。一名海萝，如乱发，生海中。"

【译文】

薚即海藻(zǎo)。

13.182　长楚[①]，铫芅。

【注释】

①长楚：长亦作"苌"。羊桃的别名。《说文》："苌，苌楚，铫弋。一曰羊桃。"郭注："今羊桃也。或曰鬼桃，叶似桃，华白，子如小麦，亦如桃。"

【译文】

长楚即羊桃，又称铫芅(yáo yì)。

13.183　蘦[①]，大苦。

【注释】

①蘦(líng)：药草名。又称大苦、黄药。亦写作"苓"。郭注："今甘草也。蔓延生，叶似荷，青黄，茎赤，有节，节有枝相当。或云：～似地黄。"沈括《梦溪笔谈·药议》："此(蘦)乃黄药也，其味极苦，谓之大苦，非甘草也。"

【译文】

蘦即黄药，又称大苦。一说为甘草。

13.184　芣苢[①]，马舄。马舄，车前。

【注释】

①芣苢(fú yǐ)：即"芣苡"。又称马舄(xì)、车前草等。多年生草本。叶丛生，广卵形或长椭圆状卵形，有长柄。穗状花序，夏秋开花，种子与全草入药。郭注："今车前草，大叶长穗，好生道边，江东呼为蛤蟆衣。"《诗·周南·芣苢》："采采～～，薄言采之。"

【译文】

芣苢又称马舄。马舄即车前草。

13.185　纶似纶，组似组[①]，东海有之。帛似帛，布似布[②]，华山有之。

【注释】

①纶似纶,组似组:纶(guān),上一“纶”字,指像青丝带做的头巾似的海草;下一“纶”字,意即青丝带做的头巾。组(zǔ),上一“组”字,指像薄而宽呈带状的海草;下一“组”字,意即宽而薄的丝带。郝疏谓海中的纶、组,即是海带、青苔紫菜一类的海菜。 ②帛似帛,布似布:上一“帛”(bó)、“布”,指山中草叶似帛似布的野生植物。邢疏:“草山有草叶似帛、布者,因名帛草、布草也。”郑樵注:“必藤蔓之类,有似布、帛,故名。”郝疏:“《西山经》:‘小华之山,其草有萆荔。’毕氏沅校正引《说文》云:‘萆、蘪似乌韭。’《尔雅》‘帛似帛、布似布,华山有之’,疑此草矣。”

【译文】

称为纶的海草形状像青丝带做的头巾一样,称为组的海草形状像宽而薄的丝带,东海里有这类海草。称为帛的山草形状像帛,称为布的山草形状像布,华山上有这类野草。

13.186 芄[①],东蠡。

【注释】

①芄(háng):草名。郝疏谓即蠡实。又名荔实(荔蠡声同),马蔺、马薤(xiè)。《说文》:“荔似蒲而小,根可为马刷。”《集韵·唐韵》:“~,草名,叶似蒲,丛生。”张衡《西京赋》:“草则葴莎菅蒯,薇蕨荔~。”

【译文】

芄又称东蠡(lì),似即蠡实。

13.187 绵马,羊齿[①]。

【注释】

①羊齿:草名。又称为绵马。郭注:“草细叶,叶罗生而毛,有似羊齿。今江东呼为雁齿,缫者以取茧绪。”

【译文】

绵马(草名)又称羊齿。

13.188 萿[①],麋舌。

【注释】

①萿(kuò):草名。郭注:“今麋舌草。春生,叶有似于舌。”

【译文】

落又称麋舌草。

13.189 搴[①],柜朐。

【注释】

①搴(qiān):草名。郝疏:"~即搴也。郭俱未详。"

【译文】

搴(草名)又称柜朐(jù qú)。

13.190 蘩之丑[①],秋为蒿。

【注释】

①"丑":意即类属。蘩类植物指蘩、萧、蔚、莪等。郭注云:"春时各有种名,至秋老成,皆通呼为蒿。"

【译文】

蘩(白蒿)一类的草,秋天通称为蒿。

13.191 芙、蓟,其实荂[①]。

【注释】

①荂(fū):菊科植物芙、蓟等的果实。郭注:"芙与蓟茎头皆有蓊台名~,~即其实。音俘。"参看13.007与13.058条。

【译文】

芙和蓟的果实称为荂。

13.192 藨、荂,荼[①]。

【注释】

①荼(tú):茅、芦之类植物的花穗。邢疏:"案郑注《周礼》'掌~'及《诗》'有女如~'皆云:'~,茅秀也。'藨也、荂也其别名。"

【译文】

藨(biāo)、荂(huā),均是荼的别名。

13.193 猋、藨,芀[①]。苇丑,芀[②]。

【注释】

①艻(tiáo):同"苕"。芦苇的花穗。《说文》:"~,苇华也。"又称猋、藨。郭注:"其类皆有~秀。" ②苇丑,艻:意谓苇类花穗叫做艻(苕)。王引之《述闻》引王念孙曰:"《(诗)豳风·鸱鸮》传:'荼、萑(huán),苕也。'则萑苇之秀皆谓之苕。萑亦苇之类也,故曰~~,~。"

【译文】

猋、藨,是艻的别名。艻,指芦苇类植物的花穗。

13.194 葭,华①。蒹②,薕。葭,芦。菼③,薍。其萌虇蕍④。

【注释】

①华:阮校、周校均作"苇"。正因为古本作"苇",故郭注:"即今芦也。" ②蒹(jiān):没有出穗的芦苇。郭注:"似萑而细,高数尺,江东呼为蒹薍。"《说文》:"~,雚之未秀者。"《诗·秦风·蒹葭》:"~葭苍苍,白露为霜。"(葭 jiā:初生的芦苇。) ③菼(tán):初生的荻。又称为薍(wàn)。似苇而小,实心。《诗·卫风·硕人》:"葭~揭揭。"毛传:"~,薍也。"孔疏引陆玑曰:"薍或谓之荻,至秋坚成则谓之萑。" ④虇蕍(quán yú):即"权舆"。草木萌芽始生。这里指初生的芦苇。参见1.001条。

【按语】

该条郭璞读作"其萌虇","蕍"字下属。王念孙则以"蕍"字上属。《说文》"梦"字解云"灌渝。读若萌。"王氏《广雅》"梦,蘖也"疏证:"'梦,灌渝'即《尔雅》之'其萌虇蕍'也。……当依《说文》读'其萌虇蕍。'虇蕍之言权舆也。《尔雅》云:'权舆,始也。'始生,故以为名。《大戴礼记·诰志篇》云:'孟春,百草权舆。'是草之始生,名权舆也。"

【译文】

葭(jiā)是初生的芦苇。蒹(没有出穗的芦苇)又称为薕(lián)。葭即芦苇。菼(初生的荻)又称为薍。芦苇的萌芽称为虇蕍。

13.195 蔿①、葟②、华,荣。

【注释】

①蔿(wěi):初生的草木花。郭注:"今俗呼草木华初生者为~。"邢疏:"~,华初生之名也。"一说为花开之貌。《说文》:"~,草之葟荣也。" ②葟(huáng):草木花。又称花美之貌。邢疏:"~亦华也。"

【译文】

荂(初生的草木花)、葟(草木花)、华(花)均指草本植物的花。

13.196 卷施草①,拔心不死。

【注释】

①卷施草:郭注:"宿莽也。"屈原《离骚》:"夕揽中州之宿莽。"王逸注:"草冬生不死者,楚人名之曰宿莽。"

【译文】

卷施草(宿莽)是一种拔心不死的草。

13.197 茐①、茭②、荄③,根。

【注释】

①茐(yǔn):草根。《说文》:"~,茇也,茅根也。"段注:"~见《释草》。~者,茇也;茇者,草根也,文相承。"又指藕根,读 yún。亦可通。 ②茭(xiào):草根。郝疏:"《广韵》'茐'字下引《尔雅》而云'藁苇根可食者曰~',是草根通名~。" ③荄(gāi):草根。郭注:"俗呼韭根为~。"《方言》卷三:"~,杜,根也。东齐曰杜,或曰茇。"《汉书·礼乐志》:"青阳开动,根~以遂。"颜师古注:"草根曰~。"

【译文】

茐(草根)、茭(草根)、荄(草根)均指草根。

13.198 欔,橐含。

【按语】

该条郭注:"不详。"邵疏认为:"橐含一名欔(jué),上文(按,见13.145条)乌阶亦名欔。郭注以为染草也,郑注《典染草》有橐庐。疑郑君所见本异。橐含当作橐庐,即乌阶也。"

【译文】

欔,一名橐(tuó)含(橐庐)。

13.199 华,荂也①。华、荂,荣也。

【注释】

①荂(fú):草木的花。郭注:"今江东呼华为~。音敷。"

【译文】

华即草木之花。华和荂均指草本植物的花。

13.200 木谓之华,草谓之荣。不荣而实者谓之秀①,荣而不实者谓之英。

【注释】

①不:《释文》:"众家并无'不'字。"阮校:"当从众家无'不'字。"

【译文】

树木之花称为华,百草之花称为荣。开花而又结果的称为秀("不荣"的"不"字为衍文),开花不结果的称为英。

释木第十四

【题解】

《释木》解释的是有关木本植物的名称及其形体特征等方面的百科名词，展示出古代人们的日常生活与它们的密切关系。

14.001　槄①，山榎②。

【注释】

①槄(tāo)：木名。楸属。郭注："今之山楸。"生长在山中，皮叶白，色亦白，材理好，宜作车板。　②榎(jiǎ)：同"檟"。

【译文】

槄又称山榎，即楸。

14.002　栲①，山樗。

【注释】

①栲(kǎo)：木名。野鸦椿。又名山樗(chū)。落叶灌木或小乔木。初夏开黄白小花，种子蓝红色。木材可制器具，根、果及花入药。郭注："似樗，色小白，生山中，因名云。亦类漆树。"

【译文】

栲又称山樗，即山中臭椿。

14.003　柏，椈。

【译文】

柏即柏树，又称椈(jú)。

14.004 髡①，梱②。

【注释】

①髡（kūn）：同“髠”。剪去树木枝条。郝疏：“大树～之，小则不～。” ②梱（kǔn）：使齐平。又音 wén，同“橒”，郝疏引《说文》云：“橒，梡木未析也。”

【译文】

髡指剪去树木枝条，又称梱。

14.005 椵①，柂。

【注释】

①椵（jiǎ）：阮校作“椴（duàn）”。译文从之。木名。椴树科椴树属植物的泛称。落叶乔木。木材优良。又称为柂（yí）。郭注：“白椴也，树似白杨。”郝疏：“今椴木，皮白者为白椴，叶大如白杨。皮赤者为赤椴，叶如水杨。其皮柔韧，宜以束物，白者材轻耐湿，故宜为棺也。”

【译文】

椴即白椴，又称为柂。

14.006 梅①，柟。

【注释】

①梅：柟（nán），即楠。生于南方，木材坚密芳香。邢疏引孙炎云：“荆州曰～，杨州曰柟。”郝疏：“盖皆以～柟为大木，非酸果之梅。”

【译文】

梅指楠木，又称柟。

14.007 柀①，煔②。

【注释】

①柀（bǐ）：木名。紫杉。结实名柀子，即榧子。常绿乔木。 ②煔（shān）：通“杉”。郭注：“煔似松，生江南，可以为船及棺材，作柱，埋之不腐。”《通志·昆虫草木略》：“杉曰柀，曰～，松类也。”

【译文】

柀又称煔，即杉。

14.008 椵①，椵②。

【注释】

①椑(fèi):果木名。柚属。郭注:"柚属也,子大如盂,皮厚二三寸,中似枳,食之少味。" ②椵(jiǎ):果木名。柚属。郝疏:"《说文》:'~,木可作床几。读若槚。'《系传》以为~梓之属。非郭义也。《桂海虞衡志》云:'广南臭柚大如瓜,可食,其皮甚厚,染墨打碑,可代毡刷,且不损纸。'即郭注所说也。"

【译文】

椑是一种柚木,又称椵。

14.009 杻[①],檍。

【注释】

①杻(niǔ):木名。檍树。郭注:"似棣,细叶,叶新生可饲牛,材中车辋。"俗呼牛筋木。

【译文】

杻又称檍,俗呼牛筋木。

14.010 楙[①],木瓜。

【注释】

①楙(mào):果木名,即木瓜。落叶灌木或小乔木,夏初开花,果实可入药。郭注:"实如小瓜,酢可食。"

【译文】

楙即木瓜。

14.011 椋[①],即来。

【注释】

①椋(liáng):木名。《说文》:~,即来也。《释文》作"梾(lái)"。又称"椋子木"。落叶乔木或灌木。材质细致坚硬,宜作车轮及建筑材料。郝疏引《唐本(草)》注云:"叶似柿,两叶相当,子细圆如牛李子,生青熟黑。其木坚重,煮汁赤色。"

【译文】

椋即椋子木,又称即来(梾)。

14.012 栵[①],栭。

【注释】

①栵(liè):木名。栵栗,又名栭栗,即茅栗。郭注:"树似槲樕而庳小,子如细栗可食,今江东亦呼为栭栗。"

【译文】

栵即茅栗,又称栭(ér)。

14.013 檴①,落。

【注释】

①檴(huò):木名。榔榆。亦称脱皮榆。邢疏:"《小雅·大东》云:'无浸~薪。'郑笺:'~,落木名。'(今《诗》及笺两~字皆作"穫",字通。)陆玑疏云:'今榔榆也。其叶如榆,其皮坚韧,剥之长数尺,可为绖索,又可为甑带,其材可为杯器'是也。"阮校:"此疏榔字亦当作檞,非榔子木也。"

【译文】

檴即榔榆,又称落,俗呼脱皮榆。

14.014 柚,条。

【译文】

柚(yòu)又称条,即柚子树。

14.015 时,英梅。

【按语】

该条有不同解释。邢疏:"时,一名英梅。郭云:雀梅。似梅而小者也。""雀梅"《广雅》作"爵某",云:"爵某,郁也。"王念孙疏证:"爵某与雀梅同。《论语·子罕》篇正义引《(诗)召南·何彼襛矣》篇义疏云:唐棣,奥李也。一名雀梅,亦曰车下李。所在山皆有。其华或白或赤,六月中熟,大如李子,可食。""奥李"即"郁李"。《植物名实图考》:"郁李,《本经》下品。即唐棣,实如樱桃而赤,吴中谓之爵梅。"一说:"时"字衍。"英"《说文》作"柍"。郝疏:"《说文》:'柍,梅也。'《玉篇》作'楧,梅也'。无'时'字。……《尔雅》'英梅'、《说文》'柍梅',盖非果类。故《南都赋》'柍、柘、檍、檀'连言,可知柍梅非果类矣。《(齐民)要术》引郭此注'英梅未闻',然则今注'雀梅',非郭语也。"译文暂从邢说。

【译文】

时,又称英梅。英梅即指郁李。

14.016 楥①，柜柳。

【注释】

①楥(yuán)：木名。柜(jǔ)柳。即杞柳。郭注："或曰，柳当为柳。柜柳似柳，皮可煮作饮。"

【译文】

楥又称柜柳。

14.017 栩①，杼。

【注释】

①栩(xǔ)：木名。栎(lì)。即麻栎。《诗·唐风·鸨羽》："肃肃鸨羽，集于苞～。"孔疏引陆玑云："今柞栎也，徐州人谓栎为杼(shù)，或谓之为～。"

【译文】

栩又称杼，即麻栎。

14.018 味①，荎著②。

【注释】

①味：《说文》作"莯"。段注："《释草》有'莯荎藸'，《释木》有'味荎著'，实一物也。春初生苗，引赤蔓于高木，长六七尺，故又入《释木》。"参见13.139。

【译文】

味(莯)又称荎著。

14.019 櫙①，荎。

【注释】

①櫙(ōu)：刺榆。又名"荎"。落叶小乔木，小枝有坚硬的枝刺，木材坚实，可作农具、车辆等。郭注："今之刺榆。"王引之《述闻》："荎之言挃也。《广雅》曰：'挃，刺也。'故刺榆谓之荎。又谓之梗榆，梗亦刺也。"

【译文】

櫙又称荎，即刺榆。

14.020 杜①，甘棠。

【注释】

①杜：木名。杜梨。郝疏："～与棠有甜、酢之分，今通谓之杜梨。其树如梨，

叶似苍术而大，二月开华白色，结实如小楝子，霜后可食。”

【译文】

杜即杜梨，又称甘棠。

14.021　狄[①]，臧槔[②]。

【注释】

①狄：《玉篇》作“梑”（dí）。木名。《广韵·锡韵》：“梑，臧槔。《尔雅·释木》‘～，臧槔’是也。”　②槔（gāo）：《释文》：“樊本作‘榕（gāo）’。”乌臼树。郝疏：“《尔雅补郭》引《集韵》云：‘榕，柏也。’”《六书故·植物》：“榕，叶如皃蹼，遇霜则丹。其实外膏可为烛。其核中油可然（燃）灯，亦名乌臼。”

【译文】

狄（梑）又称臧槔，即乌臼树。

14.022　贡綦。

【译文】

贡綦（不详）。

14.023　杭[①]，檕梅。朻者聊[②]。

【注释】

①杭（qiú）：木名。即山楂。郭注：“～树状似梅，子如指头，赤色似小柰，可食。”　②朻（jiū）：同“樛”。树木向下弯曲。　聊（liú）：木名。《集韵·尤韵》：“～，木名。”王引之《述闻》：“朻者～，盖即杭之别种。”

【译文】

杭即山楂，又称檕（jì）梅。树枝向下弯曲的杭木称为聊。

14.024　魄[①]，榽橀。

【注释】

①魄：木名。细叶，形如檀木。郭注：“大木，细叶，似檀。”郝疏：“即今白木也。今京西诸山有之。其木皮白，材理细密，作炭甚坚，谓之白木。白、～声同也。”

【译文】

魄即白木，又称榽橀（xī xī）。

14.025 梫①,木桂。

【注释】

①梫(qǐn):木名。即桂。古书中指肉桂。亦称木桂、牡桂。郭注:"今南人呼桂厚皮者为木桂。桂树叶似枇杷而大,白华,华不著子。从生岩岭,枝叶冬夏常青,间无杂木。"

【译文】

梫又称木桂,指肉桂。

14.026 棆①,无疵。

【注释】

①棆(lún):木名,即大叶钓樟。落叶灌木。树皮光滑,有黑斑。郭注:"~,楩属,似豫章。"邢疏:"~,美木也。无疵病,因名之。"《本草纲目·木部》:"樟有大小二种,紫淡二色。此(指钓樟)即樟之小者,即《尔雅》所谓'~,无疵'是也。"

【译文】

棆即大叶钓樟,又称无疵。

14.027 椐①,樻。

【注释】

①椐(jū):木名,即灵寿木。又称为樻(kuì)。树小,多肿节,古时以为手杖。郭注:"肿节可以为杖。"郝疏:"《汉书·孔光传》云:'赐太师灵寿杖。'孟康注:'扶老杖也。'颜师古注:'木似竹,有枝节,长不过八九尺,围三四寸,自然有合杖制,不须削治也。'"

【译文】

椐即灵寿木,又称为樻。

14.028 柽,河柳。旄,泽柳。杨,蒲柳。

【译文】

柽(chēng)又称河柳,即生长在河旁的柳树。旄(máo)又称泽柳,即生长于水泽中的柳树。杨又称蒲柳,即生长在水边的杨树。

14.029 权①,黄英。

【注释】

①权:木名。《说文》:"～,黄华木。"

【译文】

权即黄华木,又称黄英。

14.030 辅,小木。

【译文】

辅指小木(待考)。

14.031 杜,赤棠。白者棠[①]。

【注释】

①杜、棠:邢疏:"樊光云:'赤者为杜,白者为棠。'陆玑疏云:'赤棠与白棠同耳。但子有赤白美恶。子白者为白棠,甘棠也,少酢滑美。赤棠子涩而酢,无味,俗语云"涩如杜"是也。'"参见 14.020 条。

【译文】

杜即赤棠。白色的称为棠。

14.032 诸虑[①],山櫐[②]。

【注释】

①诸虑:虑,阮校作"櫖"。《玉篇》:"櫖,山櫐也,似葛而粗大。" ②櫐(lěi):同"藟"。蔓草名。郭注:"今江东呼～为藤,似葛而粗大。"亦称诸虑。

【译文】

诸櫖又称山櫐,是一种山地藤本植物。

14.033 欇[①],虎櫐。

【注释】

①欇(shè):植物名。即紫藤。亦称虎櫐、虎豆、黎豆、狸豆。豆科。高大木质藤本。久经栽培可供观赏。郭注:"今虎豆,缠蔓林树而生,荚有毛刺,今江东呼为欙～。"郝疏:"其华紫色,作穗垂垂,人家以饰庭院。谓之虎櫐者,其荚中子色斑然如狸首文也。"

【译文】

欇即紫藤,又称虎櫐。

14.034 杞[①],枸檵。

【注释】

①杞(qǐ):木名。即枸杞。枸杞亦写作"枸檵"。落叶小灌木。浆果卵圆形,红色。果实、根皮可入药。段注:"枸檵为古名,枸杞虽见《本草经》,而为今名。"

【译文】

杞即枸杞,又称枸檵。

14.035 杬[①],鱼毒。

【注释】

①杬(yuán):同"芫"。即芫花。又称鱼毒。落叶灌木。花呈淡紫色,有毒,可药用。《急就篇》:"乌喙附子椒~华。"颜师古注:"芫华,一名鱼毒。渔者煮之,以投水中,鱼则死而浮出,故以为名。……芫字或作~。"

【译文】

杬即芫花,又称鱼毒。

14.036 檓[①],大椒。

【注释】

①檓(huǐ):花椒树。因其果实比另一种蜀椒大,故称为大椒。郭注:"今椒树丛生实大者名为~。"

【译文】

檓又称大椒,即花椒树。

14.037 楰[①],鼠梓。

【注释】

①楰(yú):木名。鼠梓。楸树的一种。一名苦楸。郭注:"楸属也,今江东有虎梓。"郝疏:"今一种楸,大叶如桐叶而黑,山中人谓櫝楸,即郭所云虎梓。"

【译文】

楰即鼠梓(zǐ)。

14.038 枫,欇欇。

【注释】

①枫:即枫香树。郭注:"~树似白杨,叶圆而歧,有脂而香,今之枫香是。"秋

叶艳红,故有“红枫”、“丹枫”之称。王引之《述闻》引王念孙云:“～木厚叶弱枝而善动,故谓之～,又谓之欇欇(shè shè)。《史记·司马相如列传》索隐引舍人曰:‘～为树,厚叶弱茎,无风则鸣,故曰欇欇。’”

【译文】

枫即枫香树,又称欇欇。

14.039 寓木[①],宛童。

【注释】

①寓木:指寄生于大树上的一种小灌木,又名宛童、寄生。《山海经·中山经》:“龙山上多～～。”

【译文】

寓木又称宛童,是一种寄生灌木。

14.040 无姑[①],其实夷。

【注释】

①无姑:榆类树木的一种。又称姑榆、芜荑。郭注:“生山中,叶(荚)圆而厚,剥取皮合渍之,其味辛香。”

【译文】

无姑即姑榆,它的果实称为夷。

14.041 栎[①],其实梂。

【注释】

①栎(lì):麻栎。参见14.017条。

【译文】

栎即麻栎,它的果实称为梂(qiú)。

14.042 檖[①],萝。

【注释】

①檖(suì):木名。即山梨。果子似梨而小,可食。郭注:“今杨檖也。实似梨而小,酢可食。”阮校:“《毛诗·晨风》传:‘～,赤罗也。’正义曰:《释木》云‘～,赤罗。’是古本有‘赤’字。”

【译文】

檖即山梨，又称萝(赤罗)。

14.043 楔[1]，荆桃。

【注释】

①楔(xiē)：木名。郭注："今樱桃。"

【译文】

楔又称荆桃，即樱桃。

14.044 旄[1]，冬桃。榹桃[2]，山桃。

【注释】

①旄：《说文》作"楙"，云："冬桃。读若髦。"桃树一种。旧历十月果实成熟，其味甘美，又称冬桃。 ②榹(sī)桃：又名山桃、山毛桃。果实小而多毛，其味酸苦。

【译文】

旄(楙)又称冬桃。榹桃又称山桃。

14.045 休，无实李。痤[1]，椄虑李。驳，赤李。

【注释】

①痤(cuō)：周校："《玉篇》作'樦'，亦作'桗'。"郭注："今之麦李。"

【译文】

休(木名)，即无核李。痤(桗)即麦李，又称椄(jiē)虑李。驳(木名)又称赤李。

14.046 枣：壶枣[1]，边要枣[2]。桥[3]，白枣。樲[4]，酸枣。杨彻[5]，齐枣。遵[6]，羊枣。洗[7]，大枣。煮[8]，填枣。蹶泄[9]，苦枣。皙[10]，无实枣。还味，棯枣[11]。

【注释】

①壶枣：枣子形似上小下大的葫芦。郭注："今江东呼枣大而锐上者为壶。壶犹瓠也。" ②边要(腰)枣：枣子两边大中间细，形似辘轳。郭注："子细腰，今谓之鹿卢(辘轳)枣。"邢疏："边大而腰细者名～～～。" ③桥(jī)：白枣。郝疏："白枣者，凡枣熟时赤，此独白熟为异。《初学记》引《广志》云：'大白枣名曰蹙咨，小核多

肌。'按,蹩咨之合声为~。" ④樲(èr):酸枣。邢疏:"实小而味酢者名~枣。" ⑤杨彻:齐地所产的枣子。郝疏:"《玉篇》:'彻,枣也。'翟氏《补郭》云:'齐地所产之枣,其方俗谓之~~。'" ⑥遵:羊枣。郭注:"实小而圆,紫黑色,今俗呼之为羊矢枣。"郝疏:"羊枣者,小而圆,其味善,故曰羊。羊,善也。"《说文》"樗(yǐng)"字段注:"樗即《释木》之~,羊枣也。" ⑦洗:阮校作"桄(xiǎn)"。大枣。邢疏:"~,最大之枣名也。郭云:今河东猗氏县出大枣,子如鸡卵。" ⑧煮:指煮枣。郝疏:"'~,填枣'者,须煮熟又镇压之,榨取其油。'镇'与'填'古字通也。" ⑨蹶泄:苦枣。邢疏:"~~者,味苦之枣名也。" ⑩皙(xī):阮校作"晳(xī)"。枣的一种。郭注:"不著子者。"郝疏:"皙者,无实枣名。《晏子春秋》所谓'东海有枣,华而不实'者也。今乐陵枣无核,非此。" ⑪还(xuán)味,棯(rěn)枣:还味,味道不好。郭注:"还味,短味。"邢疏:"还味者,短味也,名棯枣。"棯,阮校作"稔(rěn)",云:"稔,熟也。枣过熟者味短也,故名'还味'。"

【译文】

枣里有上小下大如葫芦的壶枣,有两边大、中间细的边要枣。桥是白枣,樲即酸枣。杨彻,是齐地所产枣子的俗称。遵(樗)是上好的羊枣。桄是大如鸡卵的枣子。煮枣又名填枣(镇枣)。蹶泄,指称苦枣。晳是无实枣的名称。吃起来乏味的称稔枣。

14.047 榇[①],梧。

【注释】

①榇(chèn):梧桐的一种。即青桐。郭注:"今梧桐。"郝疏:"一种皮青碧而滑泽,今人谓之青桐,即此~梧是也。一种皮白,材中乐器,即下荣桐是也。树皆大叶浓阴,青桐尤为妍美,人多种之以饰庭院。"

【译文】

榇即青桐,又称梧(梧桐)。

14.048 朴[①],枹者谓[②]。

【注释】

①朴(pú):丛生的树木。郭注:"~属丛生者为枹。"《诗·大雅·棫朴》:"芃芃棫~。"毛传:"~,枹木也。"朱熹注:"~,丛生也。言根枝迫迮相附著也。" ②枹(bāo):丛生的树木。谓:王引之《述闻》引钱大昕曰:"~当从舍人本作'汇'"。

【按语】

该条"谓"字,郭注、郝疏均属下句,今从钱大昕之说,以"朴、枹者谓"为句。

详王引之《述闻》。

【译文】

朴,指树木丛生而聚集一处。

14.049 榇[①],采薪。采薪,即薪。

【注释】

①榇(chèn):柞木。王引之《述闻》:"~与采薪,即薪,皆谓柞木也。……《小雅·车舝》曰:'析其柞薪。'柞木可以为薪,故又有采薪、即薪之名矣。"

【译文】

榇指柞木,又称采薪。采薪又称即薪。

14.050 棪[①],槤其[②]。

【注释】

①棪(yǎn):果木名。槤(sù)其。郭注:"~实似柰,赤,可食。"《说文》:"~,遫其也。"段注:"遫,籀文速字也。今《尔雅》作槤,为俗字。" ②其:语助,无义。黄侃《音训》:~"为语助,犹梁曰芗其"。

【译文】

棪又称槤其。

14.051 刘[①],刘杙。

【注释】

①刘:即榴。又称刘杙(yì)。郭注:"~子生山中,实如梨,酢甜核坚,出交趾。"郝疏:"《吴都赋》:'探榴御霜。'刘逵注:'榴子出山中,实如梨,核坚,味酸美。交趾献之。'是榴即~也。"

【译文】

刘即榴,又称刘杙。

14.052 櫰[①],槐大叶而黑。守宫槐,叶昼聂宵炕[②]。

【注释】

①櫰(huái):木名。槐类。叶大色黑。郭注:"槐树叶大色黑者名为~。" ②守宫槐:槐树的一种。郭注:"槐叶昼日聂合而夜炕布者,名为~~~。"聂(zhé):合拢。炕(hāng):张开。

【译文】

櫰,指叶子大而色黑的槐树。守宫槐,指叶子白天合拢而夜晚张开的槐树。

14.053 槐,小叶曰榎。大而散[①],楸。小而散,榎。

【注释】

①大而散(què):树老而树皮龟裂。邢疏引樊光云:"大者,老也。散,措皮也。"

【按语】

该条郭注:"'槐'当为'楸'。"楸,木名。落叶乔木。用途很广。

【译文】

楸树,小叶的称为榎(jiǎ)。树老而树皮龟裂的称为楸。树小而树皮龟裂的亦称为榎。

14.054 椅[①],梓。

【注释】

①椅(yī):木名。即山桐子。落叶乔木。或作"檹(yī)"。《说文》引贾逵曰:"檹即椅也,可作琴。"《本草纲目·木部》:"梓木处处有之,有三种,木理白者为梓,赤者为楸,梓之美文者为~。"

【译文】

椅(檹)即山桐子,又称梓。

14.055 桋,赤楝[①]。白者楝。

【注释】

①楝(sù):即桋(yí)树。邢疏引陆玑曰:"~叶如柞,皮薄而白。其木理赤者为赤~,一名桋:白者为~。其木皆坚韧,今人以为车毂。"

【译文】

桋,又称赤楝,即木理色红的楝树。木理色白的称为楝。

14.056 终[①],牛棘。

【注释】

①终:木名。一种带刺的大灌木。又称牛棘、王棘。郭注:"即马棘也,其刺粗而长。"

【译文】

终是一种带刺的大灌木，又称牛棘。

14.057 灌木，丛木。

【译文】

灌木是一种矮而丛生的木本植物。

14.058 瘣木①，苻娄②。

【注释】

①瘣(huì)木：指因病而不发枝条的树木。郭注："谓木病尫伛瘿肿无枝条。"徐幹《中论·艺纪》："木无枝叶则不能丰其根干，故谓之瘣。" ②苻娄：指树木枯曲有瘤。

【译文】

瘣木，指因病不发枝条的树木，又称苻娄。

14.059 蕡①，藹。

【注释】

①蕡(fén)：草木果实繁盛的样子。郭注："树实繁茂菴藹。"《诗·周南·桃夭》："桃之夭夭，有～其实。"毛传："～，实貌。""藹"亦有此义。

【译文】

蕡也称藹，形容树木果实繁盛的样子。

14.060 枹①，遒木②，魁瘣③。

【注释】

①枹：丛生的树木。参见14.048条。 ②遒(qiū)木：丛生的树木。郭注："谓树木丛生。"《释文》："～，谓丛攒迫而生。" ③魁瘣(lěi)：树木根节或枝叶盘结貌。郭注："谓树木丛生根枝节目盘结磈磊。"邢疏："～～，读若磈磊，谓根节盘结处也。"

【译文】

枹即树木丛生，根节枝叶盘结一处。

14.061 棫①，白桵。

【注释】

①棫(yù):木名。即蕤核,通称"白桵(ruì)"。灌木,小枝有刺,果实可食。郭注:"桵,小木丛生,有刺,实如耳珰,紫赤可啖。"

【译文】

棫即蕤核,又称白桵。

14.062 梨,山樆①。

【注释】

①梨,山樆:阮校作"樆,山梨"。樆(lí),木名,即山梨。邢疏云:"言其在山之名则曰樆,人植之曰梨。"

【译文】

樆即山梨。

14.063 桑辨有葚,栀①。女桑②,桋桑。

【注释】

①栀(zhī):桑树的一种。辨(piàn),一半之意。郭注:"辨,半也。"邢疏:"舍人云:'桑树一半有葚、半无葚为~。'"葚(shèn):亦作"椹"。桑树果实。 ②女桑:树小而枝条长的桑树。亦称为桋(tí)桑、荑桑。《诗·豳风·七月》:"猗彼~~。"毛传:"角而束之曰猗。~~,荑桑也。"

【译文】

一半结葚的桑树称为栀。女桑,即树小而枝条柔长的桑树,又称桋桑。

14.064 榆,白枌①。

【注释】

①榆,白枌:据《诗·陈风·东门之枌》毛传:"枌,白榆也。"则该条应作"枌,白榆"。枌(fén):一种白皮榆树。

【译文】

枌即白榆。

14.065 唐棣,栘①。常棣,棣。

【注释】

①栘(yí):即唐棣。《说文》:"~,棠棣也。"段注:"《释木》曰:'唐棣,~。常

棣,棣。'唐与常音同,盖谓其花赤者为唐棣,花白者为棣。一类而错举。故许云:'～,棠棣也。''棣,白棣也。'改'唐'为'棠',改'常'为'白',以'棠'对'白',则棠为赤可知。皆即今郁李之类,其子可食者。"

【译文】

唐棣即赤棣,又称栘。常棣即白棣,通称棣。

14.066 槚[①],苦荼。

【注释】

①槚(jiǎ):茶树,茶。郭注:"树小似栀子,冬生叶,可煮作羹饮,今呼早采者为荼,晚取者为茗。一名荈,蜀人名之苦荼。"按,"荼"字至唐代《开元文字音义》始减一划作"茶"。陆羽据以作《茶经》。

【译文】

槚即茶树,又称苦荼。

14.067 樕朴[①],心。

【注释】

①樕(sù)朴:阮校作:"朴樕"。小树。又名心。《诗·召南·野有死麕》:"林有朴樕。"毛传:"朴樕,小木也。"王引之《述闻》:"朴樕与心,皆小貌也,因以为木名耳。" ②心:指初生小木。《诗·邶风·凯风》:"凯风自南,吹彼棘～。"段玉裁《毛诗故训传定本·小笺》:"棘～,对下'棘薪'言,谓棘之初生萌蘖。"王引之《述闻》:"小棘谓之棘～,与朴樕小木谓之～,其义一也。"

【译文】

朴樕即小树,又称心。

14.068 荣[①],桐木。

【注释】

①荣:梧桐树的别名。《说文》"～,桐木也。"一说:荣为小木之通称,桐为小木之名。详王引之《述闻》。

【译文】

荣是梧桐树的别名。一说:荣是小木的通称。

14.069 栈木[①],干木。

【注释】

①栈木:僵木。郭注:"殭木也。"又称干木。黄侃《音训》:"栈之为言残也,干之为言蘖也。……木僵则干矣。"

【译文】

栈木又称干木,即僵木。

14.070 檿桑[①],山桑。

【注释】

①檿(yǎn)桑:木名,古称山桑。落叶乔木,叶互生,实长椭圆形,内皮可作纸,木质坚硬。郭注:"似桑,材中作弓及车辕。"郝疏:"今山桑叶小于桑而多缺刻,性尤坚紧。"

【译文】

檿桑又称山桑。

14.071 木自獘,柛[①]。立死,椔[②]。獘者翳[③]。

【注释】

①獘(bì):同"弊",倒下,死。 柛(shēn):树木自死。 ②椔(zī):亦作"菑"。直立着的枯木。郭注:"不獘顿。" ③翳(yì):通"殪(yì)"。树木倒地自行枯死。《诗·大雅·皇矣》:"作之屏之,其菑其~。"毛传:"木立死曰菑,自毙为~。"

【译文】

树木自死称为柛。树木直立枯死称为椔。树木倒地自行枯死称为翳。

14.072 木相磨,槸[①]。棤[②],皵。梢,梢櫂[③]。

【注释】

①槸(yì):树枝相磨。《说文》"~,木相摩也。"郝疏:"~之言犹曳也,掣曳亦切摩之意。" ②棤(cuò):树皮粗裂。邢疏:"木皮甲粗错者名~,亦名皵。" ③梢櫂:阮校作"梢擢(zhuó)":"梢擢者,为木杪引而愈长,愈长则愈细,因此目之曰梢也。"郭注:"谓木无枝柯,梢擢长而杀者。"

【译文】

树枝相磨称为槸。棤又名皵(què),即树皮粗裂。梢,又称梢櫂,指别无旁枝,主干修长而挺拔。

14.073 枞[①],松叶柏身。桧,柏叶松身。

【注释】

①枞(cōng):即冷杉。常绿乔木。因古音~(七容反)、松(象容反)音近,故亦以~指松。

【译文】

枞,树叶如松,树干如柏。桧,树叶如柏,树干如松。

14.074 句如羽[①],乔。下句曰朻。上句曰乔。如木楸曰乔,如竹箭曰苞,如松柏曰茂,如槐曰茂。

【注释】

①句(gōu):同"勾"。弯曲,卷曲。

【译文】

树枝卷曲如同羽毛称为乔。树枝向下弯曲称为朻。树枝向上弯曲称为乔。像楸树一样的树木称为乔,像竹箭一样的树木称为苞,像松柏一样的树木称为茂,像槐树一样的树木称为茂。

14.075 祝[①],州木。

【注释】

①祝:木名。郝疏:"~,州,古读音同,字通……此~,一名州木。"一说:当作"柷(zhù)"。阮校作"柷",引宋翔凤云:"柷,盖谓木之中空者也。" ②州木:州树。郝疏:"《齐民要术》引《南方记》曰:'州树,野生,三月花已,乃连著实,五月熟,剥核,滋味甜。出武平。'然则此即~~矣。"一说:有孔穴的树木。黄侃《音训》:"州者,《释畜》'白州驠'注:州,窍也。"

【译文】

祝又称州木,即州树。一说:柷又称州木,指中空的树木。

14.076 髦,柔英。

【注释】

①髦:郝疏:"《释草》有'髦,颠棘',《广雅》谓之女木,与此柔英疑同类。"参见13.086条。

【译文】

髦,又称柔英(存疑)。

14.077　槐、棘丑，乔；桑、柳丑，条；椒、榝丑[①]，莍[②]；桃、李丑，核。

【注释】

①榝(shā)：食茱萸。为樗叶花椒的果实。郭注："似茱萸而小，赤色。"　②莍(qiú)：果实外皮密生疣状突起的腺体。郝疏："～之言裘也，芒刺锋攒如裘自裹，故谓之～也。"

【译文】

槐、棘类的树木，树干高大；桑、柳类的树木，枝条繁盛；椒、榝类的树木，果实外皮密生疣状腺体；桃、李类的树木，果实中有核。

14.078　瓜曰华之[①]，桃曰胆之[②]，枣李曰疐之[③]，樝梨曰钻之[④]。

【注释】

①华(huā)：当中剖开。邢疏："此为国君削瓜之礼也。～谓半破也，降于天子，故破而不四析也。"《礼记·曲礼上》："为国君者～之，中以裕。"郑注："～中裂之不四析也。"　②胆：拭擦。章炳麟《新方言·释言》："今通谓拭治为～。"《礼记·内则》："枣曰新之，栗曰撰之，桃曰～之，相梨曰攒之。"孔疏："桃多毛，拭治去毛。"　③疐(dì)：蒂。"～之"意即"去掉蒂"。　④樝(zhā)：果木名，即山楂。后作"楂"。《说文》："～，果似梨而酢。"　钻(zuān)：穿刺，打孔。邢疏："恐有虫，故一一～看其虫孔也。"

【译文】

瓜要当中剖开，桃子要擦拭去皮上的毛，枣子、李子要去掉蒂，山楂、梨子要查看有没有虫孔。

14.079　小枝上缭为乔。无枝为檄。木族生为灌。

【译文】

小树枝缭绕上翘称为乔。树木光秃无枝称为檄。树木聚集丛生称为灌。

释虫第十五

【题解】

《释虫》解释的是有关昆虫的名称及其习性的名词。

15.001　螜[①],天蝼。

【注释】

①螜(hú):即蝼蛄。又名天蝼、土狗、拉拉蛄。《大戴礼记·夏小正》:"~,天蝼也。"体长形圆,色黄褐。穴居土中,昼伏夜出,损害农作物。

【译文】

螜即蝼蛄,又称为天蝼。

15.002　蜚[①],蛗螽。

【注释】

①蜚(fěi):蜚蠊。俗呼蟑螂。又称蛗螽(lú féi)。郭注:"螽即负盘,臭虫。"

【译文】

蜚又称蛗螽,俗呼蟑螂。

15.003　螾衙[①],入耳。

【注释】

①螾衙(yǐn yán):或作螾蜇,虫名,即蚰蜒。又称入耳。节肢动物,形似蜈蚣而形体略小,生活于阴湿之处。《方言》卷十一:"蚰蜇,自关而东谓之螾蜇,或谓之入耳。"

【译文】

螾衙即蚰蜒,又称入耳。

15.004　蜩，蜋蜩、螗蜩。蚻，蜻蜻。蠽，茅蜩。蝒，马蜩。蜺，寒蜩。蜓蚞，螇螰。

【按语】

该条旨在辨明蝉之大小及方言不同的名称。起首之“蜩(tiáo)”，则为诸蝉的总名。

【译文】

蜩(蝉)又称蜋(láng)蜩、螗(táng)蜩。蚻(zhá，蝉名)又称蜻蜻。蠽(jié，蝉名)又称茅蜩。蝒(mián，蝉类最大者)又称马蜩。蜺(ní，蝉名)又称寒蜩。蜓蚞(tíng mù，蝉名)又称螇螰(xī lù)。

15.005　蛣蜣[1]，蜣蜋。

【注释】

①蛣蜣(jié qiāng)：甲虫名。又名蜣蜋。俗称屎克郎。郝疏：“体圆而纯黑，以土裹粪，弄转成丸，雄曳雌推，穴地纳丸，覆地而去。”

【译文】

蛣蜣又称蜣蜋，俗呼屎克郎。

15.006　蝎[1]，蛣蝠。

【注释】

①蝎(hé)：木中蛀虫。又称蛣蝠。郭注：“木中蠹虫。”刘师培《〈尔雅〉虫名今释》：“今此虫长短不齐，长或逾寸，短仅数分，其色多白，亦有杂青色者，蠕蠕而行，动与蚕相似，行时自昂其首，其身一屈一伸。桃李诸果木所生尤多，或生于果实之中。俗呼为蠹虫，亦有呼为~虫者。”

【译文】

蝎又称蛣蝠，即木中蛀虫。

15.007　蠰[1]，齧桑。

【注释】

①蠰(shāng)：形似天牛的桑树蠹虫。俗呼“桑牛”。郭注：“似天牛角长，体有白点，喜齧桑树，作孔，入其中，江东呼为齧发。”故又称为齧桑。

【译文】

蠰(桑牛)是一种形似天牛的桑树蠹虫，又称齧桑。

15.008 诸虑①,奚相。

【注释】

①诸虑:桑蠹之类昆虫。又称奚相(奚桑)。刘师培《〈尔雅〉虫名今释》:"今桑木之虫有色黑身长,以身绕树作盘屈之形,殆即此文之奚相也。因其形缠屈,故假山櫐之名以为名。"山櫐亦名~~。参看14.032条。

【译文】

诸虑,指桑木蠹虫,又称奚相(奚桑)。

15.009 蜉蝣①,渠略。

【注释】

①蜉蝣(fú yóu):亦作"蜉蝤"。昆虫名。幼虫生活于水中,成虫寿命很短,一般朝生暮死。《诗·曹风·蜉蝣》:"~~之羽,衣裳楚楚。"毛传:"~~,渠略也,朝生夕死。"孔疏:"舍人曰:南阳以东曰~~,梁、宋之间曰渠略。"

【译文】

蜉蝣是一种朝生暮死的小虫,又称渠略。

15.010 蛂①,蟥蛢。

【注释】

①蛂(bié):金龟子。为害植物。郭注:"甲虫也。大如虎豆,绿色,今江东呼黄蛢。"

【译文】

蛂即金龟子,又称蟥蛢(huáng píng)。

15.011 蠸舆父①,守瓜。

【注释】

①蠸(quán)舆父:昆虫。又名瓜萤、舆父、守瓜。叶甲科,成虫黄色,有硬壳,是瓜类主要害虫。郭注:"今瓜中黄甲小虫,喜食瓜叶,故曰守瓜。"郝疏:"常在瓜叶上食叶而不食瓜,俗名看瓜老子者也。"

【译文】

蠸舆父是瓜中黄甲虫,又称守瓜。

15.012 蝚①,蛖蝼。

【注释】

①蝚(róu):昆虫名。郭注:"蝼蛄类。"刘师培《〈尔雅〉虫名今释》:"杂色为蛖,今蝼蛄有身杂采色者,殆即《尔雅》之蛖蝼。"

【译文】

蝚又称蛖(máng)蝼。

15.013 不蜩,王蚥[①]。

【注释】

①不蜩,王蚥:刘师培《〈尔雅〉虫名今释》:"翟晴江以'不'当为'丕',即大蜩。其说近是。王蚥即大蜩之异名。"

【译文】

不蜩(蝉)又称王蚥(fǔ)。

15.014 蛄䗐[①],强蛘。

【注释】

①蛄䗐(shī):米象,米牛,米中蛀虫。郭注:"今米谷中小黑蠹虫是也,建平人呼为蛘(mǐ)子。"

【译文】

蛄䗐是米中蛀虫,又称强蛘(一作蛘 yáng)

15.015 不过[①],蟷蠰[②]。其子蜱蛸。

【注释】

①不过:过,《释文》:"本或作蝸。"黄焯《汇校》:"宋本蝸作蟈。"《集韵》:"不蟈,虫名。一曰蟷蠰。蟈,通作過。" ②蟷蠰(dāng náng):亦作"螗螂"。螳螂。邢疏:"不过,一名~~,一名螳螂。"

【译文】

不过又称蟷蠰,即螳螂,它的卵称为蜱蛸(pí xiāo)。

15.016 蒺藜,蝍蛆[①]。

【注释】

①蝍蛆(jié jū):蜈蚣。《广雅》:"~~,吴公也。"一说蟋蟀。郭注:"似蝗而大腹长角,能食蛇脑。"

【译文】

蒺藜又称蝍蛆。

15.017 蝝[1],蝮蜪。

【注释】

①蝝(yuán):蝗的幼虫。又称蝮蜪(fù táo)。《国语·鲁语上》:"虫舍蚔~,蕃庶物也。"韦昭注:"蚔,蚁子也,可以为醢。~,蝠陶也,可以食。"

【译文】

蝝是蝗的幼虫,又称蝮蜪。

15.018 蟋蟀,蛬[1]。

【注释】

①蛬(qióng):蟋蟀。按:该条周校作"蛬,蟋蟀。"今译从之。

【译文】

蛬,就是蟋蟀。

15.019 蟼[1],蟆。

【注释】

①蟼(jǐng):蛤蟆的一种。郭注:"蛙类。"郝疏:"今按:虾蟆居陆,蛙居水,此是蟆,非蛙也。郭注失之。"

【译文】

蟼即蟆(蛤蟆)。

15.020 蜆[1],马蝬。

【注释】

①蜆(xián):宋监本作"蚬(xián)"。马蚿。即马陆。邢疏:"蚬虫一名马蝬。"(蝬:音 zhàn)。

【译文】

蚬又称马蝬,即马陆。

15.021 蝗螽[1],蠜。草螽[2],负蠜。蜤螽[3],蜙蝑。蟿螽[4],螇蚸。土螽[5],蠰谿。

【注释】

①蛗螽(fù zhōng):也作“阜螽”。蚱蜢。郝疏:“~~名蠜(fán,蚱蜢)。《诗》作‘阜螽’。正义引李巡曰:‘~~,蝗子也。’” ②草螽:蝗类昆虫名。亦作“草虫”。又称负蠜、常羊。《释文》:“《草木疏》云:‘一名负蠜,大小长短如蝗而青也。’” ③蜤(sī)螽:蝗类昆虫名。即螽斯。邢疏:“~~,《周南》作螽斯,《七月》作斯螽。……一名蜙蝑(sōng xū),一名蜙蠑,一名蟒蛗。” ④蟿(qì)螽:蝗的一种。又称“螇蚸(qī lì)”。郭注:“今俗呼似蜙蠑(cóng)而细长、飞翅作声者为螇蚸。” ⑤土螽:蝗类昆虫名。又称蠰谿。郝疏:“~~者,今土蚂蚱也。亦有二种:一种体如土色,似蝗而小,有翅,能飞不远;又一种黑斑色而大,翅绝短,不能飞,善跳。俗呼之度蚂蚱,即土蚂蚱(灰蚱蜢)也。”

【译文】

蛗螽又称蠜,即蚱蜢。草螽是蝗类昆虫,又称负蠜。蜤螽是蝗类昆虫,又称蜙蝑。蟿螽又称螇蚸。土螽又称蠰谿,即灰蚱蜢。

15.022 螼蚓,蜸蚕。

【译文】

螼(qǐn)蚓即蚯蚓,又称蜸蚕(qiǎn tiǎn)。

15.023 莫貈,螳蜋,蛑。

【译文】

莫貈(hè)即螳蜋(螳螂),又称蛑(móu)。

15.024 虰蛵,负劳。

【译文】

虰蛵(dīng xīn)即蜻蜓,又称负劳。

15.025 蛅[①],毛蠹。

【注释】

①蛅(hàn):毛虫。遍体有毛,多短足,有毒可螫人。又名毛蠹。俗呼刺毛虫。

【译文】

蛅又称毛蠹,俗呼刺毛虫。

15.026 螺①，蛅蟴。

【注释】

①螺(mò)：毛虫。即蛅蟴(zhān sī)。郭注："载(cì)属也。今青州人呼载为蛅蟴。"

【译文】

螺是一种毛虫，又称蛅蟴。

15.027 蟠，鼠负。

【译文】

蟠即潮虫，又称鼠负。

15.028 蟫①，白鱼。

【注释】

①蟫(yín)：蠹鱼，又名衣鱼、白鱼。体长而扁，触角鞭状，体被银色细鳞，无翅。常栖于衣服、书籍中。郭注："衣书中蠹，一名蛃鱼。"《尔雅翼·释虫一》："～，始则黄色，既老则身有粉，视之如银，故曰白鱼。"

【译文】

蟫又称白鱼，即蠹鱼。

15.029 蛾，罗。

【译文】

蛾又称罗，即飞蛾。

15.030 螒①，天鸡。

【注释】

①螒(hàn)：纺织娘。昆虫。褐色或绿色，头小，善跳跃，鸣声如纺车之声。生活在草地。郭注："小虫，黑身，赤头，一名莎鸡，又曰樗鸡。"

【译文】

螒又称天鸡，俗呼纺织娘。

15.031 傅，负版①。

【注释】

①负版:或作蝜蝂。一种性喜负重的小虫。柳宗元《蝜蝂传》:"蝜蝂者,善负小虫也。"

【译文】

傅又称负版,是一种性喜负重的小虫。

15.032 强,蚚[①]。

【注释】

①蚚(qí):米中小黑虫。成虫红褐色,头小吻长,是粮库中的主要害虫。郝疏:"《说文》强、~互训。《玉篇》'强,米中蠹小虫'是。"《正字通·虫部》:"~,今广东呼米牛,绍兴呼米象。"

【译文】

强又称蚚,即米中小黑虫。

15.033 蛶[①],螪何。

【注释】

①蛶(liè):虫名。蜥蜴类。郝疏:"何或作蚵,音河。《玉篇》:'~,螪蚵也。'又云:'蚵蚻,蜥易。'本于《广雅》。《集韵》引《尔雅》:'~,螪何。'亦以为蜥易之类也。"按,据《集韵》,"螪(shāng)何"应作"蟙(zhí)何"。蟙为蜥易之合声。一说:米中小黑甲虫。刘师培《〈尔雅〉虫名今释》:"螪何之何,即'蚻'字之转音。……《玉篇》云:'蚻,米中虫。'此文之'何',盖即彼文之'蚻',与'茄'之为'荷'一律。"

【译文】

蛶又称螪(蟙)何,是蜥蜴类爬虫。一说为米中小黑甲虫。

15.034 螝[①],蛹。

【注释】

①螝(guī):蛹。昆虫从幼虫过渡到成虫时的一种形态。郭注:"蚕蛹。"《广韵·队韵》:"虫蛹。"

【译文】

螝即指蛹。

15.035 蚬[①],缢女。

【注释】

①蚬(xiàn):蝶类的幼虫。常以丝悬于树木枝叶及屋壁间,故又名缢女或缢虫。郭注:“小黑虫。赤头,喜自经死,故曰缢女。”郝疏:“按:今此虫吐丝自裹,望如披蓑,形似自悬,而非真死。旧说殊未了也。”

【译文】

蚬是蝶类的幼虫,又称缢女。

15.036 蚍蜉,大螘[①],小者螘。蠪[②],朾螘。螱[③],飞螘,其子蚳。

【注释】

①螘(yǐ):同“蚁”。《楚辞·宋玉〈招魂〉》:“赤~若象。”王逸注:“~,蚍蜉也。小者为~,大者谓之蚍蜉也。” ②蠪(lóng):一种大蚂蚁,身上赤色斑驳。郭注:“赤驳蚍蜉。”邢疏:“其大而赤色斑驳者名~,一名朾(chéng)螘。” ③螱(wèi):白蚁。邢疏:“有翅而飞者名~,即飞螘也。”

【译文】

蚍蜉即指大蚂蚁,小的蚂蚁称螘。蠪是一种大的红蚂蚁,又称朾螘。螱即白蚁,是一种能飞的蚂蚁,它的卵称为蚳(chí)。

15.037 次蟗,蜘蛛[①]。蜘蛛,鼄蝥:土蜘蛛,草蜘蛛。

【注释】

①蜘蛛(zhī zhū):即蜘蛛。又名次蟗(qiū)。郭注:“今江东呼蝃蝥(zhuō wú)。”邢疏:“~~,又一名蛛蝥。”

【译文】

次蟗即蜘蛛。蜘蛛又称鼄蝥:有土蜘蛛,有草蜘蛛。

15.038 土蜂。木蜂[①]。

【注释】

①蜂:《说文》:“飞虫螫人者。”“土~”指在地里作房的一种蜂。亦称为马蜂。“木~”则指在树上作房的一种蜂,形体比马蜂要小些。

【译文】

蜂:有土蜂,有木蜂。

15.039 蟦①，蛴螬。

【注释】

①蟦(féi)：蛴螬(qí cáo)。亦名"～蛴"。金龟子的幼虫。郭注："在粪土中。"邢疏："此辨蝎在土在木之异名也。其在粪土中者名～蛴，又名蛴螬。"

【译文】

蟦是金龟子的幼虫，又称蛴螬。

15.040 蝤蛴①，蝎。

【注释】

①蝤(qiú)蛴：天牛的幼虫。黄白色，身长足短。蛀食树木枝干，是果树的主要害虫。又称蝎(hé)。郭注："在木中，今虽通名为蝎，所在异。"郝疏："～～白色，身长足短，口黑无毛，至春羽化为天牛。"

【译文】

蝤蛴是天牛的幼虫，又称蝎。

15.041 蛜威①，委黍。

【注释】

①蛜(yī)威：旧说鼠妇虫。俗称地鸡、地虱。郭注："旧说鼠妇别名。"按，～～，《说文》作"蛜威"。段注："《释虫》以'蟠鼠妇'与'蛜威，委黍'画为二条，不言一物。蛜威即今之地鳖虫，与鼠妇异物。"

【译文】

蛜威又称委黍，俗呼地鳖虫。

15.042 蟏蛸①，长踦。

【注释】

①蟏蛸(xiāo shāo)：亦作"蠨蛸"。又称喜蛛或喜子。身体细长，暗褐色，多在室内结网。郭注："小蜘蛛，长脚者，俗呼为喜子。"

【译文】

蟏蛸，又称长踦(jǐ)，俗呼喜蛛。

15.043 蛭蝚①，至掌。

【注释】

①蛭蝚(zhì róu):水蛭。又名蚂蟥。体长扁平,有吸盘吸取人畜之血。《说文》:"~~,至掌也。"段注:"《本草经》:'水蛭味咸,一名至掌。'是名医谓即水蛭也。"

【译文】

蛭蝚即水蛭,又称至掌。

15.044 国貉①、虫蚃。

【注释】

①国貉:土蛹。邢疏:"此蛹虫也。今俗呼为蚃,一名~~,一名虫蚃。"《说文》云:"知声虫也。"生活于土中,似蚕而大。

【译文】

国貉即土蛹,又称虫蚃。

15.045 蠖,蚇蠖①。

【注释】

①蚇蠖(chǐ huò):亦作"尺蠖"。尺蠖蛾的幼虫。体细长,色如树皮,屈伸前进,如量尺寸。郝疏:"其行先屈后伸,如人布手知尺之状,故名尺蠖。"

【译文】

蠖指蚇蠖。

15.046 果蠃①,蒲卢。

【注释】

①果蠃(luǒ):土蜂。又名蒲卢、细腰蜂。

【译文】

果蠃即土蜂,又称蒲卢。

15.047 螟蛉,桑虫。

【译文】

螟蛉又称桑虫。

15.048 蝎①,桑蠹。

【注释】

①蝎(hé):木中蛀虫。参见15.006条、15.040条。

【译文】

蝎指桑蠹。

15.049 荧火,即炤。

【译文】

荧火即萤火虫,又称即炤(zhào)。

15.050 密肌,继英[①]。

【注释】

①继英:《玉篇》作“蜌蝧”。郝疏即蠼螋,俗呼蓑衣虫。并见17.032条。

【译文】

密肌即蠼螋,又称继英,俗呼蓑衣虫。

15.051 蚅[①],乌蠋。

【注释】

①蚅(è):乌蠋,蛾蝶类的幼虫。似蚕,大如指。《本草纲目·虫部·蚕》:“凡诸草木,皆有~蠋之类,食叶吐丝,不如蚕丝可以衣被天下,故莫得并称。”

【译文】

蚅又称乌蠋,是蛾蝶类幼虫。

15.052 蠓[①],蠛蠓。

【注释】

①蠓(měng):蠓虫。成虫体小,聚群而飞。郭注:“小虫似蜹,喜乱飞。”

【译文】

蠓又称蠛(miè)蠓。

15.053 王蛈蜴[①]。

【注释】

①王蛈蜴(tiě tāng):土蜘蛛。又叫颠当虫。郭注:“即螲蟷(dié dāng)。似蜘蛛,在穴中,有盖。今河北人呼蛈蜴。”

【译文】

王蛈蝪(土蜘蛛)。

15.054 蟓[①],桑茧。雔由[②]:樗茧,棘茧,栾茧。蚢[③],萧茧。

【注释】

①蟓(xiàng):桑蚕。郭注:"食桑叶作茧者,即今蚕。' ②雔(chóu)由:野蚕名。郝疏:"~~者,樗茧、棘茧、栾茧之总名也。……野蚕随树食叶,皆能为茧。" ③蚢(háng):一种野蚕。邢疏:"食萧叶作茧者名~。"郝疏:"~者,《玉篇》云:'蚕类,食蒿叶。'蒿即萧也。今草上虫吐丝作茧者甚众,不独蒿也。岭南蚕或食紫苏叶作茧矣。"

【译文】

蟓即桑蚕所结的茧,称桑茧。野蚕吃臭椿叶所结的茧,称樗(chū)茧;吃酸枣树叶所结的茧,称棘茧;吃栾华树叶所结的茧,称栾茧。蚢这种食艾蒿叶的野蚕所结的茧称为萧茧。

15.055 翥丑罅[①],螽丑奋[②],强丑捋[③],蜂丑螸[④],蝇丑扇[⑤]。

【注释】

①翥(zhù):虫名。后作"蠹"。郝疏:"凡飞~之类多剖母背而生,邢疏以为蝉属……《广韵》引~作蠹,云虫名。" 罅:阮校作罅(xià):裂开,裂缝。 ②螽丑奋:邢疏:"螽蝗之类好奋迅作声而飞。" ③强丑捋:邢疏:"强圻(qí,蚚)之类好以脚自摩捋。" ④蜂丑螸(yú):邢疏:"蜂类好垂其腴以休息。《说文》云:'螸,垂腴也。'腴即腹下也。" ⑤蝇丑扇:邢疏:"青蝇之类好摇翅自扇。"

【译文】

飞翥类昆虫多裂缝而生,螽蝗类昆虫好奋飞,强蚚类昆虫好捋脚自摩,蜂类昆虫喜垂腹,蝇类昆虫擅扇翅。

15.056 食苗心,螟。食叶,蟘。食节,贼。食根,蟊。

【译文】

蛀食苗心的昆虫称为螟(螟蛾幼虫)。蛀食苗叶的昆虫称为蟘(tè,蝗虫)。蛀食禾秆的昆虫称为贼。蛀食苗根的昆虫称为蟊(máo,蝼蛄)。

15.057 有足谓之虫,无足谓之豸。

【译文】

有足的称为虫，无足的称为豸(zhì)。

释鱼第十六

【题解】

《释鱼》主要解释的是关于各种鱼类及其形体、特征、习性等方面的名词。龟、蛇、贝等动物本不属鱼类，古人因它们与鱼一样生活在水中，故连类而及，归入其中。

16.001　鲤。

【译文】

鲤（鲤鱼）。

16.002　鳣①。

【注释】

①鳣（zhān）：鲟鳇鱼的古称。郭注："～，大鱼，似鱏而短鼻，口在颔下，体有邪行甲，无鳞，肉黄。大者长二三丈。今江东呼为黄鱼。"

【译文】

鳣（鲟鳇鱼，俗呼黄鱼）。

16.003　鰋①，鳀。

【注释】

①鰋（yǎn）：鲇鱼。《诗·小雅·鱼丽》："鱼丽于罶，～鲤。"毛传："～，鲇也。"《本草纲目·鳞部·鮧鱼》："鱼额平夷低偃，其涎粘滑。"

【译文】

鰋又称鳀（tí），即鲇鱼。

16.004　鳢①。

【注释】

①鳢(lǐ):鳢鱼。又名黑鱼、乌鳢。古时又名“鲖鱼”。鱼纲鳢科。体呈圆柱形,青褐色,有斑块。头扁、口大、齿尖,性凶猛。

【译文】

鳢(鳢鱼,俗呼黑鱼)。

16.005 鲩[①]。

【注释】

①鲩:鲩鱼。即草鱼。鱼纲鲤科。以水草为食,为淡水养殖鱼类。

【译文】

鲩(草鱼)。

16.006 鲨,鮀[①]。

【注释】

①鮀(tuó):一种淡水小鱼。郭注:“今吹沙小鱼。体圆而有点文。”又称为鲨、魦。

【译文】

鲨指吹沙小鱼,又称鮀。

16.007 鮂[①],黑鰦。

【注释】

①鮂(qiú):白鲦鱼。郭注:“即白儵鱼,江东呼为~。”因背黑,又称黑鰦(zī)。

【译文】

鮂即白鲦鱼,又称黑鰦。

16.008 鳛[①],鳅。

【注释】

①鳛(xī):泥鳅。郭注:“今泥鳅。”陆佃《埤雅·释鱼》引孙炎曰:“~,寻也,寻习其泥,厌其清水。”

【译文】

鳛又称鳅(qiū),即泥鳅。

16.009 鲣①,大鲖;小者鲵。

【注释】

①鲣(jiān):大鲖。即大乌鳢。郝疏:"此申释鳢大小之异名也。大者名~,小者名鲵(duó)。然则中者名鳢。"

【译文】

鲣即大乌鳢,又称大鲖;小的乌鳢称为鲵。

16.010 鲏,大鳠①,小者鮡。

【注释】

①鳠(hù):鱼名。似鲇。郭注:"~似鲇而大,白色。"《本草纲目·鳞部四》:"~即今鮰鱼,似鲇而口在颔下,尾有歧。南人方言转为鮠也。"

【译文】

鲏(pī)是大的鮰鱼,小的鮰鱼称为鮡(zhào)。

16.011 鰝①,大鰕。

【注释】

①鰝(hào):大海虾。郭注:"鰕(虾)大者,出海中,长二三丈,须长数尺。今青州呼鰕鱼为~。"

【译文】

鰝即大海虾。

16.012 鲲,鱼子。

【译文】

鲲(kūn),即鱼子(鱼苗)。

16.013 鱀①,是鱁。

【注释】

①鱀(jì):白鱀豚。又名"白鳍豚"。生活在淡水中的鲸类。皮肤细滑,圆额、小眼、长吻,为中国特产的珍奇动物。郭注:"~,大腹,喙小锐而长,齿罗生,上下相衔,鼻在额上,能作声。少肉多膏。胎生,健啖细鱼。大者长丈余。江中多有之。"

【译文】

鱀即白鳍豚,又称为鱁(zhú)。

16.014 鱦，小鱼。

【译文】

鱦(shéng)是一种小鱼的名称。

16.015 鮥，鮛鲔[1]。

【注释】

①鲔(wěi)：鲟鱼和鳇鱼的古称。郭注："～，鳣属也。大者为王鲔，小者名鮛(shū)鲔。今宜都郡自京门以上江中通出鲟鳣之鱼。有一鱼状似鳣而小，建平人呼鮥(luò)子，即此鱼也。"

【译文】

鮥又称鮛鲔，即小鲟鱼。

16.016 鯦[1]，当魱。

【注释】

①鯦(jiù)：鲥鱼。《说文》："～，当互也。"段注："今《尔雅》互作魱。郭云：'海鱼也，似鳊而大鳞，肥美多鲠，今江东呼其最大长三尺者为当魱(hú)。'"因其出有时，故称时鱼。

【译文】

鯦即鲥鱼，又称当魱。

16.017 鮤[1]，鱴刀。

【注释】

①鮤(liè)：鮆(zī)鱼。又名鱴(miè)刀、魛鱼。郭注："今之鮆鱼也，亦呼为魛鱼。"形体薄而长，似篾刀。

【译文】

鮤即鮆鱼，又称鱴刀。

16.018 鱊鮬[1]，鳜鯞。

【注释】

①鱊鮬(yù kū)：一种小鱼。又名鳜鯞(jué zhǒu)、妾鱼，即鳑鲏(páng pí)。《尔雅翼》："鳜鯞，似鲫而小，黑色而扬赤。今人谓之旁皮鲫，又谓之婢妾鱼。盖其行以三为率，一头在前，两头从之，若媵妾之状，故以为名。"

【译文】

鳛鲦又称为鰴鳎,即鳑鲏。

16.019　鱼有力者,徽①。

【注释】

①徽(huī):强有力的大鱼。《文选·左思〈吴都赋〉》:"～鲸辈中于群犗。"刘逵注:"～鲸,鱼之有力者也。鱼大者莫若鲸也,故曰～鲸也。"

【译文】

强大而有力的鱼称为徽(徽鲸)。

16.020　鲂①,鰕。

【注释】

①鲂(fén):又名鰕(xiā)。即班文鱼,或称班鱼。《说文》:"～,鱼名,出薉邪头国。"

【译文】

鲂又称鰕,即班文鱼。

16.021　鮅①,鳟。

【注释】

①鮅(bì):鱼名。赤眼鳟。郭注:"似鲆子,赤眼。"似草鱼而小,头平扁,身圆而长,细鳞。

【译文】

鮅即鳟(赤眼鳟)。

16.022　鲂①,鲃。

【注释】

①鲂(fáng):鱼名。古称"鳊鱼"。体广而薄肥,鳞细,色青白,味美。郭注:"江东呼～为鳊,一名鲃(pí)。"

【译文】

鲂又称鲃,即鳊鱼。

16.023　鳌鲦①。

【注释】

①鳌鯠(lí lái):鲥鱼的别名。《正字通·鱼部》:"鳌,鲥别名。广州谓之三鳌之鱼。"

【译文】

鳌鯠(鲥鱼)。

16.024 蜎[①],蠉。

【注释】

①蜎(yuān):孑孓(jié jué),蚊子的幼虫。又名"虷"。体细长,胸部比头腹宽大,无足。游泳时一屈一伸,通称"跟斗虫"。郭注:"井中小蛣蟩,赤虫,一名孑孓。"

【译文】

蜎即蚊子的幼虫,又称蠉(huán)。

16.025 蛭,虮[①]。

【注释】

①虮(jǐ):水蛭。郭注:"今江东呼水中蛭虫入人肉者为~。"

【译文】

蛭即水蛭,又称虮。

16.026 科斗,活东。

【译文】

科斗(蝌蚪)又称活东。

16.027 魁陆[①]。

【注释】

①魁陆:蚶子。俗称"瓦楞子",又名"魁蛤"。软体动物,蚶科。介壳厚硬,生活在浅海泥沙之中,为食用贝类之一。郭注:"《本草》云:魁状如海蛤,圆而厚,外有理纵横。即今之蚶也。"

【译文】

魁陆(蚶子)。

16.028 蜪蚅[①]。

【注释】

①蜪蚅(táo è):郭注:"未详。"翟灏《尔雅补郭》与俞樾《群经平议》认为"蜪"是蝗之幼虫,即蝮蜪。参见15.017条。严元照《尔雅匡名》认为"蜪"乃"蚼"字之讹,"蚅"为衍文,故以为是蟾诸之别名。参见16.029条。

【译文】

蜪蚅(待考)。

16.029 鼁䵹,蟾诸[①]。在水中黾。

【注释】

①蟾诸:即"蟾蜍"。俗称"癞蛤蟆"。两栖类动物。又称鼁䵹(qù qiū)。郭注:"似虾蟆,居陆地。淮南谓之去蚥。"

【译文】

鼁䵹即蟾蜍。在水中的蟾蜍称为黾(méng)。

16.030 蜌[①],螷。

【注释】

①蜌(bì):一种长而狭的蚌。俗称"马刀"。郭注:"今江东呼蚌长而狭者为螷(bì)。"

【译文】

蜌是一种长而狭的蚌,又称螷。

16.031 蚌,含浆。

【译文】

蚌又称含浆。

16.032 鳖三足,能。龟三足,贲。

【译文】

三只脚的鳖称为能(nái)。三只脚的乌龟称为贲(fén)。

16.033 蚹蠃[①],螔蝓。蠃小者蜬。

【注释】

①蚹蠃(fù luó):蜗牛。古代又称螔蝓(yí yú)。实则"蚹蠃"与"螔蝓'稍有

区别，盖水生者为“蚹蠃(螺)”，而以陆生者为“螔蝓(蜗牛)”，古人以蜗牛形似小螺，往往将二者当作一物。

【译文】

蚹蠃又称螔蝓，即蜗牛。蠃，同螺，小的螺称蜬(hán)。

16.034 蝟蜉①，小者蟧。

【注释】

①蝟蜉(huá zé)：海螺内寄居虫名。形似蜘蛛，有螯如蟹，入空螺壳中，戴壳而游。《释文》“～～，音滑泽。”郝疏：“滑泽犹言护宅地，即寄居之义。”

【译文】

蝟蜉即海螺内寄居虫，小的蝟蜉称蟧(láo)。

16.035 蜃①，小者珧。

【注释】

①蜃(shèn)：大蛤。又称海蚌。《国语·晋语九》：“雀入于海为蛤，雉入于淮为～。”韦昭注：“小曰蛤，大曰～。皆介物蚌类也。”

【译文】

蜃即大海蚌，小的海蚌称珧(yáo)。

16.036 龟，俯者灵，仰者谢，前弇诸果①，后弇诸猎，左倪不类②，右倪不若。

【注释】

①弇(yǎn)：掩蔽，这里指龟甲掩盖。 诸：同“者”。代词。 ②倪：通“睨”。斜视。 不：发语辞，无义。下文“右倪不若”之“不”与之同。

【译文】

龟，行动时低头向下的称为灵龟，行动时仰头向上的称为谢龟，行动时龟甲前掩的称为果龟，行动时龟甲后掩的称为猎龟，行动时头向左斜视的称为类龟，行动时头向右斜视的称为若龟。

16.037 贝，居陆贆，在水者蜬。大者魧，小者鲼。玄贝①，贻贝。余貾②，黄白文。余泉，白黄文。蚆，博而頯③。蜠，大而险④。蟦，小而椭。

【注释】

①玄贝:贝的一种。通称“壳菜”。干制品称为“淡菜”。又称贻贝。呈长三角形,黑色,表面有轮形条纹,味美。《盐铁论 · 错币》:“夏后以~~,周人以紫石,后世或金钱刀布。” ②余赆(chí):亦作“余蚳”。黄中带白花纹的贝。邢疏引李巡曰:“~~贝,甲黄为质,白为文采。” ③頯(kuí):指中央宽而两头尖。④蜠(kùn):当作“蜠(jùn)”。贝名。“险”通“俭”,薄。

【译文】

贝,居于陆地上的称为贆(biāo),居于水中的称为蜬(hán)。大的贝称为魧(háng),小的贝称为鲼(jì)。玄贝即壳菜,又称为贻贝。余赆指黄中带白色花纹的贝。余泉指白中带黄色花纹的贝。蚆(bā)指体大、中间宽而两头尖的贝。蜠指体大而薄的贝。蟦(jī)指体小而呈椭圆形的贝。

16.038 蝾螈[①],蜥蜴[②]。蜥蜴,蝘蜓[③]。蝘蜓,守宫也。

【注释】

①蝾螈(róng yuán):一种两栖动物,形似蜥蜴,尾侧扁。生活在水中,也见于草丛里。 ②蜥蜴:一种爬行动物,尾巴细长,易断,生活在草丛里。俗叫四脚蛇。 ③蝘蜓(yàn tíng):壁虎。又名守宫。一种爬行动物,尾巴圆锥形,易断,多能再生,趾上有吸盘,常在壁上活动。

【译文】

古人常以蝾螈指蜥蜴,蜥蜴指蝘蜓。蝘蜓又称守宫,即壁虎。

16.039 蛈[①],螱。螣[②],螣蛇。蟒,王蛇。蝮虺[③],博三寸,首大如擘。

【注释】

①蛈(dié):毒蛇名。蝮蛇的一种。又名螱(è)。郭注:“蝮属。大眼(按:一本作“火眼”),最有毒。今淮南人呼螱子。”郝疏:“《尔雅》所释,乃是土虺,今山中人多有见者,福山栖霞谓之土脚蛇,江淮间谓之土骨蛇。长一尺许,头尾相等,状类土色。” ②螣(téng):传说中一种能飞的蛇。又称螣蛇。 ③蝮虺(huǐ):毒蛇的一种。即蝮蛇。又称虺。

【译文】

蛈是一种毒蛇,又称螱。螣即会飞的神蛇,又称螣蛇。蟒是最大的蛇类,又称王蛇。蝮虺即蝮蛇,身宽三寸,头大得像人的手臂。

16.040 鲵[1],大者谓之鰕。

【注释】

①鲵(ní):鱼名。两栖纲动物,俗称娃娃鱼,体长约一米,皮肤粘滑,头扁圆,口大,四肢短,栖息于山溪之中,叫声如幼儿啼,故名。

【译文】

鲵,俗呼娃娃鱼,大的娃娃鱼称为鰕。

16.041 鱼枕谓之丁。鱼肠谓之乙。鱼尾谓之丙。

【译文】

鱼头骨形状如丁字,故称为丁。鱼肠形状如乙字,故称为乙。鱼尾形状如丙字,故称为丙。

16.042 一曰神龟,二曰灵龟,三曰摄龟,四曰宝龟,五曰文龟,六曰筮龟,七曰山龟,八曰泽龟,九曰水龟,十曰火龟[1]。

【注释】

①该条古注以为是对《易·损》"十朋之龟"的解释:神龟,邢疏:"龟之最神明者也。"灵龟,郝疏引《异物志》曰:"涪陵多大龟,其甲可以卜、其缘中叉似瑇瑁,俗名曰灵。"摄龟,郭注:"小龟也,腹甲曲折,能自张闭,好食蛇,江东呼为陵龟。"宝龟,《公羊传》:"宝者何? ……龟青纯。"何休注:"千岁之龟,青髯,明于吉凶。……谓之宝者,世世宝用之辞。"文龟,郭注:"甲有文采者。"筮、山、泽、水、火诸龟,皆因所生处以为名。邢疏:"筮龟,在蓍丛下者;山龟,生山中者;泽龟,生泽中者;水龟,生水中者;火龟,生火中者。"

【译文】

"十朋之龟":一称神龟,二称灵龟,三称摄龟,四称宝龟,五称文龟,六称筮龟,七称山龟,八称泽龟,九称水龟,十称火龟。

释鸟第十七

【题解】

《释鸟》所释是关于各种鸟类名称及形体习性等方面的名词。

17.001　隹其，鳺鴀①。

【注释】

①鳺鴀(fū fǒu)：亦作“夫不(fǒu)”。鸟名。又称隹(zhuī)其、鵻(zhuī)、鹁鸪、鸦(fóu)鸠、楚鸠。即火斑鸠，南方称火鸪鵻。体小，短尾，颈无斑点。郭注：“今鸦鸠。”

【译文】

隹其即指鳺鴀。

17.002　鶌鸠①，鹘鸼。

【注释】

①鶌(jué)鸠：又名鹘鸼(gú zhōu)。一种小鸠。郭注：“似山鹊而小，短尾，青黑色，多声。今江东亦呼为鹘鸼。”

【译文】

鶌鸠是一种小鸠，又称鹘鸼。

17.003　鸤鸠①，鴶鵴。

【注释】

①鸤(shī)鸠：又名鴶鵴，布谷、桑鸠、郭公。为农林益鸟。郭注：“今之布谷也，江东呼为获谷。”

【译文】

鸤鸠即布谷鸟，又称鴶鵴(jiē jú)。

17.004 鵖鴔[1]，鵧鷑。

【注释】

①鵖(jí)鴔：一种小黑鸟，五更时鸣叫催人劳作。又名鵧(pí)鷑。郭注："小黑鸟，鸣自呼，江东名为乌鴭。"

【译文】

鵖鴔是一种小黑鸟，又称鵧鷑。

17.005 鴡鸠[1]，王鴡。

【注释】

①鴡(jū)鸠：水鸟名。"鴡"亦或作"雎"。一名鴡鸠、王鴡、鱼鹰。郭注："雕类，今江东呼之为鹗，好在江渚山边食鱼。"邢疏引陆玑云："～～大小如鸱，深目，目上骨露，幽州谓之鹫。"

【译文】

鴡鸠又称王鴡，即鱼鹰。

17.006 鴿[1]，鵋鵙。

【注释】

①鴿(gé)：鸟名。即鸺鹠。又叫猫头鹰。郭注："今江东呼鸺鹠为鵋鵙(jì qí)，亦谓之鸰鸰。"

【译文】

鴿即猫头鹰，又称鵋鵙。

17.007 鶅[1]，鵵轨。

【注释】

①鶅(zī)：鵵(tù)轨鸟。郭注："未详。"一说为鵵鸱，即猫头鹰。俞樾《群经平议》："下文'狂茅鸱'注曰：'今鵵鸱也。'鵵轨疑即鵵鸱矣。是故茅鸱与怪鸱相次，怪鸱即鸺鹠也。此文'鶅鵵轨'与'鴿鵋鵙'相次，鵋鵙亦即鸺鹠也。比类而观，鵵轨之即鵵鸱信矣。"

【译文】

鷂即指鶅轨鸟。

17.008 鴗[①],天狗。

【注释】

①鴗(lì):鸟名。天狗,今名鱼狗。有水狗、鱼虎、翠鸟等别名。体小,嘴长、尾短。主食鱼虾,羽毛可作饰品。郭注:"小鸟也,青似翠,食鱼,江东呼为水狗。"王引之《述闻》引《本草拾遗》曰:"鱼狗,今之翠鸟也。"

【译文】

鴗即鱼狗(翠鸟),又称天狗。

17.009 鷚[①],天鸙。

【注释】

①鷚(liù):天鸙(yuè)。又名天鷚,告天鸟。即云雀。郭注:"大如鷃雀,色似鹑,好高飞作声,今江东名之天~。"郝疏:"今此鸟俗谓之天雀。高飞直上,鸣声相属,有如告诉,或谓之告天鸟。"

【译文】

鷚又称天鸙,即云雀。

17.010 鵱鷜[①],鵝。

【注释】

①鵱鷜(lù lǘ):野鹅。又名駉鹅。即鸿雁。郭注:"今之野鹅。"

【译文】

鵱鷜(野鹅)即鹅。

17.011 鶬[①],麋鴰。

【注释】

①鶬(cāng):鸟名。麋鴰(guā)。似鹤,体苍青色。又名"~鴰"。郭注:"今呼~鴰。"

【译文】

鶬又称麋鴰。

17.012 鸹①，乌鸔。

【注释】

①鸹(luò)：水鸟名。郭注："水鸟也。似鶂而短颈，腹翅紫白，背上绿色，江东呼乌鸔(bó)。"

【译文】

鸹是一种水鸟，又称乌鸔。

17.013 舒雁，鹅。

【译文】

舒雁是鹅的别名。

17.014 舒凫，鹜。

【译文】

舒凫又称鹜，指野鸭。

17.015 鳽①，鵁鶄。

【注释】

①鳽(jiān)：鵁鶄。即池鹭。

【译文】

鳽又称鵁鶄，即池鹭。

17.016 舆①，鵛鵌。

【注释】

①舆：本作舆，即"鷽"之省文。《释文》："舆，樊、孙本作鷽。"黄侃《音训》："以樊、孙作鷽推之，疑即下'燕白脰乌'而通名鷽也。鷽、燕亦声转。鵛之言颈也；鵌(tú)之言荼也。荼者，白也。"即白颈寒鸦。　按：该条郝疏、阮校读作"舆(与)鵛、鵌。"郝疏："《玉篇》：'鷽，鵛鵌。'又云：'鵌，鵌鸠也。'鸠鵌，鸟喙，蛇尾也。《广雅》云：'鵛雀，怪鸟属也。'"以为是传说中的怪鸟。今译从黄说。

【译文】

舆(鷽)，又称鵛鵌，是一种白颈寒鸦。

17.017 鶨①，鸋鴂。

【注释】

①鹈(tí):水鸟名。鹈鹕。又名鸰鸅(wū zé)、淘河。体长可达二米,羽多白色,喜群居,栖息于沿海湖沼河川地带。郭注:"今鹈鹕也,好群飞,沈水食鱼,故名洿泽,俗呼之为淘河。"

【译文】

鹈即鹈鹕,又称鸰鸅。

17.018 鶾,天鸡。

【译文】

鶾(hàn)又称天鸡,是一种赤羽的山鸡。

17.019 鸴[①],山鹊。

【注释】

①鸴(xué):鸟名。山鹊,即长尾蓝鹊。性凶悍,常掠夺他鸟的雏和卵。郭注:"似鹊而有文彩,长尾,觜、脚赤。"

【译文】

鸴是长尾蓝鹊,又称山鹊。

17.020 鷣[①],负雀。

【注释】

①鷣(yín):鹞的别名。又称负雀。郭注:"~,鹞也。江南呼之为~,善捉雀,因名云。"郝疏:"~是雀鹰。今雀鹰小于青肩,大者名鹞子,皆善捉雀。"

【译文】

鷣即鹞子,又称负雀。

17.021 啮齿艾[①]。

【注释】

①艾:郑樵《尔雅注》:"~即鸩也,巧妇鸟之雌者也。"参看17.026条。

【译文】

啮齿艾(勤于啮取茅草筑巢的雌性巧妇鸟)。

17.022 鶨[①],鶪。

【注释】

①鶨(chuàn):鸟名。又称"鵳"。郭注:"俗呼为痴鸟。"郑樵《尔雅注》:"此盖鸱类,能捐雀,句喙,目圜黄可畏,如拳头。"

【译文】

鶨又称鵳,俗呼痴鸟。

17.023 老鳸,鴳①。

【注释】

①鴳(yàn):小鸟名。鴳雀。鹑的一种。又名老扈、老鳸(hù)、冠雀、角阿阑。麦收季节候鸟。桂馥《札朴·乡里旧闻·阿阑》:"鸟色似鹑而形瘦小,有毛角,善鸣,能学众声。乡人笼而爱玩之,呼为角阿阑,无角者谓之麻阿阑。"

【译文】

老鳸即指鴳(鴳雀)。

17.024 桑鳸①,窃脂。

【注释】

①桑鳸:一种小青鸟。雀属。又名窃脂。

【译文】

桑鳸是一种小青雀,又称窃脂。

17.025 鳭鷯①,剖苇。

【注释】

①鳭鷯(diāo liáo):亦作"刀鷯"。又名剖苇鸟。郭注:"好剖苇皮,食其中虫,因名云。江东呼芦虎,似雀,青班长尾。"

【译文】

鳭鷯又称剖苇鸟。

17.026 桃虫,鷦①。其雌鴱。

【注释】

①鷦(jiāo):鸟名。即鷦鷯。体长约三寸,头部淡棕色,有黄色眉纹。因其巢筑得十分精巧,故又称巧妇、工雀、桃虫等。郭注:"桃雀也,俗呼为巧妇。"

【译文】

桃虫是鷦鷯的别名。雌鷦鷯称为鴱(ài)。

17.027 鶠,凤,其雌皇。

【译文】

鶠(yǎn)是传说中的鸟王,称为凤。雌凤称为皇(凰)。

17.028 鵱鸰[1],雍渠。

【注释】

①鵱鸰(jí líng):或作"脊令"、"鹡鸰"。又称雍渠,大如鷃雀,嘴尖尾长,常在水边觅食。《诗·小雅·常棣》:"脊令在原,兄弟急难。"毛传:"脊令,雍渠也。飞则鸣,行则摇。"

【译文】

鵱鸰,即鹡鸰鸟,又称雍渠。

17.029 譽斯[1],鵯鶋。

【注释】

①譽(yù)斯:鸟名。本单称为"譽",斯为语辞。又名鵯鶋(bēi jū)、雅乌。即寒鸦。郭注:"鸦乌也,小而多群,腹下白,江东亦呼为鵯乌。"《诗·小雅·小弁》:"弁彼~~,归飞提提。"毛传:"~~,卑居。卑居,鸦乌也。"

【译文】

譽斯即寒鸦,又称为鵯鶋。

17.030 燕,白脰乌[1]。

【注释】

①燕:即燕乌。邢疏:"《小尔雅》云:'白项而群飞者,谓之~乌。'~乌,白脰乌是也。" ②脰(dòu):颈项。"乌"或亦写作"鸟"。

【译文】

燕指燕乌,又称白脰乌。

17.031 鴽[1],鴾母。

【注释】

①鴽(rú):鹌鹑之类的小鸟。郭注:"鹌也,青州呼鴾(mó)母。"

【译文】

鴽,是鹌鹑类小鸟,又称鴾母。

17.032 密肌①,系英。

【注释】

①密肌:英鸡。徐复《〈尔雅〉补释》:"汪君柏年曰:郑樵注以为英鸡,因啄啖石英而得名。……寻《本草拾遗》有英鸡。藏器曰:'英鸡出泽州有石英处,常食碎石英。状如鸡而雉尾,体热无毛,腹下毛赤,飞翔不远,肠中常有石英,人食之,取英之功也。'据此,则鸡为鸟属,故入《释鸟》;蠼螋为虫,故入《释虫》。不得误合为一。《玉篇》于虫作蜱蟆,于鸟作继鹈,虽云俗字,而所以别两物者甚明也。"

【译文】

密肌又称系英,即英鸡。

17.033 巂周,燕。燕,鳦。

【译文】

巂(guī)周即指燕。燕又称鳦(yǐ)。

17.034 鸱鸮①,鸋鴂。

【注释】

①鸱鸮(chī xiāo):鸟名。又称鸋鴂(níng jué)。即鷦鷯。邢疏引陆玑《毛诗草木鸟兽虫鱼疏》云:"~~,似黄雀而小,其喙尖如锥,取茅莠为巢,以麻紩之,如刺袜然,县著树枝,或一房,或二房。幽州人谓之鸋鴂,或曰巧妇,或曰女匠。关东谓之工雀。"一说为猫头鹰之类鸟名。郭注:"鸱类。"可通。

【译文】

鸱鸮,又称鸋鴂,即鷦鷯。

17.035 狂①,茅鸱,怪鸱。枭,鸱。

【注释】

①狂:或作"鵟"。鸟名。猫头鹰的别名。又称茅鸱、怪鸱。头似猫而夜飞,亦称为夜猫。

【译文】

狂(鵟)即猫头鹰,又称茅鸱、怪鸱。枭即猫头鹰,又称鸱。

17.036 鶛[①],刘疾。

【注释】

①鶛(jiē):雄的鹑(chún)。郝疏:"下文云'鶉,鹑。其雄~。'故《玉篇》以~为鹌鹑。"

【译文】

鶛是雄的鹌鹑,又称刘疾(留疾)。

17.037 生哺,鷇[①]。生噣[②],雏。

【注释】

①鷇(kòu):需要母鸟哺食的幼鸟。《国语·鲁语上》:"鸟翼~卵。"韦昭注:"生哺曰~,未乳曰卵。" ②噣(zhuó):通"啄"。鸟类用嘴取食。此处意指鸟类自行啄食。

【译文】

需要母鸟哺食的幼鸟称为鷇,能自行啄食的幼鸟称为雏。

17.038 爰居[①],杂县。

【注释】

①爰居:海鸟名。又称为杂县。《国语·鲁语上》:"海鸟曰~~,止于鲁东门之外三日。"韦昭注:"~~,杂县也。"郭注:"汉元帝时,琅邪有大鸟如马驹,时人谓之~~。"

【译文】

爰居是一种大如马驹的海鸟,又称杂县。

17.039 春鳸[①],鳻鶞。夏鳸,窃玄[②]。秋鳸,窃蓝。冬鳸,窃黄。桑鳸,窃脂。棘鳸,窃丹。行鳸,唶唶。宵鳸,啧啧。

【注释】

①鳸(hù):农桑候鸟的通称。或又写作"扈"。《左传·昭公十七年》:"九扈为九农正。"孔疏:"贾逵云:春扈分循,相五土之宜,趣民耕种者也。夏扈窃玄,趣民耘苗者也。秋扈窃蓝,趣民收敛者也。冬扈窃黄,趣民盖藏者也。棘扈窃

(丹),为果驱鸟者也。行扈喈喈(jí jí),昼为民驱鸟者也。宵扈啧啧,夜为农驱兽者也。桑扈窃脂,为蚕驱雀者也。老扈鷃鷃,趣民收麦令不得晏起者也。” ②窃:通“浅”。《广雅》:“~,浅也。”~玄,指羽毛浅黑色的扈鸟。

【译文】

春扈又称鳻鶞(fēn chūn)。夏扈又称窃玄。秋扈又称窃蓝。冬扈又称窃黄。桑扈又称窃脂。棘扈又称窃丹。行扈以鸣声又名喈喈,宵扈以鸣声又名啧啧。

17.040 鵖鴔①,戴鵀。

【注释】

①鵖鴔(bí fú):鸟名。又称戴鵀(rén)、戴胜。即戴胜鸟。俗名“鸡冠鸟”、“山和尚”、“臭姑鸪”。似雀,头上有棕栗色羽冠,如古代妇女的首饰花胜,鸣时随时起伏,尾脂分泌臭液。

【译文】

鵖鴔又称戴鵀,即戴胜鸟。

17.041 鶭①,泽虞。

【注释】

①鶭(fǎng):水鸟名。泽虞。即护田鸟。郭注:“今婟泽鸟,似水鴞,苍黑色,常在泽中,见人辄鸣唤不去,有象主守之官,因名云。俗呼为护田鸟。”

【译文】

鶭即护田鸟,又称泽虞。

17.042 鷀①,鷧。

【注释】

①鷀(cí):水鸟名。即鸬鷀。又名水老鸦、鱼鹰。羽黑色而有光泽,嘴长扁有钩,善潜水捕鱼。

【译文】

鷀即鱼鹰,又称鷧(yì)。

17.043 鶨,鶉。其雄鶛,牝痺。

【译文】

鶨即鹌鹑(chún)。雄鶨称为鶛(jiē),雌鶨称为痺(bēi)。

17.044 鸍[1],沈凫。

【注释】

①鸍(mí,又音 shī):鸟名。沉凫。即水鸭子。郭注:"似鸭而小,长尾,背上有文,今江东亦呼为~。"郝疏:"此即今水鸭。……凫善沈水洒濯其颈,故曰沈凫。"

【译文】

鸍又称沉凫,即水鸭子。

17.045 鴢头[1],䴔[2]。

【注释】

①鴢(yǎo)头:鸟名。即鱼䴔。郭注:"似凫,脚近尾,略不能行。江东谓之鱼䴔。" ②䴔(xiāo):即鱼䴔。郝疏:"《上林赋》:'箴疵~卢。'张揖注:'~,鴢头鸟。'即此也。……《本草拾遗》说'鸬鹚'云:'一种头细身长,颈上白者名鱼~'。"

【译文】

鴢头即鱼䴔,又称䴔。

17.046 鵽鸠[1],寇雉。

【注释】

①鵽(duò)鸠:又名寇雉、突厥雀,即毛腿沙鸡。形似鸽,为不定性冬候鸟。常成群觅食,肉味美,羽可作饰。郭注:"鵽大如鸽,似雌雉,鼠脚,无后指,歧尾,为鸟憨急,群飞,出北方沙漠地。"

【译文】

鵽鸠即毛腿沙鸡,又称寇雉。

17.047 萑,老鵵[1]。

【注释】

①老鵵(tù):猫头鹰一类的鸟。又名木兔、鵩鸱。郭注:"似鸱鸺而小,兔头有角,毛脚,夜飞,好食鸡。"郝疏:"此即上狂茅鸱一种,大者亦俗呼猫儿头,其头似兔,以耳上毛为角也。"

【译文】

萑(huán)即指老鵵。

17.048 鸦鹕鸟①。

【注释】

①鸦鹕:鸟名。白头翁。郭注:"似雉,青身,白头。"亦写作"突胡"。

【译文】

鸦鹕鸟(白头翁)。

17.049 狂①,瘳鸟。

【注释】

①狂:传说中的一种异鸟。郭注:"狂鸟,五色有冠,见《山海经》。"《山海经·大荒西经》:"(栗广之野)有五采之鸟,有冠,名曰~鸟。"

【译文】

狂是传说中一种有冠及五彩羽毛的怪鸟,又称瘳鸟。

17.050 皇,黄鸟。

【译文】

皇又称黄鸟,即黄雀。

17.051 翠,鹬①。

【注释】

①鹬(yù):翠鸟。郭注:"似燕,绀色,生郁林。"郝疏:"张揖注《上林赋》云:'翡翠大小亦如雀,雄赤曰翡,雌青曰翠。'按今所见如燕而大。……李巡曰:'~一名为翠,其羽可以为饰。'"

【译文】

翠即翠鸟,又称鹬。

17.052 鸀①,山乌。

【注释】

①鸀(shǔ):山乌。又名赤嘴乌,即红嘴山乌。通体亮黑,翼尾闪绿色光泽,嘴脚皆红。常结群高飞,鸣声响脆。居于石穴之中。郭注:"似乌而小,赤觜,穴乳,出西方。"

【译文】

鸀又称山乌,即红嘴山乌。

17.053 蝙蝠①,服翼。

【注释】

①蝙蝠(biān fú):又称服翼。哺乳动物,头和躯干像老鼠,前后肢有薄膜与身体相连,夜间在空中飞翔。古人误认为属鸟类,置之于《释鸟》中。

【译文】

蝙蝠又称服翼。

17.054 晨风,鹯①。

【注释】

①鹯(zhān):鸟名。鹞属猛禽。《说文》:"~,鷐风也。"《诗》作"晨风",乃假借字。陆玑《诗疏》:"晨风一名~,似鹞,青黄色,燕颔,钩喙,向风摇翅,乃因风飞急疾,击鸠鸽燕雀食之。"

【译文】

晨风又称鹯。

17.055 鹰①,白鷢。

【注释】

①鹰(yáng):鸟名。白鹞子。郭注:"似鹰,尾上白。"郝疏:"即今白鹞子。"

【译文】

鹰又称白鷢(jué),即白鹞子。

17.056 寇雉①,泆泆②。

【注释】

①寇雉:即毛腿沙鸡。参见17.046条。　　②泆泆(yì yì):鸟名。鵽鸠。即指毛腿沙鸡。参见17.046。

【译文】

寇堆即毛腿沙鸡,又称泆泆。

17.057 鷏①,蚊母。

【注释】

①鷏(tián):鸟名。又称"蚊母"。为夜鹰的别名。郭注:"似乌鸔而大,黄白杂文,鸣如鸽声。今江东呼为蚊母。俗说此鸟常吐蚊,因以名云。"实则夜鹰常于

黄昏出动,在蚊虫聚集处张口食蚊虻。

【译文】

鷏又称蚊母,即夜鹰。

17.058 鷉[①],须鸁。

【注释】

①鷉(tī):䴙(pì)鷉。水鸟名。俗名油鸭。体形似鸭而小,脚近尾端,翼短小而不善飞行。栖息于湖泊沼泽地,极善潜水,常成群浮游于水面,营巢于水草丛中,随波上下。郭注:"似凫而小,膏中莹刀。"

【译文】

鷉又称须鸁(luó),俗呼油鸭。

17.059 鼯鼠[①],夷由。

【注释】

①鼯(wú)鼠:古亦称"夷由"、"飞生"。哺乳动物。形似松鼠而大,前后肢之间有飞膜,借此可飞行。夜行性,皮毛柔软可作衣物。郭注:"状如小狐,似蝙蝠,肉翅。"古人误以为鸟类。

【译文】

鼯鼠又称夷由。

17.060 仓庚[①],商庚。

【注释】

①仓庚:鸟名。即黄鹂。又称商庚、黄莺。羽黄间黑,鸣声悦耳。

【译文】

仓庚又称商庚,即黄鹂。

17.061 鴩[①],餔敊。

【注释】

①鴩(dié,又音 tiě):同"鴩"。鸟名。郝疏:"《说文》作'鴩,餔豉也'。《广韵》作'鵏敊'。按:鵏或体。餔、铺音同。餔豉,盖以鸟声为名。"

【译文】

鴩(鸟名)又称餔敊(pù chǐ)。

17.062 鹰，鶆鸠[①]。

【注释】

①鶆鸠：鹰的一种，指灰脸𫛭鹰。郭注："鶆为鹲字之误耳。《左传》作'鹲鸠'是也。"《释文》鶆作来："樊云：'来鸠，鹲鸠也。'《字林》作鶆，音来，云：'～～，鹰也。'"

【译文】

鹰指灰脸𫛭鹰，又称鶆鸠。

17.063 鹣鹣[①]，比翼。

【注释】

①鹣鹣（jiān jiān）：鸟名，即比翼鸟。亦可单用。参见9(5).034条。

【译文】

鹣鹣又称比翼（比翼鸟）。

17.064 鵹黄[①]，楚雀。

【注释】

①鵹（lí）黄：黄鹂。郭注："即仓庚也。"参见17.060条。

【译文】

鵹黄即黄鹂，又称楚雀。

17.065 鴷[①]，斫木。

【注释】

①鴷（liè）：啄木鸟。益鸟。善援树木，嘴尖，舌细而有钩，利于剥凿树干，探食蛀虫。郭注："口如锥，长数寸，常斫（zhuó）树食虫，因名云。"

【译文】

鴷又称斫木，即啄木鸟。

17.066 鷑[①]，鶶鷵。

【注释】

①鷑（jī）：鸟名。又名鶶鷵（táng tú）。郭注："似乌，苍白色。"

【译文】

鷑（鸟名）又称鶶鷵。

17.067 鸬[①],诸雉。

【注释】

①鸬:雉的古名。郭注:"或云即今雉。"郝疏:"《说文》雉有十四种,卢,诸雉其一也。按:黑色曰卢,博棋胜采有雉有卢,卢亦黑也。"

【译文】

鸬(黑野鸡)又称诸雉。

17.068 鹭[①],舂钼。

【注释】

①鹭:水鸟名。白鹭。又名白鸟、舂钼,俗称鹭鸶。体形高大瘦削,喙尖,颈足长,适于涉水觅食。邢疏引陆玑云:"~,水鸟也。好而洁白,故谓之白鸟。齐鲁之间谓之舂钼。辽东乐浪吴扬人皆谓之白鹭。"

【译文】

鹭即白鹭,又称舂钼(chōng chú)。

17.069 鹞雉。鷮雉。鳪雉。鷩雉。秩秩,海雉。鸐,山雉。翰雉。鵫雉。雉绝有力,奋。伊洛而南,素质五采皆备成章曰翚。江淮而南,青质五采皆备成章曰鹞。南方曰㲋。东方曰鶅,北方曰鵗,西方曰鷷。

【按语】

该条"鹞雉",即下文说的"江淮而南,青质五采皆备成章曰鹞"。又"雉绝有力,奋"一条,如郝疏所说:"飞走之属,凡有力者,通谓之奋。"则"奋"非专名。如此,该条释雉仅有十三种,上文"鸬诸雉"(17.067条)似应并入,才合《说文》"雉有十四种"之说。《说文》雉有十四种,即:"卢诸雉。鷮雉。卜雉。鷩雉。秩秩海雉。翟山雉。翰雉。卓雉。伊雒而南曰翚。江淮而南曰摇。南方曰㲋。东方曰甾。北方曰稀。西方曰蹲。"

【译文】

雉(zhì)俗称野鸡,有多种:有青羽、五彩花纹的鹞雉,有体短尾长、赤羽白斑的鷮(jiāo)雉;有黄羽毛的鳪(bú)雉;有鷩(bì)雉即锦鸡;有海中山上黑毛长尾的秩秩,即海雉;有长尾野鸡,即鸐(dí)雉,又称山雉;有赤羽的翰(hàn)雉;有白野鸡即鵫(zhuó)雉。凡飞翔极有力的野鸡,统称为奋。伊洛以南有白色羽毛带五彩花纹的野鸡称为翚(huī)。江淮以南有青色羽毛带五彩花纹的野鸡称为鹞,即鷂雉。南方的野鸡称为䳬(chóu),东方的野鸡称为鶅(zī),北方的野鸡称为鵗(xī),西方的野鸡称为鷷(zūn)。

17.070 鸟鼠同穴,其鸟为鵌[①],其鼠为鼵[②]。

【注释】

①鵌(tú):一种与鼠同穴而居的鸟。郭注:"~似鵽而小,黄黑色。穴入地三四尺。鼠在内,鸟在外。今在陇西首阳县鸟鼠同穴山中。" ②鼵(tū):鼵鼠。又名"兀鼠"、"兀儿鼠"、"䶗鼵"。鼵鼠与鵌鸟同穴而居。郭注:"~,如人家鼠而短尾。"

【译文】

鸟与鼠同居一穴,这种鸟称为鵌,这种鼠称为鼵。

17.071 鸛鷒[①],鶝鶔。如鹊,短尾,射之,衔矢射人。

【注释】

①鸛鷒(huān tuán):鸟名。又称鶝鶔(fú róu)。郝疏:"大嘴鸟,善避矰缴,人以物掷之,从空中衔取,还以掷人。……顺天人呼寒鸦。寒即~~之合声也。"又一说为传说中鸟名。郭璞《山海经图赞》:"~~之鸟,一名𡡾(惰)羿。应弦衔镝,矢不著地。逢蒙缩手,养由不睨。"按,逢蒙、养由,均为古代神箭手。

【译文】

鸛鷒即大嘴乌,又称鶝鶔。该鸟形状像鹊,短尾巴,人若用箭射它,它就用嘴衔住反过来射人。

17.072 鹊鵙丑[①],其飞也翪[②]。鸢乌丑[③],其飞也翔。鹰隼丑,其飞也翚[④]。凫雁丑,其足蹼,其踵企。乌鹊丑,其掌缩。

【注释】

①鵙(jú):鸟名。即伯劳。背灰褐色,尾长,颏与喉乳白色,嘴钩曲似鹰。性凶猛,益鸟。《诗·豳风·七月》:"七月鸣~。"毛传:"~,伯劳也。" ②翪(zōng):鸟类竦翅上下飞。郭注:"竦翅上下。"邢疏:"鹊鵙之类,不能翱翔远飞,但竦翅上下而已。" ③鸢(yuān):鸟名。即鸱。亦称老鹰、鹞鹰。郝疏:"~即鸱也,今之鹞鹰。"邢疏:"鸱鸟之类其飞也布翅翱翔。" ④翚(huī):振翅疾飞。《说文》:"~,大飞也。"郭注:"鼓翅~~然疾。"

【译文】

鹊鵙一类的鸟,飞行时张开翅膀上下扇动。鸢乌一类的鸟,盘旋在高空飞翔。

鹰隼(sǔn)一类的鸟,振翅飞行疾速迅猛。凫(fú)雁一类的鸟,足上有蹼(pǔ),飞行时脚跟伸直。乌鹊一类的鸟,飞行时将脚缩在腹下。

17.073 亢[①],鸟咙。其粻嗉[②]。

【注释】

①亢(gāng):颈项,咽喉。《说文》:"~,人颈也。"徐灏《说文注笺》:"颈为头茎之大名,其前曰~,~之内为喉。浑言则颈亦谓之~。" ②粻(zhāng):食粮。王引之《述闻》引王念孙曰:"~之言粻也。《广雅》曰:'粻,弓藏也。'故鸟兽藏食之处,通谓之~。""嗉(sù)"则为鸟类食管末端盛藏食物的囊。郭注:"嗉者,受食之处,别名嗉。今江东呼~。"

【译文】

亢(咽喉)即指鸟的喉咙。鸟的咽喉藏食物的地方称为嗉。

17.074 鹑子,鳼[①]。鴽子,鸋[②]。雉之暮子为鹨[③]。

【注释】

①鳼(wén):幼鹑。邢疏:"鹑之子雏名~。" ②鸋(níng):鴽雏,鹌鹑类的雏鸟。邢疏:"鴽之子雏名~。" ③鹨(liù):小野鸡。又指雏鸡。郭注:"晚生者。今呼少鸡为~。"

【译文】

幼鹑称为鳼。幼鴽称为鸋。雉的晚生幼鸟称为鹨。

17.075 鸟之雌雄不可别者,以翼右掩左,雄;左掩右,雌。

【译文】

鸟类的雌雄在外形上难以分别出来的,以右翅掩蔽左翅的是雄鸟;以左翅掩蔽右翅的是雌鸟。

17.076 鸟少美长丑为鹠鷅[①]。

【注释】

①鹠鷅(liú lì):亦作"留离"、"流离"。鸟名。即枭。陆玑《诗疏》:"流离,枭也。自关而西,谓枭为流离。其子适长大,还食其母。"

【译文】

鸟类中,幼小时美善而长大后丑恶的,就是鹠鷅。

17.077　二足而羽谓之禽。四足而毛谓之兽。

【译文】

两足而且有羽毛的动物称为禽。四足而有皮毛的动物称为兽。

17.078　鶪[①],伯劳也。

【注释】

①鶪(jú):鸟名。伯劳。参见 17.072 条注释①。

【译文】

鶪即伯劳。

17.079　仓庚,黧黄[①]也。

【注释】

①黧(lí)黄:木或作"鵹黄",即黄莺,亦称为仓庚。参见 17.060、17.064 条。

【译文】

仓庚又称黧黄,即黄莺。

释兽第十八

【题解】

《释兽》所释的是关于各种兽类名称及其习性特征的名词。共分为寓属、鼠属、齸属和须属四类。

18(1).001　麋[①]:牡,麔;牝,麎;其子,麇;其迹,躔;绝有力,狄。

【注释】

①麋(mí):麋鹿。亦称“四不像”。体长二米余,雄的有角,尾长于驼鹿,性温驯,喜涉水,以植物为食,是我国特产动物,野生种已不可见。

【译文】

麋鹿:雄的称为麔(jiù);雌的称为麎(chén);它的幼仔称为麇(yǎo);它的足迹称为躔(chán);极为强壮有力的麋鹿称为狄。

18(1).002　鹿:牡,麚;牝,麀;其子,麛;其迹,速;绝有力,麉。

【译文】

鹿:雄的称为麚(jiā);雌的称为麀(yōu);它的幼仔称为麛(mí);它的足迹称为速;极为强壮有力的鹿称为麉(jiān)。

18(1).003　麕[①]:牡,麌;牝,麜;其子,麆;其迹,解;绝有力,豜。

【注释】

①麕(jūn):獐子。同“麇”。《诗·召南·野有死麕》:“野有死～,白茅包之。”

【译文】

獐子:雄的称为麌(yú);雌的称为麜(lì);它的幼仔称为麆(zhù);它的足迹称为解;极为强壮有力的獐子称为豜(jiān)。

18(1).004 狼:牡,貛[①];牝,狼;其子,獥;绝有力,迅。

【注释】

①貛(huān):指狗~。狗~即貉,自不等同于公狼。朱骏声《说文通训定声》云:"~与狼虽同类,而'狼牡~',惟见《尔雅》,疑狦(shān)字之借字也。"按,《广雅》:"狦,狼也。"《广韵·谏韵》:"狦,兽名,似狼。"《说文》:"狼,似犬,锐头白颊,高前广后。"是知狼一名狦。

【译文】

狼:雄的称为貛(狦);雌的称为狼;它的幼仔称为獥(jiào);极为强壮有力的狼称为迅。

18(1).005 兔子,嬔;其迹,远;绝有力,欣。

【译文】

幼兔称为嬔(fàn);兔子的足迹称为远(háng);极其强壮有力的兔子称为欣。

18(1).006 豕子[①],猪。豶,豮。幺,幼。奏者豱。豕生三,豵;二,师;一,特。所寝,橧。四豴皆白,豥。其迹,刻。绝有力,豟。牝,豝。

【注释】

①子:王引之《述闻》引王念孙曰:"猪即豕,非豕子也。'子'字盖涉上文'兔子,嬔'而衍。"

【译文】

豕称为猪。豶(wéi)是阉割后的猪,又称豮(fén)。幺即最后出生的小猪,称为幼。皮肤皱缩头短而丑的猪称为豱(wēn)。母猪一胎生三子称为豵(zōng);一胎生两子称为师;一胎只生一子称为特。猪栖居之处称为橧(zēng)。四豴(dí,蹄)都是白色的猪称为豥(gài)。猪的足迹称为刻。极其强壮有力的猪称为豟(è)。母猪称为豝(bā)。

18(1).007 虎窃毛[①],谓之虦猫。

【注释】

①窃:通"浅"。浅淡。朱骏声《说文通训定声·履部》:"~,假借为浅。"

【译文】

毛色浅淡的老虎称为虦(zhàn)猫。

18(1).008 貘[①],白豹。

【注释】

①貘(mò):大熊猫(详赵振铎《郭璞〈尔雅注〉简论》)。郭注:"似熊,小头,庳脚,黑白驳。能舔食铜铁及竹骨,骨节强直,中实少髓,皮辟湿。或曰:'豹白色者别名~。'"邢疏引《字林》云:"似熊而白黄,出蜀郡。"王引之《述闻》:"~盖毛白而文里者。~之为言犹白也。"

【译文】

貘即大熊猫,又称白豹。

18(1).009 甝,白虎。虪,黑虎。

【译文】

甝(hán)即白虎。虪(shù)即黑虎。

18(1).010 貀[①],无前足。

【注释】

①貀(nà):兽名。《说文》:"~兽无前足。"郭注:"晋太康七年,召陵扶夷县槛得一兽,似狗,豹文,有角,两足,即此种类也。或说~似虎而黑,无前两足。"

【译文】

貀是指没有前足的兽。

18(1).011 鼳[①],鼠身长须而贼,秦人谓之小驴。

【注释】

①鼳(jú):兽名。亦称"鼹鼠"。郭注:"~,似鼠而马蹄,一岁千斤,为物残贼。"邢疏:"身如鼠,有长须,而贼害于物。"

【译文】

鼳,亦称鼹鼠,身如鼠,有长须,性凶残,秦人称它为小驴(驴鼠)。

18(1).012 熊虎丑,其子,狗;绝有力,麙。

【译文】

熊虎一类的动物,幼仔称为狗;极其强壮有力的称为麙(yán)。

18(1).013 狸子,隸[①]。

【注释】

①貄(sì):狸子。郝疏:“今呼家者为猫,野者为狸,野狸即野猫也。”

【译文】

幼小的野猫称为貄。

18(1).014 貈①子,貆②。

【注释】

①貈(hé):同“貉”,又称狗獾。《说文》:~“,似狐,善睡兽也。” ②貆(huán):貉之子。《诗·魏风·伐檀》:“不狩不猎,胡瞻尔庭有县~兮。”郑笺:“貉子曰~。”

【译文】

幼小的貉称为貆。

18(1).015 貒①子,貗②。

【注释】

①貒(tuān):又称猪獾。邢疏引《字林》:“~,兽似豕而肥,其子名貗。” ②貗(jù,又音lǘ):貒之子。郭注:“貒,豚也。一名獾。”郝疏:“今獾形如猪,穴于地中,善攻隄岸,其子名~。”

【译文】

幼小的猪獾称为貗。

18(1).016 貔①,白狐。其子,縠。

【注释】

①貔(pí):通常指豹属猛兽。《书·牧誓》:“如虎如~。”但《尔雅》之“~”,为白狐之异名。王引之《述闻》:“《尔雅》之~即狐也。《方言》:‘~,……关西谓之狸。’狸与狐同类,故狸谓之~,狐亦谓之~。”

【译文】

貔又称白狐。幼貔称为縠(hù)。

18(1).017 麝父①。麕足。

【注释】

①麝(shè)父:简称麝,即香獐。形状似鹿而小,头上无角,腿前短后长,善跳跃,毛褐色,尾短,雄性可以分泌麝香。

【译文】

麝父即香獐，其足如麢（獐）。

18(1).018 豺[①]，狗足。

【注释】

①豺：兽名。俗称豺狗。形状似狼而小，性贪残。郝疏引《仓颉解诂》云："～，似狗，白色，爪牙迅利，善捕噬。"

【译文】

豺即豺狗，其足如狗。

18(1).019 貙獌[①]，似狸。

【注释】

①貙獌（chū màn）：狼类猛兽。郝疏："下云'貙似狸'，与此同物。加'獌'字者，《说文》：'獌，狼属。'引《尔雅》曰：'～～似狸。'是貙之大者名～～。非二物也。《释文》引《字林》：'獌，狼属，一曰貙。'是也。"

【译文】

貙獌是狼类猛兽，形状像狸。

18(1).020 羆[①]，如熊，黄白文。

【注释】

①羆（pí）：马熊，亦称人熊。形状如熊，可直立行走。郭注："似熊而长头高脚。猛憨多力，能拔树木。关西呼曰貑熊。"

【译文】

羆即马熊，似熊，毛皮黄白色。

18(1).021 麢[①]，大羊。

【注释】

①麢（líng）：同"羚"。《说文》："～，大羊而细角。"郭注："～羊，似羊而大，角圆锐，好在山崖间。"

【译文】

麢即羚羊，似羊而大。

18(1).022 麠[1],大麃。牛尾,一角。

【注释】

①麠(jīng):同“麖”。水鹿。又名马鹿、黑鹿,古称大麃(páo)。形体高大粗壮,栗棕色,耳大而直立,四肢细长,雄的有角。

【译文】

麠即水鹿,又称大麃。尾巴像牛,有一只角。

18(1).023 麐[1],大麠。旄毛,狗足。

【注释】

①麐(jǐ):鹿科动物,形体似麝,雄的生短角。脚细而有力,善跳跃。亦写作“麂”。

【译文】

麐即大麠,毛长,足像狗。

18(1).024 魋[1],如小熊,窃毛而黄。

【注释】

①魋(tuī):兽名,似小熊,毛色浅黄赤。郭注:“今建平山中有此兽,状如熊而小。毛麤(粗)浅赤黄色,俗呼为赤熊,即~也。”

【译文】

魋,俗呼赤熊,形如小熊,毛浅而呈黄色。

18(1).025 貏貐[1],类貙,虎爪,食人,迅走。

【注释】

①貏貐(yà yǔ)同“猰㺄”。古代传说中的食人凶兽。《淮南子·本经》:“猰貐、凿齿、九婴、大风、封豨、修蛇,皆为民害。”高诱注:“猰貐,兽名也。状若龙首。或曰似狸,善走而食人,在西方也。”参看18(1).019条。

【译文】

貏貐,形状像貙(chū),爪子像老虎,吃人,跑得很快。

18(1).026 狻麑[1],如虦猫,食虎豹。

【注释】

①狻麑(suān ní):亦作“狻猊”。狮子。郭注:“即师子也。出西域。”参看18(1).007条。

【译文】

狻麑即狮子，形状像虦（zhàn）猫（浅毛虎），吃虎豹。

18(1).027 驨①，如马，一角：不角者，骐。

【注释】

①驨（xí）：兽名。像马，有一角，角如鹿茸。郭注："元康八年，九真郡猎得一兽，大如马，一角，角如鹿茸，此即～也。"

【译文】

驨形状像马，一只角；没有角的称为骐。

18(1).028 羱①，如羊。

【注释】

①羱（yuán）：大角野羊。郭注："～羊似吴羊而大角，角椭，出西方。"

【译文】

羱即大角野羊，形状像羊。

18(1).029 麐，麕身，牛尾，一角。

【注释】

①麐（lín）：同"麟"。古代传说中的一种动物。身似獐，头有一角，全身有鳞甲，尾似牛。古代常用之作吉祥的象征。邢疏："～，瑞应兽名。"

【译文】

麐即麒麟，身似獐，尾似牛，一只角。

18(1).030 犹①如麂，善登木。

【注释】

①犹：兽名。猴属，亦叫犹猢，形似麂。郝疏："～之为兽，既是猴属，又类麂形。麂形似麕而足如狗，故～从犬矣。"

【译文】

犹（犹猢）形状像麂，善于攀登树木。

18(1).031 貄①，修毫。

【注释】

①貄(sì):长毛兽。同"貄"。亦作"肆"。郭注:"毫毛长。"郝疏:"《释文》:'~,本又作貄,亦作肆,音四',则与上狸子貄同名。疑亦同物,今狸猫之属。"参看18(1).013条。

【译文】

貄,长毛兽。

18(1).032 貙[①],似狸。

【注释】

①貙(chū):又称貙獌。狼类猛兽。柳宗元《黑说》:"鹿畏~,~畏虎,虎畏罴。"参见18(1).019条。

【译文】

貙,是一种狼类猛兽,形状像狸。

18(1).033 兕[①],似牛。

【注释】

①兕(sì):古代犀牛一类的兽名。形状如野牛,毛青色,一只角,皮厚,可以制甲。一说兕为雌性的犀牛。

【译文】

兕形状像牛。

18(1).034 犀[①],似豕。

【注释】

①犀(xī):即犀牛。形如水牛,猪头,腹大,毛少,有一至二角。

【译文】

犀即犀牛,形状像猪。

18(1).035 彙[①],毛刺。

【注释】

①彙(wèi):即刺猬。头小,四肢短,身上有硬刺。《山海经·中山经》:"乐马之山有兽焉,其状如~。"

【译文】

彙即刺猬,有硬刺。

18(1).036　狒狒[①],如人,被发,迅走,食人。

【注释】

①狒狒(fèi fèi):我国古代传说中的猿类动物。郭注:"枭羊也。《山海经》曰其状如人。面长唇黑,身有毛,反踵,见人则笑,交广及南康郡山中亦有此物,大者长丈许,俗呼之曰山都。"

【译文】

狒狒形状像人,披发,跑得很快,吃人。

18(1).037　狸、狐、貒、貈丑,其足,蹯:其迹,厹。

【译文】

狸、狐、貒(tuān)、貈(貉)类动物,它们的足称为蹯(fán):它们的足迹称为厹(róu)。

18(1).038　蒙颂[①],猱状[②]。

【注释】

①蒙颂:兽名。形状似长尾猴而小,紫黑色,善捕鼠。　②猱(náo):兽名。猿属。身体便捷,善攀援。又称"狨"或"猕猴"。

【译文】

蒙颂形状像猱。

18(1).039　猱,蝯[①],善援。

【注释】

①蝯(yuán):兽名。猴属。亦作"猿"。郭注:"便攀援。"

【译文】

猱(猕猴),即蝯(猿猴),善于攀援。

18(1).040　貜父[①],善顾。

【注释】

①貜父(jué fǔ):同"玃父"。大猿。俗呼马猴。郭注:"貑玃也,似猕猴而大,色苍黑,能攫持人。"王引之《述闻》引王念孙曰:"～～之名非以其能攫持人而命

之也。貜之为言犹攫也。《说文》:‘矍,视遽貌。’徐锴曰:‘左右惊顾也。’……是矍为顾视貌也。~~善顾,故谓之~~矣。”

【译文】

貜父(大猿)喜欢东张西望。

18(1).041 威夷①,长脊而泥②。

【注释】

①威夷:兽名。邢疏:“~~之兽,长脊而劣弱,少才力也。” ②泥:弱,力气小。

【译文】

威夷,脊背长而力量弱小。

18(1).042 麔麚①,短脰。

【注释】

①麔麚(jiù jiā):兽名。王引之《述闻》:“麋鹿之属,其项皆不短,则不得言短脰(dòu)也。此~~疑别是一兽,而短脰者,非谓牡麋、牡鹿也。~~,双声字,犹貜父之一名豭貜也。似不得分为二物。”按,“麚”当作“豭”(jiā)。《说文》:“欿(yǒu),……从欠,咎声。读若《尔雅》‘麔豭短脰’。”段注:“见《释兽》篇。豭,今本作‘麚’,非。麔豭,一兽名,非上文之麋牡麔、鹿牡麚也。欿读如此麔。”《说文》:“豭,牡豕也。”则麔豭当为公猪。

【译文】

麔豭(公猪)短颈。

18(1).043 贙①,有力。

【注释】

①贙(xuàn):兽名。郭注:“出西海大秦国,有养者,似狗,多力犷恶。”

【译文】

贙(兽名)有力气。

18(1).044 豦①,迅头。

【注释】

①豦(jù):兽名。郭注:“今建平山中有~,大如狗,似猕猴,黄黑色,多髯鬣,奋迅其头,能举石摘(掷)人,貜类也。”

【译文】

麐(兽名)喜欢迅速摆动头。

18(1).045 蜼[①],卬鼻而长尾[②]。

【注释】

①蜼 wěi:即"狖(yòu)"。《广雅》:"狖,~也。"黑色长尾猴。郭注:"~似猕猴而大,黄黑色,尾长数尺,似獭,尾末有歧,鼻露向上,雨即自县于树,以尾塞鼻,或以两指。江东人亦取养之。为物健捷。" ②卬:通"仰"。仰起。

【译文】

蜼是黑色长尾猴,仰起鼻孔,尾巴很长。

18(1).046 时[①],善乘领[②]。

【注释】

①时:兽名。善于登山。邢疏:"好登山峰之一兽也。" ②乘:升,登。领:山岭。后作"岭"。元代周伯琦《六书正讹·梗韵》:"~,山之高者曰~,取其象形也。别作岭。"《左传·昭公二十年》:"遂奉王以追单子,及~,大盟而复。"

【译文】

时(兽名)善于攀登山岭。

18(1).047 猩猩,小而好啼[①]。

【注释】

①小而好啼:郭注:"声似小儿啼。"郝疏:"按'小而好啼',文义难通,当由转写致讹。若'好'作'如','小'作'小儿'。倒读之,则通矣。郭注:'似小儿啼'可证。"

【译文】

猩猩,叫声像小儿啼哭。

18(1).048 阙泄[①],多狃。

【注释】

①阙泄:或作"阙泄"。兽名。邢疏:"旧说以为~~,兽名。其脚多狃(niǔ)。狃,指也。然其形所未详闻。"

【译文】

阙泄(兽名),多脚趾。

寓属。

【按语】

“寓属”指寄居于山野的兽类。

18(2).049 鼢鼠①。

【注释】

①鼢(fén)鼠:鼠的一类。俗称“犁鼠”、“地老鼠”。郭注:“地中行者。”郝疏:“～～深目而短尾。按:此鼠今呼地老鼠。产自田间,体肥而匾,尾仅寸许。潜行地中,起土如耕。”一说即鼹鼠。

【译文】

鼢鼠(地老鼠)。

18(2).050 鼸鼠①。

【注释】

①鼸(xiàn,又音 qiǎn)鼠:一种颊内能藏食的鼠。古亦浑称为田鼠。郭注:“以颊裹藏食。”郝疏:“按,～～即今香鼠,颊中藏食如猕猴然,灰色短尾而香,人亦蓄之。”

【译文】

鼸鼠(又名香鼠,是田鼠的一种)。

18(2).051 鼷鼠①。

【注释】

①鼷(xī)鼠:鼠类最小的一种。旧说有螫毒,啮人及鸟兽皆不痛,故又称“甘口鼠”。郭注:“有螫毒者。”

【译文】

鼷鼠(鼠类最小的一种)。

18(2).052 鼶鼠①。

【注释】

①鼶(sī)鼠:大田鼠。似鼬。邢疏:“似鼬之鼠也。”郝疏:“盖田鼠之大者。”

【译文】

鼶鼠(大田鼠)。

18(2).053 鼬鼠[①]。

【注释】

①鼬(yòu)鼠:黄鼠狼,又名黄鼬。郭注:"今鼬似貂,赤黄色,大尾,啖鼠,江东呼为鼪。"郝疏:"今俗通呼为黄鼠狼。善捕鼠,夜中窃食人鸡,人掩取之,以其尾为笔,所谓狼毫者也。"

【译文】

鼬鼠(俗呼黄鼠狼)。

18(2).054 鼩鼠[①]。

【注释】

①鼩(qú):哺乳动物。亦称"地鼠"、"鼱~",《说文》作"精~"。体小,尾短,形似小鼠。吻尖细,能自由伸缩。是食虫类动物,亦食植物种子。郭注:"小鼱(jīng)~也。亦名蹤~。"

【译文】

鼩鼠(亦称地鼠)。

18(2).055 鼭鼠[①]。

【注释】

①鼭(shí)鼠:鼠名。郝疏:"《广韵》作鼫。或曰:'鼠为十二属首,所以纪岁时,故有鼫名。'按,鼭自鼠名,非凡鼠共名。鼫疑从俗所加。"

【译文】

鼭鼠(鼠类的一种)。

18(2).056 鼣鼠[①]。

【注释】

①鼣(fèi)鼠:鼠名。《释文》引舍人曰:"其鸣如犬也。"《山海经·中山经》:"(倚帝之山)有兽焉,其状如~~,白耳白喙,名曰狙如。"

【译文】

鼣鼠(一种鸣声如犬的鼠)。

18(2).057 鼫鼠[①]。

【注释】

①鼫(shí)鼠:大老鼠。亦称"鼩鼠"、"雀鼠"、"鼨鼠"。郭注:"形大如鼠,头如兔,尾有毛,青黄色,好在田中食粟豆,关西呼为鼩鼠。"一说:即"梧鼠",亦称五技鼠。《说文》云:"~~,五技鼠也。能飞不能过屋,能缘不能穷木,能游不能渡谷,能穴不能掩身,能走不能先人。"

【译文】

鼫鼠(一种大老鼠。一说即五技鼠)。

18(2).058 鼤鼠[1]。

【注释】

①鼤(wèn)鼠:斑鼠。郝疏:"《玉篇》:'鼤,班尾鼠。'《广韵》:'鼤,班(同"斑")鼠也。'"一说即鼹鼠。

【译文】

鼤鼠(斑鼠)。

18(2).059 鼨鼠[1],豹文。

【注释】

①鼨(zhōng)鼠:豹文鼠。《说文》:"鼨,豹文鼠也。"《新唐书·卢藏用传》:"弟若虚,多才博物。陇西辛怡谏为职方,有获异鼠者,豹首虎臆,大如拳。怡谏谓之鼮鼠而赋之。若虚曰:'非也。此许慎所谓~~,豹文而形小。'"

【译文】

鼨鼠(豹文鼠),身上有豹纹。

18(2).060 鼮鼠[1]。

【注释】

①鼮(tíng)鼠:一种有斑纹的小鼠。或称豹文鼠。《文选·任昉〈为萧扬州荐士表〉》:"岂直~~有必对之辩?"李善注引挚虞《三辅决录》注:"窦攸举孝廉为郎,世祖大会灵台。得鼠如豹文,荧荧光泽。世祖异之,以问群臣,莫能知者。攸对曰:'~~也。'诏问:'何以知之?'攸对曰:'见《尔雅》。'诏案秘书,如攸言。赐帛百匹。"

【译文】

鼮鼠(一种有豹纹的小鼠)。

18(2).061　鼰鼠①。

【注释】

①鼰鼠:"鼰"当作"鼳(xí)"。松鼠。郭注:"今江东山中有鼳鼠,状如鼠而大,苍色,在树木上。"

【译文】

鼰鼠(鼳鼠),即松鼠。

鼠属。

【按语】

"鼠属"解释各种各样的鼠名。

18(3).062　牛曰齝,羊曰䶛,麋鹿曰䶝。

【译文】

牛的反刍称为齝(chī),羊的反刍称为䶛(xiè),麋鹿的反刍称为䶝(yì)。

18(3).063　鸟曰嗉①。寓鼠曰嗛②。

【注释】

①嗉:参见17.073条注释②。　②嗛(qiǎn):猴鼠之类动物颊中贮藏食物的地方。郭注:"颊里贮食处。"

【译文】

鸟类动物体内贮藏食物之处称为嗉。寓鼠类动物体内的贮藏食物之处称为嗛。

䶝属。

【按语】

"䶝属"意指反刍动物。不过所列两条都有问题。第一条的"齝"、"䶛"、"䶝"只是反刍动物反刍的名称,第二条所言为鸟鼠猿猴之类动物喉中有贮藏食物之处,但它们不是反刍动物。

18(3).064　兽曰衅①。人曰挢②。鱼曰须③。鸟曰狊④。

【注释】

①衅(xìn):兽类的呼吸。郭注:"自奋~。"郝疏:"~者,隙也。兽卧引气鼓息,腹胁间如有空隙,故谓之~。"　②挢(jiǎo):举,伸。此处意指人疲倦之时伸展肢

体等以休息，如伸懒腰等。 ③须：动植物及其他物体上像须的东西。这里指鱼类张口鼓腮喘息。 ④狊(jú)：鸟张两翅。郝疏："～者，张目视也。鸟之休息，恒张两翅，瞪目直视。所谓鸟伸鸱视也。"

【译文】

兽类的喘息称为齸。人类的休息称为挢。鱼类的喘息称为须。鸟类的休息称为狊。

须属。

【按语】

"须"意指休息、喘息。"须属"主要说明兽、人、鱼、鸟等疲倦休息或喘息的动作，而归之《释兽》，不妥。

释畜第十九

【题解】

《释畜》主要解释的是有关各种家畜名称及其习性特征的名词。共分为马属、牛属、羊属、狗属、鸡属和六畜等六类。这些动物与人类关系最为密切。

19(1).001　騊駼马[①]。

【注释】

①騊駼(táo tú):良马名。郭注:"《山海经》云:'北海有兽,状如马,名~~。'色青。"邢疏引《字林》云:"北狄良马也。"

【译文】

騊駼马(北方的一种良马)。

19(1).002　野马[①]。

【注释】

①野马:北方的一种良马。郭注:"如马而小,出塞外。"

【译文】

野马(北方的一种良马)。

19(1).003　駮[①],如马,倨牙,食虎豹。

【注释】

①駮(bó):传说中的猛兽名。状如马,食虎豹。《山海经·西山经》:"(中曲之山)有兽焉,其状如马,而白身黑尾,一角,虎牙爪,音如鼓音,其名曰~。"

【译文】

駮,形状像马,曲牙,吃虎豹。

19(1).004　騉蹄[1],趼,善升甗[2]。

【注释】

①騉(kūn)蹄:马名。蹄平正,善登山。郭注:"~~,蹄如趼(yán)而健上山,秦时有~~苑。"《集韵·魂韵》:"騉,野马属。"　②甗(yǎn):通"巘"。山岭。

【译文】

騉蹄是一种野马,蹄趾平正,善于登山。

19(1).005　騉駼[1],枝蹄趼[2],善升甗。

【注释】

①騉駼(tú):良马名。马身牛蹄,善于登高爬山。张衡《西京赋》:"陵重巘,猎~~。"　②枝蹄:指蹄有歧趾长出。

【译文】

騉駼马蹄有歧趾而蹄底平正,善于登高爬山。

19(1).006　小领[1],盗骊。

【注释】

①领:指颈项。　②盗骊(lí):良马名。颈细,毛浅黑色。《通雅·衣服·綵色》谓《尔雅》"凡言'窃'言'盗'皆借色、浅色、间色也。"

【译文】

细颈的良马称为盗骊。

19(1).007　绝有力,駥[1]。

【注释】

①駥(róng):八尺高的马。因谓马雄壮有力。郭注:"即马高八尺。"郝疏:"《释文》~,本作戎。按:《释诂》:'戎,大也。'马高大而有力,故被斯名。"

【译文】

极其强壮有力的马称为駥。

19(1).008　膝上皆白,惟馵[1]。四骹皆白[2],驓。四蹢皆白,首[3]。前足皆白,騱。后足皆白,翑。前右足白,启。左白,踦。后右足白,骧。左白,馵。

【注释】

①异(zhù):后左足白色的马。《易·说卦》:"其于马也,为善鸣,为~足。"孔疏:"马后足白为~。"又说膝以上皆白的马。两说皆通。 ②骹(qiāo):小腿。《说文》:"~,胫也。"亦指胫骨近脚细的部位。 ③首:邵疏作"前",郝疏作"蹦"。郭注:"俗呼为踏雪马。"

【译文】

膝以上全白的马称为异。膝下四胫全白的马称为蹭(céng)。四蹄全白的马称为首(蹦)。前足全白的马称为骒(xí)。后足全白的马称为驹(qú)。右前足白的马称为启。左前足白的马称为踦(qī)。右后足白的马称为骧。左后足白的马称为异。

19(1).009 骝马白腹[①],騵。骊马白跨[②],驈。白州[③],驠。尾本白,騴。尾白,駺。驹颡[④],白颠。白达[⑤],素县。面颡皆白,惟駹。

【注释】

①骝(liú):同"騮"。红色黑鬣尾的良马。《诗·鲁颂·駉》:"有~有雒。"毛传:"赤身黑鬣曰~。" ②骊马白跨:"骊马"即为黑马。郭注:"骊,黑色。"郝疏:"白跨,股脚白也。《释文》引《苍颉篇》云:'跨,两股间。'" ③州:通"尻(kāo)"。臀部。 ④驹颡(dí sǎng):亦作"的颡"、"的卢"。额白色的马。郭注:"戴星马也。"颡,指额。 ⑤白达:指鼻子白色的马。

【译文】

腹部毛白的骝马称为騵(yuán)。胯部毛白的黑马称为驈(yù)。臀部毛白的马称为驠(yàn)。尾根部毛白的马称为騴(yàn)。尾巴毛白的马称为駺(láng)。前额白色的马称为白颠。鼻子白色的马称为素县。面和额都白的黑马称为駹(máng)。

19(1).010 回毛[①]在膺,宜乘。在肘后,减阳。在干,茀方。在背,阙广。

【注释】

①回毛:即旋毛。拳曲的马毛。郭注:"樊光云:'伯乐相马法,旋毛在腹下如乳者,千里马。'"

【译文】

旋毛在胸部的马称为宜乘。旋毛在股后的马称为减阳。旋毛在胁部的马称为茀(fú)方。旋毛在背部的马称为阙广。

19(1).011　逆毛,居驯。

【译文】

毛逆着长的马称为居驯(yǔn)。

19(1).012　騋[①]:牝,骊;牡,玄;驹,褭骖。

【注释】

①騋(lái):高七尺的马。《说文》:"马七尺为~,八尺为龙。"

【译文】

騋是七尺高的马:雌的称为骊;雄的称为玄;马驹称为褭骖(niǎo cān)。

19(1).013　牡曰骘,牝曰骆。

【译文】

公马称为骘(zhì),母马称为骆(shè)。

19(1).014　駵白,驳。黄白,騜。駵马黄脊,騝。骊马黄脊,騽。青骊,駽。青骊驎[①],驒。青骊繁鬣,騥。骊白杂毛,鸨。黄白杂毛,駓。阴白杂毛,骃。苍白杂毛,骓。彤白杂毛,騢。白马黑鬣,骆。白马黑唇,駩;黑喙,騧;一目白,瞯;二目白,鱼[②]。

【注释】

①驎(lín):斑纹似鱼鳞的马。郝疏引孙炎曰:"色有浅深似鱼鳞也。"《集韵·真韵》:"~,马班文。"　②鱼:指两目毛色白的马。《诗·鲁颂·駉》:"有驔有~。"毛传:"二目白曰~。"王引之《述闻》:"二目毛色白曰~。"

【译文】

毛色红白相间的马称为驳。毛色黄白相间的马称为騜(huáng)。黄脊背的红马称为騝(qián)。黄脊背的黑马称为騽(xí)。青黑色的马称为駽(xuān)。青黑色有鱼鳞状斑纹的马称为驒(tuó)。青黑色多长鬃毛的马称为騥(róu)。毛色黑白相杂的马称为鸨(bǎo)。毛色黄白相杂的马称为駓(pí)。毛色浅黑与白相杂的马称为骃(yīn)。毛色苍白相杂的马称为骓(zhuī)。毛色红白相杂的马称为騢(xiá)。有黑色长鬃的白马称为骆。有黑色嘴唇的白马称为駩(quán)。黑嘴的黄马称为騧(guā)。一只眼毛色白的马称为瞯(xiǎn),两只眼毛色都白的马称为鱼。

19(1).015　"既差我马"[①],差,择也。宗庙齐毫,戎事齐力,田猎齐足。

【注释】

①"既差我马":语出《诗·小雅·吉日》。

【译文】

"既差我马",差,即选择的意思。宗庙祭祀要选择毛色纯的马,行兵打仗要选择强壮有力的马,田猎要选择脚力特别好的马。

马属。

【按语】

"马属"释各种各样的马名。

19(2).016 摩牛①。

【注释】

①摩(má)牛:大牛。郭注:"出巴中,重千斤。"郝疏:"野牛也,郭云'出巴中'者,今此牛出西宁府西宁卫,大者千余斤。摩之为言莽也,莽者大也。今俗云莽牛即此。"

【译文】

摩牛(大牛)。

19(2).017 犦牛①。

【注释】

①犦(bó)牛:即"封牛"。一种颈肉隆起的野牛。郭注:"即犎牛也,领上肉犦胅起,高二尺许,状如橐驼,肉鞍一边,健行者日三百余里。"

【译文】

犦牛(一种颈肉隆起的野牛)。

19(2).018 犤牛①。

【注释】

①犤(pái)牛:矮小短足的牛。郭注:"~~庳小,今之㹇(㹇)牛也。又呼果下牛。出广州高凉郡。"

【译文】

犤牛(南方的一种矮小的牛)。

19(2).019 犩牛①。

【注释】

①犩(wéi)牛:我国古代西南山区一种很大的野牛。又称"犪牛"或"夔牛"。郭注:"如牛而大,肉数千斤,出蜀中。"

【译文】

犩牛(大野牛)。

19(2).020 犣牛①。

【注释】

①犣(liè)牛:旄牛。郭注:"旄牛也,髀膝尾皆有长毛。"又说为公牛。《广韵·叶韵》:"犣,牛牡。"

【译文】

犣牛(旄牛)。

19(2).021 犝牛①。

【注释】

①犝(tóng)牛:无角小牛。郭注:"今无角牛。"《正字通·牛部》:"犝,旧注音同,牛无角。按:小牛无角曰童牛,小羊无角曰童羖,皆取童稚义,通作童。"

【译文】

犝牛(无角小牛)。

19(2).022 犑牛①。

【注释】

①犑(jú)牛:牛名。具体不详。

【译文】

犑牛。

19(2).023 角一俯一仰,觭;皆踊,觢。

【译文】

牛的两角一低一高称为觭(qī);牛的两角都向上竖起称为觢(shì,竖角牛)。

19(2).024 黑唇,犉。黑眥,犚。黑耳,犚。黑腹,牧。黑脚,犈。

【译文】

黑嘴唇的牛称为犉(rún)。黑眼眶的牛称为犚(xiù)。黑耳朵的牛称为犚(wèi)。黑肚皮的牛称为牧。黑脚的牛称为犈(quán)。

19(2).025　其子,犊。

【译文】

牛仔称为犊。

19(2).026　体长,犕。

【译文】

身体长的牛称为犕(bèi)。

19(2).027　绝有力,欣[1]犌。

【注释】

①欣:邵疏、阮校均以"欣"字为衍文。

【译文】

极其强壮有力的牛称为犌(jiā)。

牛属。

【按语】

"牛属"释各种各样的牛名。

19(3).028　羊:牡,羒;牝,牂[1]。

【注释】

①羒(fén):白色公羊。　牂(zāng):白色母羊。按:此处的"羊"应指白色羊,即吴羊。

【译文】

羊(白色羊):雄的称为羒;雌的称为牂。

19(3).029　夏羊:牡,羭;牝,羖[1]。

【注释】

①夏羊:黑羊。按:该条程瑶田《通艺录》云,"当作'夏羊:牡,羖;牝,羭'"。"羭(yú)"即黑色母羊,"羖(gǔ)"即黑色公羊。今译从之。

【译文】

夏羊(黑毛羊):雄的称为羖;雌的称为羭。

19(3).030 角不齐,觤[①]。角三觠[②],羷。

【注释】

①觤(guǐ):羊角不齐整。邢疏:"羊角不齐,一长一短者,名~。" ②觠(quán):动物的角卷曲。

【译文】

羊角不齐、一长一短称为觤。羊角卷曲三匝的羊称为羷(liǎn)。

19(3).031 羳羊[①],黄腹。

【注释】

①羳(fán)羊:黄腹的羊。郭注:"腹下黄。"郝疏:"李时珍云,即黄羊也。状与羊同,但低小细肋,腹下带黄色,其耳甚小,西人谓之蜇耳羊。"

【译文】

羳羊,腹下毛黄。

19(3).032 未成羊,羜[①]。

【注释】

①羜(zhù):出生五个月的羊羔。亦泛指一般幼羊。郭注:"俗呼五月羔为~。" 【译文】

未长成的羊称为羜。

19(3).033 绝有力,奋。

【译文】

凡极其强壮有力的羊,统称为奋。

羊属。

【按语】

"羊属"释各种各样的羊名。

19(4).034 犬生三,猣[①];二,师;一,玂[②]。

【注释】

①猣(zōng):犬生三子。 ②玂(qí):犬生一子。

【译文】

犬生三子称为猣;犬生二子称为师;犬生一子称为玂。

19(4).035 未成毫,狗。

【按语】

古代"犬"与"狗"对称而言,"犬"指大狗,"狗"指小狗。一般情况下,可以通用。

【译文】

没有长毛的小狗称为狗。

19(4).036 长喙,猃。短喙,猲獢。

【译文】

长嘴的狗称为猃(xiǎn)。短嘴的狗称为猲獢(xiē xiao)。

19(4).037 绝有力,狣。

【译文】

极其强壮有力的狗称为狣(zhào)。

19(4).038 尨[①],狗也。

【注释】

①尨(máng):多毛的狗。《说文》:"~,犬之多毛者。"《诗·召南·野有死麕》:"无使~也吠。"毛传:"~,狗也。"

【译文】

尨是多毛的狗,即指狗。

狗属。

【按语】

"狗属"释各种各样的狗名。

19(5).039 鸡,大者蜀。蜀子,雓。

【译文】

鸡:大的鸡称为蜀。大鸡的鸡仔称为雓(yú)。

19(5).040　未成鸡,僆。

【译文】

未长成的鸡称为僆(liàn)。

19(5).041　绝有力,奋。

【译文】

凡极其强壮有力的鸡,统称为奋。

鸡属。

【按语】

"鸡属"解释鸡类的名称。

19(6).042　马八尺为駥。

【译文】

身高八尺的马称为駥。

19(6).043　牛七尺为犉[1]。

【注释】

①犉(rún):七尺的牛。邢疏:"《尸子》说六畜云:'大牛为~,七尺。'故云。"

【译文】

身高七尺的牛称为犉。

19(6).044　羊六尺为羬。

【译文】

身高六尺的羊称为羬(qián,大羊)。

19(6).045　彘五尺为㺝[1]。

【注释】

①彘(zhì):即猪。

【译文】

身高五尺的猪称为豟(è)。

19(6).046 狗四尺为獒[①]。

【注释】

①獒(áo):一种凶猛的狗,体大善斗。《说文》:"~,犬如人心可使者。"

【译文】

身高四尺的狗称为獒。

19(6).047 鸡三尺为鶤[①]。

【注释】

①鶤(kūn):同"鹍"。大鸡。郭注:"阳沟巨~,古之名鸡。"

【译文】

身高三尺的鸡称为鶤。

六畜。

【按语】

"六畜"释马、牛、羊、豕(猪)、狗、鸡六种家畜。

附　　录

《尔雅》词语笔画索引

说　　明

一、本索引的词语以《十三经注疏》(中华书局 1979 年影印)中的《尔雅》经文为准。后人校字不列入。

二、《尔雅》共十九篇。本索引包括十九篇里所有的被训释词语、《释诂》《释言》《释训》三篇里的训释词语,以及《释亲》至《释畜》等十六篇里的事物异名。

三、本索引按规范的简化字(含个别有必要保留的繁体字)的笔画依次排列。

四、索引中每条词语后所标示的数码,其中前一数为该词语的篇次,后一数为该词语在篇中的顺序数,中间用“·”号隔开,可直接从正文书眉标明的编码数查得。

一　画

二　画

三　画

四　画

五　画

六 画

七 画

八 画

九 画

十一画

十二画

十三画

十四画

十六画

十七画

十八画

二十画

二十一画

二十二画

二十三画

二十四画

二十五画以上